四川民族学院科研管理处
四川省康巴文化社科普及基地　　《康巴研究》丛书
四川民族学院农学院、历史文化与旅游学院

康巴农旅研究

主　编　凌　立　谢学强
副主编　王兴贵

西南交通大学出版社
·成　都·

图书在版编目（C I P）数据

康巴农旅研究 / 凌立，谢学强主编. —成都：西南交通大学出版社，2021.6
ISBN 978-7-5643-8053-3

Ⅰ. ①康… Ⅱ. ①凌… ②谢… Ⅲ. ①观光农业 – 旅游业发展 – 研究 – 甘孜 Ⅳ. ①F592.771.2

中国版本图书馆 CIP 数据核字（2021）第 104777 号

Kangba Nonglü Yanjiu
康巴农旅研究

主编 凌 立 谢学强

责任编辑 吴启威
封面设计 墨创文化

出版发行 西南交通大学出版社
（四川省成都市金牛区二环路北一段 111 号
西南交通大学创新大厦 21 楼）
邮政编码 610031
发行部电话 028-87600564 028-87600533
网址 http://www.xnjdcbs.com
印刷 四川煤田地质制图印刷厂

成品尺寸 185 mm × 260 mm
印张 18.25
字数 456 千
版次 2021 年 6 月第 1 版
印次 2021 年 6 月第 1 次
定价 108.00 元
书号 ISBN 978-7-5643-8053-3

四川民族学院科研管理处

四川省康巴文化社科普及基地

四川民族学院农学院、历史文化与旅游学院

《康巴研究》丛书之《康巴农旅研究》编委会

主　编　凌　立　谢学强

副主编　王兴贵

编　委（按姓氏汉语拼音排序）

安　静　陈家晃　冲尼绕吉

杜明义　林　刚　彭贵军

王长明　王兆彪　韦孟芬

曾雪玫　赵　勇

参　编（按姓氏汉语拼音排序）

巴　英　程晓彬　黄　丽

李　勋　李　忆　刘　欢

卢　葳　彭宗兰　王鹤艳

王子野　吴　婷　叶兵兵

张　艳　周贵凤　周正龙

目 录

第一篇
专家特稿

第二篇
康巴农旅协同发展研究

第三篇

康巴畜牧及兽医研究

第四篇

康巴农林研究

第五篇

康巴旅游研究

第六篇
康巴农旅协同发展其他相关研究

1

第一篇 专家特稿

在首届康巴农旅协同发展研讨会上的发言

甘孜州文化广播电视和旅游局　刘洪

尊敬的各位领导、各位来宾：

大家上午好！

栉风沐雨砥砺行，春华秋实满庭芳。值此首届康巴农旅协同发展研讨会召开之际，我谨代表甘孜州文化广播电视和旅游局表示热烈的祝贺！向出席本届研讨会的各位嘉宾表示诚挚的问候！农旅融合是乡村振兴的重要路径，以农旅融合为方向的乡村振兴势必会成为发展农牧农村经济的中坚力量，融合什么？如何融合？在追求经济价值的商业诉求下，我州农旅融合还面临着诸多难题。

一、甘孜州农旅融合的基本特点及存在的主要问题

（一）基本特点

我局联合州统计局对旅游发展较好的康定市、泸定县、丹巴县、雅江县、稻城县、色达县的 126 户农户开展“旅游对农民增收贡献”的专题调研，调查内容主要包括生活状况、住户成员情况及劳动力从事旅游获得的所有收入。调查农户涉及农家乐、餐饮、住宿、交通运输、旅游购物、旅游娱乐及温泉洗浴其他服务业等旅游行业。从调查情况看，我州农旅融合发展态势较好，主要表现为：一是产业不断壮大，一批起点高、规模大的农旅融合产业像雨后春笋，发展势头强劲。二是格局不断完善，全州初步形成了以乡村旅游示范村、旅游景区（点）、旅游沿线、传统农牧区为依托，以各类休闲农业点和度假民俗村为主体，涵盖吃、住、行、游、购、娱等要素的大农业旅游产业格局。三是特色不断显现，拥有一批乡村旅游示范乡（镇）、村、星级农家乐、民宿达标户和休闲农业示范点，吸引了大量游客，扩大了社会影响。

游客画像方面，一是旅游从业人数占比高。六个县（市）126 户抽中农户的调查汇总资料显示：126 户家庭人数 618 人，其中，家庭从业人数 328 人；家庭从业人数中从事相关旅游人数 80 人；家庭经营旅游人数 189 人；在外从事相关旅游人数 26 人。从事旅游人数合计 295 人，占家庭从业人数的 89.94%。二是调查户文化程度参差不齐。从调查的 126 户户主文化程度看：大多数为小学和初中，其中，小学为 42 人，初中为 45 人，高中 15 人，大专及以上 12 人，其余为未上过学，年轻人文化程度较高，个别的也有上过大学。三是从业户主年龄结构差距大。被访问户主年龄在 30 岁以下 17 人，30 ~ 60 岁的 103 人，其余户主年龄在 60 岁以上；

作者简介：刘洪（1972—），男，藏族，四川雅江人，甘孜州文化广播电视和旅游局党组书记、局长，四川民族学院特聘兼职教授，主要研究方向：旅游资源。

四是家庭从事旅游业时间稳定。126 户农户中从事旅游时间 3 年的 51 户，5 年的 50 户，其余均在 8 年左右。五是家庭住房条件及生活设施较好。调查户均有稳定住房，由于区域特点，调查户 45 户是框架楼房；25 户为砖混楼房，其余为砖混平房及其他住房结构。农户家都拥有电视机、冰箱、手机等基本家用电器，59 户拥有电脑，72 户拥有汽车、27 户拥有摩托车等交通工具；农户均参加了新型农村合作医疗保险。

群众收入方面，一是旅游人均总收入占人均总收入比重较大。126 户抽中农户调查资料显示：被调查的 126 户农户 2016 年人均总收入为 26 860 元，其中：旅游人均收入为 21 283 元，占人均总收入的 79.23%，在四大收入组成中，工资性人均收入 4 554 元，其中，旅游人均收入 3 051 元，占工资性收入的比重达 70%。家庭经营人均收入 11 725 元，其中，旅游人均收入 9 795 元，占家庭经营人均收入的比重达 83.54%。财产性人均收入 8 680 元，其中旅游人均收入为 8 437 元，占财产性人均收入的比重为 97.2%。转移性人均收入 1 902 元。二是旅游业收入对农民增收贡献较大。家庭旅游总收入为 21 283，对总收入的贡献率为 77.24%。其中，工资性收入中人均旅游收入为 3 051 元，同比增加 255 元，增长 9.1%，增收贡献率为 14.44%，家庭总收入中旅游收入 9 795 元，同比增加 585 元，增长 6.4%。增收贡献率 33.13%。财产性收入中旅游收入 8 437 元，同比增加 524 元，增长 6.6%，增收贡献率为 29.67%。三是家庭经营旅游收入和财产性旅游收入是主要来源。家庭总收入中旅游收入 9 795 元，占旅游总收入的 46.02%，其中，住宿人均旅游收入 3 537 元，同比增加 186 元；增长 5.6%；占家庭经营旅游收入的 36.11%，餐饮人均收入 3 268 元，同比增加 193 元；增长了 6.3%；占家庭经营旅游收入的 33.36%，停车场人均旅游收入 66 元，同比增长 34.7%，占家庭经营旅游收入的 0.67%。修理及其他服务业人均旅游收入 1 724 元，同比增加 282 元，增长 19.6%，占家庭经营旅游收入的 17.6%。财产性旅游收入 8 437 元，占旅游总收入 39.64%。四是农户月收入来源稳定。从 126 户从事旅游农户的收入来看，每月收入 1 000 元以下的有 9 户，占总调查户的 7.14%，月收入在 1 001 ~ 2 000 元的有 25 户，占总调查户 19.84%，月收入在 2 001 ~ 4 000 元的有 52 户，占总调查户的 41.26%，月收入 4 000 元以上的有 34 户，占总调查户的 28.33%。

（二）主要问题

一是统筹不够，缺乏合力推进机制。一方面，农旅融合从州县（市）两级层面还没有真正纳入国民经济社会产业发展规划，在部门工作中也没引起足够重视而列入重要议事日程。另一方面，我州农旅融合园区建设有的不仅缺乏科学论证，存在与当地总体规划脱节现象，而且有的随意性和盲目性较大，导致前期上马热情高涨，投资很大，一到后期就会面临资金、经营压力。农乡村旅游多以农户、个体户自由开发为主，重复建设和趋同化现象突出。政府、部门、村委会、农户和社会资本合力推进机制也不健全，区域联动机制还未形成，管理机构职能不明确，部门协作不够，导致在统筹协调、认证管理、服务指导和政策帮扶上存在一定缺失。

二是后劲不足，缺乏主导产业支撑。我州乡村旅游由于缺乏鲜明的主导产业作为支撑，见效很难，加上农牧业旅游具有季节性强，淡旺时节分明和投入大、周期长、见效慢的特点，造成我州大多农旅项目产品单一，多局限于对现有田园、果园、林地、民居等浅层次开发利用，仅停留在让游客来“走一走，看一看，玩一玩，吃一吃”的简单层面，缺乏乡村韵味和地方特色菜系品牌，高品位、多功能和精深高端康养系列产品更为匮乏，不仅吸引力不强，游客回头率不高，而且降低了自身造血功能和抵御潜在风险的能力。

三是投入不足，缺乏配套基础设施。由于农村基础条件和公共服务设施本身较差，建设相对滞后，导致有的乡村旅游点虽有名气、有规模，但进入的路还是村级公路，路牌标识也不醒目，沿线及其周边卫生环境较差，基础设施不完善，与旅游相关的水电、厕所、停车场、指示牌、游客服务中心（站）等服务设施不配套。特别是在双休日和旅游旺季的承接力不强，加上从业者多为当地从事农牧业生产的农牧民和私营业主，缺乏旅游管理经验和相应的服务技能，导致在服务质量上与游客的需求存在差距，只能处于低端水平运行。

此外还存在以下突出问题：① 乡村旅游产品单一，旅游吸引力不够；② 文旅融合程度不够，乡村旅游的中华文化挖掘展示力度不够，缺少灵魂；③ 乡村旅游尚未形成目的地，线路产品不成熟；④ 乡村旅游服务水平和经营管理水平低下，旅游从业人员整体素质不高；⑤ 民俗民间文化与乡村旅游结合程度不过，很多具有民族特色的民俗民间文化没有转化成旅游产品；⑥ 现代农业产业园区与旅游业发展结合程度不够，全州尚无 A 级现代农业产业园区。这里就不一一展开说明。

二、甘孜州农旅融合经典案例分析

案例一：假日旅游带动农牧民群众增收致富

2020 年旅游黄金季节，尝到旅游“甜头”的塔公农牧民穿着整齐鲜艳的藏装，给马配上赛马时的行头，轮流在塔公草原为游客牵马，通过系统学习旅游服务、安全措施，仅此一年，该地区创收翻新高，达 120 余万元。

案例二：稻城乡村旅游脱贫模式入选“世界旅游联盟旅游减贫案例 100”

一是稻城县坚持“旅游”+“扶贫”思路，积极探索“定制服务”脱贫模式，主要包括党建引领、培训扶智、产业带动和资产收益。通过建立了“支部”+“基地”+“协会”+“市场”产销模式，该县进一步提高了特色农牧品牌的竞争力、辐射力和带动力；通过推进“生态”+“扶贫”模式，该县贫困人口在绿色生态旅游发展中获益。

二是稻城县木拉乡麻格同村“创新理念，激发乡村旅游内生动力”案例则坚持把提高脱贫质量放在首位，创新扶贫工作理念思路和方式方法，通过入户摸底、问计于民、问计于贤摸清底数，用以奖代补、以工代补等新做法奖勤罚懒，以整体规划、产业帮扶、环境治理、建章立制等系统措施助推长效脱贫，激发群众内生动力，变外部“输血”为内部“造血”，助推麻格同村高质量脱贫。

两起案例以其可量化的减贫效果、创新性、可复制性、积极的社会影响和可持续性为国际旅游减贫事业贡献了甘孜范例和甘孜智慧。

案例三：资源变资产、牧区变景区、牧民变股民

木雅景区于 2014 年启动，总投资约为 1.8 亿元，景区核心区域约 9.8 平方千米。景区由康定市木雅泽朵旅游投资开发责任公司开发建设，该公司在筹建和打造建设景区之初，就非常注重与项目所在地的政府和农牧民搞好关系，确立了“景区项目要持续发展就必须惠及景区牧民，就必须增加景区牧民收入，就必须帮助景区牧民尽快脱贫致富并解除牧民的后顾之忧”为前提的发展策略，从工程建设施工就使用当地劳动力为主，优先安排村牧民担任景区的保安、保洁、餐厅、游乐项目等服务性的岗位工作，并按有关规定实行同工同酬，更多的年轻人选择留在家乡发展，公司还为景区在籍的农牧民购买了农村基本养老保险和农村合作医疗保险。

案例四：建立利益共享机制

亚丁景区组织马帮规范经营，按照“群众收益、兼顾各方、民主决定”的原则，从景区收益中，每年给香格里拉镇群众马帮受损补偿，以 7 万人为基础，游客每增长 5 万人，以 240 万元为固定基数，增加补偿金额 5%。还针对景区内所涉草场禁牧后纳入退牧还草计划范畴，既享受退牧还草政策，又享受景区管理局 50 万元的补偿。对外围的蒙自、赤土、木拉三个乡群众的马帮停产进行经济补偿 100 万元，主要用于公共基础设施建设。同时亚丁景区管理局还根据旅游发展及规划的需要，拟定了马帮退出后群众收益机制，为未来景区发展提前制定了相应的群众利益共享措施。

以雅江县香格宗村为例，旅游业的发展带来了多种文化的冲击，使农牧民的视野得到开阔。同时，农牧民的认识水平也上升至新的水平，为城镇化的发展打下思想基础。香格宗村由村委会牵头联合村专合组织，组建村级旅游协会，制定了协会章程和管理制度，对旅游市场实行统一经营管理，避免了哄抢游客、哄抬物价等旅游市场无序竞争乱象。同时，相关部门在引导当地村民种植花草、开展绿化的同时、加大对旅游从业人员的培训力度，邀请专家现场指导，有效提高了当地群众的经营管理水平和服务质量。可以说，香格宗村已经成为国道 318 线上自驾游客的大本营；旅游业的发展提高了村民的素质和价值观念，促进了与现代社会的对接。民居接待户布珠在都江堰国际标榜学校、四川民族学院读书的两个女儿丁增曲珍和向秋曲珍利用课余时间，通过携程网、去哪儿、驴妈妈、E 族等网站宣传推广香格宗村和当地民居，让很多自驾游客慕名而来，直接带来了经济收益，也让当地群众感受到了知识的力量和信息的作用，学校入学率不断提高。

以稻城县为例，瞄准打造“北有九寨黄龙、南有稻城亚丁”世界级旅游精品的目标，把旅游业作为稻城的龙头产业来培育。一是完善旅游产业发展要素，提升旅游产业竞争力。在景区内部基础设施方面，以创建国家 5A 级旅游景区为目标，进一步完善景区服务功能，提升景区服务水平；在旅游城镇建设方面，按照“三注重”“三突出”，即注重民族文化、突出民族性，注重城市服务功能、突出人文性，注重城市规划、突出超前性，引入实力企业集中力量抓好县城和香格里拉乡城镇建设，不断完善旅游服务功能，全面提升城镇品牌和形象。实施了桑堆经县城至亚丁 140 千米的绿色走廊工程和香格里拉镇周边荒坡绿化工程，打造景观带和鲜花长廊。二是延伸旅游产业链，促进农民、农村、农业的全面发展。在文化旅游产品、旅游纪念商品、体验性民族特色旅游产品等方面加大力度培育市场主体，形成旅游产业链的规模化，提高游客人均消费，提升旅游业发展的综合效益和总体收入水平。旅游商品开发方面结合中药材、农副产品和民族工艺品等资源，研发旅游纪念品、野生菌类产品、农副土特产品和中藏药保健食品等系列特色旅游商品，抓好具有康藏民族特色的土陶、旋木和竹编等传统手工艺品的制造。在州、县文化部门的支持指导下，阿西土陶产品开始从单一、粗糙的家庭作坊向精品化、艺术化、品位化方向转变，已前后在北京、杭州展出，获得了良好的市场口碑，产生了可观的经济效益。三是采取公司、个体和出租等模式积极发展民居接待，形成了一批民族特色突出、形式多样的民居接待户，增进了游客对民族文化的体验。引进成都、上海、北京、重庆等地的投资企业，改造提升特色民居 50 ~ 60 户，打造主题文化酒店 20 余家。每户农户年租金收入 10 万～30 万元不等，带动了桑堆、金珠镇和沿途 7 个乡镇乡村旅游发展，群众自觉维护生态环境和市场秩序的意识不断增强。这种开发模式，虽然解决了当地村民资金投入不足、开发产品档次低的问题，使当地村民每年有了稳定的收入，但也使他们养成了追求享乐、不求上进的思想惰性和喝酒赌博的不良陋习，需要加强教育引导，及时纠正。

三、甘孜州农旅融合的设想及打算

过去两年来，我们先后多批次组织州内的星级农家乐经营业主和村支部书记、村主任到中国台湾地区学习考察。总体看，台湾地区将休闲农业与旅游业融合做到了极致，其乡村花园、乡村民宿、观光农园、休闲农场、教育农园、市民农园的六种发展模式和"融入感情、彰显个性""定位精准、主题精明""持续创新、创意缤纷""深度体验，其乐融融""寓教于乐、广受欢迎""就地取材、点石成金""以农为本、高瞻远瞩""精深加工、效益倍增""规划先行、管理到位""布局合理、农旅互动"的十大特点都非常值得我们学习和借鉴。就甘孜州而言，要围绕旅游业调整农牧业结构，延长旅游产业链。依托新农村建设、牧民定居、水电移民和生态环境保护建设，打造农、林、牧业景观带，有序推进观光农业和乡村旅游发展；发展特色种植养殖业，提供优质农副产品，开发牦牛肉、藏猪藏鸡、野生菌、珍稀药材、特色林果等天然绿色旅游食品和保健品，大力开发商品包装、特色餐饮用具、民族文化饰品、传统手工艺、唐卡绘画等特色旅游商品和旅游纪念品，打造国际国内知名品牌；依托水利、矿产资源开发，发展工业旅游；推动旅游与民族文化演艺、户外体育、会展会议、藏医药养生结合，发展新兴旅游业态，促进旅游业与金融服务、信息咨询、文化创意、影视娱乐、会展博览等现代服务业互动发展。

（一）大力发展现代农业产业园区

一要优化顶层设计。要学习借鉴内地开发建设的成功经验和有益做法，突出市场在优化资源配套中的基础作用，围绕"基地、加工、科技、营销、融合、协作"核心关键，完善现代农业产业园区发展思路，优化产业布局，做大做强产业规模，延长产业链，提高附加值，逐步实现"产区变景区、田园变公园"的发展目标。二要创建 A 级景区。要把现代农业产业园区纳入全州 A 级旅游景区创建范围，着力培育现代农业产业园区旅游核心吸引物，形成"政府+企业+村民"的统筹联动创建格局。要对照国家 A 级景区创建标准找差距、补短板、强弱项、抓落实，精心打造农旅融合典型示范。要建立经营主体与农牧民稳定紧密的利益联结机制，全力保障农牧民合理分享价值链的增值收益，有效促进经营主体与农牧民双赢。三要建好长征公园。要充分发挥长征干部学院的功能作用，狠抓设施完善、功能配套和力量强化，把长征干部学院建成全国、全省一流的爱国主义教育基地和全州长征文化公园管理人才的输送基地。泸定桥长征文化主题公园要加快提升软硬件水平，串联周边红色旅游景区（点）设计推出红色旅游精品线路，努力争创全国十大红色旅游景区和中国红色旅游十大影响力品牌。

（二）大力实施旅游扶贫公益行动

充分发挥旅游产业在深度贫困地区脱贫攻坚中的带动和促进作用，充分考量贫困乡村旅游资源优势和旅游扶贫带动作用，借助省文化旅游厅、对口援助力量组织实施旅游规划扶贫公益行动。规划要本着集约利用资源、保护优化环境、适度投入建设的基本原则，以创建国家全域旅游示范区为抓手，利用“农业+”“生态+”“旅游+”等模式，促进三大产业融合，打造产业集群，发展循环农业、农事体验、创意农业，推进农业产业与旅游、教育、文化、康养等产业深度融合，探索促进农牧民就业、分红、增收的有效方法，拓宽旅游产业扶贫渠道，丰富旅游产业扶贫业态。结合旅游市场热点与需求，明确主攻方向，策划形成具有吸引力的旅游主打产品；对旅游发展的瓶颈和短板进行全面分析，制定配套基础设施和保护措施；强化品牌和原产地地理标志管理，推进农村电商、物流服务业发展，培育形成区域农业知名品牌，构建支撑田园综合体发展的产业体系。

（三）建立城乡旅游统筹发展联动机制

支持和鼓励有条件的贫困村、贫困群众在参与发展旅游产业中实现就业、增加收入、稳定脱贫。全州拟规划建设旅游扶贫村 91 个，大渡河流域乡村振兴示范村 112 个，其中：形成接待能力示范村 42 个，创建省级旅游扶贫示范区 6 个、示范村 71 个，打造省级乡村旅游特色乡镇 5 个、省级乡村旅游精品村寨 6 个，民宿达标户 565 户。坚持政府主导，企业运作，群众参与的原则，引进中石油四川销售公司、四川能投、光大金控等大型集团参与景区开发和全域旅游建设，让贫困户在景区建设过程中取得务工收入，就地从事旅游服务业。

（四）建立旅游开发利益共享机制

一是建立生态补偿机制。采取形式多样的生态补偿方式，将旅游收入反哺公共事业建设，弥补农牧民群众利益损失。二是建立就业联动机制。引导群众有序参与景区服务与管理，不断增加就业渠道和商业机会。三是建立利益分红机制。建立完善“公司+合作社+农户”“合作社+基地+农户”“合作社+基地+景区”等旅游产业扶贫模式，支持鼓励当地群众入股，参与旅游分红。四是建立多尺度互惠反馈机制。从已经开发成熟、较为完善的景区（点）中按照一定基准或比例提取“全域开发资金或申遗资金”作为未开发景区（点）的启动资金，待其开发成熟后逐级反馈偿还。五是建立财政奖补机制。及时优化调整财政资金支出结构，充分发挥财政资金撬动和引导作用，制定了针对旅游景区、旅游品牌、文旅企业等的财政资金奖补措施。

（五）建立旅游开发利益分配机制

一是依托已建景区形成利益分配格局。推动现有景区旅游扶贫由旅游景区向周边贫困乡村延伸，通过景区优先“输血”，带动辐射，改善贫困区域发展环境。二是依托在建景区形成利益分配格局。培育创建 A 级景区、生态旅游示范区和旅游度假区核心吸引力，提升景区服务质量和接待水平。以优质、优势、优美的景区环境为广大农牧民群众提供更多的就业岗位和创业机会。围绕旅游景区开发建设，着力改善所在区域发展环境，带动景区及周边地区发展。三是依托产业组合形成利益分配格局。在旅游景区（点）设立文化旅游产品展示展销平台，建立旅游景区（点）+服务供给基地的发展模式。支持鼓励企业依托“一村一产、多村一品”农副土特产品建立初级产品加工厂。围绕“酒、肉、果、蔬、茶、菌、药、水、粮、油”

十大产品，塑造“康定红”“洞波青稞酒”“雪域俄色茶”“丹巴香猪腿”“南派藏医药”“德格雕版印刷产品”“噶玛噶孜唐卡”“阿西土陶”等系列产品。打造全国一流的藏餐研发基地，形成一套藏餐服务标准和特色菜系。研发唐卡、土陶、面具等民族手工艺品主题旅游商品；围绕情歌文化、红色文化、格萨尔文化等主题研发一批“名特、精优”文创产品。四是依托对口援助形成利益分配格局。推动发达地区支援欠发达地区的旅游扶贫，创新旅游对口支援工作机制、合作模式和合作机制，引入有实力的投资企业开发旅游资源，变物质援助为理念援助，变单一援助为整体援助。五是依托政策扶持形成利益分配格局。制定旅游普惠、危房改造、地灾救助等叠加扶持政策和信贷贴息、低息和无息借款等特殊政策。支持鼓励投资企业、社会团体和社会资本，采取独资、合资、合作、股份合作、私募股权基金、债券等合作形式和资本形态参与旅游资源开发。同时，由州县（市）人民政府引导广大农牧民群众正确使用资源开发补偿资金，采取“集中托管、统分结合、入股分红”等方式放大资金使用效益，坚决防止广大农牧民群众陷入民间借贷、豪车购置、房屋倒卖等挥金如土的短视怪圈。此外，立足本地特色资源和特色文化，每年举办山地文化旅游节、康定情歌节、“四月八”。同时，支持鼓励民间举办各类文化旅游节庆活动。

（六）建立人才队伍素质提升机制

一是州内与州外相结合。政府加强对贫困户业务培训，通过开设培训班、组织村组干部及民居接待示范户赴广东、台湾等发达地区学习考察，进村入户为贫困户传授旅游、特色种植养殖等技术知识，帮助贫困户提升就业、创业技能。二是输入与输出相结合。整合四川民族学院、州委党委、州民干校、州职校等州内教育教学资源优势和办学力量，搭建了旅游从业者服务“输入”平台和旅游景区、宾馆饭店等“输出”平台，不仅为广大旅游从业者提供了用工信息、业务提升、法律咨询等服务保障项目和就业输送服务，而且在一定程度上纾解了旅游行业错峰用人和人才流动问题。三是线上与线下相结合。利用旅游人才管理平台将各类线上职业培训纳入职业技能提升行动资金补贴范畴，积极动员旅游从业人员利用经营空档期开展线上学习和培训。

（七）建立人才队伍就业安置机制

以落实五个一批带动旅游脱贫，一是公益性岗位安置一批。积极争取州政府、省文化旅游厅支持落实乡村旅游公益性岗位。二是景区就业安置一批。将景区开发建设与促进农牧民就业结合起来，安置一批当地农牧民群众。三是文艺表演安置一批。以建立健全全州文艺演出队伍为契机，安置一批当地农牧民群众从事演员、剧务等工作。四是旅游项目用工带动一批。在乡村旅游项目建设时聘用当地贫困人员。五是旅游服务就业带动一批。在全州酒店、客栈、餐馆等服务性行业里安排贫困人员就业，创造就业岗位，引进专业技术人员，解决本地就业，带动间接就业。

产业要素视域下少数民族地区全域旅游精准脱贫基本策略研究①

——以四川省甘孜藏族自治州稻城县为例

四川农业大学旅游学院　邓维杰　朱淑婷　于巾渌　李怀瑜

【摘　要】我国现有的精准脱贫存量集中在以“三区三州”为主的少数民族地区，旅游资源丰富但旅游产业开发能力包括普通话沟通能力极弱，加上传统农牧产品以自给为主，现有贫困群体很难在短期内通过直接介入旅游产业链实现 2020 年精准脱贫和同步小康的目标。本研究基于产业要素理论，以四川省甘孜藏族自治州稻城县为例，探讨了基于全域旅游将少数民族地区扶贫专项资金和旅游资源作为资产投资域内景区开发形成贫困群体资产性增收途径，以及通过对域内游客和涉旅企业征收“旅游扶贫发展专项费（税）”和“旅游扶贫开发特许经营费（税）”等形式建立“全域旅游扶贫发展基金”形成贫困群体转移性增收途径的策略及其可行性。

【关键词】少数民族地区；精准脱贫；全域旅游；产业要素；基本策略

“精准脱贫”是我国“十三五”期间的战略任务之一，作为我国最后一批贫困存量，贫困特征具有更多的特殊性。截至 2018 年，我国尚有 3 000 万左右农村贫困人口，且相对集中分布在“三区三州”等深度贫困地区，即西藏和四省（青海、甘肃、四川、云南）涉藏工作地区、新疆南疆四地州，以及四川省凉山州、云南省怒江州和甘肃省临夏州。这些地方不仅贫困发生率高、贫困程度深，因病、因残致贫是主因，而且基础条件薄弱、公共服务不足，脱贫难度更大 [1]。很显然，少数民族地区是我国未来三年精准脱贫的主战场。

精准脱贫的核心是经济增收，产业脱贫是精准脱贫的主要选项，包括旅游脱贫。但 2018 年《中国农村发展报告——新时代乡村全面振兴之路》指出，我国目前农业增收乏力问题突出，农民增收主要依靠国家财政补贴或第二、三产业，必须建立长效机制才行确保农民增收，达到精准脱贫和乡村振兴的目的[2]。

少数民族地区自然和人文旅游资源非常丰富且独具特色，如全域性的民族民居、日常生产生活形态、传统民族文化节事活动等。因此，全域旅游产业已经成为少数民族地区精准脱

① 本文为四川省扶贫和移民工作局“四川省稻城县 2018 年度全域旅游精准扶贫实施方案编制”项目成果之一。四川农业大学旅游学院、四川省扶贫和移民工作规划指导处相关人员参与了部分实地调研。特此致谢。

作者简介：邓维杰（1963—），男，四川成都人，四川农业大学旅游学院副教授，硕士研究生导师，长期从事旅游与社区扶贫发展和生态保护方面的研究工作。朱淑婷（1995—），女，四川成都人，四川农业大学旅游学院硕士研究生，主要从事生态旅游与社区发展研究。于巾渌（1997—），女，四川农业大学旅游学院本科生。李怀瑜（1999—），女，四川农业大学旅游学院本科生。

贫的主要手段之一。旅游业是一个系统，通常由四大子系统构成，即旅游目的地子系统、旅游客源地子系统、旅游支撑保障子系统和旅游企业子系统[3]。因此，旅游产业是一个系统性工程，具有初期基础设施建设投资大、市场培育耗时长、综合经营能力要求高、市场竞争风险大等特点，短期内很难实现盈利。

目前围绕全域旅游精准脱贫的文献不多，2015 年基本是空白，2017 年年底有 80 余篇。文献分析表明，现有研究以完善旅游基础设施、基于旅游产业链进行产品开发和市场开拓等观点为主。如全域旅游视阈下乡村旅游产品的“全生态、全链条、全体验、全层次、全精品、全低碳”观点[4]，创新创意旅游和营销模式等[5]。针对少数民族地区旅游精准脱贫的研究更少，一些学者明确指出了少数民族地区贫困的差异性特点，如产业单一、交通不便、思想观念落后、教育水平落后等，并提出了突出民族特色开办农家乐等民族地区全域旅游精准脱贫的建议[6][7]。总体上现有文献主要提出了贫困群体直接介入旅游产业经营实施“造血式”旅游精准脱贫的策略和路径。

与此同时，既有的旅游扶贫实践也反映出不少普遍问题，尤其是旅游开发的益贫性不足、旅游漏损问题非常严重，当地贫困群体由于能力限制无法直接从事旅游产业，旅游产业活动更多被外地人控制性经营，有的景区这个比例高达 60%，全域旅游的整体性效益与益贫性之间矛盾日益突出[8]。在民族地区，贫困人口在旅游脱贫中的相对剥夺感更为突出，社会矛盾和冲突风险在显著增加[9]。

本研究基于产业要素理论，探索了以全域旅游为平台推动少数民族地区贫困存量通过资产性增收和转移性增收的旅游精准脱贫策略，以对标 2020 年全面脱贫和同步小康的现实需求，以及后精准脱贫时代乡村振兴的战略要求。

一、研究方法

本研究以四川省甘孜藏族自治州稻城县全域为对象，以亚丁景区、红草地景区和海子山景区为全域旅游基础，以桑堆镇吉乙一村、省母乡省母村、巨龙乡然央村等 6 个旅游扶贫示范村为研究样本村，采用文献分析、问卷表以及小组和关键信息人半结构访谈（SSI）、实地观察等方法，收集了稻城县、样本村和样本户有关全域旅游与精准脱贫等方面的信息。数据分析采取 SWOT 分析、问题树分析以及对策树分析法。本研究时间为 2017 年 6—12 月，实地调研时间为 2017 年 7 月。

二、研究结果

（一）稻城县概况

四川省甘孜藏族自治州稻城县地处青藏高原东南边缘。全县面积 7 306 km^2，境内最高海拔 6 032 m，最低海拔 1 900 m，平均海拔 3 450 m，县城海拔 3 750 m，是甘孜藏族自治州第四高城。稻城县辖稻坝、贡岭、东义 3 个片区共 11 乡 3 镇 121 个村民委员会和 3 个居民委员会。2015 年底户籍总人口 31 643 人，其中藏族人口占 96.5%，农村人口占 86%以上。

（二）稻城县全域旅游概况

稻城县拥有世界级知名景区“亚丁景区”，并在陆续打造“红草地景区”以及“海子山景区”。作为藏族聚居区，稻城县全域层面旅游资源丰富但禀赋属性相似性较高，青藏高原自然景观与藏族传统文化处处可见，具有全域观光、全域体验、全域养生、全域度假等强大的全域旅游条件。任何一个村落都是天然而又独一无二的自然景区景点，而“亚丁景区”等则是稻城县全域旅游最大的市场卖点，具有极好的品牌号召力，每年 6—8 月是旅游旺季，年度游客都在 100 万人次以上且逐年快速增长中。

稻城县的海拔高度呈北高南低特点，“亚丁景区”就处在低海拔的南部地区，高原反应不明显，靠近云南地区，物产相对丰富，能使外地游客快速适应高原气候减少高原反应，为在稻城县开展全域旅游尤其是高海拔地区的旅游创造了条件。

（三）稻城县贫困及精准脱贫概况

截至 2017 年底，稻城县尚有未摘帽贫困村 34 个，贫困户 448 户计 1 755 人。稻城县的贫困具有以下特点：

（1）每乡（镇）每村都有贫困人口。

（2）插花式贫困体量占全县贫困体量的 51%。

（3）均以传统种植养殖为主，且自给为主可销售体量很小。

（4）贫困户基本没有普通话沟通能力，没有旅游业开发经营经历和专业能力。

（5）缺增收途径、缺劳动力、缺专业技术是致贫主因。

调研显示，稻城县开展的旅游精准脱贫工作主要包括打造桑堆镇吉乙一村、省母乡省母村和巨龙乡然央村等数个旅游扶贫示范村，采取的是传统景区景点打造模式，同时依托涉旅企业（酒店、餐馆等）对部分贫困户中的青壮年进行技能培训，为这些贫困户提供获得工资性收入的机会，以及发展旅游配套农牧产业，培育民宿旅游示范户。截至 2017 年年底，这些旅游扶贫示范村的基础设施建设工作尚未完成，而气候因素限定了这些基础设施建设工作只能在 2018 年春季后才能继续施工。这意味着稻城县的旅游扶贫示范村在 2018 年旅游旺季时很难开展经营工作，稻城县实现 2018 年贫困县摘帽面临客观压力，全域旅游精准脱贫形势不容乐观。

（四）稻城县全域旅游精准脱贫的主要特点

研究表明，稻城县全域旅游精准脱贫具有以下主要特点：

全域旅游推进重点放在现有景区的扩展和新景区景点的建设上，包括扩展“亚丁景区”，打造“红草地景区”和“海子山景区”等。

全域旅游精准脱贫的主要策略是让贫困群体直接介入旅游业经营层面，通过提供旅游食材、土特产和旅游纪念品之类获得经营性增收，少数贫困户可以通过参加培训获得涉旅企业工作机会形成工资性增收。

全域旅游精准脱贫的主要手段是打造旅游扶贫示范村，包括人工建设油菜花海、高山冷水鱼垂钓场、健康绿道、培育民宿示范户以及村容村貌整治等，按照旅游示范村“五个一”标准（即一个游客中心、一个停车场、一个旅游购物店、一座旅游厕所、一套旅游标识标牌）

建设配套设施。

总体上，稻城县现有的全域旅游精准脱贫把重点目标放在贫困人群相对集中的贫困村，对占全县贫困人口体量 51%的插花式贫困群体考虑不多，全域旅游精准脱贫的主要策略是通过旅游经营增收。稻城县曾设想将扶贫专项资金以借贷的方式（不是入股）参与“亚丁景区”经营，但因多种原因没有实现。稻城县目前没有通过旅游产业获得资产性增收和转移性增收的计划。

（五）产业要素视域下稻城县全域旅游精准脱贫策略分析

1. 稻城县全域旅游产业要素分析

产业脱贫以产业得到有效发展为前提，如果旅游产业不能得到有效的发展，旅游脱贫无从说起。产业的发展及发展水平又以产业要素为基础，通常包括初级要素、高级要素、专门要素和一般要素，而旅游的产业要素包括四个层面，即初级要素（旅游所需的自然、文化等旅游资源禀赋等）、高级要素（旅游所必需的专门设施、技术手段等，例如餐饮设施）、专门要素（旅游规划、设计和管理所必需的专业知识和技能等），和一般要素（旅游运行所必需的公共服务设施，包括通讯、交通、安全保障、医疗救助等）[10] [11]。

调研显示，稻城县全域旅游初级产业要素非常丰富，从高原自然景观到藏族传统文化，从现有景区景点到全域每个村寨，无不充满对外地游客的旅游诱惑。稻城县全域旅游的一般要素也比较完整，包括交通、通讯、医疗救助包括针对高原反应等特定风险的应急服务。但是，稻城县现有的旅游高级要素和专门要素缺失非常突出。从技术层面，稻城县目前没有任何的旅游规划设计专门机构，除了现有的景区景点，其他所有涉旅乡镇村和贫困户均没有旅游产品开发设计和市场营销的专业知识和专业技能（经历），稻城县全域现有的旅游产品不仅数量少且侧重观光产品，同质化程度较高（高原风光和藏族特色），只有“红草地景区”具有一定的排他性特色。在管理层面，稻城县旅游局实际上是多部门合并而成，负责全县旅游开发管理共有两人，且均非旅游相关专业背景。从旅游“十二要素”角度看，稻城县现有的旅游产业要素尤其是高级要素和专门要素，可以基本满足游客的吃、住、行需求，但不能满足全域游、购、娱、商、养、学、闲、奇、情这些旅游要素的需求。

因此，稻城县现有全域旅游产业的高级要素和专业要素是非常缺乏的，贫困群体无法在短期内建立和完善这些旅游产业高级要素和专门要素，也就无法在短期内通过直接参与旅游产业的经营获得较好的经营性增收。而稻城县精准脱贫的目标是在 2018 年实现贫困县摘帽，2020 年全面脱贫和同步小康。因此，依靠稻城县贫困群体既有的旅游产业要素，很难在未来 2 年内建立起全域旅游产业实现精准脱贫，只能利用外来旅游投资服务商提供的高级要素和专门要素来推动稻城县全域旅游产业的发展，以有效支持精准脱贫。

2. 稻城县全域旅游精准脱贫 SWOT 分析

稻城县全域旅游精准脱贫的 SWOT 因素主要包括如下几个方面。

S（优势）：拥有“亚丁景区”等世界级知名景区、具有全域青藏高原自然风光、全域每个社区都有藏族文化特色吸引物（河流、山谷、植被、高山、寺庙、节事等）、全域旅游通达性较好、景区及县城餐饮住宿等基础设施比较完备、全域旅游和全域旅游脱贫发展共识一致、全域内高低海拔搭配对接互助性较高（气候、物产等）、有空中和陆路交通与成都等大城市市场接入、有较多的扶贫专项资金可以作为资产投入旅游业等。

W（劣势）：贫困群体普通话沟通能力不足（除“亚丁景区”和县城居民外，其他受访村民基本上无法使用普通话进行有效沟通，或者不了解旅游产业）、传统农牧产品体量较小（受访村民认为可以用于市场销售的传统农牧产品大概只有现有体量的10%～20%）、旅游旺季时间目前较短（每年6—8月为主）、淡季旅游开发很弱、依赖“亚丁景区”吸引游客、远离县城的部分社区公路状况不好、土特产辨识度不高（牦牛肉、虫草、雪莲花等）、现有旅游扶贫村建设没有完成并缺乏游客吸引力、缺乏全域旅游产品设计和市场营销、旅游管理部门和扶贫部门全域影响力较低、旅游纪念品同质化严重、缺乏旅游产业高级专业人才、全域旅游没有形成格局和机制等。

O（机遇）：游客对“亚丁景区”认可度较高、距离知名景区云南丽江等地较近且是环线、四川省扶贫和移民工作局全域旅游精准脱贫试点单位、外界社会投资旅游基础和势头较好、现有部分景区要扩大升级等。

T（制约）：距离2018年贫困县摘帽时间太短、2020年全面脱贫和同步小康时间有限、旅游市场培育（游客对全域旅游的认可）需要较多时间。

很显然，稻城县全域旅游精准脱贫面临的内部缺陷中，“传统农牧产品体量小”受制于当地自然环境基本是不可改变的，而“贫困群体语言沟通能力不足”等缺陷在短期内也难以改善达到旅游产业高级要素和专业要素的要求。而外部制约因素要么是无法更改，要么是需要时间培育。这意味着稻城县将旅游业经营性增收作为全域旅游精准脱贫的主要策略在短期内难以见效，只能借用外部能力包括旅游产品开发和旅游市场营销才能快速推进稻城县全域旅游产业发展，为稻城县现有的贫困存量形成快速见效的非经营性增收路径，实现全域旅游精准脱贫目标。

“亚丁景区”属于世界级知名景区，具有强大的旅游市场号召力，为稻城县全域旅游和全域旅游精准脱贫奠定了极佳基础，可以据此优势并抓住大量外来旅游投资商已经和正在进入稻城进行旅游产业开发所带来的旅游产业专业要素和高级要素机遇，显著提高稻城县的旅游乘数效益，提高游客在稻城县的停留区域和停留时间，从景区观光型扩展到全域观光型，从观光旅游模式扩展到体验旅游、养生旅游、生态旅游等模式，实现真正的全域旅游来助推精准脱贫。

3. 产业要素视域下稻城县全域旅游精准脱贫的策略建议

上面的分析结果表明，稻城县全域旅游精准脱贫的主要障碍是贫困群体缺乏旅游开发经营的专业知识和能力，包括语言沟通能力不足等旅游产业高级要素和专门要素，加上传统农牧产品体量较小且因自然原因无法大幅提高。这些因素使得稻城县在短期内无法快速建立起全域旅游产业，贫困群体很难短期内通过直接经营旅游活动包括出售土特产等获得经营性增收。因此，稻城县要想通过全域旅游实现2018年贫困县摘帽和2020年全面脱贫并同步小康的目标，应将重点放在可以快速和持续增收的资产性增收和转移性增收方面。

稻城县现有的减贫资金是比较充裕的，但除了旅游业外没有其他可行的产业投入途径。稻城县的全域旅游资源和全域旅游服务是客观的，但目前只有几个景区景点构成了旅游服务和旅游支付关系，没有构成全域旅游和全域支付关系。因此，稻城县可以在贫困存量的资产性增收和转移性增收方面有所创新和突破，形成真正的全域旅游精准脱贫格局，具体策略可以包括如下几个方面。

“亚丁景区”“红草地景区”“海子山景区”等成熟景区周边贫困村和贫困户，可以根据景区升级发展的需要，将集体所有和农户所有的旅游资产（包括土地、林地、草地、河流、房屋等）折股投资（注意，不是出租收取租金而已）到景区，形成贫困村和贫困户持续稳定的资产性收入，少数具有相应能力的贫困户还可以直接参与景区的部分工作形成工资性收入。

将稻城县的财政扶贫资金和社会扶贫资金等专项扶贫资金，通过股量化投资（注意，不是借贷收取利息而已）到“亚丁景区”等现有知名景区的升级发展，全体贫困户根据景区旅游收益按股分红获利，形成长期稳定的资产性收入。

在稻城县范围对新进入的涉旅企业收取“稻城县旅游特许开发经营费或税”、向游客和已有的涉旅企业收取“旅游扶贫发展专项费或税”等相关费用，用于建立“稻城县全域旅游扶贫发展基金”。作为旅游扶贫专项基金，一部分资金可以直接支付给全县贫困存量形成转移性增收，确保2020年前精准脱贫目标的实现，另外一部分资金积累用于稻城县全域旅游的持续发展，以及后精准脱贫时代稻城县的乡村振兴工作，形成稻城县持续的旅游业态和旅游推进乡村振兴新局面。

研究显示，稻城县2016年共接待游客145万人次，同比增长20.8%；实现旅游收入12.6亿元，同比增长31.2%。如果按照每年接待游客100万人次进行保守测算，每年每个游客缴纳10元，以及涉旅企业平均每年缴纳2 000元“稻城县旅游扶贫发展专项费或税”计算，每年可以为稻城县带来1 060万元的转移性收入。稻城县有55个贫困村，每村有50万元财政扶贫专项资金，按照平均每村40万元入股可获得2 200万元资金投资到“亚丁景区”等景区的提质增效工作，即使按照7%的固定投资收益率，每年至少有154万元的资产性收入。这两项转移性收入和资产性收入年度总计至少为1 214万元。而稻城县2017年底的贫困存量为448户1 755人，年人均可增收6 900多元，即使按照稻城县“十三五”期间总的贫困存量5 553人计算，年人均可增收2 180元，完全能确保2020年精准脱贫和同步小康目标的实现，也将为稻城县后精准脱贫时代的全域旅游发展和乡村振兴工作奠定扎实基础。

稻城县目前尚不存在国家补偿类的旅游收入，我国也还没有征收旅游费或税。但从国外实践看，向游客和旅游经营商征收旅游税已经非常普遍，例如，马来西亚向外国游客按每晚每房15.6元人民币的标准征收旅游税，以改善当地民生和支持旅游业的发展。从国内实践看，云南省丽江市从2001年开始以“丽江古城维护费”的方式向游客每人每次征收80元的专项费用，7天内全域内景区有效，累积已达7亿元，是丽江古城旅游资源保护的主要经费来源。我国也有为解决电力建设、通信设施建设、欠发达地区教育设施建设乃至城市酒店服务设施建设而收取三峡基金、教育附加费、旅游发展基金等实践。稻城县地处四川省甘孜藏族自治州，具备通过政策和立法途径建立“稻城县全域旅游扶贫发展基金”的条件。

三、结论与建议

以“三区三州”为主的少数民族地区是我国能否在2020年实现精准脱贫和同步小康目标的关键。旅游产业是实现少数民族地区精准脱贫甚至乡村振兴的主要抓手之一，但必须解决以下几个实际问题：

（1）少数民族贫困群体普通话沟通能力弱、旅游产业开发经营和市场营销专业能力缺乏。

（2）旅游产业初期投资大、市场培育时间长、市场风险大，贫困群体无力承担。

（3）旅游经营周期长、盈利慢，无法快速见效。

（4）旅游业经营性收入不能实现全域覆盖，尤其是全域贫困群体。

（5）全域旅游服务和全域旅游付费缺乏对接途径和机制，不能实现全域旅游公平受益。

（6）少数民族地区旅游发展和全域经济社会文化协调发展。

很显然，我国目前少数民族地区旅游产业的初级要素非常丰富，而高级要素和专门要素极其匮乏，甚至连普通话沟通交流都是障碍，短期内很难通过旅游产业获得经营性收入来实现精准脱贫。所以，全域旅游作为全景化的系统工程需要立足自身特点由外界的旅行社等专业组织来承担旅游规划设计和市场推广工作才行[12][13]，而不是依靠少数民族地区贫困群体自己的能力去开发经营。全域旅游也意味着旅游资源全域化，虽然权属明确但难以像景区景点一样清晰界定受益者。如果全域旅游不能在全域层面系统性管理尤其是可行的全域利益分配机制，就难以实现全域性脱贫和全域公平受益的目的。其实，早在2016年就明确提出全域旅游必须实行“全民共建共享”。因此，全域旅游精准脱贫，不仅要解决全域旅游产业要素问题，更要解决全域旅游效益公平分配格局和机制的问题，要充分体现“全民共建共享”的原则。

中共中央、国务院《关于打赢脱贫攻坚战三年行动的指导意见》指出，未来三年的脱贫攻坚要统筹衔接乡村振兴，要抓紧制定2020年后的减贫战略，包括扶贫开发立法[14]。既然全域旅游不是全域建设景区景点，就意味着全域旅游应该是全域旅游资源的开发经营以及旅游利益的统筹、协调分配。既然在相当长时间内少数民族地区缺乏旅游产业专业要素和高级要素，必须借用外部社会和市场力量进行旅游开发经营，那利用了全域旅游资源的涉旅企业就应该对全域旅游资源有所合理付费，让全域旅游资源体现全域旅游资产的价值。因此，在全域范围将贫困群体的扶贫资金、旅游资源等进行股权量化到旅游产业中形成贫困群体资产性收入，以及在全域范围通过对游客和涉旅企业征收“旅游扶贫发展费/税”，以及对新进旅游企业征收“旅游特许开发经营费/税”等建立“全域旅游扶贫发展基金”形成贫困群体的转移性收入，应该是少数民族地区短期内实现全域旅游精准脱贫和全域旅游长期持续发展的根本策略。

资产性收入以入股资产和景区景点收益为基础，具有一定稳定性。“全域旅游扶贫发展基金”等转移性收入具有稳定、持续、累积和增值等优点，有利于后精准脱贫时代的持续发展尤其是乡村振兴工作。通过资产性增收和转移性增收，还能实现全域精准扶贫的覆盖，尤其是目前广泛存在的插花式贫困户，非常适合少数民族地区的实际情况。中央政府鼓励扶贫资金和贫困户资产量化，因此通过全域旅游发展构建少数民族地区贫困户的资产性收入完全符合现有政策要求。建立“全域旅游扶贫发展基金”的资金来自全域范围内的游客和涉旅企业的专项收费或税收，类似国外普遍存在的旅游税和旅游开发特许费。虽然中国目前还没有旅游税之说，但景区发展维护费之类的实践早已存在，例如丽江古城维护费等。少数民族地区往往是生态脆弱地区（限制开发区或禁止开发区），而为了有效减少旅游开发可能对生态环境和传统文化的破坏，以及确保旅游资源作为公共资产进行商业开发带来的利益公平性分享，征收旅游开发特许费也是大势所趋。

少数民族地区社会发展不平衡，贫困群体“失权”或“无权”的现象比较普遍，精准脱贫策略也应该有别于其他地区[15]。收入贫困是源于能力贫困和权利贫困，既然能力贫困的脱贫需要漫长时间才能逐步解决，无法在短期内达到2020年精准脱贫的目标，那权利贫困的脱贫方向应该是政策和法律法规等制度性改善。从少数民族区域自治角度，通过国家立法或少数民族区域自治立法建立“全域旅游扶贫发展基金”，形成全域范围内贫困户的转移性收入也是可行的。

● 参考文献

[1] [14] 人民网-人民日报. 中共中央国务院关于打赢脱贫攻坚战三年行动的指导意见[EB/OL]. [2018-08-20]. http://dangjian.people.com.cn/n1/2018/0820/c117092-30238388.html

[2] 中国新闻网. 社科院报告：乡村振兴战略实施需解决四大难点[EB/OL]. [2018-07-25]. http://www.chinanews.com/gn/2018/07-25/8579313.shtml

[3] 马勇，李玺. 旅游规划与开发[M]. 北京：高等教育出版社，2012.

[4] 孟秋莉，邓爱民. 全域旅游视阈下乡村旅游产品体系构建[J]. 社会科学家，2016（10）：85-89.

[5] 李喜梅. 全域旅游视角下旅游精准扶贫研究[J]. 江西农业，2017（7）：128-129.

[6] 齐丹. 全域旅游视域下民族地区旅游精准扶贫研究经贸实践[J]. 经贸实践，2017（18）：92.

[7] 杨军. 民族地区旅游精准扶贫研究[J]. 云南民族大学学报（哲学社会科学版），2017（2）：116-120.

[8] 朱宝莉，刘晓鹰. 精准扶贫视域下的民族地区全域旅游：经验和思考——以贵州黎平为例[J]. 社会科学家，2018（2）：104-109.

[9] 卢世菊，江婕. 民族地区旅游扶贫中贫困人口的相对剥夺感及其疏导研究——基于恩施州15个贫困村的调查[J]. 学习与实践，2018（1）：111-118.

[10] 丁黎明. 我国旅游生产要素发展建议[J]. 合作经济与科技，2015（8）：30-31.

[11] 曾名芹，梁燕平. 生产要素视域下的广西乡村旅游精准扶贫思考[J]. 柳州师专学报，2015（6）：40-43.

[12] 敖源岭. 四川茶叶种植区旅游精准扶贫的思考[J]. 福建茶叶，2017（9）：117-118.

[13] 薛兵旺. 关于全域旅游视角下旅游业精准扶贫的深层次考量——以黄陂老区生态旅游区建设为例[J]. 武汉商学院学报，2016（2）：15-18.

[15] 伊漪，李益长. 增权理论在民族村寨生态资源扶贫开发中的应用研究——以“中国扶贫第一村”赤溪村为例[J]. 广西民族研究，2016（3）：161-165.

甘孜州核桃品质检测与产业发展思考

甘孜州林业科学研究所　余海清　刘燕云　兰常军

【摘　要】本文着眼于甘孜州核桃产业现状，连续5年对全州核桃主产区的脂肪含量、蛋白质含量进行检测，分析其品质下降的原因，提出选育本地品种、农旅结合等措施推动核桃产业高质量发展。

【关键词】甘孜州；核桃；品质；产业发展

核桃（Juglans regia L.）是世界范围内分布广泛、资源丰富的古老干果类和木本油料树种之一。因其用途广泛、核仁营养丰富而被称为世界“四大坚果”之首[1-4]，享有“万岁子”“长寿果”等美誉[5]。核桃仁中脂肪含量 60%～75%，被称为植物中的油王，特别是脂肪中的不饱和脂肪酸占 90%以上，主要为人体必需脂肪酸——亚油酸、亚麻酸及油酸，特别是预防心脑血管疾病的 ω-3 多不饱和脂肪酸（亚麻酸）含量位于常见坚果之首[6]。相比橄榄油、大豆油、菜籽油、花生油、棕榈油和动物油，核桃的亚油酸和亚麻酸含量最高，且两者的平均比值为 4.85∶1，是唯一符合世界卫生组织小于 6∶1、中国营养学会 4∶1～6∶1 推荐标准的食用油。具有健脑益智、预防心脑血管疾病、抗癌、补肾强体、调节生理机能、抗衰老、美容等多种重要功能，是真正的高端食用油料。核桃还能保健、入药，核桃木材也具有较高的经济价值，核桃壳还能作为工艺制品的原料和高级活性炭。

一、甘孜州核桃发展概况

（一）自然概况

甘孜州地理位置为东经 97°22′～102°29′，北纬 27°58′～34°20′，南北长约 663 km，东西宽约 490 km，面积 15.3 万 km^2。根据自然地理状况和气候条件，将甘孜州分为东、南、北 3 个区域，其中东部为康定、泸定、丹巴、九龙 4 县市，属于大渡河流域和金沙江流域；南部为雅江、理塘、巴塘、乡城、稻城、得荣 6 县，属于金沙江流域；北部道孚、炉霍、甘孜、德格、白玉、色达、石渠、新龙 8 县，属于雅砻江流域。

作者简介：余海清（1976—），男，四川泸定人，硕士，甘孜藏族自治州林业科学研究所高级工程师，研究方向为高原植物资源开发与利用。刘燕云（1989—），女，汉族，硕士，甘孜藏族自治州林业科学研究所林业工程师，主要从事园艺研究。兰常军（1986—），男，汉族，硕士，甘孜藏族自治州林业科学研究所林业工程师，主要从事林草防灭火和有害生物防治研究。

（二）核桃栽培情况

甘孜州是西南地区核桃天然分布的重要区域之一，核桃的自然分布与人工栽培主要分布在海拔 1 000 ~ 3 000 m 的高山峡谷区。境内的金沙江、雅砻江、大渡河的河谷地带，年平均温度变幅小，昼夜温差大，日照充足，是核桃生长的适宜地区[7]。川西高海拔地区，核桃的栽培历史始见于 1732 年王世睿在其《进藏纪程》中有“巴塘地暖无积雪，气候与内地无特殊，土产葡萄胡桃”的记载。《西康通志稿》也有“胡桃枝干高大，叶片扁阔，木材实，巴安（今巴塘）、泸定所产之核桃，壳薄实厚，尤为佳品”的记述。在 20 世纪 90 年代的全州核桃资源调查中，分别在巴塘县、乡城县发现了被当地人称作“千年古树”的核桃，经年轮测定，其树龄均超过 500 年。

20 世纪 80 年代，泸定等地通过引种“新疆核桃”，拉开了核桃引种的序幕。20 世纪 90 年代末，退耕还林工程实施以来，各地栽植了大量外来核桃种苗，有“川早”系列、“香玲”等品种，但种苗质量良莠不齐。近年来，多地又引种“盐源早”“紫衣”等品种。本地也选育栽植了一批良种，有巴塘“金核 1 号”“得荣 1 号”“乡核 1 号”等。

（三）核桃产业现状

截至目前，全州核桃产业基地面积达到 36 602 hm^2，干果产量达 8 671 t，核桃油产量 198 t，详见表 1。

表 1　甘孜州核桃区域产业发展对照

区域	栽植面积/hm^2	良种面积/hm^2	挂果面积/hm^2	产干果量/t	加工量/t	核桃油产量/t
东部	14 397	7 820	9 833	4 715	700	115
南部	21 822	4 470	10 530	3 956	500	83
北部	383	0	0	0	0	0

全州主栽品种有“大优一号”“香玲”“川早 1 号”“新疆核桃”“金核 1 号”“乡核 1 号”“新疆薄壳核桃”“得荣 1 号”等。

目前，核桃产业存在一些问题，平均产量低，仅 236 kg/hm^2；出现核桃黑斑病、炭疽病等病害，举肢蛾、豹纹蠹蛾、云斑天牛、叶甲等虫害，且发生面积较大；树势衰弱，核桃单果变小、产量降低、品质下降；部分果园树体死亡；核桃鲜果、干果价格持续走低，林农放弃核桃管理等情况。

为了解当前核桃品质情况，本研究于 2015—2019 年对全州主产区核桃开展抽样调查，通过对样品脂肪含量、蛋白质含量进行测定，分析核桃品质。

二、材料与方法

（一）布点与取样

随机抽取泸定县、巴塘县、得荣县、稻城县、乡城县、丹巴县、康定市等 7 县市，在核桃出产区，根据栽培面积和产量所占权重确定布点数量。以县为单位间隔 2 ~ 3 年进行一次重复采样，样点不重复。采样点分布详见表 2。

表 2　采样点位统计

	泸定县			巴塘县			得荣县			稻城县			乡城县			丹巴县			康定市		
	乡镇数	村数量	采样点数	乡镇数	村数量	采样点数	乡镇数	村数量	采样点数	乡镇数	村数量	采样点数	乡镇数	村数量	采样点数	乡镇数	村数量	采样点数	乡镇数	村数量	采样点数
2015 年	10	34	50	13	21	50										5	13	20	5	12	20
2016 年							8	35	60	6	18	40	11	25	45						
2017 年	10	28	85	10	30	85															
2018 年																6	18	35	9	22	50
2019 年							3	10	20	4	13	20	4	12	20						

当年 8—10 月现场鲜样采收。一个样点随机选取植株 5 株，每株采收不少于 10 个核桃，去除青皮，混合后取鲜果 2 kg。

（二）试验方法

1. 脂肪的测定

采用食品安全国家标准《食品中脂肪的测定》（GB 5009.6—2016）进行测定。测定结果详见表 3。

2. 蛋白质的测定

采用食品安全国家标准《食品中蛋白质的测定》（GB 5009.5—2016）进行测定。测定结果详见表 4。

3. 结果与分析

表 3　脂肪含量测定结果

脂肪含量/%							
	泸定县	巴塘县	得荣县	稻城县	乡城县	丹巴县	康定市
2015 年	62.86	66.68				59.73	58.28
2016 年			65.6	62.47	63.91		
2017 年	59.33	66.56					
2018 年						53.81	50.96
2019 年			45.44	48.43	46.72		

表 4　蛋白质含量测定结果

蛋白质含量/%							
	泸定县	巴塘县	得荣县	稻城县	乡城县	丹巴县	康定市
2015 年	18.75	17.07				16.18	16.07
2016 年			16.83	16.83	16.52		

续表

蛋白质含量/%							
	泸定县	巴塘县	得荣县	稻城县	乡城县	丹巴县	康定市
2017 年	20.56	16.53					
2018 年						14.77	15.39
2019 年			13.62	14.23	14.26		

由表 3、表 4 可见，按区域比较，南部各县核桃脂肪含量普遍高于东部，蛋白质含量东部高于南部。按时序比较，近 3 年全州核桃脂肪含量总体下降，下降率 15%，品质未达到《核桃坚果质量等级》（GB/T 20398—2006）规定的最低等级Ⅲ级标准。蛋白质含量出现下降，下降率 7%。

仅以脂肪含量和蛋白质含量进行分析，发现我州核桃品质呈整体下降趋势，这对产业发展极为不利。

三、讨论

当前，消费者对核桃产品要求越来越高，注重口感、健康，追求舒适、特色。甘孜州核桃品质下降，已不能满足消费需求，难以打开市场。

（一）问题分析

核桃整体品质的下降，与近几年大规模高接换种换优、使用外来品种、适应性不佳有直接关系。根据相关机构检测，利用我州当地老品种核桃压榨出的核桃油，质量等级均达特级标准。当地的原生老品种核桃，经过数千年的自然与人工选择，已非常适应当地的自然气候条件。普遍树势高大，树姿开张，长势健壮，生命周期长，易抽生果胎副梢。

区域气候变化导致雨水增多对核桃品质的影响正在加剧。

大面积病虫害的发生对核桃品质的影响在增加。

价格一路走跌，果贱伤农，造成农户对核桃树体疏于管理，影响品质。

（二）建议

1. 选育本地优良品种

应保护优质母树，重视和加强对本地的优树筛选，做实做细群众推优、调查选优，培育新品种，充分开展区域试验。放宽新品种感观指标，果形、外壳、横径、平均果重等物理指标。按特级核桃标准选取出仁率、取仁难易度、脂肪含量、蛋白质含量指标。东部注重选育早实、抗病虫害品种，南部注重选育晚实、耐寒品种。

2. 农旅结合发展核桃产业

核桃栽植选择土质较深厚的耕地或坡地。结合全域旅游、乡村振兴，集中栽植，规模经营。果园设计与房屋、道路、环境融合，树形控制体现美感和便利性，核桃栽植与观赏、体验、租赁需求结合。开发核桃新产品，核桃蔬菜、核桃工艺品。研究开发新的榨油技术与设备，发展小型化、便利化、模块化榨油设备，普及核桃油压榨加工，降低榨油成本。走线下榨油体验馆、线上带货直播等营销路线。

3. 加强品质控制

加强现有核桃园土肥水管理，加强冬季修剪，注重树形控制，及时去除病腐枝并清除离园。加强低产低效园改造，慎重选择换优品种，科学管理。

4. 发展绿色有机核桃产品

病虫害防治坚持生物防治和物理防治相结合，科学使用低毒、高效、低残留农药。注重群防群治，以防为主、防治结合。申报地理标志和有机食品，严格按标准进行管理。

● 参考文献

[1] 杨建华，李淑芳，范志远，等. 美国山核桃主要经济性状的主成分分析及良种选择[J]. 浙江农林大学学报，2011，28（6）：907-910.

[2] 朱海军，生静雅，刘广勤，等. 控释肥对薄壳山核桃容器苗营养生长的影响[J]. 中南林业科技大学学报，2015，35（1）：37-41.

[3] 马闪闪，赵科理，丁立忠，等. 临安市不同山核桃产区土壤肥力状况的差异性研究[J]. 浙江农林大学学报，2016，33（6）：953-960.

[4] 李瑞鹏. 和顺县核桃产业提质增效问题探讨[J]. 防护林科技，2016（12）：90-91.

[5] 四川森林编著委员会. 四川森林[M]. 北京：中国林业出版社，1992.

[6] 裴东，鲁新政. 中国核桃种质资源[M]. 北京：中国林业出版社，2011.

[7] 付达荣，席铭. 川西高海拔地区核桃生产现状及发展对策[J]. 林业科技开发，2000，14（3）：13-15.

甘孜州青稞的多元功能与产业发展

甘孜州农业科学研究所　王文献

【摘　要】青稞是甘孜州的主要粮食作物，具有粮食、保健、经济、生态和养畜等多元功能。青稞产业涉及民生，关系社会稳定，事关我州长足发展；青稞种植遍及全州，关系畜牧发展，事关农户安居乐业；青稞生产涉及生态，关系青山绿水，事关生态宜居。青稞产业兴旺具有“四减”和“三增”作用，甘孜州发展青稞产业有一定基础与优势，同时面临诸多问题与难题，发展青稞产业必须增强品味、标准、原料、品牌、民生和联盟等六大意识。

【关键词】青稞；多元功能；产业发展

一、青稞的多元功能

青稞籽粒的颖壳与种皮之间无黏性物质，使籽粒易与果皮分开成裸粒，也叫裸大麦，具有多元功能。

（一）粮食功能

青稞是甘孜州主要粮食作物，是保障甘孜州粮食安全的重要作物，占粮食作物面积的 50%以上，占粮食总产量的 40%左右。是种植业生产的支柱，是民生的基础也是政治之粮。

（二）保健功能

高原缺乏膳食纤维的食物会引起高血压等疾病的高发；而青稞因其富含可溶性疗效纤维及β-葡聚糖和甘油三酯等，具有降低人体血液中的血清胆固醇、控血糖等作用，以及多食糌粑对当地居民有保健的作用。因此青稞是保障甘孜州老百姓健康的重要食物。

（三）经济功能

青稞同时也是农牧民增收致富的重要源泉，甘孜州农民家家户户均以种植青稞为他们生计的重要活动以及就业的重要渠道，而且种植收入占到农区家庭经营性收入的 1/3 左右。

（四）生态功能

甘孜州生态环境特别是植被生态极其脆弱，同时气压很低，又加上农牧区燃料缺乏而导致难以熬煮食品。青稞炒制中可通过使用洗净的细沙形成高温，一次炒熟后可即食即用。这种青稞加工方式不仅节省大量燃料，而且有利于保护植被生态。

作者简介：王文献（1964—），男，汉族，甘孜州农业科学研究所农业推广研究员，主要研究青稞及其产业化。

（五）养畜功能

青稞的秸秆是一种重要的饲草原料。当地传统牛羊品种具有耐饥饿和耐粗饲特点，适合在干旱、缺草的地区放牧饲养。而我州因气温低且缺水，植物生长量较低，人工草地建设和优质饲草生产又较为滞后。青稞秸秆不仅具有柔软且适口性好的特点，同时青稞籽粒磨成粉后可作为牛羊的精饲料。

二、青稞产业兴旺的重要作用

青稞产业的兴旺具有“四减”和“三增”作用。

（一）“四减”作用

首先，青稞生产减轻了草地放牧的压力；其次，青稞储粮减轻了粮食安全的压力；再者，青稞增产减轻了农村维护稳定的压力；最后，青稞产业还减轻了农牧区劳动力就业的压力。

（二）“三增”作用

青稞种植，增添了区域性旅游的特色；青稞生产，增加了农民收入和乡村经济收益；青稞产业，增强了农牧业产业化发展的能力。

（三）涉藏工作地区不能缺乏青稞

俗话说“手中有粮，心中不慌”，基本口粮需要保障。脱贫攻坚中，若青稞连续减产，将出现返贫致贫，对农区畜牧养殖也将造成一定影响。

三、青稞产业发展的基础与优势

首先，全州青稞种植面积达到 50 万亩左右，总产量近 11 万吨，占粮食播种面积和总产量的 50%和 40%，在省内绝无仅有。

其次，青稞籽粒中富含的 β-葡聚糖、可溶纤维、生育酚等具有辅助降血脂、控血糖等保健功能，在谷物中是极为少见的。

再者，青稞的秸秆几乎可以全部作为牛羊的饲草，在充分利用青稞的秸秆后其籽粒的加工产品还可渗透到群众文化中，这在全省是较为罕见的。

最后，在青稞的种质资源鉴定、新品种选育、栽培技术研究、产品加工等领域的研究科技创新能力也在不断提升和进步。

四、青稞产业发展面临的问题与难题

（一）“三微”问题

青稞产业面临着总体产能不足、生产水平低下、优质原料严重缺乏，以及企业加工规模微小而使得加工难以上规模上档次等问题。究其原因，一方面是青稞产业的发展处于小而散的状态，标准化、规模化、产业化经营体系尚未形成，因此产业效益微薄；另一方面是青稞产业的科技、人才、投入支撑不足，以致高端和精品的产品生产加工严重缺乏，从而缺乏品牌效应，对市场的拉动微弱。

（二）面临的难题

一是青稞产品种类多发展潜力很大，但其种植单产低且规模小，因此要进行集约化生产与产业化经营；二是其品质优良，但存在加工品质差、加工容易而销售难的问题，所以精细加工与精品创建是目前急需解决的问题；三是土地细碎，经营难，多年连作，肥力退，要通过土地流转与轮作倒茬来培肥地力；四是品种混杂，更换慢，价格低廉，效益低，要更换品种与提高优质优价；五是手工劳作，效率低，示范容易，推广难，要把机械化作业与农机农艺结合等。

五、青稞产业发展的六大意识

青稞是甘孜州的名片，也是特色农产品的金字招牌。在青稞生产与加工产业发展中容不得作假、容不得劣质、容不得低端。因此，推动甘孜州青稞产业高质量发展，必须增强六个意识。

（一）品位意识

要讲究产品档次、企业文化、个人品位素养，讲究卫生、诚信、产品品质。建议有关部门对青稞加工企业进行有效评价，选择几个有品位的企业家和高品质加工产品的企业予以扶持，极力让青稞产品有品位、高品质。

（二）标准意识

青稞是一种淀粉作物，加工成小麦一样的食品比较难，主要是面筋含量低，特别是谷朊蛋白含量较少。青稞加工产品一定要突出青稞品质特色，要加工成可以体现青稞营养功效成分的各种系列产品。

我州青稞生产从品种选择、栽培技术，到收获的籽粒和秸秆都缺乏标准及其原料生产的技术规程，更需要制定“所谓青稞产品”的青稞作为主成分的含量规定和品质要求。

（三）原料意识

甘孜州的小企业，都是低成本起家，主要做法是先建厂，后收购原料，然后加工产品。少有企业认认真真地统筹考虑原料来源、品质、数量等，造成现在大部分企业面临青稞优质原料缺乏，出现优质原料难收购，以及收购优质青稞原料在价格上出现恶性竞争等问题。全州需要加强原料产地环境保护和打造产地环境的良好性，从而打造企业自己的优质品种的优质原料生产基地。

（四）品牌意识

“圣洁甘孜”“甘孜州青稞”，都是很好的品牌。如果青稞原料是劣质或者是异地生产的，青稞产品是异地加工的而不是在甘孜的本土加工的，青稞食品不是以青稞为主成分从而达不到控血糖、控血脂等青稞亮点性功效的，青稞加工过程“脏乱差”而出现食品安全问题的，青稞生产农田是被污染的等，会损害甚至毁掉甘孜州青稞之品牌，会造成将来没人吃甘孜州青稞。因此，要高度重视提升研发、中试、品鉴、质检等销售前各个环节的能力和水平，使得加工生产出来的青稞产品一上市就能站得住、占市场、出名成名。要高度重视优质品种选择、种植环境达标、生产环节标准化、收割储仓洁净化等优质原料生产的各个环节标准化、洁净化管控，让加工生产出来的青稞产品真正有青稞 β-葡聚糖含量、真正使青稞产品具有营养保健的功效。高度重视青稞产品的青稞主成分含量，青稞是淀粉作物，复配粉、预拌粉等及其产品是一个很好的加工方式，但是一定要突出青稞主成分的含量，尽快制定“青稞产品”的青稞含量及其主要营养功效成分的含量标准。要高度重视青稞加工过程中的加工工艺技术含量、产品的传统文化、全程质量监控、严格质量安全检测、产品营养评价等，使得青稞加工产品安全、健康。

（五）民生之粮意识

糌粑和传统青稞酒对于藏民族有着重要的意义，是农牧民的重要口粮，因此，青稞仍然是甘孜州的民生之粮。因此，要继续加大对青稞生产者进行政策性补贴力度，以保证青稞生产的积极性和生产者的增收致富，同时应尽快制定推动青稞良种免费轮流供种机制等。

（六）联盟意识

甘孜州的好产品与藏文化，都具有发展产品品质特色的潜力，但存在企业各自为政、相互恶性竞争的现象。这使得甘孜州产品始终做不大、做不优、做不强，反而被其他地区抢占市场，率先打出品牌。因此，笔者有以下几点建议：一是尽快建立青稞科技创新联盟，共商产业发展大计，及时提出政府需要解决的困难；二是尽快在“北、上、广”等通过援藏等渠道建立青稞产品展销平台，采取政府投资、企业筹资、援藏助资等措施，建立一个永不落幕的青稞产品展览+青稞文化展示馆；三是尽快建立青稞种植农户或农民协会（大的联合性合作组织）。国内外有农民协会，其职责就是共同商定种植策略、出售价格、产品质量、举办科技培训等各项工作，起到利益相关体或命运共同体的有效组织，组织农民的法律维权、面向市场对话、制定产销规则、共同维护自身利益等的同时，确保农产品向市场出售的质量和数量。

● 参考文献

[1] 尼玛扎西. 有效提高青稞单产，推动青稞产业发展的建议[J]. 西藏农业科技，2018（1）.
[2] 王凤忠，张玉红，等. 西藏青稞产业发展现状及对策建议[J]. 西藏农业科技，2019（2）.
[3] 梁珠英. 青海省青稞产业发展现状及对策建议[J]. 青海农业科技，2020（1）.

依托动植物资源优势　积极发展生物特种游

——观鸟看兽，赏花弄蝶

甘孜州林业科学研究所　周华明

【摘　要】甘孜州地处横断山脉中段，四川西部，约占四川省面积的1/3，其多样的生态系统蕴含了丰富的野生动植物资源，其中不乏青藏高原特有可供观赏的野生动植物资源。甘孜州开展特种生物观赏游优势明显，短板也较突出，但前景乐观。当前推动甘孜州发展生物特种游工作的建议是顶层设计编制规划、四级联动加快推进、试点探索不断完善、长期科研提供支撑、培训实践壮大队伍、强化宣传扩大影响、学习借鉴创新发展。

【关键词】特种旅游；观鸟；观花；观赏野生动物；野生动植物

一、世界及中国生物特种旅游（特殊兴趣游）现状

特种旅游是在常规旅游基础上提高、发展和深化起来的。是指为满足旅游者某方面的特殊兴趣游与需要，定向开发组织的一种特色专题旅游活动。特种旅游主要特征有：生态环境和文化环境的原始自然性，旅游项目和线路的新奇探险性，旅游形式的自主参与性。特种旅游类型有非赛事体育运动类、探险类、考察观察类和其他。下面以观鸟看兽采集为例介绍生物特种游的历史和现状。

（一）西方历史久远

随着望远镜的发明（1608 年，荷兰的一位眼镜商汉斯·利伯希发明制造了第一架双筒望远镜），观鸟逐步发展起来。观鸟本质上是一项自然探索行为，但随着发展，已经逐渐成为一项健康、休闲和环保的户外活动，成为许多人的终生爱好。观鸟起源于英国，兴盛于美国，20 世纪初再次大流行（1937 年观鸟指南出版，销量超 300 万册）。全世界有 300 万从业人员，年产值亿万万美元以上。观鸟达人美国人菲比老太太目击过 8 500 多种鸟类、英国人汤姆.噶理克目击鸟种数达 8 620 种之多。中国台湾有一观鸟者观鸟 30 余年，据说目击鸟种数已经达到了 4 600 种，被称为“中国观鸟达人”。

植物猎人，以收集奇花异木为使命，起源于欧洲，兴盛于英国。植物猎人足迹遍布全球。在众多的植物猎人中，英国人亨利·威尔逊自 1899 年至 1911 年，在长达 12 年的时间里，曾

作者简介：周华明（1967—），男，汉族，林业工程师，甘孜州林业科学研究所所长，主要从事甘孜州脊椎动物资源调查及自然保护区管理科学研究。

5 次来到中国，3 次进入横断山脉考察，收集了 4 700 种植物、65 000 多份植物标本，将 1 593 份植物种子和 168 份植物切片带离中国，被西方称为“打开中国西部花园的人”，对植物的研究和推广做出了巨大贡献，为西方国家引种了大量的园林花卉植物，如今西方植物学当中，以他命名的植物品种多达 200 多个。英国爱丁堡（苏格兰）皇家植物园中引种中国杜鹃花属植物 480（2005 年）/390（2016 年）余种，美国哈佛大学内阿洛德植物园有 250 种，美国华盛顿杜鹃花种质资源保存园有近 350（2015 年）种。目前，40 岁的日本人西畠清顺在全世界收集并栽培 3 000 多株稀有植物。

曾经的植物猎人直接影响今天的赏花团或观花团。今天的赏花团主要是中青年或研究人员为主的欧美人和中老年为主的日本团。欧美人到中国主要是重走威尔逊之路，日本人则主要在中国云南省、四川省观赏野生花卉植物。

（二）非洲走在前列

合法狩猎和大型兽类观赏是生物特种游中哺乳类动物特种游的两种主要形式。狩猎目标物种主要是雄性有蹄类（鹿科、牛科）和迁徙雁鸭类，主要目的是食用和制作标本。狩猎需要办理许可，有些需要持有执照，由向导伴随狩猎，在规定的时间、地点狩猎规定性别年龄和数量完成狩猎。狩猎动物有严格的数量限额，限额制定主要依据研究确定的安全数量（阈值）和现有种群数量确定。狩猎棕熊危险、狩猎野猪刺激，欧美人甚至今天少数的富裕中国人也趋之若鹜。

（三）中国蓬勃发展

美国戴珍女士 1916—1949 年在成都华西协和大学（今四川大学华西医学中心）观鸟，并于 1969 年出版了《1916—1949 四川成都观鸟札记》。1957 年，香港观鸟会成立。1973 年，台北野鸟会成立。1985 年，英国人第一次来北戴河观鸟。1996 年，“自然之友”在北京鹫峰组织了大陆观鸟第一次活动。2000 年，《中国鸟类野外手册》出版，成为中国观鸟者红宝书。2001 年，由观鸟者创办《中国鸟类观察》。2002 年后，中国观鸟人群不断发展壮大。

（四）我州拉开序幕

2003 年，甘孜州出现本土观鸟人。2007 年，康定二道桥廖姓农民建立白腹锦鸡观赏基地。2020 年 3 月，康定市建立银鸡野摄基地。

二、甘孜州发展生物特种游优势和短板

（一）优势

1. 甘孜州生境多样、动植物资源种类丰富、特有种凸显

甘孜州猫科动物 7 种，荒漠猫特有。观赏价值较高的有杜鹃花科杜鹃花属（世界 962/中国 566/特有 408）植物约 80 种（贡嘎山特有 7/中国特有 63 种、极小种群咕噜杜鹃）、报春花科植物 120 种、玄参科马先蒿属植物 110 种，毛茛科 165 种、龙胆科 115 种，蔷薇科 239 种，

罂粟科绿绒蒿属 12 种，鸢尾科 19 种、木兰科 8 种。

表 1 各级地域范围动植物种类对比

区域	鸟类	哺乳	两栖	爬行	鱼类	高等植物（苔蕨种）	蝴蝶
世界	9 000	4 500	2 000	3 000	25 000	295 800	15 000
中国	1 445	690	290	380	3 900	32 800	1 222
四川省	725	225	107	107	241	9 254	未调查
甘孜州	505	118	30	31	30（50）	5 223	未调查

2. 领导重视、部门发力、重视空前

习近平总书记提出“绿水青山就是金山银山”的发展理念成为大力、大胆发展生物特种游的思想引领，党中央、四川省委省政府主要领导要求积极践行探索实现绿水青山就是金山银山的有效路径；甘孜州政府肖有才州长提出“全力打造国际高端野生动物摄影基地”；全州旅游产业发展规划中明确“造一批‘观鸟观兽观花’基地”。这些都为我州发展生物特种游指明了方向，明确了着力点和近期工作重点。

（二）不足与短板

一是资源不清、基础弱。当前甘孜州仅根据文献资料编制了野生动物、观花植物名录，但野生鸟兽具体分布区域、数量丰富度、迁徙线路、繁殖特性、捕食行为等系列生物学、生态学课题研究不足，导致到甘孜能看什么不明白，在哪里看不清楚，什么时间看不确定。

二是重视不够、起步晚。以观鸟看兽赏花为主要目的的生物特种游是旅游的一个分支，专业性极强、个性化服务要求高，有一定制约因素。以大众游为主的今天，特种游特别是生物特种游基本处于喊得响、起步晚、发展慢的状态，发展缺乏专项支持，相应的规划少、宣传少、试点少。

三是投入不足、发展难。由于动植物资源研究深度不足，专业或本土特种游向导人员匮乏，可观看的中国特有物种点位少或不成熟，导致中国生物特种游的市场不稳定、影响力较小。国内虽有少量的民间资金投资到发展生物特种游上，但仍显得杯水车薪，导致发展举步维艰。

三、甘孜州发展生物特种游的对策与建议

（一）顶层设计、谋篇布局

多部门合力，构建大生态，保持完整生态系统；上下总动员，齐抓大保护，维护多样生物物种；践行新理念，共谋大发展，稳定增加种群数量。实现全面保护、创新利用、绿色发展良性循环。构建生态系统全、生存环境优、生物物种多、生态旅游活、经济发展好的美丽和谐新甘孜。

（1）组织编写全州生物特种游中长期专题规划。州政府林草或旅游行政主管部门牵头组织国内外生物特种游专家和知名公司代表共同编制高质量、接地气、可实施的甘孜州生物特

种游发展规划文本。近期重在夯实科研基础、找准优势明星资源、小范围示范试验；中期重在建立完善生物特种游服务体系、设立生物特种游行业标准、不断扩大市场影响力；长期重点是提升生物特种游服务能力和水平，提高产业发展质量和效益，构建生态环境美、特种门类多、市场活力足、产业发展优、农牧增效快的良性发展体系。

（2）打造提升观鸟、看兽、赏花基地。重点打造康定二道桥、雅江帕姆岭、炉霍卡萨湖等3大观鸟基地，石渠真达神鹿谷、康定魏石达（贡嘎山村）、白玉察青松多、巴塘措普湖等四大观兽基地，康定市木格措景区、海螺沟景区、丹巴中路藏寨、丹巴甲居景区、康定雅家埂、泸定大渡河沿岸、道孚八美协德、理塘濯桑产业园区、稻城色拉、乡城县青德—然乌等4大片（10个点位）的赏花基地。

（3）深度发掘特种游考察线路。挖掘其他欧美植物学家、探险家、传教士甘孜州活动轨迹资料，丰富植物考察线路。将维修、维护或片石铺装威尔逊之路甘孜州段列入"十四五"旅游基础设施建设计划；禁止破坏威尔逊之路（甘孜段），禁止沿线砍伐植被，尽量保持原貌。

（4）积极向欧美推介甘孜州生物特种游。适时在欧洲推介重走威尔逊之路（英格兰）、洛克之路（美国）、戴维之路（法国）、福雷斯特(苏格兰)之路。

（二）上下联动，促进升级

（1）州级统筹规划，统一指导，产业支持。将全州生物特种观赏游列入"十四五"旅游发展规划，制定专项发展规划，明确任务，重点投资，打造品牌，逐步实施，形成产业。

（2）县级组织实施，试点总结，丰富完善。有一定基础的（石渠、雅江、康定）率先启动，先易后难；通过试点，发现症结，不断完善，形成经验，再行推广。

（3）乡村落地落实，实践路径，改造升级。村为依托，探索单户、多户、联组、整村等丰富的多种实践主体；探索农村土地资产、各类房产、掌握的动植物信息资源投资入股；提升村级电力、通信保障能力，畅通、联通巡山道路；维持风貌、内部升级改造现有住房或空闲置房，提升接待能力和软硬件设施。

（4）村民积极参与，发现资源，打造亮点。生物特种游基础是对生物资源的掌握和利用。农牧民广泛的、主动的参与意识，将为快速发现、深度挖掘、充分利用生物资源奠定良好基础。一定意义上讲，农牧民参与多、资源发现多、资源组合多、利用机会多、拓展渠道多、增收效益好。

（三）科研先行、保障支撑

（1）强化物种生物生态学基础研究。在初步完成甘孜州杜鹃花研究和脊椎动物调查的基础上，系统梳理威尔逊在四川特别是甘孜州的历程；重点研究杜鹃花自然分布地人工促进天然更新技术、枯鲁杜鹃种群分布研究；报春花种类及分布调查研究；沙鲁里山系猫科动物生态学研究。深入开展雪豹、金钱豹、兔狲、荒漠猫等猫科动物，藏鹀、朱鹀、蓝额地鸲、四川温泉蛇、矮岩羊、欧亚水獭等特有鸟兽、高原雉类系列研究。

（2）挖掘本地特色鸟兽观赏摄影点。重点放在高原特有繁殖鸟（雉类等）、特有中大型兽类（猫科、犬科、鹿科、羊亚科等）、关注度极高的小型兽类（鼠兔科等）。

（3）开展生物特种游试点综合研究。针对特种游人群消费习惯，制定吃、住、行、游服务体系及收费标准；借鉴国外行业发展模式，设立符合川西高寒气候特点基础设施建设标准及投融资方式等；广泛动员当地居民参与，结合特长、兴趣等发现一批当地潜在的富有民族特点的特种游向导，建立一套选拔、培养特种游向导的制度体系。

（四）试点探索、不断完善

优先在石渠县真达乡、雅江县八角楼乡、康定市贡嘎山乡、泸定县磨西镇等地试点开展特种游服务，先试先行，总结完善人、财、物组织管理形式，探索助农增收实现途径，完善优化特种游专合组织与政府经营机构联合方式。

（五）培训铺路、壮大队伍

举办“乡村之眼”野生动物爱好者摄影摄像培训，专项购买小型影像监测设备（红外相机、小型数码摄像机、数码照相机机镜头），发现、发展乡村野生动物爱好者。启动全民监测动物活动，特别利用现有护林(草)员组建野生动物监测队伍，监测报告野生动物。

（六）举办赛事、强化宣传

举办圣洁甘孜野生动物摄影大赛、圣洁甘孜野生动物纪录片大赛、环贡嘎山（海螺沟）观鸟大赛；制作圣洁甘孜大雪山、沙鲁里野生动物纪录片，野生动物雪豹、荒漠猫、藏鸦纪录片。

（七）他山之石、借鉴发展

近可考察中国香港、中国台湾，远可踏足欧美、东非，学习特有野生动植物物种研究与保育及生态游开发开展情况。

● 参考文献

[1] 韩联宪，杨亚非. 中国观鸟指南[M]. 昆明：云南教育出版社，2004.

[2] 赵金凌，成升魁，JIM HARKNESS，等. 国内外观鸟旅游研究综述[J]. 旅游学刊，2006，21（12）.

[3] 王红英，刘俊昌，刘细芹. 美国生态观鸟旅游对中国观鸟旅游发展的启示[J]. 林业经济问题，2008（2）.

[4] 李霞. 谈我国观鸟旅游兴起的原因[J]. 黑龙江生态工程职业学院学报，2009（3）.

[5] ROSETTA STONE，范宁（译）. 我的美妙旅行经历——在澳大利亚观赏野生动物[J]. 英语沙龙（锋尚版），2010（7）：44-47.

[6] 张琛琛. 我国观鸟旅游发展状况初探[J]. 岁月（下半月），2012.

[7] 程翊欣，王军燕，何鑫，等. 中国内地观鸟现状及发展[J]. 华东师范大学学报（自然科学版），2013（2）.

[8] 周华明. 贡嘎山保护区鸟类[M]. 成都：电子科技大学出版社，2014.

[9] 耿玉英. 中国杜鹃花属植物[M]. 上海：上海科学技术出版社，2014.
[10] 周华明，蒋勇. 贡嘎山保护区杜鹃花[M]. 成都：四川数字出版传媒有限公司，2016.
[11] 肖乾丽，杨建美，DEEPA BASNET，等. 国内观鸟旅游研究综述[J]. 河北旅游职业学院学报 2019，24(1).
[12] 刘璐. 新疆观鸟札记[J]. 旅游纵览，2020（8）.

对甘孜州青稞产业高质量发展的思考

甘孜州农业科学研究所　杨开俊

【摘　要】甘孜州青稞常年播种面积在 3.33 万 hm^2 左右，是四川最大的青稞生产区，青稞产业发展十分重要。本文主要从青稞生产概况、对青稞产业的认识与思考、对青稞产业高质量发展的建议等方面就甘孜州青稞产业高质量发展进行探讨。
【关键词】青稞；产业；高质量发展；思考

乡村振兴战略是社会主义新农村建设的升级版，其总要求是“产业兴旺、生态宜居、乡风文明、治理有效、生活富裕”。产业兴旺是实现乡村振兴的基石，生态宜居是提升乡村发展质量的保证，乡风文明是乡村建设的灵魂，治理有效是乡村善治的核心，生活富裕是乡村振兴的目标，产业兴旺是甘孜州实现乡村振兴的重点和难点所在，如何高质量发展特色传统青稞产业值得我们思考与重视。

一、青稞生产概况

（一）全国情况

青稞主要在涉藏工作省（区）种植，包括西藏 7 个地市、青海 7 个市州、四川 3 个州、云南迪庆州、甘肃甘南州，共 19 个地市州，面积 250 万平方千米，涉及 1 300 多万人口。年种植面积（传统习惯）450 万亩，丈量面积近 700 万亩。面积分布：西藏 210 万亩、青海 110 万亩、四川 75 万亩、云南 20 万亩、甘肃 35 万亩。近年总产量在 100 万～110 万吨。

（二）甘孜州情况

近年播面 50 多万亩，占粮食播面 50%以上，总产 11 万吨左右。甘孜州除泸定外，其余 17 个县（市）都有青稞种植，涉及面广、人口多、产业比重大。面积在 4 万亩以上的有甘孜、康定、炉霍、白玉、德格 5 个县（市），3 万亩以上有理塘、道孚、稻城、新龙 4 个县，其余 8 个县在 3 万亩以下。

（三）甘孜州青稞生产发展历程

资料显示，甘孜州青稞产量发展历程为：1949 年前期平均亩产 40～50 千克，20 世纪 50

作者简介：杨开俊（1966—），男，汉族，中共党员，研究员，甘孜州农业科学研究所所长，主要从事作物遗传育种研究。

—60 年代 60 ~ 80 千克，20 世纪 70—80 年代突破 100 千克，20 世纪 90 年代超 150 千克，2012 年突破 200 千克大关，是青藏高原春稞产区单产最高，2018 年突破 220 千克，并一直保持在这个产量水平以上。中华人民共和国成立以来，青稞单产稳步提高，主要得益于各级党政重视涉藏工作地区主要产业发展和科技进步。

二、对青稞产业的认识与思考

（一）重要性

涉藏工作地区农业的主要产业、涉藏工作地区人民的生活主粮，具有生产环境条件和日常生活的双重不可替代性。对经济社会发展，涉藏工作地区社会稳定具有重要作用。

（二）发展青稞产业的五大优势

（1）食药健同源。青稞籽粒聚食用、保健用、药用三种功能，是“四元”作物，营养组分平衡。“四元”即粮用：主粮，双不可替代。饲用：秸秆、青苗、种子都是优质饲料。秸秆除纤维素外蛋白质含量在 4%以上；干青苗蛋白质含量在 17%以上；籽粒蛋白质在 12%左右，淀粉含量超 50%。农牧结合区能综合利用，对牧区牲畜越冬作用大，同时对保护生态具有良好作用。加工与保健药品用：是青藏高原最大的加工原料，可加工为：传统文化食品（糌粑、青稞馍、青稞粑等）；大众食品（青稞米、青稞面粉、面条、饼干、糕点等）；保健医药产品（β-葡聚糖胶囊类、母育酚保健品类、功能肽保健品、麦绿素产品等）；酒类产品（含酒精饮品、青稞各种酒类等）；青稞发酵和发芽产品（γ-氨基丁酸发酵食品、保健品、药品，乳酸发酵品，红曲酶发酵品，发芽食品等）。

（2）生产环境安全：青藏高原环境条件优良，生产方式传统，用药、肥少甚至无药无肥，是公认的绿色食品。

（3）营养成分丰富：淀粉 50%以上（能量）、蛋白质 12%左右、膳食纤维 2%以上、脂肪酸 2%左右、人体所需 18 种氨基酸齐全、多种维生素和功能成分（VE、VB 族、VD、γ-氨基丁酸、β-葡聚糖、多酚、花青素、麦绿素）、多种矿物质（Fe、Ca、Cu、Zn 等）、微量元素多种。

青稞营养成分有“四高四低”说法：“四高”包括高蛋白、高纤维素、高维生素、高矿物质；“四低”包含低脂肪、低胆固醇、低糖、低钠。

但也有“三高两低”之说，即高蛋白、高纤维素、高维生素、低脂肪、低糖。

（4）文化底蕴深厚：青稞来历传说、青稞与藏族人民的关系传说、青稞起源于青藏高原（世界四大起源中心之一）、藏文化关系、宗教节日文化、药方、食谱文化等。

（5）生态与旅游价值大：青稞在作为藏民族特种粮作物和多用途作物的同时，在生长季对高原农地覆盖良好，故也是高原土地良好地被植物，对高原生态建设具有重要作用。同时，不同季节，青稞颜色呈现青、绿、黄颜色变化，与其他颜色作物间套作，可呈现美丽的高原景观。游客到来品尝、选购青稞特色产品，增加了甘孜州旅游业吸引力。

（三）青稞产业发展的五大劣势

（1）生产环境条件差、产量低：干旱、冰雹等自然灾害影响大；土地瘠薄；思想制约（正常的防病、虫、草害等）。

（2）规模化、标准化生产程度低：一家一户生产为主，种植水平低，机械化率低，质量不统一。

（3）健康安全与口感差的矛盾：青稞是健康安全产品，但因其淀粉结构问题导致口感差、研发技术落后等，打开市场难度大。

（4）加工与粮食安全的矛盾：单产低、总量小，在保证粮食安全上与加工产品外销矛盾大，计划时期未上加工类项目、加工业起步晚。

（5）产业化程度低：与其他大作物比，目前加工业滞后，技术含量低；加工业小、散、短，同质化现象严重，效益低；缺乏产品标准，上市难；缺乏区域性大品牌。

三、对青稞产业高质量发展的六点建议

（1）实施专项提升行动：对特色传统产业，党政高度重视，部门齐抓共促，整合扶贫、乡村振兴、涉藏工作地区发展等专项资金，搞几轮青稞产业发展专项行动（仿照西藏、青海），促进研、产、加、销，育、繁、推一体化，打造区域大品牌，充分挖掘青稞产业潜力，加快推进传统产业向现代产业发展。

（2）强化研发工作：产量→靠品种、种植技术解决；品质→用专用品种，标准化生产突破；加工→靠关键技术突破；品牌→用研发成果说话。

（3）培育加工主体：加工企业、经营主体培育；协助主体打造区域优势品牌，开拓市场；协助主体标准制订与生产基地建设等。

（4）重视集约化标准化生产：土地流转，集约化生产，降低成本；区域大基地统一建设；提高机械化率；技术服务与培训到位。

（5）突出标准制订与品牌打造：青稞标准制订工作严重滞后，制约产业发展。要突出抓好生产类标准、质量类标准、产品类标准制订，用标准、真实价值来打造知名品牌，开发拳头产品。

（6）加大系列系统性宣传推介：突出青稞自身价值和优势，用科学数据，真实效果说话，开展系列的、系统的宣传报道和产品推介，让更大人群认知、消费。

青稞产业的发展历史悠久，道路漫长。但笔者相信其发展潜力巨大，一定能为涉藏工作地区的乡村振兴做出应有的贡献，体现出自身的价值。

● 参考文献

[1] 尚学前. 做好“三农”工作　聚力乡村振兴[N]. 十堰日报，2021-03-16（5）.

[2] 徐一，唐波，彭晓琴，等. 甘孜藏族自治州青稞产业发展现状及建议[J]. 四川农业与农机，2019，5：13-14.

[3] 冯继林，杨开俊. 甘孜州青稞生产与育种成就[J]. 西藏农业科技，2019，33（1）：33-35.

[4] 贾炜汉. 甘孜州青稞生产中存在的问题及对策措施[J]. 中国种业，2015（8）：35-36.

2

第二篇
康巴农旅
协同发展研究

甲居藏寨乡村旅游富民惠民对策分析①

四川民族学院历史文化与旅游学院　王兴贵

【摘　要】甲居藏寨乡村旅游资源丰富多样，是《中国国家地理》杂志评选的“中国最美丽的乡村”，其乡村旅游受到国内外游客的广泛关注。本研究采取实地考察、入户调查，访谈与问卷调查相结合的方法，对甲居藏寨乡村旅游富民惠民进行研究。在总结甲居藏寨乡村旅游富民惠民的成效与存在问题的基础上，提出了乡村旅游发展的思路与对策。

【关键词】乡村旅游；富民惠民；甲居藏寨

丹巴县是位于川西旅游大环线上的重要节点，属于东女国阳光旅游度假区的重要组成部分，是四川省、甘孜州旅游发展的重要组成部分。丹巴县拥有发展乡村旅游的资源禀赋，乡村旅游成为推动其精准扶贫的重要途径之一。2005 年，甲居藏寨被评为“中国最美丽的乡村”，其乡村旅游发展较早，是丹巴县乡村旅游的典型代表。甲居藏寨乡村旅游受到国内学者的广泛关注，已对其乡村旅游环境、景区管理、社区参与等方面进行了有益探索[1-3]，已有研究对甲居藏寨乡村旅游可持续发展起到一定的促进作用。该研究在于总结甲居藏寨乡村旅游富民惠民的经验，同时发现甲居藏寨乡村旅游在富民惠民中存在的问题，重视乡村旅游发展过程中对乡村旅游资源、环境产生的各种负面影响，引导当地村民参与乡村旅游和开展产业结构调整，进而实现乡村旅游可持续发展。

一、研究区域概况

甲居藏寨位于丹巴县城西北部，隶属于丹巴县聂呷乡，地势西高东低，海拔高度在 1 800 ~ 2 600 m；属青藏高原季风性气候，气温年变幅小，日较差大，年均温 13.6 °C，年降水量 613.9 mm；水源主要来自山泉，基本以自西向东流入大金川河。

甲居藏寨由甲居一村、甲居二村、甲居三村三个行政村构成，以藏族为主，民俗风情浓郁，文化底蕴深厚，民居依山而建，错落有致，古朴典雅，与自然环境和谐统一，充分体现了“天人合一”的建筑理念。因优美的乡村自然景观，独特的嘉绒藏族文化和绚丽的民族风情，甲居藏寨成为川西旅游环线的重要节点。2003 年，甲居藏寨被列入四川省十大古镇之一；2005 年，在选美中国活动中，以甲居藏寨为代表的丹巴藏寨被评为“中国最美的六大乡村古镇”之首；2012 年，甲居藏寨被列入甘孜州旅游标准化示范点；2016 年，甲居藏寨顺利通过

① 项目基金：2018 年四川民族学院康巴发展研究中心校级特色科研孵化项目（项目编号：KBFHB18012）。
作者简介：王兴贵（1970—），男，硕士，副教授，主要研究方向：区域与旅游可持续发展研究。

国家 AAAA 级旅游景区合格验收。

二、甲居藏寨发展乡村旅游的资源优势

甲居藏寨景区海拔适中，气候适宜，依山傍水，形成独具特色的村寨乡村旅游目的地。其乡村旅游资源类型丰富多样，从河谷到山顶呈立体分布，有嘉绒藏寨、森林、田园风光、嘉绒藏族民族风情、红色文化等旅游资源。其中，嘉绒藏寨以绿色、白色为基调，造型独特、别致，绝大部分为四层石木结构建筑，墙体用片岩与黄泥砌成，完整保留了嘉绒民居的基本特征，保持了历史的面貌和风格。当地植被分布于山坡、道路两旁、房前屋后、农田旁，藏房星罗棋布分布在绿树丛中、公路旁、农田旁，藏寨与森林、田园风光有机组合。总体来看，甲居藏寨景区自然与人文旅游资源有机组合好，特色突出，以藏寨、田园风光等为主要旅游吸引物（见表 1）。

表 1　甲居藏寨乡村旅游资源概况

乡村旅游资源类型	代表性资源	特色
自然景观资源	森林、田园风光、自然山水	藏寨集中分布，藏寨与森林、田园风光有机组合，被称为“中国最美丽的乡村”
建筑景观	嘉绒藏寨	
民族文化	嘉绒藏族民族风情	
红色文化	红五军团政治部遗址、藏民独立师师部遗址	

三、甲居藏寨乡村旅游富民惠民取得的成效

（一）社会效益

在乡村旅游发展过程中，国家投资项目改善基础设施建设，方便了当地社区居民生产生活。同时通过乡村旅游的发展，加强当地居民与外来旅游者的交流，加快了现代文明的传播和信息交流，使当地社区居民生产生活方式得到了改变，增加了就业和发展机会，促进当地社会的可持续发展。

1. 增加了社区居民的就业机会

甲居藏寨景区乡村旅游业快速发展，随着外来游客的增加，乡村旅游业为甲居藏寨景区社区居民提供了大量的就业机会，让剩余劳动力在本地就业。甲居藏寨景区社区居民通过民居接待（餐饮业、住宿业）、交通运输业、导游、景区管理等不同形式参与到甲居藏寨景区旅游产业中的不同行业（图 1）。

2. 基础设施条件得到了很大的改善

良好的旅游交通条件是旅游产业发展的物质基础，是旅游者进入旅游目的地的重要条件。一方面，旅游产业的发展促进了甲居藏寨景区基础条件的建设和完善，促进了甲居藏寨景区经济发展和丹巴县财政收入的增加，使得当地政府有能力为甲居藏寨景区的社区居民提供更

为完善的基础设施建设。另一方面，四川旅游投资集团投资甲居藏寨景区内道路（柏油路、水泥路）以及旅游服务设施（游步道、指示牌等）建设，景区内交通条件得到了大大的改善，游客进入和当地社区居民出行更加便捷。旅游开发后，63.33%的农户认为能够满足或者基本满足生活、生产用水的需求；96%的农户认为能够满足或者基本满足生活、生产用电的需求。

3. 促进甲居藏寨景区旅游从业人员素质的提高

乡村旅游开发后，随着旅游产业发展，当地政府为了使旅游从业人员更适应旅游产业的发展的需要，经常会开展对就业人员的培训和技能教授，提高景区社区居民从事旅游产业的能力，进而提高景区居民持续获取收入的能力。在乡村旅游发展过程中，85%的农户（包括民居接待户和非接待户）得到了政府相关部门提供的旅游技术培训和技术指导。其技术培训主要集中在旅游餐饮服务与导游基本技能方面，87.5%的农户参与了旅游餐饮服务技能培训。

（二）经济效益

1. 增加了当地农牧民经济收入

甲居藏寨在乡村旅游发展过程中，为当地农牧民增收和脱贫致富创造了条件。总体上来看，旅游开发后促进了景区经济发展，当地社区居民经济收入有了很大提高。

2. 家庭生产生活资料大大改善

家庭生产生活资料主要包括生产性工具和日常生活工具，主要有汽车、摩托车、农用车、电视、电脑、电冰箱、洗衣机、手机、电饭煲、电磁炉、微波炉和热水器等。旅游开发后，为了满足自身生产生活以及旅游接待服务的需要，农户家庭生产生活资料发生了较大变化。其中，变化较大的主要表现为汽车、摩托车等交通工具，电脑、宽带网络设施等信息网络设备，以及冰箱（冰柜）、电磁炉、微波炉等电器（见表2）。

表2　旅游开发前后生产生活资料情况

序号	类型	数量		序号	类型	数量	
		旅游开发前	旅游开发后			旅游开发前	旅游开发后
1	汽车	5	19	8	冰箱、冰柜	20	55
2	摩托车	11	32	9	洗衣机	44	58
3	农用机械设备	16	32	10	电饭煲	44	59
4	电视	53	53	11	电磁炉	11	30
5	电脑	3	20	12	微波炉	3	11
6	宽带网络设施	2	34	13	热水器（包括太阳能）	52	60
7	手机	48	59	14	其他	0	0

3. 促进农村产业结构调整，进一步延伸旅游产业链

旅游开发前，甲居藏寨景区社区农户以畜牧养殖、经济林木水果、蔬菜种植、外出打工等行业为主，为经济收入的主要来源；旅游开发后，在旅游发展过程中，当地政府积极引导

当地居民参与旅游产业经营，当地居民不再局限于畜牧养殖、经济林木水果、蔬菜种植、外出打工等行业，积极参与到旅游接待（餐饮、住宿）、交通运营、旅游景区服务工作（如导游、打扫卫生）、房屋出租等行业中，为当地居民解决增收和脱贫致富奠定了基础。甲居藏寨发展乡村旅游将第一产业与第三产业相结合，进一步延伸旅游产业链，是甲居藏寨景区发展第三产业、实现产业结构调整的重要途径（见图 1）。

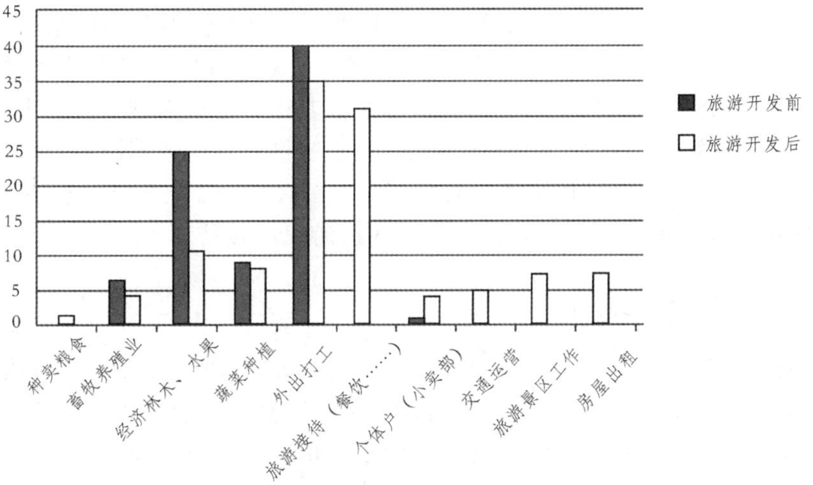

图 1　旅游开发前后当地农户从事行业类型

（三）生态环境效益

甲居藏寨景区旅游资源丰富，生态环境优美，同时也是生态环境较为脆弱的地区。通过乡村旅游资源的开发，当地社区居民参与乡村旅游，转变当地社区居民的生产经营方式，减少了人为索取破坏。通过退耕还林，植被得以恢复，其森林覆盖率有了很大的提高。

乡村旅游的发展，促进了农户生产生活方式转变，提高了社区居民的经济收入，增加了社区居民的就业机会，景区内基础设施条件得到了很大的改善，森林植被覆盖率得以提高，最终实现了景区社会、经济和生态环境的协调发展。因此，在当地社区居民中（包括参与旅游经营与非旅游经营者），非常支持旅游开发的占问卷农户的 40%，比较支持旅游开发的占问卷农户的 35%，其他态度的占问卷农户的 25%。

四、甲居藏寨乡村旅游富民惠民存在的问题

甲居藏寨乡村旅游发展对甲居藏寨景区的经济、社会发展、生态环境产生了良好的效益，以“特色藏寨”为吸引物的乡村旅游已经成为丹巴县旅游业的亮点，给甲居藏寨社区居民带来了实惠。但由于受地域条件、科技水平、经济实力、管理体制、规划设计及农民素质等因素的影响，其发展存在诸多问题。

（一）旅游开发后经济收入仍然较低

虽然旅游开发后，当地社区居民经济收入有很大的提高，但由于参与程度不同，参与的行业差异，总体来说，旅游开发后经济收入仍然较低。人均收入低于 2018 年甘孜州农村居民

人均可支配收入 11 555 元的农户有 39 户，为问卷户数的 65%。

（二）乡村旅游接待发展不平衡，影响社区居民参与乡村旅游的发展

甲居藏寨乡村旅游发展以接待为主，其接待发展不平衡，主要分布在离景区大门较近、区位条件较好的甲居一、二村。甲居一、二村开发较早，有一定的基础设施和旅游服务设施（包括一号观景台、二号观景台、三号观景台、游步道、垃圾箱以及游客指示牌等）；甲居三村离景区大门较远，缺乏相应的基础设施和旅游服务设施，社区居民发展乡村旅接待的积极性高，但缺乏客源而难以参与到乡村旅游接待中去。其中，甲居藏寨三个村共 160 户，参与旅游民居接待户分别为甲居一村 48 户、二村 26 户、三村 6 户（数据由各村村支书提供），三村参与接待的农户较少。即使是接待条件较好的一、二村，一部分农户由于缺乏接待设施（如停车场）、地理位置较偏远等原因，难以参与乡村旅游民居接待。

（三）旅游经济贡献率较低

旅游业开发后，旅游产业产生的经济效益的大小要看当地居民参与旅游业经营产生的经济收入占年家庭总收入的比重。从图 2 中可以看出：家庭旅游业收入占年家庭总收入的 0 ~ 20%、20% ~ 40%、40% ~ 60%、60% ~ 80%、80% ~ 100%分别为 51.67%、15%、15%、10%、8.33%，家庭旅游业收入低于年家庭总收入 40%的为 66.67%。表明旅游经济收入对甲居藏寨景区社区居民经济收入的贡献率相对较低。即使是旅游经济贡献率相对较高的甲居一、二村，其外出务工收入仍然是社区居民经济收入的重要来源。

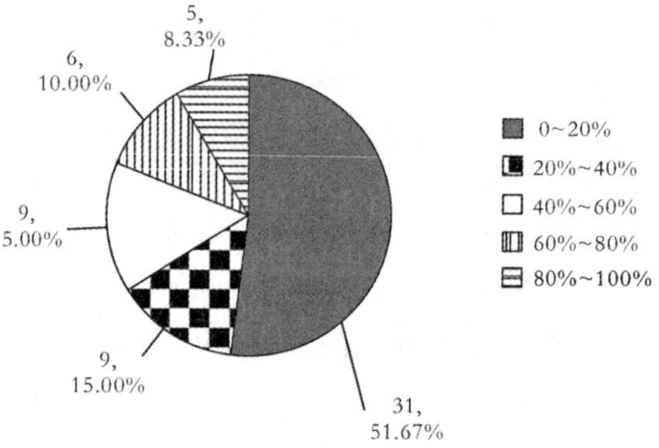

图 2　旅游业收入占年家庭总收入的比例

（四）人才缺乏，从业人员素质有待进一步提高

党的十七届六中全会指出：当代中国进入了全面建设小康社会的关键时期和深化改革开放、加快转变经济发展方式的攻坚时期，文化越来越成为民族凝聚力和创造力的重要源泉、越来越成为综合国力竞争的重要因素、越来越成为经济社会发展的重要支撑。

甲居藏寨景区社区居民整体文化不高，其直接后果是人口文化素质相对较低，影响当地居民参与旅游发展的程度。甲居藏寨景区旅游人才缺乏表现在：在受访农户中，文化水平整体不高，普遍为初中以下学历，占到样本总数的 66.7%；大专及以上学历的人员仅占 3.3%；中学学历（初中、高中），占到总人数的 30%（见表 3）。由于从业人员素质不高，进而影响了

旅游从业人员的经营管理能力。16.63%的人认为文化水平不高，经营管理能力不强是参与旅游业的主要困难和问题之一。

表 3 甲居藏寨受访农户文化程度

类别	频数	比例/%
文盲	18	30.0
小学	22	36.7
初中	14	23.3
高中或中专	4	6.7
大专以上	2	3.3

（五）资金投入不足，影响当地居民参与旅游发展机会

旅游开发以来，参与旅游的主要困难和问题表现为（见表 4）：旅游经营者与景区居民缺乏发展资金是最大的困难，占到问卷总数的 61.63%。甲居藏寨作为自然与文化旅游资源较为丰富的地区，由于特殊地理条件的限制，其经济基础薄弱。因此，在旅游开发过程中，一部分家庭缺乏旅游发展资金，只能从事一些简单的旅游经营活动，影响了当地居民参与旅游发展的机会。

表 4 参与旅游的主要困难和问题

类别	户数	占问卷总数百分比/%
文化水平不高，能力不强	10	16.63
满足于现有的生产生活方式，不愿意改变	0	0
没有社会关系，无法参与	6	10
对旅游业了解不足，旅游业有风险	4	5
缺乏旅游发展资金	37	61.63
缺乏旅游发展的技术支持	10	16.63
缺乏政府的支持与引导	10	16.63
地理位置较偏远，游客较少	28	46.63
其他	18	30

（六）景区建设改变了原生环境，人与自然“失谐”

甲居藏寨景区乡村旅游给当地社区带来良好的经济效益、社会效益，同时也产生了不利影响。一方面，景区建设改变了原始的生态环境，景区内的主公路修建成柏油路，田间小道变成了水泥路（起到了惠民作用，社区居民出行方便多了）；另一方面，受旅游经济利益驱动，过度商业化，一部分民居接待户为了增加旅游接待规模，存在无序建设（新建或扩建），现有民居与传统民居在外观（颜色、材质、形式等）不协调，其旅游资源原真性逐渐丧失。

五、甲居藏寨乡村旅游发展思路与对策

（一）甲居藏寨乡村旅游发展思路

坚持“富民惠民”理念，以乡村旅游业为依托，围绕乡村振兴中的“五大振兴”，以乡村振兴为最终目标，把乡村振兴与乡村旅游发展相结合，转变景区社区居民增收方式，促进社区居民增收致富。大力改善景区乡村旅游业发展的硬、软环境，积极培育嘉绒藏族特色文化旅游产业。将甲居藏寨景区作为一个整体进行规划打造，树立大旅游观念，思考甲居藏寨景区未来乡村旅游业的发展。总体来说，要真正地实现甲居藏寨乡村旅游富民惠民，其乡村旅游发展应围绕四个环境进行打造：给甲居藏寨景区创造好的旅游发展环境，即给国内外旅游者创造好的旅游环境，给旅游企业创造好的经营环境，给当地社区居民创造好的生产、生活环境，给当地社区居民创造好的参与乡村旅游环境。

（二）甲居藏寨乡村旅游发展对策

1. 开发多样化的乡村旅游产品，满足不同游客的旅游需求

在乡村观光旅游基础上，以乡村休闲度假为主题，充分利用聂呷乡乡村景观与环境资源、气候资源优势，围绕休闲度假（藏寨度假、森林度假等）、避暑度假、帐篷野营、体验旅游等，开发相应的旅游产品，满足游客不断变化的旅游需求。

2. 采用“政府+旅游开发公司+乡村旅游合作社+农户”的乡村旅游发展模式

采用针对性的乡村旅游发展模式，协调各方利益，保障区域整体利益，改变村寨民居接待户各自为政的现状，形成全寨“一盘棋”的思想，实现旅游开发中利益主体间的平衡和“共赢”。政府是指导者、监督者与参与者，对乡村旅游产品进行超前决策、总体策划，避免重复建设和滥用资源，监督旅游开发者在开发过程中的行为，为旅游经营与农业生态环境保护保驾护航；企业是实际开发者与经营者，确定经营思路，创建旅游品牌，策划旅游项目与旅游活动内容；乡村旅游合作社可以对公司的开发行为进行监督，防止生态环境和传统建筑的破坏。农户是乡村旅游的主要参与者之一，其旅游发展的态度影响旅游发展的进程，可以作为企业员工进入公司工作，同时参与股份分红，实现富民惠民，减少旅游企业与当地农牧民的矛盾，创造和谐发展氛围。

3. 加强乡村旅游环境综合整治治理，注重人与自然的协调

坚持整治与建设并重的原则，要加强管理，开展村寨环境综合整治。围绕特色村寨乡村旅游主题，注重院落整洁、分区明确、道路通畅、环境美化；遵从乡村旅游资源原生性、村寨整体性、建筑与环境协调性、保护与开发相结合等原则。一方面，加强环境综合整治，加强污水处理系统、供水系统和生活垃圾处理系统建设。另一方面，旅游基础设施、服务设施建设过程中，注重设计，从生态旅游视角考虑，不宜破坏乡村原生性、宁静、祥和的氛围；民居建设、道路建设等要注意材料、材质和颜色与当地生态环境协调；景观打造方面，要注重细节，不刻意打造，提供给游客良好的景观视觉效果。

4. 优化空间布局，严格控制乡村建设用地总量

一方面，通过优化空间布局，规划用地布局合理，将景区分为：特殊保护区（红五军指挥部遗址、林区等）、民居旅游接待区和农耕区等，对景区进行空间分类管理，满足当地社区居民生产、生活的需要，同时具备休闲度假旅游功能，满足游客旅游需求。另一方面，严格控制乡村建设用地，保持村寨现有土地使用性质，非经国土部门或规划建设部门的批准同意，不得进行民居扩建与新建，防止旅游经济利益的驱动，出现无序建设的现象。

5. 加强引导，注重对游客总量控制

严格控制旅游接待规模，加强对民居接待的引导，实现民居接待的有序化。对进入景区内的游客，特别是进入核心接待区（如，甲居一、二村）进行总量控制，引导游客分流到甲居三村以及位置相对较远的聂呷村等；对每户民居接待游客数量进行床位数控制，减少旅游用水压力，减少环境污染等环境压力。

6. 多渠道加强社区居民旅游培训，培养新型旅游从业者

在乡村旅游发展过程中，扶贫不仅是旅游经济扶贫，还包括社区居民旅游教育扶贫。采用“请进来，送出去”“现代网络教育培训”的方式多渠道加强社区居民旅游培训，培养一支懂旅游、爱旅游的新型旅游从业者，提升其参与乡村旅游的能力，最终实现旅游扶贫。一是针对不同旅游从业人员（民居接待、旅游景区工作人员），利用四川省内旅游高校（四川大学旅游学院、四川民族学院历史文化与旅游学院等），聘请有关专家举办培训班、专题讲座等形式加强旅游基本知识、服务礼仪、普通话、客房管理及经营旅游等培训；二是不定期派出旅游从业人员到国内乡村旅游发展较好的地区（如成都周边地区）进行短期实践，学习先进经验；三是利用远程网络，建立与四川省旅游院校培养和培训体系接轨的旅游教育网络。此外，针对甲居藏寨乡村旅游民居接待发展不平衡，加强对农户现代网络技术的培训，通过“互联网+”实现民居接待线上线下营销，客房预订；通过电商实现绿色农产品网上销售等，推动甲居三村以及邻近村乡村旅游的发展。

● 参考文献

[1] 刘旺．民族社区旅游发展的困境：理论阐释与实证分析——以丹巴县甲居藏寨为例[J]．云南师范大学学报（哲学社会科学版），2010，42（1）：142-147.

[2] 王克军．民族村寨旅游利益博弈下的环境问题研究——以四川甲居藏寨为例[J]．干旱区资源与环境，2014，28（2）：197-202.

[3] 王兴贵．四川民族地区乡村旅游开发与治理研究——以丹巴县为例[J]．四川环境，2016，28（2）：197-202.

藏羌彝走廊四川区域旅游扶贫发展典型案例研究

——以泸定县为例

四川民族学院历史文化与旅游学院　王娟

【摘　要】藏羌彝走廊是长江经济带建设的重要区域、扶贫攻坚主战场，该区域拥有丰富的民族文化和旅游资源，具有发展旅游扶贫的条件。泸定县作为该区域的组成部分，通过实施旅游扶贫措施，率先成功脱贫，具有一定的代表性。研究泸定县旅游扶贫的经验和不足，可以对藏羌彝走廊其他类似地方具有一定的借鉴作用。

【关键词】藏羌彝走廊；旅游扶贫；泸定

旅游扶贫是进行脱贫攻坚的重要手段，具有发展可持续、造血功能强、贫困人口参与性强的特点。藏羌彝走廊拥有丰富的旅游资源，发展旅游扶贫具有得天独厚的优势。

一、藏羌彝走廊旅游扶贫发展现状

（一）藏羌彝走廊及旅游扶贫基本概念

20 世纪 80 年代，费孝通先生提出“藏彝走廊”这个民族学概念，将怒江、金沙江、澜沧江三条河流及其支流所流经的区域称为“藏彝走廊”，而四川学者则提出加入另外三条河流，即大渡河、岷江、雅砻江三条河流及支流地区，这六条河流及支流共同构成“藏彝大走廊”。徐学书在《“藏羌彝走廊”相关概念的提出及其范畴界定》①中指出“藏”“彝”作为族群概念使用是在近现代才出现，而“羌人”在“藏”“彝”族群崛起后的宋元时期仍为该区域分布广泛的重要族群。因此从历史时空坐标上来看，笔者认为“藏彝走廊”宜增加“羌”称“藏羌彝走廊”。

关于藏羌彝走廊的范围，早在 2014 年 3 月，文化部、财政部联合印发的《藏羌彝文化产业走廊总体规划》②中就指出，整个走廊由核心区、辐射区、枢纽城市三大部分组成，重点打造的核心区涉及 7 省（区）11 个市（州），主要包括“云贵川”、西藏、甘肃等地，涉及范围纵贯我国大西北至大西南。不过规划中涉及的范围属于经济学经济区概念，其区域范围远大于“藏羌彝走廊”，为突出重点，本文只选取四川区域作为研究对象。四川“藏羌彝走廊”范围为阿坝州、甘孜州、凉山州及绵阳市、乐山市、攀枝花市、雅安市涉及少数民族自治县和享受待遇的区县。

---

① 徐学书.“藏羌彝走廊”相关概念的提出及其范畴界定[J]. 西南民族大学学报（人文社科版），2016，37（7）：9-13.

② 文化部 财政部关于印发《藏羌彝文化产业走廊总体规划》的通知[EB/OL]. [2018-09-04]. http://www.gov.cn/gongbao/content/2014/content_2711451. htm

作者简介：王娟（1990. 01—），女，硕士，旅游管理专业教师，主要研究方向：历史教育史、康巴旅游与文化。

丁焕峰在《国内旅游扶贫研究述评》①中指出，旅游扶贫是指“通过开发贫困地区丰富的旅游资源，兴办旅游经济实体，使旅游业成为区域支柱产业，实现贫困地区居民和地方财政双脱贫致富”。在旅游扶贫的开发思路上提出“旅游扶贫应合理定位、突出重点，以地区旅游、国内旅游为重点；以发展特色旅游为主，如民族风情旅游、乡村农家旅游等”。

（二）藏羌彝走廊四川区域旅游扶贫发展的优势

藏羌彝走廊四川区域核心部分位于川西高原的少数民族聚居地区，这一区域生态环境脆弱，经济也相对落后，全省 36 个国家级贫困县就有 19 个在该区域，占比高达 52%。此外，该区域是少数民族聚居生活以及迁徙流动的重要区域之一，因此，拥有丰富的文化积淀带，文化旅游资源也相应地具有多样性、复杂性、古老性等显著特点，例如各具特色的藏羌彝民俗文化及红色文化、宗教文化、建筑文化等。就目前旅游开发状况来看，阿坝州旅游资源开发较好，有三处 5A 级景区；其他两州并未将丰富的旅游资源转化为经济效益，以甘孜州为例，有数据显示四川省尚未开发的世界级旅游资源 50%集中在甘孜州，但其开发利用率仅为 19%。因此，将该区域经济开发与旅游扶贫相结合，是加快当地旅游经济发展的有益尝试，也将推动乡村振兴发展，造福当地少数民族脱贫致富。

四川省在 2018 年发布了《藏羌彝文化产业走廊四川区域三年行动计划（2018—2020 年）》（简称《行动计划》）②，文中指出“四川将充分发挥成都枢纽作用，以甘孜藏族自治州、阿坝藏族羌族自治州、凉山彝族自治州为核心，发挥通道经济和文化旅游的带动聚集效应，在与产业和市场的结合中实现民族文化的有效传承和保护，推动文化产业成为当地国民经济重要支柱性产业，为西部民族地区的振兴繁荣提供强大动力”，着力打造一批藏羌彝文化走廊“一地一品”文化精品和知名品牌。《四川省“十三五”旅游业发展规划》（简称《规划》）则明确提出，要大力推进旅游扶贫，到“十三五”末，全省通过发展旅游惠及贫困人口占全省脱贫任务的 20%。《行动计划》及《规划》在政策上给予我省发展旅游扶贫发展的大力支持，有利于加快将四川藏羌彝文化产业走廊打造成为世界级文化旅游目的地的步伐。

二、泸定县旅游扶贫发展现状

泸定县位于甘孜藏族自治州东南部，地处青藏高原向四川盆地过渡地带，是进藏出川的必经之地，县城距成都 236.2 km，距康定市 49 km；被誉为甘孜州“东大门”，享有“红色名城”美誉。泸定县是甘孜州最早发展旅游业的地方之一，作为“四大片区”88 个贫困县（市、区）之一，于 2018 年 8 月经省政府批准，正式退出贫困县序列，并荣获“全省 2017 年摘帽工作先进县”殊荣。

（一）泸定县旅游扶贫发展优势

泸定县拥有 5A 级风景名胜区——海螺沟冰川森林公园、“蜀山之王”贡嘎山、牛背山、

① 丁焕峰. 国内旅游扶贫研究述评[J]. 旅游学刊，2004（3）：32-36.

② 凉山彝族人民政府. 藏羌彝文化产业走廊四川区域三年行动计划（2018—2020 年）发布[EB/OL]. [2018-11-4]. http://www.lsz. gov.cn/xxgk/zdlyxxgk/ggwhty/201811/t20181104_561214.html

燕子沟等自然景区，其中海螺沟是亚洲最东低海拔现代冰川发现地，也是中国至今发现的最高大冰瀑布；另外泸定县还拥有泸定桥及红军飞夺泸定桥纪念碑等红色文化遗址遗迹；由于泸定县阳光日照比较充足，因此特色水果品牌也成为助推泸定县旅游扶贫发展的因素之一；泸定县近几年来深挖旅游资源，成功举办首届报春花节、雪山红叶摄影节、高原苹果节及第七届“红樱桃节”等节庆活动，并成功创建2017年四川省旅游扶贫示范区。

泸定县发展旅游扶贫除了拥有丰富旅游资源外，地理位置及旅游区位优势也是其发展的助力之一。作为甘孜州“东大门”，雅康高速雅安到泸定段于2017年年底率先通车，结束了甘孜州没有高速路的历史，泸定县也是州内第一个通高速的县城，极大缩短了外地游客到达泸定县的时间，为泸定县发展扶贫旅游提供了较好的旅游区位优势。

泸定县旅游资源丰富且品位高，在旅游区位上也具有发展旅游扶贫的优势，因此笔者将泸定县作为藏羌彝走廊四川区域旅游扶贫发展典型案例研究，充分发挥泸定县在我省旅游扶贫的示范作用，推动藏羌彝走廊在旅游扶贫方面的快速发展。

（二）泸定县旅游扶贫措施和成效

泸定县以特色旅游景区开发扶贫带动旅游扶贫落实攻坚，以景区带动、发展乡村旅游、开发特色旅游商品，完善景区基础配套设施体系建设，大大提高了泸定县旅游景区的产业核心力和竞争力，初步取得了一定的发展成效。2019年1—11月，全县累计接待中外游客264.59万人次，同比增长31.05%，旅游产业总收入累计达286 796万元，同比增长39.36%[①]。

1. 加强旅游基础设施建设

为满足游客需求，泸定县对县域内旅游基本配套设施进行整改、建设。

吃方面，对景区内餐饮服务者进行培训，培训范围覆盖各小吃店、饭店、餐馆如丽君小吃店、沈村酸菜鱼砂锅饭店等，极大提升了游客好感度。打造岚安腊肉、红樱桃、核桃仁、苹果、玉米馍馍等地方特色食品，进一步吸引游客。住宿方面，督促县域内宾馆进行重新装修和改造，引导和帮助泸定县云海人家、巴适特农庄等民宿成功申报四川省乡村民宿达标户。交通方面，建立畅通的通村公路，完成乡村入户道路全部硬化。沿着国道318线和省道211线安装旅游标志牌10余个。

游方面，自2016年开始，泸定县全力推进“一河两线，三山两镇一环线”旅游开发，完成国道318线观景台提档升级，省道211线旅游基础设施项目建设。将基础设施建设和产业发展配套起来，打造乡村旅游产品，创建省级旅游扶贫示范村。在各个旅游扶贫示范村标准打造游客中心，方便游客。以泸定桥景区为例，泸定县政府投资2 700万元，对景区标识系统、安全设施、游览服务设施、停车场、游客中心、星级旅游厕所、景区沿河栈道，雕塑等硬件项目和软件进行建设，进一步提高泸定桥景区的服务功能。旅游卫生方面，在各旅游景区修建标准化旅游厕所，统筹全县10个乡镇、落实140个共享厕所免费开放，完成13处旅游厕所电子地图线上定位，进一步提升了游客的好感度。

2. 加大旅游产业培育力度

泸定县依托“红城绿谷，康养泸定”资源优势，加大旅游招商引资。重点开发“两桥三

① 泸定县文化旅游局. 泸定县2019年旅游扶贫工作总结.

山一带多点”“贡嘎东坡特色旅游区”，将 80%以上的贫困村纳入开发布局。培育旅游品牌和旅游+农业、旅游+教育、旅游+文化、旅游+康养等产业延伸链，重点发展乡村旅游。

3. 重点发展乡村生态旅游，农旅结合，以旅助农

依托乡村建景区、围绕产业兴旅游，创建乡村星级酒店、省级乡村民宿达标户、打造杵坭乡杵坭村等乡村旅游精品村寨。依托岚安古镇、二郎山、娘娘木雪山等旅游景区，以沿线10 个点位生态村庄旅游为建设重点，以二郎山长江山地生态景观为基础，发展具有旅游特色的康养乡村生态旅游示范带、大渡河长江流域生态康养乡村旅游带。2019 年全年累计完成兴隆镇蒲麦地村、兴隆镇下马场村、加郡乡海子村省级乡村旅游重点扶贫村、杵坭乡杵坭村省级精品乡村生态旅游重点精品生态村寨、兴隆镇牛背山别院省级精品乡村星级旅游酒店等省级乡村民宿建设达标户 15 户、5 户。精品乡村旅游酒店的品牌打造和建设等活动，直接影响带动全县 2 000 余人积极参与乡村生态旅游①。

泸定县将乡村旅游结合扶贫工作试验区的整体建设工作重点，试点创建农旅、农业结合旅游产业发展示范园区，实施农旅结合产业深化扶贫行动。深挖"红+绿"生态旅游文化资源，举办红樱桃节、年猪民俗文化节、高原苹果节。

4. 采用“景区带动型、乡村旅游型、开发旅游商品型”的旅游扶贫模式

泸定县采取景区带动模式，重点开发乡村旅游。牛背山旅游开发、二郎山 4A 级景区、岚安-贡嘎湿地公园、杵坭乡村旅游开发、旅游商品等方式，通过海螺沟、牛背山等景区带动，当地群众通过土地租赁、提供劳务、推销农产品等渠道获得收益。

5. 多举措促进就业增收

通过旅游扶贫开发，截至 2019 年，泸定县有 4 000 余人直接从事与景区相关工作，年增收 6 000 余元每人，带动 50 余户群众发展农家乐、乡村酒店、旅游商品等，间接带动 5 000 名群众增收致富。乡村旅游经营户 300 余家，农家乐、乡村民宿、特色购物点 120 余家，带动贫困户 500 多人就业②。

引导农业劳动力向旅游行业转移，通过与景区涉旅单位签订合同，优先聘用贫困群众。积极开发公益性岗位，解决困难人口就业。

6. 开展旅游景区扶贫专业培训

泸定县整合景区旅游、就业、农业、扶贫等多个职能部门专业培训教学资源和教育项目，邀请相关行业领域知名的专家学者担任教授，分期分批对景区相关事业部门旅游工作人员和各类型酒店、农家乐、餐饮等行业旅游扶贫从业人员定期展开培训，2019 年共举办 12 期涉旅培训，受训人员达 1 400 余人。

培训内容涉及餐饮、酒店、景区、旅游资源开发等各个方面，课程内容丰富。教学方式以讲授为主，培训时间较短，一般为三天左右。一定程度上提高了泸定县涉旅行业人员的综合素质。

---

① 泸定县文化旅游局. 泸定县 2019 年旅游扶贫工作总结.
② 泸定县文化旅游局. 泸定县 2019 年旅游扶贫工作总结.

三、泸定县旅游扶贫发展存在的问题

泸定县作为革命历史名城，拥有全国青少年爱国主义教育基地泸定桥及红军飞夺泸定桥纪念碑，是名副其实的“红色名城”；但其旅游扶贫发展水平相对较低，在资金投入、基础设施建设以及营销宣传等方面都还存在着较多的不足，在旅游扶贫发展方面，泸定县存在以下几点问题。

（一）资金投入短缺，旅游扶贫产业发展落后

为提升泸定县旅游接待能力，政府投资 3 700 万元用于建设泸定桥景区标识标牌、旅游厕所、旅游接待服务区、农家乐等旅游基础设施；对旅游产业和大型旅游项目的启动资金投入则较少，使得泸定县旅游实体经济发展落后。同时基础建设项目缺口资金大，牛背山投资不足 2 000 万元，道路缺口资金达 6.09 亿元，导致开发停滞 2 年。旅游大数据中心、游客集散中心、城市绿道等旅游公共服务设施欠账多，尚未启动建设。牛背山、岚安-贡嘎东湖、二郎山森林公园等重点景区开发严重滞后①。

此外，除国家、省、州补助少量基础设施建设资金、县财政投入樱桃节专题片制作等资金外，无其他旅游经费预算，使得旅游宣传、营销、培训经费紧缺，群众对全域旅游、乡村旅游发展、旅游+等认知度不高。

（二）缺乏专业旅游人才

目前泸定县共有旅游部门核定编制 15 名（含局领导、工勤、执法人员），在编在岗干部职工 14 人，缺乏高层次专业旅游人才，难以满足新形势下的工作需求。随着大数据时代的到来和全域旅游建设需要，泸定县正在筹建旅游运营监测中心，涉旅人才队伍更显薄弱。旅游扶贫村、农家乐等景区缺乏专业旅游人才，管理者和经营者对旅游市场和游客了解不够，容易出现占资源、效益不突出等情况。

（三）贫困群众参与度较低，缺乏积极性

当前泸定县贫困群众参与旅游扶贫开发的途径还停留在自主经营型农家乐的参与方式，特色民宿、采摘基地、农业观光产业园等相对较少，导致贫困群众参与旅游开发的途径较少，获益的途径也少，且缺乏积极性和主动性。公益性岗位月工资在 300 元左右，收益相对较低。

（四）自然灾害频繁及生态环境保护问题

甘孜州旅游资源丰富，但自然灾害频繁，生态环境脆弱。受暴雨、塌方、泥石流等自然灾害的影响，旅游设施容易受到破坏，造成经济损失，影响游客量。

（五）游客出行需求的改变，旅游发展需要转型升级

目前，泸定县留客能力弱。旅游宣传营销手段单一，节庆活动、红色旅游效应不明显，

---

① 泸定县人民政府. 泸定县反映制约全域旅游短板[EB/OL]. [2019-08-07]. http://www.luding.gov.cn/gzldx/c101618/201908/c7a29608929a4d128a6387a4d2ae9ac1.shtml

乡村旅游以农家乐“小打小闹”为主，仅有的泸定桥 4A 级景区“一日游”现象突出，缺乏旅游新业态。近年来，随着经济文化的不断发展，游客口味逐渐发生改变，更加追求文化差异性的感受，对旅游目的地要求更高，以家庭、小团体出行的休闲度假式游客增多。甘孜州大多数游客以自驾游为主。因此，迫切需要泸定县以康养旅游为吸引力，打造一批符合游客需求的旅游设施，建设适合周边游客休闲度假的第二居住地，满足游客旅居式度假的需求，实现从脱贫攻坚到乡村振兴的转向发展。

四、泸定县发展旅游扶贫的建议

（一）加强旅游人才队伍建设

泸定县重视旅游人才培训，每年对涉旅企业及乡村旅游从业人员培训达上千人次。虽人次众多，但效果一般。目前，由于培训时间较短，培训内容过于理论化等原因，培训过程出现迟到、早退、缺席等情况。由于大多数一线从业人员文化水平不高，所以从培训内容上讲，应考虑实际，不可过于理论化。其次，应建立相应的培训考核机制①，避免培训流于形式，浪费人力物力。在培训过程中，从师资队伍上讲，应深入调研一线从业人员的培训需要，建立一支以企业骨干、专业教师、旅游带头人等组成的培训团队，采用绩效考核等方式，吸引旅游人才，充实师资力量。

泸定县在进行扶贫旅游资源开发时，重点发展乡村旅游，具有投资大、建设周期长、利润低、旅游产品单一等特点。虽有采摘、钓鱼、观赏、农家乐、乡村民宿等体验项目，但未形成相关产业链，基本属于一次性消费，回头客不多。因此，需培养一批对乡村旅游资源挖掘、整合能力较强，具有旅游个体经营能力、文创活动策划能力以及培训指导能力的文旅指导员②，深入一线，对当地的乡村旅游发展进行指导。文旅指导员可以是当地旅游带头人、基层干部，也可以是高校旅游管理专业的学生。因此，泸定县应加强与地方高校的合作，建立实习培训基地，既为大学生提供理论联系实践的实战场地，又可以丰富当地旅游人才储备。四川民族学院距离泸定较近，且在泸定筹建新校区。该校开设有旅游管理专业，且设有藏汉双语班，具有得天独厚的优势。该校旅游管理专业的实习以从事较为基础的旅游服务为主，缺少锻炼旅游规划、营销、管理等能力的平台。因此，加强与该校的合作具有可行性。

（二）完善分配制度，强化贫困人口的直接参与

充分调动贫困群众的积极性，通过土地经营权流转，以土地、房屋等资产入股旅游项目获得的股权，直接参与就业岗位，销售土鸡蛋、岚安腊肉等当地农副产品，部分有特殊技能的农户可发展当地特色手工艺品如竹编、刺绣等特色旅游商品，开办农家乐收入等方式强化贫困人口的直接参与。其次，应完善利益分配制度，避免旅游精英化，造成旅游收入掌握在少部分人手里的局面，这样就达不到旅游扶贫的效果。

① 邹雪，蒋友财，宋佳燕，等. 乡村振兴背景下民族文化旅游扶贫教育培训研究——以黔东南自治州为例[J]. 今日财富，2020（21）：154-155.

② 杨晓安. 精准扶贫视域下的乡村文旅指导员队伍培养研究[J]. 农村经济与科技，2020，31（18）：182-184.

（三）注重旅游扶贫开发中民族文化资源的开发和保护

泸定县东与天全、荥经、汉源接壤，南与石棉毗邻。境内居住有彝族、藏族、羌族、苗族、回族、蒙古族、土家族、满族等少数民族，且与康定毗邻，是甘孜州的东大门，民族交流频繁，拥有丰富的民族文化资源，如岚安锅庄、岚安藏族贵琼刺绣、格拉唐卡等非物质文化遗产。此外，泸定属于康巴文化圈的一部分。但不论是目前学界研究康巴文化，还是政府进行康巴文化旅游资源开发，几乎都不怎么考虑泸定。康巴文化是以康巴藏族文化为主体的多民族文化系统，在康巴地区，除藏族这个主体民族外，还有在泸定聚居并杂居各地的汉族，以及世居的彝族。泸定是内地通往甘孜的门户，是“茶马互市”的重要组成部分。在长期的历史发展过程中各种文化在这里相互碰撞、吸纳，文化具有多样性。因此在对泸定县进行民族旅游资源开发时，应充分挖掘除了红色文化、农耕文化之外的民族文化资源，挖掘康巴文化旅游资源，同时培养当地居民的民族文化认同，加强对当地民族文化旅游资源的保护。

（四）多举措筹集资金

旅游开发离不开资金。针对泸定县旅游开发资金不足的问题，应以政府为主导，发挥政府的融资导向，拓宽融资渠道，将目光投向民营企业，吸引有旅游开发和创新意愿的民营企业到本地进行投资。吸引社会闲散资金，采取让利于民的形式，以旅游养旅游，实现旅游扶贫。

● 参考文献

[1] 徐学书.“藏羌彝走廊”相关概念的提出及其范畴界定[J]. 西南民族大学学报(人文社科版)，2016，37（7）：9-13.

[2] 中华人民共和国中央人民政府. 文化部 财政部关于印发《藏羌彝文化产业走廊总体规划》的通知. [EB/OL]. [2020-07-08]. http://www.gov.cn/gongbao/content/2014/content_2711451.htm.

[3] 丁焕峰. 国内旅游扶贫研究述评[J]. 旅游学刊，2004（3）：32-36.

[4] 凉山彝族人民政府. 藏羌彝文化产业走廊四川区域三年行动计划（2018—2020 年）发布[EB/OL]. [2020-08-13].http://www.lsz.gov.cn/xxgk/zdlyxxgk/ggwhty/201811/t20181104_561214.html.

[5] 泸定县人民政府. 泸定县反映制约全域旅游短板[EB/OL]. [2020-06-14]. http://www.luding.gov.cn/gzldx/c101618/201908/c7a29608929a4d128a6387a4d2ae9ac1.shtml.

[6] 邹雪，蒋友财，宋佳燕，等. 乡村振兴背景下民族文化旅游扶贫教育培训研究——以黔东南自治州为例[J]. 今日财富，2020（21）：154-155.

[7] 杨晓安. 精准扶贫视域下的乡村文旅指导员队伍培养研究[J]. 农村经济与科技，2020，31（18）：182-184.

生态容量视角下景区依托型乡村旅游发展对生态环境的影响①

——以木格措景区为例

四川民族学院历史文化与旅游学院　贺爱琳

【摘　要】随着乡村旅游的蓬勃发展，其对乡村社区生态环境的不利影响越来越受到旅游参与者的关注。以木格措景区为例，从生态容量视角出发，采用相关分析法对景区依托型乡村旅游发展对生态环境的影响进行研究。研究表明：木格措旅游区乡村旅游收入与传统农业土地利用占比、水环境质量优良率以及环保资金投入占比呈负相关；而乡村旅游收入与环保资金投入占比、旅游区地表垃圾产生量呈正相关，随着乡村旅游收入的增加，旅游区地表垃圾产量也随之增多，从而影响到环保资金的分配。为使木格措区域旅游经济发展与生态环境形成良性互动，促进当地乡村旅游业的可持续发展，提出了相关对策建议。

【关键词】生态容量；乡村旅游；生态环境；木格措景区

乡村旅游起源于19世纪的欧洲地区，其产生背景为欧洲后工业社会时代追求自然、休闲潮流的出现，随之欧洲的旅游业发生了结构性的变化。人们的出游动机从初始阶段的人文自然景观型旅游，到以人造主题公园为主要对象的观光旅游，迈入了参与型旅游，作为参与型旅游重要形式之一的乡村旅游业随之蓬勃发展。近年来，乡村旅游已发展成为旅游产业重要的组成部分，在促进乡村振兴、传承传统文化、促进农业提质增效、带动农民就业增收、推动城乡一体化发展等方面发挥了重要作用。与此同时，乡村旅游的发展也对农村的生态环境造成不可忽视的负面影响。乡村旅游包括一系列组成要素，其核心吸引物是乡村生态环境，包括山脉、湖泊、河流景观、森林等。乡村旅游与生态环境之间是一对存在发展与限制、保护与开发共轭关系的矛盾体：一方面，优良的生态环境是当地社区旅游得以可持续发展的基础；另一方面，游客的满意度和旅游体验直接受到生态环境质量的影响。所以旅游业与生态环境二者之间的平衡与协调是促进乡村旅游可持续发展的关键。

生态容量又被称为生态环境容量或生态承载力，其概念来源于人类所共知的现实：地球上的资源都是有限的，任何尺度区域环境的资源利用强度，即单位时间内的利用数量都存在一个上限阈值。这一阈值是指在不破坏环境的自然恢复能力和持续能力前提下的利用强度饱和值。若超出这个上限阈值，就会破坏整个社会——生态系统的稳定性，使其处于紊乱状态，导致其相当长时间内（甚至是永久性）难以恢复原来状态。因此，在乡村旅游开发过程中必

① 基金项目：四川民族学院校级项目（项目编号：CR1412）研究成果。
作者简介：贺爱琳（1989—），女，硕士、讲师，主要从事乡村旅游与农村可持续发展研究。

须重视生态容量问题，切不可盲目追求旅游经济效益而忽视生态环境的保护，否则会导致乡村旅游业走向衰落。

纵观国内外文献研究，关于旅游业与生态环境方面的研究成果颇为丰硕，其理论研究进展主要涉及以下几个方面：旅游生态容量概念体系建立和统一；生态容量的定量计算研究；旅游发展对生态环境影响的指标范畴以及旅游发展与生态环境之间影响规律的实证研究。本文将借鉴已有的研究成果，并根据案例区实际特征构建乡村旅游发展对当地生态环境影响的指标体系，通过分析阐述旅游发展对地方生态环境造成的负面影响，并提出相关对策建议[1-4]。

一、研究区概况

木格措景区，即康定情歌（木格措）风景区，位于四川省甘孜藏族自治州康定市雅拉乡，距康定市区 17 km，距康定机场 30 km，距成都 322 km。景区海拔 2 600 ~ 3 780 m，系国家 AAAA 级旅游景区、国家级重点风景名胜区，以高原湖泊、原始森林、温泉、雪峰、自然生态景观为主。因景区地处青藏高原向四川盆地过渡地带，地貌复杂多样，其生态系统脆弱性较高，对旅游活动的敏感度较强。景区所在区域主要分布四个自然村：头道桥、二道桥、三道桥以及王母村，村落居民依托景区的资源优势和客源优势充分发展乡村旅游业，社区旅游得到充分发展。与此同时，随着木格措景区逐年发展，接待的游客量逐年增加，大量的旅游活动对村落的生态环境带来了较大压力，生态环境也受到了一定程度的破坏。

二、数据来源与研究方法

（一）数据来源

本文数据来源主要为两大类，一类为统计年鉴，包含 2010—2019 年《康定市统计年鉴》、康定市《旅游统计年鉴》《康定市环境统计公报》；另一类来自对康定木格措旅游实业发展有限公司和木格措景区管委会相关负责人访谈所获数据。根据乡村旅游对生态容量影响的指标范畴并结合木格措景区实际情况建立指标体系，以传统农业土地利用占比、水环境质量优良率、旅游区植被覆盖率、环保资金投入占比以及旅游区地表固体垃圾产生 5 个变量来表示生态环境；以每年乡村旅游社区通过旅游所获得的总收入变量来表示乡村旅游发展（见表 1）。

表 1　乡村旅游发展对生态环境影响的指标体系

目标指标	分析指标	单位	趋势分析
乡村旅游发展	乡村旅游收入（Y）	万元/每年	
生态环境	传统农业土地利用占比（X_1）	%	负
	水环境质量优良率（X_2）	hm^2	负
	旅游区植被覆盖率（X_3）	%	负
	环保资金投入占 GDP 比重（X_4）	%	正
	旅游区地表固体垃圾产生量（X_5）	万 t	正

（二）相关分析

相关分析（correlation analysis）是为了研究现象之间是否存在某种依存关系，并且能够探讨出这种依存关系的影响方向和相关程度，是研究随机变量之间相关关系的重要统计方法之一。两个变量之间的相关程度通过相关系数 r 来表示。相关系数 r 的值在-1 和 1 之间。正相关时，r 值在 0 和 1 之间，散点图是斜向上的，这时一个变量增加，另一个变量也增加；负相关时，r 值在-1 和 0 之间，散点图是斜向下的，此时一个变量增加，另一个变量将减少。r 的绝对值越接近 1，两变量的关联程度越强，r 的绝对值越接近 0，两变量的关联程度越弱。

三、乡村旅游发展对区域生态环境影响实证分析

（一）区域生态环境指标范畴分析

传统农业土地利用占比是指种植业、畜牧业等采用人力、畜力、手工工具、铁器等为主的手工劳动方式的面积在村域环境总面积中所占的比重。在乡村旅游发展的影响下，农村土地系统发生较大转型。土地利用格局复杂化、土地利用非农化以及土地利用功能复合化均导致乡村旅游社区传统农业走向衰落，旅游产业用地、基础设施用地的不断增加，一定程度上在破坏乡村的生态环境和“乡村性”；水环境质量优良率是旅游景区及其附近区域水质量的污染程度，从自然层面反映生态环境的状况；旅游区植被覆盖率即旅游区森林覆盖率，森林覆盖率=森林面积/土地面积，不同地貌类型植被覆盖率的最低标准为：山区≥75%、丘陵区≥45%、平原区≥18%，用以反映生态环境植被状况；环保资金投入占 GDP 比重是指政府每年所投入用于治理环境问题的资金占乡村国民生产总值的比重，用以反映生态环境的治理情况；旅游区固体废物产生量是指游客旅游活动结束后所滞留的固体垃圾，用以说明旅游区的污染情况[5-10]。

（二）相关分析结果

通过将木格措景区区域内四个乡村旅游社区的乡村旅游收入与传统农业土地利用占比、水环境质量优良率、旅游区植被覆盖率、环保资金投入占比以及旅游区地表固体垃圾进行相关分析，结果如下（见表 2）。

表 2　乡村旅游收入与生态环境指标体系相关分析结果

目标指标	分析指标	趋势分析	相关系数
乡村旅游	乡村旅游收入（Y）		
生态环境	传统农业土地利用占比（X_1）	负	−0.989
	水环境质量优良率（X_2）	负	−0.935
	旅游区植被覆盖率（X_3）	负	−0.968
	环保资金投入占 GDP 比重（X_4）	正	0.968
	旅游区地表固体垃圾产生量（X_5）	正	0.976

分析发现，木格措旅游区乡村旅游收入与传统农业土地利用占比的相关系数为-0.989，与水环境质量优良率的相关系数为-0.935，与旅游区植被覆盖率的相关系数为-0.958，与环保资金投入占比的相关系数为 0.968，与旅游区地表固体垃圾产生量的相关系数为 0.976，并都在 0.1 的水平上呈现显著相关。

研究表明，木格措旅游区乡村旅游收入与传统农业土地利用占比、水环境质量优良率以及环保资金投入占比呈负相关。乡村旅游开发会在一定程度上改变当地土地利用方式和强度，随着乡村旅游收入的增加，旅游活动用地的逐渐增加导致传统农业土地利用占比减少；随着乡村旅游收入的增加，木格措景区及周围游客量增多，在旅游活动过程中部分游客将白色垃圾滞留在景区内及景区周围，尤以林区与圣湖内的白色垃圾为重，部分垃圾随圣湖流往山下的小溪漂流，导致景区及景区周围区域水环境质量逐渐下降；同时随着乡村旅游收入的增加，为了满足游客体验当地特种旅游交通（如牦牛、马匹），当地牧民放牧牦牛、马匹的活动更加频繁，同时在木格措红海草原挖虫草，在木格措山上找野山菌、要坝子等这些活动也日益增多，一些植被遭到破坏，木格措的生态环境较为脆弱，遭受破坏的植被很难恢复。乡村旅游收入与环保资金投入占比、旅游区地表垃圾产生量呈正相关，乡村旅游收入的增加会带来旅游区固体废物产生量的增加，同时也会影响到环保资金投入的增加。

四、对策建议

研究发现，区域乡村旅游经济的发展对生态环境具有双重影响，而促进区域生态环境优良发展是支撑乡村旅游经济可持续发展的重要条件。因此，随着乡村旅游的蓬勃发展，在给当地社区的社会经济带来巨大正面效应的同时，其旅游经济发展也给生态环境带来了巨大压力。为使木格措区域旅游经济发展与生态环境形成良性互动关系，促进当地乡村旅游业的可持续发展，现提出以下对策建议：

（一）增强生态环保理念，提倡绿色旅游

良好的自然生态环境是乡村旅游的核心吸引力之一，要想保持高质量的自然环境，加强生态环保理念，倡导绿色旅游必不可少。所有旅游行业的参与者，上到旅游政策、制度的制定者，即政府部门，再到旅游业的客体旅游企业和主体旅游者都要深化低耗能、低污染的绿色环保低碳旅游方式。对于木格措景区来说，要着力贯彻旅游政府部门出台的环保政策，加强实施和监督工作并加强景区客流管理，如限制景区游览人数，不超过生态环境承载力。景区管委会应不断完善景区管理规定，加强对游客文明旅游、绿色旅游的引导，同时增强当地居民、旅游企业等的生态意识。

（二）加大景区及景区周围区域环境保护投资力度

为促进当地旅游生态环境资源的可持续利用，使生态环境保持在一个良好的状态，建立一个比较完善的环境保护资金投入体系非常重要。木格措景区位于贡嘎山中段，地处横断山北麓，地貌类型复杂，生态环境较为脆弱，所以对于生态环境保护和恢复的投入力度更大，因此必须切实做好每一笔环保资金的分配和利用，地方政府和旅游景区管委会要加强对资金

的管理和监督，以此提高环保资金的使用效益水平，从而提高旅游区的生态环境质量。

● 参考文献

[1] 杨宇. 乡村旅游发展对农村城镇生态环境影响探讨[J]. 产业与科技论坛，2007，6（4）：24-26.

[2] 吴晋峰. 旅游生态管理容量初探[J]. 人文地理，2001，16（1）：31-34.

[3] 邹卒. 乡村振兴背景下旅游经济的发展对生态环境的影响分析——以重庆市为例[J]. 林业经济，2016，6：72-82.

[4] 刘伟，徐洁，黎洁. 陕南易地扶贫搬迁农户生计脆弱性研究[J]. 资源科学，2018，40（10）：2002-2014.

[5] 鲁婷. 干旱扰动下的黄土高原半干旱区农户生计风险及生计脆弱性研究[D]. 西安：西北大学，2013.

[6] 马爽，耿梓豪，陈昭妃，等. 基于“可持续生计—脆弱性—社会排斥”多维分析框架下唐县“精准扶贫”政策落实问题的探究与建议[J]. 新丝路（下旬），2016（5）：17-19.

[7] 崔凤军，等. 旅游承载力指数及其应用研究[J]. 旅游学刊，1998，（3）：41-44.

[8] 冯学刚. 旅游管理容量理论、方法与实践[D]. 南京：南京大学，1999.

[9] 生态旅游 走向何方[N]．科学时报，1999-2-10（5）.

[10] 俞孔坚. 生物保护的景观生态安全格局[J]. 生态学报，1999，19（1）：8-15.

全域旅游背景下甘孜州高等植物研究利用的现状及对策

四川民族学院农学院　谢学强

【摘　要】本文从解析全域旅游概念出发，指出资源丰富的甘孜州高等植物在全域旅游中所起的重要作用，继而梳理甘孜州高等植物研究机构及其研究成果，分析甘孜州高等植物研究和开发利用的主要不足有资源植物研究不深入、资源植物的开发利用方式原始且无序、园林和食用植物利用与州外同质化严重，提出了针对这些主要不足的具体对策和措施。

【关键词】全域旅游；高等植物；研究利用；甘孜州

全域旅游是指将一个区域作为旅游目的地来建设和运作，实现区域资源有机整合、产业融合发展、社会共建共享，以旅游业带动和促进经济社会协调发展[1]。其中，“区域资源”的内容十分丰富，高等植物当是其重要组成部分。高等植物承担着固土保水，园林观赏，为人类提供食物、药物、调味、淀粉、芳香油、蜜源、土农药、树脂、纤维、单宁、染料、饲料等生产生活资料的重要作用。仅是园林观赏植物，就能绿化、美化、净化、彩化、香化人居环境，而且就甘孜州而言，科学的园林植物配置也是区域内生态环境重建和长江上游生态屏障建设的重要内容之一[2]。

甘孜州位于青藏高原横断山区北端，地形地貌、山系水系复杂多样，拥有类型丰富的极端环境，如低温、低氧、低气压、强紫外线、多风多雪、温度剧变、干旱贫瘠的土壤等。这些极端生境孕育着丰富多彩的生命形式，构成全世界极端环境下生物资源最丰富的区域。这些生物资源能提供有价值的野生、家养或栽培物种的种质资源与特殊基因材料以及各种生产生活资料。如何开发利用好这些极端环境中的高等植物为人类生产生活、人居环境、生态建设和全域旅游服务，不少科技工作者做了大量有成效的研究工作，但还有许多科研工作有待深入。

一、甘孜州高等植物研究机构及其成果

（一）甘孜州林业科学研究所

在多年从事林业科研、生产、管理等方面工作的基础上，该机构总结成果并撰写了《甘孜州高等植物》《甘孜州树木》《甘孜藏族自治州国家重点保护植物识别手册》和《甘孜州乡土植物绿化手册》等 4 本图书，前 2 本公开出版发行，后 2 本为内部交流使用图书。4 本图书

作者简介：谢学强（1964. 04—），男，汉族，硕士，四川民族学院农学院教授，主要研究方向：资源植物及观赏园艺。

均记载了大量园林适用植物，尤其后 2 本可直接视为园林植物研究成果。

《甘孜州高等植物》一书是贺家仁和刘志斌 2 位正高级工程师主编的，是目前记载介绍甘孜州高等植物最全面的公开出版的专业文献。该书实际共记载甘孜州乡土植物和部分栽培植物 239 科、1 090 属、5 227 种（包括种、亚种、变种、变型，下同），其中：苔藓植物有 43 科、95 属、170 种，蕨类植物有 30 科、61 属、264 种，裸子植物有 10 科、22 属、70 种，被子植物有 156 科、912 属、4 723 种[3]。《甘孜州树木》《甘孜藏族自治州国家重点保护植物识别手册》和《甘孜州乡土植物绿化手册》所记载的全部植物，包含在此书中。

《甘孜藏族自治州国家重点保护植物识别手册》一书是贺家仁、刘志斌、伍杰 3 位正高级工程师主编的，共记载甘孜州境内发现的国家珍稀植物（包括野生和栽培）38 种，其中濒危植物 6 种，稀有植物 15 种，渐危植物 17 种；国家重点保护植物（包括野生和栽培）35 种，其中国家一级保护植物 9 种，国家二级重点保护植物 26 种。

《甘孜州乡土植物绿化手册》是代学冬、刘志斌主编的。该手册选择性记录了甘孜州优良乡土绿化植物 152 种，其中：乔木（含小乔木）类 65 种 3 变种，灌木类 53 种 1 变种 1 亚种，藤本类 10 种 1 变种，草本类 19 种。

（二）四川民族学院农学院

在长期开展科研、教学和校园园林植物筛选、配置、管护工作的同时，谢学强教授领衔的科研团队着重开展了 4 项有关甘孜州高等植物的科研工作，分别是：国家民委自然科学项目“甘孜地区干旱河谷园林绿化适用地被植物的筛选”，四川省教育厅自然科学基金项目“干热河谷野生药用观赏植物资源调查及评价”，四川民族学院自然科学重点项目“干旱河谷园林绿化适用植物资源调查及评价”，四川省教育厅自然科学重点项目“甘孜州野生天麻资源调查及驯化栽培研究”。

“甘孜地区干旱河谷园林绿化适用地被植物的筛选”项目，2014 年申报立项。2015 年至 2017 年 3 年时间里，项目组经实地调查、引种试验和配置试验，确定了甘孜州干旱河谷当时可资利用的园林绿化地被植物有 67 科、138 属、200 种。其中，蕨类植物 2 科、2 属、2 种，裸子植物 1 科、1 属、1 种，被子植物 64 科、135 属、197 种；常绿灌木 53 种、落叶灌木 36 种、攀援藤本 17 种、草本植物 94 种；彩叶植物 27 种，多肉植物 8 种；栽培种类 143 种、归化种类 2 种、野生种类 55 种；新引进种类 22 种。发表论文《甘孜州干旱河谷适用地被植物研究》[4]。

“干旱河谷园林绿化适用植物资源调查及评价”项目，2009 年立项，经 2010 年至 2012 年 3 年的调查研究，项目组确定甘孜州干旱河谷当时可资利用的园林绿化植物 104 科、229 属、358 种，其中：蕨类植物 2 科、2 属、2 种，裸子植物有 8 科、15 属、23 种，被子植物 94 科、212 属、333 种。发表中文核心期刊论文 2 篇：《干旱河谷不同立地条件对引种湿热型植物的影响》[5]和《西部干旱河谷园林植物种类及配置优化研究》[2]。

“干旱河谷野生药用观赏植物资源调查及评价”项目，2007 年立项，经 2008 年至 2012 年 4 年的实地调查、引种试验和配置试验，项目组确定甘孜州干旱河谷野生药用观赏植物有 109 科 292 属 468 种，其中，蕨类植物 36 种，裸子植物 7 种，被子植物 425 种。发表论文 9 篇：《甘孜州高等植物新增种类研究》[6]《甘孜州高等植物研究概况及方向》[7]《甘孜州干旱河谷野生药用观赏草本植物资源研究》[8]《甘孜州干旱河谷野生药用观赏木本植物资源调查》[9]《甘孜州野生药用观赏植物两头毛的栽培管理及应用》[10]《甘孜州野生药用观赏植物角蒿及其栽培应用》[11]《干旱河谷野生药用观赏植物假酸浆及其栽培应用》[12]《干旱河谷野生药用观赏植物中华山蓼及其栽培应用》[13]《甘孜州野生药用观赏植物曼陀罗及栽培应用》[14]。

"甘孜州野生天麻资源调查及驯化栽培研究"项目，2012 年立项，经 2013 年至 2015 年 3 年的资源调查，项目组摸清了甘孜州野生天麻类型、生境条件、分布特点和开发利用现状等；通过有性和无性繁殖栽培，弄清了蜜环菌菌株、菌材树种及用量、生境类型等对甘孜州野生天麻驯化栽培的影响，培育了天麻有性和无性繁殖材料，形成了一套适合推广应用的甘孜州野生天麻驯化栽培简易技术，撰写发表了 3 篇论文，编撰了近 4 万字的野生天麻驯化栽培培训讲义。论文分别是：《菌材树种及用量对甘孜州野生乌天麻无性繁殖的影响》[15]《甘孜州野生天麻资源调查》[16]《不同生境对甘孜州野生乌天麻无性繁殖的影响》[17]。培训讲义是《甘孜州野生天麻及其驯化栽培》。

研究结果推荐了甘孜州干旱河谷最佳地被植物 74 种[4]。常绿灌木 25 种，分别是南天竹、五彩南天竹、窄叶十大功劳、红檵木、火棘、红叶石楠、小叶红叶石楠、清香木、银边冬青卫矛、金边冬青卫矛、黄杨、金叶黄杨、杜鹃花、西洋杜鹃、小叶女贞、金叶女贞、金森女贞、矮探春、栀子、六月雪、金边六月雪、萼距花、细叶萼距花、沙针、高山柏。落叶灌木 12 种，分别是戟叶酸模、叶子花、四川牡丹、杜鹃海棠、平枝栒子、紫穗槐、白刺花、小鞍叶羊蹄甲、千瓣月季石榴、金叶连翘、大叶醉鱼草、皱叶醉鱼草。匍匐或攀援藤本 8 种，分别是木香、野蔷薇、爬山虎、粉叶爬山虎、五叶地锦、常春藤、忍冬、白花油麻藤。草本花卉 29 种，分别是蜈蚣草、中华山蓼、大花马齿苋、石竹、鸡冠花、血苋、金鱼草、美丽芍药、费菜、白车轴草、红车轴草、野苜蓿、细叶美女樱、天竺葵、四季海棠、假酸浆、两头毛、万寿菊、孔雀草、波斯菊、硫华菊、吊兰、麦冬、萱草、葱莲、菖蒲莲、射干、鸢尾、美人蕉。

研究结果评价了甘孜州干旱河谷野生药用观赏植物的具体价值，认为这些植物除了同时具备观赏和药用两方面价值之外，还可通过驯化栽培实现其他价值，比如，为当地居民创造优美的生活环境和生态环境；生产药材为当地农民增加收入；使野生植物资源免遭因不断增长的需求而疯狂采掘所导致的物种灭绝的厄运，从而达到保护野生植物资源的目的；使长江上游生态环境免遭因采掘药材而破坏植被所导致的进一步恶化；为重建长江上游生态屏障发挥重要作用；可以达到对野生植物资源进行迁地保护的目的，等等。

研究结果对甘孜州干旱河谷野生药用观赏植物的运用提出了建议。蕨类植物的运用方面，因其植株矮小，枝条婀娜，叶形美丽，可配置于花径、花池和色块边缘，或配置于林下及假山上，或丛植、带状种植、几何图案种植为绿色色块。裸子植物及被子植物中木本植物的运用方面，因其树体高大，树形潇洒，或常绿或落叶，可列植为行道树，或丛植、孤植为风景树；或因花大美丽，花期绵长，花香宜人，或果形奇特，果色艳丽，果香诱人，可丛植、孤植、片植，供人赏玩；或因枝条披散，丛丛密密，终年常绿，可植为绿篱，供人游憩。草本被子植物的运用方面，因其花大美丽、花期绵长、花型奇异、花香幽幽，极具观赏价值，加之多为多年生植物，并且对本地干旱条件有极强的抗耐性，特别适宜在干旱河谷园林中作为地被植物加以应用。入药方面，不同植物药效不同，可分别用于清热燥湿、止痢、明目、舒筋活血、消炎止痛、滋补肝肾、益精明目、退烧凉血、舒压降压、补血行血、通经活络等。

二、甘孜州高等植物研究利用的不足

（1）资源植物研究不深入。各类资源植物的具体种类，各种资源植物的功效、分布、生长习性、繁殖习性，各种资源植物的化学成分及含量等内容都缺乏深入研究，导致对资源植物的价值认识不够，对其开发利用的必要性认识不充分，对其进行开发利用缺乏方向和方式、方法。

（2）资源植物的开发利用方式原始且无序。资源植物开发利用大量处于采集出售原材料的层次上，方式原始、科技含量低，规模小，产量低，效益低。比如，对药用植物天麻、红景天、当归等，对果用植物梨果仙人掌、勾儿茶、沙棘等，还有对其他类型本土野生资源植物，都只是无序采挖出售原材料，缺乏深入研究，没有进行高效人工驯化栽培、保护、加工等方面的研究。这种原始方式的开发利用，不利于资源的保护，且严重破坏生态平衡。

（3）园林和食用植物利用与州外同质化严重。园林和食用植物方面，缺乏本土资源植物的开发，大量引种州外温润地区的绿化和观赏植物，大量购进州外食材，致使在景观建造和餐饮方面州内与州外一个样，州内不同海拔高度的县域之间一个样，使甘孜州人居环境和食宿缺乏区域特色。在全域旅游背景下，这种高度同质化的人居环境和饮食种类不能带给游客新鲜感，缺乏吸引力。

三、甘孜州高等植物研究开发利用的方向及对策

（1）建立高原濒危高等植物保护区，并进行规范化的生态抚育，营造特种生物游环境。比如，建立高原植物园，在园区内引种栽培本土独具特色的食用、药用、观赏、香料、调味等类型的资源植物，为游客营造不同于州外其他植物园的植物认知环境。

（2）加强驯化栽培、选育繁育、生物技术快繁、有效成分分析、化学替代物研究等方面的研究，以增加相关优质商品供给量，满足全域旅游背景下游客的需求，并借以保护野生资源，实现经济效益、环境效益和社会效益的高度统一。

（3）加强本土兼用型植物种类的筛查、培育和开发利用，以利于营造州内州外和不同县域间异质化景观、异质化食宿产品，充分体现民族特色，并有利于充分利用现有耕地和庭院，提高土地生产效益。比如，在体现民族性的大型文化石旁侧孤植梨果仙人掌并加以整形造景，不仅能促进旅客认知干旱河谷特有高等植物的特征，还能让旅客们品尝到风味独特的干旱河谷水果——仙桃。再比如，用两头毛、角蒿、戟叶酸模、商陆、鸢尾等布置花境，可营造异于州外温润地区的园林景观，让游客能充分体会甘孜州园林特有的魅力。

● 参考文献

[1] 中国网中国国情．全域旅游[EB/OL]．[2019-03-01]．http://mp4.china.com.cn/video_tide/video/2017/4/1/20174114 91027114405_430_3._mp4

[2] 谢学强．西部干旱河谷园林植物种类及配置优化研究[J]．安徽农业科学，2011（9）：5396-5398.

[3] 贺家仁，刘志斌. 甘孜州高等植物[M]. 成都：四川科学技术出版社，1993.
[4] 谢学强. 甘孜州干旱河谷适用地被植物研究[J]. 湖北农业科学，2016（23）：6098-6102.
[5] 谢学强. 干旱河谷不同立地条件对引种湿热型植物的影响[J]. 贵州农业科学，2011（12）：202-204+207页
[6] 谢学强. 甘孜州高等植物新增种类研究[J]. 湖北农业科学，2014（6）：1286-1288+1337.
[7] 谢学强. 甘孜州高等植物研究概况及方向[J]. 四川民族学院学报，2013（5）：101-105.
[8] 谢学强. 甘孜州干旱河谷野生药用观赏草本植物资源研究[J]. 广东农业科学，2012（10）：179-181.
[9] 谢学强，李云松，唐德华，等. 甘孜州干旱河谷野生药用观赏木本植物资源调查[J]. 四川民族学院学报，201（2）：17-22.
[10] 谢学强. 甘孜州野生药用观赏植物两头毛的栽培管理及应用[J]. 特种经济动植物，2012（7）：37-38.
[11] 谢学强. 甘孜州野生药用观赏植物角蒿及其栽培应用[J]. 现代园艺，2012（13）：25+36.
[12] 谢学强. 干旱河谷野生药用观赏植物假酸浆及其栽培应用[J]. 特种经济动植物，2013（7）：35-36.
[13] 谢学强. 干旱河谷野生药用观赏植物中华山蓼及其栽培应用[J]. 现代园艺，2013（15）：27-28.
[14] 谢学强. 甘孜州野生药用观赏植物曼陀罗及栽培应用[J]. 中国园艺文摘，2013（7）：75+92.
[15] 谢学强. 菌材树种及用量对甘孜州野生乌天麻无性繁殖的影响[J]. 湖北农业科学，2015（3）：654-657.
[16] 谢学强，唐德华，彭宗杰等. 甘孜州野生天麻资源调查[J]. 安徽农业科学，2015（29）：27-28+34.
[17] 谢学强，彭宗杰，李云松. 不同生境对甘孜州野生乌天麻无性繁殖的影响[J]. 现代园艺，2015（17）：11-13.

全域旅游背景下甘孜州农旅协同发展思路分析①

四川民族学院农学院　刘欢

【摘　要】甘孜州农业旅游资源丰富多样，特色突出。在全域旅游、农旅协同发展的指导下，本文从甘孜州农业发展现状出发，探索旅游行业发展带动下甘孜州农村产业发展新思路。

【关键词】农旅协同；农村产业；全域旅游

目前，如何推动传统农业创新转型升级受到国家以及社会各界的广泛关注，我国旅游业发展模式也在不断变革创新。跳出传统旅游、小旅游，规划现代旅游、大旅游，实现空间全景化发展的全域旅游，成为许多地区发展旅游业的主要思路[1]。2020 年上半年，许多地方在做好疫情防控的前提下，精心组织、大力推进全域旅游特别是乡村旅游，取得了不错的成绩，有利于解决“三农”问题，助推乡村振兴战略实施。如何通过旅游业带动农产品发展，实现农旅结合、共同发展，是值得我们思考的问题。

一、甘孜州旅游业与农产品特色分析

（一）甘孜州旅游业特色

甘孜州地理位置独特，属横断山北段川西高山高原区，也是全国仅次于西藏的第二大藏族聚居区。甘孜州气候复杂多样，总属高原型季风气候，各个地域差异较大；境内地形地貌丰富，既有高耸的山峰，也有幽深的河谷，还有广袤的高原草原，是世界上保存自然生态最完整的地区之一，也是气候垂直带谱与动植物资源垂直分布最多的地区之一[2]。甘孜州具有丰富的文化资源，其中主要包括特色民俗文化、茶马古道文化、宗教文化以及红色文化等几大类。因其特定的地理位置、气候条件以及绚烂的民族文化，形成了甘孜州得天独厚、独具特色的旅游资源，同时也让甘孜州成为自然生态旅游和康巴藏族文化旅游的优质目的地。

（二）甘孜州农业特色

甘孜州全州面积 15.3 万 km^2，平均海拔 3 560 m 以上，年均气温一般为 4.1 ~ 12.5 °C，年降雨量 500 ~ 800 mm，年总辐射量一般为 120 ~ 160 千卡/平方厘米，历年平均霜日为 18 ~ 228 d，无绝对无霜期，气候类型多样，区内既有高原气候，又有山原和峡谷气候。甘孜州不仅地形

① 项目基金：四川省教育厅“大渡河谷糖心苹果实用采后贮藏保鲜技术研究”（17ZB0329）。
作者简介：刘欢（1989—），女，四川绵阳人，硕士，讲师，从事采后生物学与技术方面教学与科研工作。

地貌多样，土壤类型丰富，是汉藏药材、杂粮、杂果等优质生产区域，而且从土壤、空气和水源等条件上来看，甘孜州满足绿色无公害农产品生产要求[3]。同时甘孜州因其全州光照充足，昼夜温差大，光热资源优质丰富，非常有利于植物的营养物质积累，具有很大的农业发展潜力。

二、甘孜州农旅协同发展思路

（一）紧抓国家、地方政策方针，助力乡村振兴

目前我国经济发展迈入了新的时代，在这样的发展背景下，农村改革发展也进入了新的阶段。深入实施乡村振兴，加大力度推进农业转型升级，推动农旅协同发展，促进农民增产增收已成为当下各个地区重点工作之一[4]。为此，国家出台的农业扶持政策比较多，要紧跟国家制定的农业转型发展指导方针，促进农旅协调发展，助力乡村振兴[5]。2020 年 2 月，中共中央、国务院先后发布了《关于抓好“三农”领域重点工作确保如期实现全面小康的意见》《关于开展消费扶贫行动的通知》以及《关于压实“菜篮子”市长负责制　做好农产品稳产保供工作的通知》等，商务部 2 月起相继发布了《关于进一步做好疫情防控期间农产品产销对接工作的通知》《关于切实做好扶贫农畜牧产品滞销应对工作的通知》等，此外财政部办公厅、农业农村部办公厅等也相继针对农业发布了一系列相关政策。甘孜州因其自身自然和人文环境的特点决定比较适合发展农旅结合的全域旅游。

（二）加快将农产品转换为旅游商品，促进农旅协同发展

旅游商品在当前旅游经济过程中的作用不可小觑，不仅能够体现出一国或地区的民俗特征，而且还是旅游目的地极为重要的收入来源[6]。加快将农产品转换为旅游商品在甘孜州全域发展旅游的背景下具有非常重要的意义，有利于农村产业增产增收。甘孜州应该以“绿水青山就是金山银山”发展战略为指引，严格按照“优质、生态、高产、高效、安全”的农业生产要求，努力构建休闲养生、生态精品和生态循环三大农业产业体系，进一步促进地区三大产业深度融合。如今甘孜州农业生产存在：部分农产品生产总量不够稳定；部分地区农产品生产理念比较滞后；部分农产品生产基础设施不够健全等问题。要想使甘孜州特色农产品在旅游产业发展中发挥其特有的作用，占据重要地位，必须注意以下几点：加强地方政府对旅游行业宏观把控和技术指导支持；推进农产品种植基础设施创建工作；大力培育便于转化的特色农产品；加强地方特色农产品与民俗文化的结合[7]。

（三）注重涉农节事旅游项目开发，加速农旅协同发展

涉农节事旅游是在农旅融合的大前提下以农产品优势产业为依托，开展节事活动，一方面有利于丰富文旅产品，提高文旅业绩，增加文化自信；另一方面可以促进农业供给改革，促进农民创富增收，推动农旅协同发展，具有经济、文化、生态等多重效益[8]。甘孜州目前涉农节事相对比较少，项目比较单一，主要还停留在采摘、观花观叶等项目；一方面可以增加与地方特色农产品相关的特色观赏、采摘等娱乐项目；另一方面还可以增加围绕农产品相关的庆典活动、文艺表演、农产品展示交易会、“美食+体育”以及农产品种植基础类等集合体观光与体验于一体的项目。这些体验感强的涉农节事旅游不仅能够让游客们看到农产品生产

景观，而且还可亲自动手参与农耕类活动，体会到农耕乐趣。此类活动还可以向游客们传递本地农业生产“新鲜、绿色、无污染”的理念，进而促进消费者产生强烈的购买欲望，加快将农产品转化为旅游商品。

（四）以农产品加工产业为引领，重视农产品专属品牌创建

甘孜州具备农业生产的优质自然条件，是杂果、杂粮、薯类和汉藏药材等农产品优生区，优质的农产品更适合精深加工。发展农产品精深加工是实现农村产业融合的关键，是农旅协同发展的重要思路之一，也是推动甘孜州传统农业创新转型升级的重要措施。发展农产品加工行业，要以消费者需求为导向，促进农产品加工转型，强化农产品加工技术创新，统筹规划农产品加工行业，提升农产品附加值[9]。一方面需要紧抓地区资源，开发各种相关加工产品，丰富加工产品类型，比如针对糖心苹果、泸定樱桃、核桃、梨果仙人掌、青稞、土豆等农产品来开发加工产品；另一方面科学规划高标准的加工园区，引进先进技术和设备，提高农产品加工能力，促进农产品转化为旅游商品。

要想促进甘孜州农村产业发展，仅仅是提高精深农产品加工率还不够，还需要重视农产品专属品牌创建，打造特色优质商品，力求推动农产品转化为旅游商品的进程，才能让自己的商品更好地走出甘孜，具有一定知名度[10]。甘孜州目前采取全域旅游、农旅结合的发展思路，非常适合创建自己特有的高原有机农产品品牌。当农产品品牌具备一定程度的知名度，更有助于涉农节事旅游项目开展，也有助于当地农村产业的发展，达到促进农业发展、增加农民收入的目的。

（五）充分利用现有融媒体平台，扩大营销宣传渠道

近年来，全国媒体行业正在发生翻天覆地的变革，融媒体时代的来临对地方农业发展也有了较大的影响。这样的背景对具有地方特色的农村产业发展是个很好的机会。对于农特产品来说，营销方式的创新很重要，多维度、多场景的营销可以促进农产品销售并助力打造具有影响力的品牌。无论是在涉农事节旅游项目上，还是在地方特色农产品品牌打造上，或者在农产品营销上都可以充分利用现有的融媒体平台[9]。一是可以在传统的电台、互联网、报纸杂志广泛宣传的基础上，充分利用自媒体例如抖音、火山小视频、微信朋友圈等网络平台进行宣传，来扩大甘孜州农旅项目以及农产品区域品牌的知名度。二是可以借助融媒体平台拓宽销售渠道，发展电商、微商等营销模式，还可以通过直播与短视频带货的方式帮助一些优质农产品进行售卖。总的来讲就是要不断增加甘孜州特色农村产业的曝光度，传播农业品牌的认知形象，加深消费者印象，充分利用各类品牌展会等平台，走出去，引进来，扩大知名度。

● 参考文献

[1] 刘媛. 江苏省农村产业融合的现状分析、发展思路与政策建议[J]. 江苏农业科学，2019，47（15）：19-22.

[2] 杨超，屈海娜，石小春. 旅游产业-经济增长-生态环境协调发展分析——以甘南州和甘孜州为例[J]. 生产力研究，2019（12）：91-95.

[3] 易雪辉，朱蓉，林蓉，等. 四川甘孜州“互联网+精准扶贫代理记账”模式调研[J]. 财会通讯，2019：1-6.
[4] 崔昕. 全域旅游理念下农村人居环境整治与乡村旅游开发的有机结合[J]. 农业经济，2020（9）：43-45.
[5] 潘燕. 全域旅游背景下山西省农产品区域品牌发展策略研究[J]. 山东农业工程学院学报，2020，37（8）：6-10.
[6] 吴雪，王维强，杨海龙. 游客对旅游目的地特色农产品消费态度分析[J]. 宿州学院学报，2015，30（10）：51-55.
[7] 刘洋. 新型乡村旅游中的农产品销售模式探究[J]. 中外企业家，2016（24）：31-32.
[8] 张霞，王斌，合妍，等. 农旅融合背景下榆林涉农节事旅游发展研究[J]. 山西农经，2020（16）：42-44.
[9] 向兰. 论我国乡村旅游中的农产品营销策略[D]. 武汉：武汉轻工大学，2012：1-70.
[10] 龚振，万大川. 基于消费者态度的品牌延伸战略[J]. 企业活力，2008（1）：28-29.

农旅协同发展下的甘孜州食用菌开发思路初探①

四川民族学院农学院川藏滇青大型野生真菌研究中心　程晓彬

【摘　要】甘孜州食用菌资源丰富，但由于近年来过度采摘，造成生态环境破坏，食用菌产量呈下降趋势。文章在分析了甘孜州食用菌开发存在的问题的基础上，结合甘孜州的经济发展战略，提出了基于生态旅游的食用菌开发思路，以期为甘孜州农牧民谋取更高收入，为全面建成小康社会奠定坚实基础。

【关键词】甘孜州；生态旅游；食用菌；发展思路

食用菌是一类可供人类食用的大型真菌，依据生理类型可分为寄生菌、共生菌和腐生菌三大类，依据来源可分为人工栽培的和野生的两大类。我国食用菌资源丰富，据统计已有 1 000 多种，人工栽培的有 100 余种[1]。食用菌富含蛋白质、多种氨基酸、矿质元素和膳食纤维，是老百姓餐桌上常见的食材。据研究，食用菌含真菌多糖、三萜类和核苷类化合物，这些成分能增强人体免疫能力、清除自由基等，具有很好的药用价值[2]。同时食用菌色泽多样、体态妖娆，具有很强的观赏性，是制作盆景很好的材料。由此可见食用菌具有很好的开发前景。

甘孜藏族自治州（简称甘孜州）位于青藏高原东南缘，是青藏高原向四川盆地的过渡地带，在地形上属于川西高山高原区，境内最低处海拔高度仅几百米，最高处海拔高达七千多米。受相对高差和河流深切的影响，其境内地貌多样，有高山、高原、河谷、峡谷。甘孜州属于亚热带气候区，受青藏高原和地形的影响，虽然深处内陆，大部分区域失去了亚热带气候特征，气候上属于高原山地气候，具体表现为：气候垂直地带性明显，在一定高度内空气湿度大，日照丰富，气温年较差小、日较差大[3]。特殊的地形和气候条件，为生物的繁衍分化创造了极为有利的条件，境内植被资源丰富，全州有草地资源 946.67 万公顷，森林资源 190 万公顷，辽阔的草原和丰富的森林，孕育了丰富的野生菌资源，自古就享有“菇菌之乡”的美誉。现已采集的野生菌标本共 1 727 个，已经鉴定定名的野生菌有 330 种，其中有 256 种已查明食药性和毒性[4]。本文在理清目前甘孜州食用菌生产上存在的问题的基础上，借鉴其他地区的经验，探索适合本地实际的开发思路。

一、甘孜州食用菌开发中存在的问题分析

（一）过度开发野生菌造成野生菌再生能力降低

野生菌完全在自然状态下生长，其再生能力的强弱完全是依靠自我调节，甘孜州目前的

① 基金项目：四川民族学院 2019 年学院自办科研项目（项目编号：XYZB19008ZB）研究成果。
作者简介：程晓彬（1968—），女，农学学士，教授，主要从事园艺植物栽培方面的教学和科研工作。

采摘模式不利于野生菌再生能力的恢复，具体表现在以下几个方面：

1. 地毯式采集导致孢子数量减少

甘孜州地广人稀，草地与林地的权属管理不够规范。野生菌是自然生长的，野生菌的采摘是自由开放的，人人都可以采摘，每到野生菌生长季节，当地农牧民放下手中的一切事情，驻扎在野外地毯式地采集食用菌，一旦发现野生菌，不管成熟度如何统统摘下。因此环境中因缺乏成熟的子实体弹射孢子，导致孢子数量大幅度减少。

2. 采集方式不规范致使生长环境破坏，影响菌根形成

甘孜州的野生菌绝大部分是共生菌，必须要与寄主植物形成菌根才能生存，但是权属管理不够规范导致同一地块采集频率高，林地草地被肆意践踏致使孢子萌发和菌丝生长的环境被破坏，使本就有限的孢子难以存活，更谈不上菌根的形成了。

（二）人工栽培的食用菌栽培方式落后、品种单一

经调查，目前甘孜州人工栽培的食用菌种类单一，主要是黑木耳、香菇、羊肚菌。其栽培方式主要是农户的小作坊模式，出菇场所是塑料大棚，连作现象普遍，致使病害逐年加重，种植户投入逐年增加但收入却逐年减少，种植户的积极性受到很大的影响。

（三）食用菌产品简单，产业链短，产品的价值低

目前甘孜州的食用菌基本上是以原材料的形式上市，其中野生菌大部分是以鲜菇直接上市，这是附加值最低的一种方式；人工栽培的食用菌则以干品稍加包装销售，总体来看整个产业链短，缺乏精深加工产品。

二、甘孜州食用菌的开发思路

（一）慎重引进人工栽培食用菌新品种，改进现有栽培模式

食用菌栽培因投资小、周期短、见效快，是一项快速致富的好项目，但是如果随意地引进新品种，弹射的孢子可能会给当地野生食用菌种质资源带来威胁，破坏野生菌的生存环境。同时甘孜州虽然森林资源丰富，但作为长江上游极度脆弱的生态保护区[5]，应慎重砍伐树木，所以在新品种引进上应引进适合代料栽培的食用菌新品种[6]。甘孜州森林资源丰富，在栽培方式上，可以采取仿野生半人工栽培模式，积极发展林下食用菌栽培技术，即食用菌菌丝生长阶段在室内进行，这样条件可控，可以为菌丝生长创造适宜的环境，子实体生长阶段放在树林中进行，林中空气清新、氧气充足、昼夜温差小、枝叶遮阴度高、空气湿度大，这些都有利于子实体生长，大大降低环境调控的成本。用后的菌包作为有机肥留置在树林中，可以培肥土壤，增加森林土壤有机质的含量，改善土壤的结构，提高土壤的肥力水平。

（二）多举措保护野生菌资源

过度采摘野生菌导致产量下降已是不争的事实，同时野生菌资源是一种可再生资源，只

要合理开发就能恢复其再生能力。参照其他地区的经验，结合本地实际，保护野生菌资源可以从以下几方面入手。

1. 就地保护恢复其再生能力，实现资源的永续利用

这需要从两个方面入手，一是要保护好菌种，二是要保护好植被。自然条件下，食用菌完成一个生长周期需要经过孢子萌发产生菌丝（菌丝体）、菌丝体成熟后形成子实体、生理成熟的子实体弹射孢子这三个阶段。所以要想恢复其再生能力，需要有一定数量的生理成熟的子实体。大量研究表明，50 m^2 的树林只要保留 1 个松茸完全成熟开伞[7]，弹射的孢子足以保证来年的产量。所以可以将林地和草地按照一定面积网格化，每一个网格保留一定的子实体并做好标记，为了避免被鼠、虫、鸟伤害，应做好保护措施，如用网罩罩上，保证子实体成熟开伞弹射孢子。在保护植被方面，要依靠天然林保护工程，加大栎、松、杉、高山草甸的培育与保护。

2. 异地保护——培育菌根苗

甘孜州主要的野生菌如松茸、牛肝菌、虎掌菌、鸡油菌等都属于外生菌根菌，它们与栎、松、杉等植物根系形成共生体[8]，一方面增强了植物根系吸收水分和养分的能力，菌根菌在生长过程中还可以产生植物生长激素和生长调节物质，促进植物的生长，增强植物的抗逆能力，另一方面宿主植物也为菌根菌的生长提供所需的营养物质。但是到目前为止，菌根菌的人工培育难度很大，在保护上应该以培育菌根苗为主，具体操作为：从外生菌根菌子实体中提取孢子或者是组织进行菌丝体的培养，然后将菌丝体接种到苗圃地中，在苗圃基地培育与之共生的树苗，促使菌丝浸染苗木根系，形成菌根共生体，这样培育的苗木不仅成活率高、生长速度快、抗逆性强，同时也有利于菌根菌的生长[9]。其后将已经浸染了菌根菌并形成共生体的树苗进行栽种，待成活并成林后，就能恢复适合野生菌生长的生态环境，最终实现良性循环，维持森林生态系统的稳定。

（三）研发高附加值产品

食用菌原材料因存在贮存难度大、费用高等问题，目前甘孜州的食用菌大多采用鲜菇及时销售的形式，同时这种销售形式带来的经济价值也是最低的。为了提高食用菌的价值，应该积极研发高附加值产品，提高野生菌资源的利用率。一是积极开发药用菌，利用野生菌极高的药用价值，研发新型药品、保健品、美容产品；二是充分发挥毒菌资源的毒性研发杀虫剂、杀菌剂。

（四）充分发挥食用菌在旅游业中的作用

“全域旅游、生态旅游”是甘孜州委六大战略的重要内容，被誉为“中国人的景观大道”“摄影家天堂”的国道 318 线贯穿甘孜州全境，境内春赏花、夏避暑、秋观叶、冬赏雪，一年四季景色美不胜收。随着人们生活水平的提高，利用空闲时间自驾游成为一种时尚，尤其是雅康高速公路的成功通车，更为甘孜州旅游业的发展带了良好的机遇，来甘孜州旅游的客人络绎不绝。

旅游产业的发展离不开旅游产品的开发，一个成功的旅游产品会给旅游产业带来巨大的

经济利润。已有资料表明，将食用菌资源融入旅游业，开发以食用菌为主题的生态休闲游产品，可以拉动需求，推动投资[10]。甘孜州食用菌资源丰富，在参考其他地区成功经验的基础上，结合本地实际，应从以下几方面入手：

1. 积极开发方便携带的食品

中国是礼仪之邦，中国人外出旅游后往往会给亲朋好友带一点景点特产，这是情谊的一种体现。甘孜州食用菌产自高原，不但食药价值高，而且绿色无污染，深受广大消费者的喜爱。目前食用菌在甘孜州旅游业中的应用主要集中在景区餐饮，现有的食用菌相关旅游产品主要是烘干制品，单调且附加值不高。

食用菌具有很高的深加工价值，材料十分广泛，从子实体、菌柄、菇脚、碎屑到加工废液都可以作为加工的原料。可以从培养料中提取所需成分制作各种调味品、饮品、保健品、美容产品、药品等；可以将子实体加工成休闲方便食品，如蘑菇泡菜、香菇脯、冰花银耳、茯苓糕、平菇什锦菜、食用菌蜜饯等。

2. 以农家乐为依托，开发食用菌观赏采摘游项目

对于人工栽培的食用菌而言，可以选择一些具有较强的环境适应能力和较高的观赏价值，便于采摘和携带的食用菌品种进行人工栽培，为入住农家乐的游客提供亲自接种、管理、采摘食用菌生产过程体验，还可以观赏、采摘烹饪，让游客一边游玩一边品尝，既增长了游客的知识又刺激了消费[11]。

对于野生食用菌，可以选定一定面积的安全的树林，让游客亲自进树林寻找、采摘，给游客提供亲密接触大自然享受大自然馈赠的乐趣，通过进山寻找达到锻炼身体的目的[12]，游客采摘的野生菌需要鉴别，通过鉴别还能提高游客鉴别毒菌的能力。采摘来的蘑菇让游客亲手加工做成礼物带回去馈赠亲友意义非凡。

甘孜州环境优美、风景独特，旅游资源丰富，如果能将食用菌资源融入旅游产业中，充分发挥食用菌的食用价值、药用价值和观赏价值，定能为甘孜州全域旅游、生态旅游、产业发展提供新资源，取得新价值，为甘孜州农牧民谋取更高收入，为全面建成小康社会奠定坚实基础。

● 参考文献

[1] 刘鸿高，李杰庆. 食用菌栽培学[M]. 北京：中国农业出版社，2019：1-3.

[2] 吕作舟. 食用菌栽培学[M]. 北京：高等教育出版社，2013：1-2.

[3] 程晓彬. 甘孜州野生菌资源调查与持续开发利用研究[J]. 特种经济动植物，2015（4）：39-41.

[4] 戴贤才，李泰辉. 四川省甘孜州菌类志[M]. 成都：四川科学技术出版社，1992：1-2.

[5] 杨定国. 甘孜州天然林禁伐的影响与区域持续发展对策[J]. 山地学报，2001，19（4）：344-348.

[6] 陈杭，郑林用，唐明先. 甘孜州食用菌资源和可持续利用技术的研究[J]. 中国食用菌，2014，33（5）：10-13.

[7] 张东月．保护云南野生菌资源推进野生菌旅游产业开[J]．中国食用菌，2019，38（4）：54-57.
[8] 付绍春，谭琦，谭著明．生态农林业的新宠儿——菌根食用菌[J]．中国食用菌，2019，28（1）：9-12.
[9] 范玉清，滕小玲，杨文斌．国内食用菌产业现状分析与可持续发展[J]．长治学院学报，2016，33（2）：53-55.
[10] 黄坚．基于食用菌资源的旅游开发思路与战略选择[J]．中国食用菌，2019，38（2）：101-104.
[11] 王鸣柳．食用菌产业规模化发展转型为“旅游资源”可行性分析[J]．中国食用菌，2019，38（4）：58-61.
[12] 陆嵬喆．食用菌主题生态休闲资源的旅游开发探析[J]．中国食用菌，2019，38（2）：84-87.

基于SWOT分析的若吉村乡村旅游发展调查报告①

四川民族学院历史文化与旅游学院　彭宗兰

【摘　要】运用SWOT分析法对大渡河乡村振兴示范点若吉村发展乡村旅游的现状进行调研，若吉村乡村旅游资源丰富，适合发展乡村旅游，但刚起步发展乡村旅游的若吉村在对乡村旅游产品内涵和外延的把握上，对乡村旅游产品定位上存在着一定的偏差，其乡村旅游产品的市场推广成效较差。为加快若吉村乡村旅游业的发展，基于若吉村乡村旅游发展存在的问题，建议若吉村乡村旅游田园综合体与四川民族学院文科实验实训基地合力共建，发挥各自优势，合作共赢。

【关键词】若吉村；乡村旅游；文科实验实训

为了达成旅游管理专业学生文科实验实训的教学目标，采用就近就便的原则，四川民族学院历史文化与旅游学院于2019年10月8日上午利用“民居旅游接待经营与实务”课程的教学时间，组织旅游管理专业1642班47名学生对康定市姑咱镇时济乡若吉村乡村旅游发展的现状进行调研。学生们带着问题参观民居接待点和走访当地居民，对若吉村乡村旅游发展有了基本的个人认知，通过小组讨论和汇报总结形成了对若吉村乡村旅游发展的共性认知。为进一步推进国家关于乡村振兴战略的有效落实，结合SWOT分析法对若吉村乡村旅游发展情况进行剖析，对存在的问题提出相应对策和建议，希望能对若吉村乡村旅游发展有一定借鉴作用。

一、若吉村乡村旅游发展概况

若吉村位于折多山以东，大渡河左岸，行政隶属于四川省甘孜藏族自治州康定市姑咱镇时济乡，距离康定城区36千米，距离成都约300千米，平均海拔1 400米，全村83户286人，其中党员29人，低保户7户19人，建档立卡14户50人，现有实际耕地面积285亩，村级活动室300平方米，荒地450亩，公益林3 876亩，草原1 742亩，滩涂60亩。

2018年5月，若吉村作为甘孜州大渡河流域乡村振兴融合发展示范点进行建设，根据康定市乡村振兴总体规划的要求，若吉村西至大渡河沿岸，东至若吉后山龙王庙，南北包括若吉村内农田和果林地，规划面积约28.25公顷，开发垂钓产业旅游和庭院经济旅游。若吉村是“一轴、三线、三片”中的大渡河沿线和鱼通片区的交汇点，同时若吉村也是姑咱康养特色小

① 基金项目：本文为“文科实验室教学改革模式研究——《旅游礼仪礼节》”（编号：2017xjjg29）和“省级示范专业课程建设——《旅游礼仪礼节》”（编号：sfkc201713）的阶段性成果。
作者：彭宗兰（1977—）女，副教授，研究方向：乡村旅游。

镇打造的重要节点，若吉村作为乡村田园综合体打造的远景目标是“成都后花园 ·康养加休闲”。

目前若吉村着力以“藏家渔村”为主题打造乡村旅游田园综合体，在外观和内饰方面已完成 9 户民居、“紫玉山庄”餐厅和 40 栋农房立面的整体改造装修，整村亮化工程也全部完成；在基础设施方面完成了污水管网和污水处理设施的建设，并对入口处的“致富桥”进行了加固，增建了公共厕所、垃圾中转站，改扩建了村内的河堤和道路；在公共服务配套设施方面建成了若吉村入口广场和游客服务中心。

若吉村于 2019 年“五一”假期正式营业，主要涉及餐饮、住宿和娱乐三个方面的业务，其中餐饮类的产品由村中的“紫玉山庄”餐厅提供；住宿由村中的“花涧里”“溪憩小院”“观雪居”“飞鱼屋”“石径揽山”“缙云小住”“逸养阁”“天竹居”“青朴院”九个民居接待点提供，现有客房 50 间、床位 57 张；娱乐方面主要有一个大渡河景茶房，主要提供饮茶和棋牌服务。目前若吉村“藏家渔村”田园综合体有 9 户特色民居，1 个餐厅，1 个游客中心，20 多名服务员，节假日和周末基本客满。据了解，节假日主要客源为非姑咱镇居民，周末主要客源为姑咱镇居民，其中多为四川民族学院学生。

若吉村打造的“藏家渔村”田园综合体在营运方面采用的是“公司+合作社+农户”的商业模式，即由国资公司进行市场化管理，成立合作社与国资公司共同经营，合作社按期与国资公司和农户分红，村民可将房屋出租、土地流转、退耕还林还草补偿金等资金入股合作社，同时村民经培训后能够上岗参与到经营服务中，村民的收入主要来源是房屋租金+合作社分红+工资。目前若吉村“藏家渔村”田园综合体由康定市文旅投资有限公司和若吉村宏盛枇杷休闲观光合作社为主体组建公司，吸纳村民入股，其中“康定市宏盛枇杷种植农民专业合作社”由全村 83 户村民以入股的方式加入合作社，合作社社员以现金方式入股，每名普通社员按 1 万元 1 股的方式入股，14 户贫困户按 9 000 元 1 股的方式入股，113 名社员共入股现金 105.6 万元。在资金方面，通过广东省对口支援 550 万元、村民自筹和政府投入等方式，共计投入建设资金 2 535 万元。在产品价格方面，公司根据物价部门相关要求统一定价，其中民宿按 288 元/间计价，餐饮方面，如果学生团体自带食材自行加工，收费标准为 20 元/人，餐厅菜品价格也是统一价格，餐饮和住宿方面均无淡旺季价差。村民收入方面通过调查了解到，凡是出租房屋的村民每户每年 5 000 元，房屋十五年后归还村民；在小超市上班的工作人员工资 2 000 元/月；出租民宿的农户打扫庭院也有工资。

二、若吉村乡村旅游发展的 SWOT 分析

（一）优势分析

若吉村地处平均海拔 1 400 米的干热河谷亚热带气候区域，日照充足，且冬暖夏凉，年平均气温 15 ~ 17 °C。气候舒适宜人，春天可踏青赏花、夏天可乘凉摘果、秋天可观景赏月、冬天可休养生息。四季都适合开展康养休闲旅游活动。若吉村的致富桥连接村庄与省道 211 线，可通往姑咱镇和康定市区炉城镇，交通区位优势明显。若吉村水资源丰富，土地肥沃，盛产蔬菜水果。

若吉村整个村落沿大渡河东岸缓坡形成自然聚落，以“睡美人”山为景，以大渡河水为源，形成“背枕高山、前瞰大河、田村相融”的山水格局，远可观贡嘎雪山，近可感乡居田

畴，整个村落相对独立，有世外桃源的意境。若吉村除了有乡村特色文化，还有“藏彝走廊”上特有的贵琼文化，“贵琼”的藏族族群主要居住在鱼通区的舍联乡、时济乡、前溪乡、麦崩乡[1]，若吉村的“贵琼”藏族具有独特的民族风俗习惯，拥有丰富而独特的民族村寨旅游资源。

总体来说，若吉村区位优势明显，气候条件、交通条件较好，民族乡村旅游资源丰富。

（二）劣质分析

目前若吉村“藏家渔村”可以留住客人的娱乐项目较少，主要以麻将和饮茶为主，这些娱乐项目只能满足少部分乡村旅游者的旅游需求，而更多的乡村旅游者对健康、养生、乡愁、健身、研学、娱乐等的旅游需求却无法满足。多元的乡村旅游需求无法满足将使若吉村“藏家渔村”乡村田园综合体的可持续发展失去有效的支撑。

目前若吉村以“藏家渔村”主题打造的乡村田园综合体的知名度和美誉度不理想，客源极不稳定，没有恰当的旅游“IP”和文创，若吉村“藏家渔村”的旅游形象对旅游者缺乏持久的吸引力。若吉村“藏家渔村”的民居风貌改造虽然使用了从俄罗斯进口的昂贵木材，整体效果较好，也能突出乡村特色，但却缺乏地方特色、民族特色和独创性，产生了千村一面的风貌效果。另外大量使用木材进行风貌改造不符合绿色、节能、环保的乡村旅游可持续发展理念。若吉村主打以大渡河野钓为主题的“藏家渔村”乡村旅游项目，如果缺乏有力的监管，这样的旅游项目将存在较大生态隐患，大渡河中的野生鱼类，特别是大渡河鱼的生存环境将受污染和破坏，给野生鱼类带来威胁甚至可能使野生鱼类种群灭绝。

若吉村所在区域山体较破碎，临近处的省道211线在雨季常出现山石滚落的情况，山体边坡护理效果差，存在较大安全隐患。若吉村通往省道211线的致富桥自身通车能力差，桥面较窄，不利于人员特别是车辆的通行且存在较大安全隐患。

总体来说，若吉村乡村旅游产品结构单一，缺乏独创性，知名度和美誉度较差，客源极不稳定。开发旅游过程中民族文化和地方文化特色未凸显，绿色、生态、环保意识不强，存在较大交通安全隐患。

（三）机遇分析

在国家政策层面，中共中央、国务院印发的《乡村振兴战略规划（2018—2022年）》；在地方政策层面，四川省委、省政府印发的《四川省乡村振兴战略规划（2018—2022年）》；甘孜州州委、州政府印发的《甘孜藏族自治州乡村振兴战略规划（2018—2022年）》，从这些相关文件可以看出从中央到地方都非常重视乡村振兴的问题，并且将乡村旅游作为乡村振兴的重要途径和抓手。在基层落实层面，康定市委、市政府制定的《康定市的乡村旅游振兴总体规划》，将若吉村纳入大渡河流域乡村振兴示范区项目，着力打造大渡河康养谷。从中央到地方在政策层面科学谋划，同时还在人力、物力、财力方面大力支持地方发展乡村旅游，这都为若吉村乡村旅游业带来了发展的机遇。

随着时代的发展和高新技术的不断应用，生产力高度发达，社会分工越来越细，人的脑力也经历着高强度的挑战，人类迎来了后工业时代，人类面对机器的时间大大超过了人类自己。同时城镇一体化的不断推进，城市越来越大，人口越来越密集，但却被困在各种空间里，人类强烈需求可以自由呼吸的社交空间，在经济高速发展的21世纪，全球范围的休闲时代已经到来，乡村旅游成为人们社交空间的理想选择。在这样一个时代背景下，乡村旅游业发展潜力巨大。

若吉村所在的姑咱镇有一所国家布局在四川藏族聚居区唯一的一所高校——四川民族学院，学校有近万名教职员工和学生，这对于若吉村来说是一个无比巨大的市场空间，大学的师生员工与乡村旅游有非常强的契合度，他们都将成为乡村旅游的潜在旅游者。

总体来说，若吉村是在国家乡村振兴的政策环境和以休闲消费为时尚的时代背景下发展乡村旅游，且有一个大而稳定的客源市场，若吉村正处在乡村旅游业发展的机遇期。

（四）威胁分析

若吉村“藏家渔村”乡村旅游产品结构单一，缺乏特色，在市场上存在同质市场竞争风险。康定市在打造大渡河流域乡村振兴及城乡融合发展示范区时围绕“一核七园”这个主题在大渡河康定境内布局八个点，其中同是时济乡大渡河畔的日角村也在开发乡村旅游，这两个毗邻村庄的乡村旅游资源相似度极高，且日角村以“日角教育文创园区”作为“七园”中的“文园”进行重点打造，与若吉村存在竞争关系；另外附近还有姑咱镇三合乡二郎村的“绣园”；姑咱镇麦崩乡为舍村土司官寨群的“官园”；姑咱镇孔玉乡色龙村汉白玉艺术园的“玉园”；金汤镇的大熊猫栖息地的“游园”。邻近的还有乡村旅游产业发展成熟度较高的泸定县和丹巴县。在乡村旅游客源市场的争夺方面若吉村存在较大不确定性。

总体来说，若吉村乡村旅游产品缺乏个性和特色，同质化市场竞争将是若吉村发展乡村旅游业最大的威胁。

三、若吉村乡村旅游发展 SWOT 战略分析与对策

优势与机遇分析（SO）：若吉村乡村旅游资源丰富，在发展乡村旅游全面利好的政策环境和大众休闲旅游时代背景下，若吉村必须抓住乡村旅游发展的机遇期，大力发展乡村旅游，用好政策，分享市场红利，把四川民族学院作为重要客源市场来开发和利用。

优势与威胁分析（ST）：若吉村乡村旅游资源丰富，但存在同质化竞争风险，因此，若吉村发展乡村旅游必须将资源优势转化为生产优势、产品优势、市场优势、竞争优势，深挖若吉村特有的乡村资源、民族资源、民俗资源、文化资源、风情资源、地方资源、环境资源、人文资源、市场资源、劳动力资源，综合各方资源打造一个独一无二的乡村旅游产品和品牌，避免出现由于同质化产品引发的恶性竞争和短期发展。

劣势与机遇分析（WO）：在政策和市场利好的背景下，若吉村发展旅游业是大势所趋，如果若吉村仍然采取简单模仿和等客上门的小农经济发展模式生产经营，是无法在市场经济大潮中存活的，更谈不上发展。因此若吉村要走乡村旅游这条振兴乡村的道路，就必须在研判自身优劣势的基础上厘清家底，掌握市场行情，挖掘自身资源优势，并将其转化为市场需要的产品，做好宣传营销工作，打好民族牌、文化牌、生态牌，解决好乡村旅游建设最后一公里的问题。

劣势与威胁分析（WT）：若吉村乡村旅游产品结构单一，缺乏独创性，知名度和美誉度较差，客源极不稳定。开发旅游过程中民族文化和地方文化特色不突出，绿色、生态、环保意识不强，存在交通安全隐患和同质化竞争风险。若吉村乡村旅游发展的主要劣势与威胁基

本同构，因此充分挖掘若吉村特有的民族乡村旅游资源，突出特色、个性和独创性，注重对资源和文化的保护，防控各种安全隐患，这些是若吉村发展乡村旅游走出困局必须要解决的重要问题。只有解决了这些问题，若吉村乡村旅游事业才能越做越大、越做越强，取得丰硕的成果。

四、若吉村乡村旅游发展存在的问题与对策

通过对若吉村乡村旅游发展的 SWOT 分析可知，要加快若吉村乡村旅游业的发展，必须针对若吉村乡村旅游发展存在的问题，早谋划、早解决才能早见效，使若吉村乡村旅游成为振兴乡村、解决“三农”问题的有效途径。

（一）乡村旅游产品内涵和外延问题与对策

乡村旅游是以具有乡村性的自然和人文客体为旅游吸引物，依托农村区域的优美景观、自然环境、建筑和文化等资源，在传统农村休闲游和农业体验游的基础上，拓展开发会务度假、休闲娱乐等项目的新兴旅游方式，它是以农业资源为对象的观光、度假、娱乐、康乐、民俗、科考、访祖等复合型旅游活动[2]。乡村旅游产品的内涵核心是农村的文化和农业的体验，而乡村旅游产品外延是可以扩展到三大产业融合的各个环节。目前，若吉村乡村旅游产品的内涵不突出，外延范围有缺失。

未来，若吉村在开发乡村旅游产品的过程中，要挖掘若吉村特有乡风民俗，重点突出农村休闲文化和民族文化；重力打造干热河谷亚热带所特有的农业体验项目，将农耕文化与娱文化相结合，推出有趣味的农耕体验项目；注重三大产业融合发展，增加乡村旅游产品的丰富度和多元性，形成若吉村乡村旅游产业链，提高农副产品商品转化率，利用好全村 64 户养猪户、15 户养鸡户和 170 亩枇杷园、15 亩樱桃园、15 亩桃园、5 亩无花果园，将牲畜、家禽、蔬菜、水果有机化、绿色化、无公害化，提高农副产品附加值，结合实际做少而精的产品，开发旅游商品，将当地特产“仙桃”产业化，做成各种旅游伴手礼等，利用好区位优势，形成土特产集散中心。

（二）乡村旅游产品定位问题与对策

产品定位是为了帮助消费者在信息极速膨胀的信息时代迅速找到适合自己的产品，产品生产者在市场定位的基础上，根据目标市场的需要，着力凸显或打造产品的某一或某些特征，赋予产品某一或某些特定的形象，以迎合消费者的偏好性需求，提高消费者对产品的忠诚度。目前，若吉村乡村旅游市场定位模糊，产品定位不清晰，产品形象缺失，无法在消费者心目中形成印象，更无法赢得消费者的“芳心”。

未来，若吉村需要在分析自身优劣势的基础上，对同业竞争者进行研究，在市场调研的基础上细分市场，确定目标市场，研究目标市场消费者的乡村旅游需求偏好，结合旅游资源特征，对若吉村乡村旅游产品定位，突出产品特色，生产出适销对路的乡村旅游产品。笔者认为，四川民族学院对若吉村乡村旅游发展来说是不可小觑的目标市场之一，可以针对大学的教师和学生，特别是学生的乡村旅游偏好，结合若吉村特有的民族性和乡村性开发出适合

大学生消费的集民族性、乡村性、休闲性、娱乐性、科普性、教学性、研究性、健身性、体验性于一体的乡村旅游主题公园。

（三）乡村旅游产品市场推广问题与对策

产品市场推广是提高产品知名度与美誉度的重要手段，相关政府、社会团体、企业、员工等利用各自的信息传播资源，通过新闻发布、节事活动、宣传促销、公益事业、知名人士等方式，向目标公众推送产品和服务的相关信息，以期达到美其名誉、广而告之的目的，使消费者知之、信之、用之、喜之、爱之。目前，若吉村乡村旅游知名度与美誉度较低，产品市场推广效果较差，消费者对产品的认知程度不高，有待改善。

未来，若吉村需要根据市场目标和产品定位，整合自身优势、特色、知名人士等资源，在传统产品市场推广的基础上利用新媒体，在各个层面制造乡村旅游“IP”，举办农副产品加工体验活动，比如制作柿饼、苹果干、枇杷膏、举办帐篷露营、攀岩、爬山、探险等节事活动，使其成为妇孺皆知的乡村旅游产品。

五、加快若吉村乡村旅游业稳步有效发展的建议

若吉村乡村旅游综合体的打造应将四川民族学院作为重要的合作伙伴，而四川民族学院也应该以文科实验实训基地建设为抓手，加强校地合作、校企合作，共谋发展，合作共赢。

四川民族学院在与若吉村合作建设文科实验实训基地时，注重把准应用型转型的时代脉搏。以旅游管理专业为例，可结合旅游管理专业相关课程，将一部分课程的实验实训室搬到若吉村，把若吉村作为教学对象来解析、作为案例来分析、作为科研对象来研究、作为大学生创新创业基地来孵化，为若吉村乡村旅游做市场调研和市场细分，围绕目标市场研发乡村旅游产品，结合新媒体做市场推广，组织策划各级各类旅游节事活动，做各种文创研发和推广工作，创设运作旅游“IP”，深挖民族乡村体验元素，打造各式各类乡村旅游体验项目，结合相关课程参与乡村综合体的经营、管理、培训等相关工作，这些可以作为若吉村乡村旅游经营的有益补充。具体以“旅游礼仪礼节”课程为例，实验实训内容可以涉及学生参与旅游节事活动礼仪环节的策划工作，对乡村旅游从业人员进行旅游服务接待礼仪的培训，参与礼仪接待和服务等，从而达成“旅游礼仪礼节”课程的文科实验实训教学目标。若吉村通过与四川民族学院深度合作，就近充分利用学校智力资源和网络资源把若吉村打造成为智慧乡村、文创乡村，不断推陈出新，紧跟时代前进的步伐，成为既有乡土味道又有时代韵律的美丽新村。

● 参考文献

[1] 吴明刚. 康定贵琼藏族建房仪式及文化内涵[J]. 四川民族学院学报，2018（5）：11.
[2] 苏伦高娃. 旅游学概论[M]. 长沙：湖南师范大学出版社，2017：25.

对泸定县岚安乡发展旅游业的 SWOT 分析①

四川民族学院教育科学学院　高琼燕

【摘　要】甘孜州旅游资源丰富的村落通过有效的途径大力发展旅游业可以促进这些乡村从脱贫攻坚走向乡村振兴。本文通过对泸定县岚安乡发展旅游业的 SWOT 分析，展示了位于甘孜州高山、半高山地区乡村发展旅游业的优势、劣势和面临的机遇与挑战，提出了充分用好政策、加强基础设施建设、大力发展生态农业、提高土地的集中利用率、加强特色旅游商品开发和组织开展旅游服务 0 技能培训等对策。

【关键词】甘孜州；泸定县；岚安乡；旅游；SWOT 分析

“旅游是不同国家、不同文化交流互鉴的重要渠道，是发展经济、增加就业的有效手段，也是提高人民生活水平的重要产业。”[1]旅游业因对相关产业发展具有极大的带动作用，所以被认为是促进区域经济社会发展的重要产业，并在 20 世纪 90 年代发展成为世界第一大产业。经过 40 多年的改革开放，我国已经从旅游资源大国发展成为旅游大国，旅游业在促进农村发展、帮助农民增收、实现农村脱贫致富奔小康中的作用越来越受到重视。当前，在“一带一路”建设和新一轮西部大开发正如火如荼开展之际，在全面建成小康社会和打赢脱贫攻坚战即将实现的重要历史节点，在谋划“十四五”发展的关键时刻，甘孜州的广大乡村正在思考如何才能进一步紧跟国家促进乡村旅游可持续发展的步伐，乘势而上、抢抓机遇、努力作为，从脱贫攻坚走向乡村振兴。

通过从地理位置、历史文化、交通条件、社会影响等方面对甘孜州的乡村进行了比较粗略对比的基础上，本文拟采用战略管理中常用的 SWOT 分析法对泸定县岚安乡发展旅游业的优势、劣势和面临的机遇与挑战进行研究，并提出相应的发展对策。

一、泸定县岚安乡概况

岚安乡位于泸定县城以北、大渡河东岸的高山盆地，东经 102°13′、北纬 30°02′，距泸定县城 23 千米，毗邻雅康高速，海拔 2 280 米，年平均气温 9.8 °C。全乡总面积 57.96 平方千米，耕地面积 80 599.15 亩，森林覆盖率 92.7%，下辖昂州、昂乌、乌坭岗和脚乌四个行政村，现有人口近 3 000 人，其中藏族占全乡总人口的 93%左右，是泸定县唯一的藏族聚居区。经济生产以粮食和蔬菜种植、畜牧业、林果业为主。

---

① 项目基金：2019 年四川民族学院自办科研项目“泸定县岚安乡民俗调查研究”（项目编号：XYZB19013SB）；甘孜州社科联 2019 年州级社科理论研究课题“优秀传统民族文化保护与乡村振兴融合发展研究”（项目编号：gzsk201905）。

作者简介：高琼燕（1982—）：女，硕士，讲师。主要研究方向：中国古代文学、民俗学。

岚安古称罗岩、岩州、昂州，其历史最早可上溯到新石器时期，在泸定桥建成以前，一直是茶马古道上的重镇。1935 年 11 月，红军进入岚安并建立了康巴地区第一个苏维埃政权。1991 年，岚安乡被确定为革命老区。2000 年，泸定县旅游文化局把岚安规划为“红军长征文化、民房民俗旅游区”。2005 年，岚安乡被四川省文化厅命名为“民族文化特色艺术之乡”。2014 年，泸定县编制完成了《岚安古镇旅游区总体规划》，并在岚安建成红军烈士纪念碑。2017 年，岚安乡昂州村和脚乌村入选第三批四川省传统村落名录。2019 年 8 月，岚安被列为四川省第二批红色旅游重点线路中的“强渡大渡河、飞越泸定桥线路” 的重要节点。

二、岚安乡①旅游资源开发的 SWOT 分析

（一）优势分析

1. 旅游资源丰富多样

悠久的历史、长期的茶马古道重镇、中低海拔高山等多种因素使岚安可以俯瞰大渡河、平视大渡河特大桥、遥望贡嘎雪峰、仰望灿烂星空，拥有四呷坝遗址、呷北遗址、大佛殿遗址、茶马古道遗址等历史遗迹，拥有昂州将军庙、乌坭岗四角碉楼、脚乌村红军司令部旧址等特色传统建筑，拥有汉、藏、羌等多民族和谐交融的民风民俗，拥有浓郁的长征红色文化，还拥有因自然和物产形成的特色食品。这些自然和人文资源是岚安开发旅游资源、发展旅游业的基础，游客在这里可以经历河谷、高山、平坝、草地等地理环境，体验步行、攀爬、骑马，更可以感受传统农耕文化、感受少数民族文化、接受红色文化的熏陶。

2. 区位优势比较明显

与甘孜州位于大渡河谷底的其他乡镇相比，岚安海拔要高出 800 米左右，空气和饮水质量较好，是同时拥有两个省级传统村落、一个州级非物质文遗产代表性项目，拥有丰富的民风民俗和红色文化、能为游客提供多种山地生态旅游和气候环境体验的地区，不仅具有旅游开发的地理优势，也可以作为内地低海拔地区旅游人员向西进入高原前的适应地区；与甘孜州大渡河流域其他高山半高山乡镇相比，岚安临近国道 318 线和雅康高速公路，是距成都最近的半高山乡镇，并且其医疗卫生服务、信息通讯、生活补给等相对比较方便，能较好保障游客的需求，更有效地融入成都三小时旅游经济圈。

3. 对旅游发展的定位准确

泸定县考虑到岚安的特殊历史人文和地理位置等因素，委托成都理工大学编制了《泸定县岚安古镇旅游总体规划》，将岚安的旅游业定位为“红色岚安、贵琼古寨”[2]。努力将岚安打造成以红色文化、古遗址文化、贵琼文化及民俗风情等人文景观为主，融高山、峡谷、森林等自然景观于一体的综合性旅游区。综合《长城、大运河、长征国家文化公园建设方案》、

---

① 关于岚安乡的概况系根据数个文献资料整理而成. 详见：泸定县县志编纂委员会. 泸定县志[M]. 成都：四川科学技术出版社，1999；泸定县县志编纂委员会. 泸定县志：1991—2005[M]. 北京：中国文史出版社，2010；泸定县地方志办公室. 泸定县年鉴：2015[M]. 成都：成都益舟文化传播有限公司，2015；四川发布. 四川 666 个村落入选第三批省传统村落名录[EB/OL]. [2020-09-22] https://cd.qq.com/a/20170405/006359.htm；杨艺茂. 我省推出第二批 8 条红色旅游重点线路：包括长征丰碑、川陕苏区、革命先烈和英雄三大主题[N]. 四川日报，2019-08-10（1）.

省上规划的重点旅游线路、四川长征干部学院甘孜泸定桥分院的教学安排等信息来看[3]，泸定希望通过红色旅游来发展生态文化旅游这个定位是准确的，有利于泸定更好地抓住政策机遇、有效减少发展岚安旅游业过程中的资源浪费。

（二）劣势分析

1. 岚安通往外界的交通还不十分方便

岚安目前只有一条18千米长的水泥通乡公路从国道318线的岚安大桥处分路到岚安，公路崎岖、盘山而上，仅能并行两辆小车，不少路段弯道急、坡度陡、错车难，再加上时常会有运载农副产品和矿石的货运车通行，在这种公路上行车，对司机的驾驶技能和车辆的性能都是一种极大的考验。同时，虽然岚安历史上曾有古道通康定的鱼通和亢州，但现在尚无公路与这两地相通，因此，到岚安去旅游必须重新通过通乡公路返回国道318线，无法实现环线旅游，在一定程度上增大了旅游车辆通行的难度，增加了旅游高峰期疏散游客的难度，也降低了游客的旅游新奇感、获得感。

2. 旅游基础设施不完善，综合服务能力不高

从2000年四川省组织旅游专家到岚安进行了旅游考察以来，特别是全域旅游和红色旅游兴起以后，有很多游客到岚安旅游。他们的到来，促进了岚安的民宿、餐饮、种植和养殖等相关产业的发展，也使岚安的旅游基础设施有了比较大的改善，岚安也被列入2020年中央预算项目进一步加强建设。但总的来看，岚安的旅游基础设施还不完善，从业人数不多，与旅游相关的住、食、购、娱等方面的服务能力还不够高。住宿和餐饮主要是当地个别农户在自发开展，其服务质量缺乏比较固定明确的标准；供游客购买的主要是腊肉、水果、花椒和大白豆等农副产品，缺少旅游文创产品；还没有与旅游相关的娱乐设施。基础设施和综合服务方面存在的不足使岚安只能接待散客和小规模短期团队前往旅游，接待较大型或较长期旅游团队的能力还不够，旅游业缺乏规模效应，对相关产业的带动还不够。

3. 尚未形成旅游品牌，旅游产品开发滞后

岚安旅游业在发展中逐渐形成了文旅融合的发展思路，但受多种因素的影响，尚未成为有影响的旅游品牌，还不能如泸定桥、海螺沟冰川、跑马山、贡嘎雪山、德格印经院、甲居藏寨、格萨尔王城那样一提到景区名字就给人以比较深刻、清晰的印象，激励人们前去旅游。小规模的旅游业难形成有较高回报率的旅游产品市场，很难吸引到较大的金融投资，激发不起人们从事旅游业、开发旅游产品的积极性，对已有的旅游资源的保护和开发也缺乏足够的重视。如岚安在民居修建和改造时，缺乏比较有效的规划和管理，一些传统民居被拆毁了，不少与打造“贵琼古寨”风格不十分吻合的现代民居出现了，既影响了旅游品牌的形成，也对将两个省级传统村落进一步创造条件提升为国家级传统村落制造了阻力。

（三）机会分析

1. 人民对美好生活的需求带来的机遇

“一个人要想实现旅游活动，必须具备两个基本的客观条件：足够的可用于旅游的收入和

时间，也就是俗语所言的‘有钱又有闲’。”[4]改革开放以来，随着我国综合国力的增强，人们的收入增加、工作时间的缩短，越来越多的人加入了利用节假日外出旅游的行列。即使是在今年防控新冠肺炎疫情形势十分严峻的时候，旅游也是人们中秋、国庆长假的首选。从“国庆中秋假期首日，全国共接待国内游客 0.97 亿人次，按可比口径同比恢复 73.8%；实现旅游收入 766.5 亿元，按可比口径同比恢复 68.9%。”[5]和四川省“截至 10 月 1 日 15:00，全省旅游景区共接待游客 217.36 万人次（其中，13 个 5A 级重点景区接待游客 14.66 万人次），实现门票收入 1 773.67 万元”[6]；这两条新闻信息中的数据可以明显感受到旅游已经成为广大中国人民的美好生活的一部分，越来越成为人们消费的刚需，而且，可以预见的是，在 2020 年打赢脱贫攻坚战、全面建成小康社会后，人们对旅游的需求将进一步增加，这为进一步发展包括岚安旅游在内的旅游业提供了机会。

2. 国家大力发展旅游业带来的机遇

旅游业的发展对促进对外开放、促进经济社会发展、增加就业和消除贫困、提高国民生活质量具有重要作用，改革开放以来一直得到党和政府的重视。进入 21 世纪后，先后出台了《国务院关于进一步加快旅游业发展的通知》《国务院关于加快发展旅游业的意见》《全国生态旅游发展规划（2016—2025 年）》《国务院办公厅关于促进全域旅游发展的指导意见》等多个发展旅游业的重要政策，并在 2013 年制定了《中华人民共和国旅游法》，对游览、度假、休闲等形式的旅游活动以及为旅游活动提供相关服务的经营活动做了规范。近年来，在决胜脱贫攻坚和实施乡村振兴战略中，进一步将发展旅游业作为帮助农民增收、促进乡村发展的重要举措，出台了《促进乡村旅游发展提质升级行动方案（2017 年）》《促进乡村旅游发展提质升级行动方案（2018—2020 年）》等，大力倡导实施农旅融合、文旅融合发展策略，促进乡村旅游提档升级、转型发展。

3. 省、州发展旅游业带来的机遇

2019 年，四川省委、省政府出台《关于促进全域旅游高质量发展 建设旅游强省的意见》，提出“经过 5 年努力，把我省建设成为社会主义核心价值观广泛践行、文化事业繁荣发展、文旅产业深度融合的文化高地和世界重要旅游目的地”。值得注意的是，2020 年 9 月，在乐山召开的四川省文化和旅游发展大会上，省委书记彭清华指出：“党中央把成渝地区双城经济圈建设上升为国家战略，明确要求共建巴蜀文化旅游走廊，为川渝两地加强文旅合作、促进文旅融合发展提供了方向指引和实施路径，必将进一步做大区域旅游市场、做强区域旅游品牌、提升区域旅游品质，奏响巴山蜀水文旅融合发展‘交响乐’。”[7]从这里既可以了解到国家对四川旅游业发展的要求，也可以看到未来四川经济发展中，旅游业具有的重要地位。

甘孜州旅游事业起步较晚，但从 1987 年 10 月海螺沟冰川森林公园开放以来，随着州委州政府对旅游业发展的重视程度不断提高、州内开放景点越来越多、交通条件不断改善，甘孜州的旅游业取得了令人瞩目的成就。2012 年，甘孜州提出要加快全域旅游发展，明确了旅游优先发展战略；2013 年，出台了《关于实施全域旅游统筹城乡发展的意见》；2016 年，甘孜州被确定为国家全域旅游示范区首批创建单位。通过实践，甘孜州依托瑰丽的自然风光、厚重的历史积淀、繁忙的川藏公路、多样的民俗文化、丰富的红色文化资源，积极探索“旅游+扶贫”的实践模式，引导 20 余万农牧民直接或间接参与旅游开发，实现人均增收 800 元，贫困发生率从2013年的23.17%下降到2018年的3.52%[8]。2020年，基于甘孜州旅游资源禀赋、旅游业发展现状和发展前景，四川省在成渝地区双城经济圈建设中，将甘孜州的旅游业定位为打造国家全域旅游示范区和国际生态文化旅游目的地。

（四）威胁分析

1. 自然灾害造成的交通不畅

到岚安的通乡公路是依山而建的盘山公路，建公路的山坡，山势陡峭、土质疏松，时常有松动的岩石滚落到公路上堵塞道路。由于只有一条路通往岚安，因此自然灾害引发的交通中断，很容易使岚安的人员和物资流动不畅，给旅游发展造成不利影响。

2. 公路沿线乡镇旅游业发展形成的威胁

位于国道318线上的各乡镇，较早发展旅游业，已经积累了一定的经验和资源，再加上旅游者能比较方便地进入，因此，比位于高山上的岚安更容易得到各方支持去发展旅游业，使处于竞争中的岚安在一定程度上会处于劣势。如，在对岚安被列为州级非物质文遗产代表性项目的“岚安藏族贵琼绣”的传承和开发利用方面，泸定综合考虑后，在位于国道318线上的烹坝乡组建了岚安刺绣合作社，引导烹坝乡的村民学习刺绣、发展刺绣产业[9]。

3. 村落空心化

受就业、婚姻、求学等多种因素的影响，岚安的村落也如很多中国传统村落那样，在一定程度上出现了因村民外迁出现的空心化现象，常住人口减少，部分房屋无人居住、部分田地无人耕种，导致发展旅游业所需的旅游从业人员不足。比如，从互联网上的各种文献中可以了解到，目前在岚安向游客讲述民俗文化和红色故事、表演岚安锅庄的只有一个人，而这个人的年龄也在70岁上下了，其事业后继乏人。

三、泸定县岚安乡旅游开发对策

（一）充分用好政策

在各级党委政府大力发展全域旅游、生态文化旅游、红色旅游，推进脱贫攻坚走向乡村振兴等多种利好政策影响下，岚安要迅速敏锐地找到各种利好政策的重合点，进一步明确旅游业的发展定位，利用好政策合力，激发内生动力，主动作为、努力争取多方支持，加大旅游资源的保护和开发力度，积极发展旅游业。

（二）加强基础设施建设

要发展岚安旅游业，必须加大对基础设施建设的投入，对道路交通、村容村貌、建筑街道、饭店旅馆、旅游景点等的系统规划建设，打造好发展旅游业的硬环境，最好是能将有代表性的设施符号化，设计出醒目的标识，使人们对岚安旅游的认识更加快捷、直观、明确，从而进一步增强村民和投资者的信心，促进旅游业发展。

（三）大力发展生态农业

一直以来，岚安的蔬菜、腊肉、水果、花椒、马铃薯等在甘孜州都是比较知名的农产品。农耕文化是岚安各种文化和民风民俗的根基，对因交通不便、游人较少而处于半封闭状态的岚安来说，大力发展生态农业，更好地保护和传承农耕文化，不仅可以因发展生态旅游带动农产品销售而增加村民的收入，使外出村民回流；也可以使岚安成为那些想短期逃避都市喧嚣的游客的“世外桃源”；还可以减少依靠通乡公路补给游客所需食材的数量，提高旅游服务质量。

（四）提高土地的集中利用率

针对村民离乡后出现的土地撂荒和房屋空置的情况，应按规定积极探索流转机制和合作社工作机制，采用适当的方式将闲置的土地和房屋集中起来交给村民、合作社或旅游公司集中使用，提高土地的利用率。如位于康定市姑咱镇的若吉村的一些村民就将自己家空闲的院子租给合作社，由合作社集中打造，每年收取 5 000 元的租金[10]。合作社模式打破了乡村民宿或农家乐旅游的家庭经营模式，提高了旅游服务的规范性和标准化程度，同时，也突破了小打小闹的发展状态，增强了承接大规模旅游团队的能力。

（五）加强特色旅游商品开发

美观实用、招人喜欢的特色旅游商品往往会激发游客的购买欲望，增强游客的旅游体验。同时，旅游商品被游客作为纪念品带回家赠给亲戚朋友后，无形中也是对岚安旅游业的宣传，可以培养潜在的游客。要积极总结和提取本地民风民俗中的特色元素，在此基础上设计出适销对路的旅游商品，进一步增强岚安旅游的竞争力。

（六）组织开展旅游服务技能培训

岚安的群众是开展旅游服务的重要力量，地方政府可通过组织群众参加导游、餐饮、住宿等方面的旅游服务技能培训，进一步增强岚安广大群众发展旅游业的积极性、主动性，提高他们的旅游从业技能，提升旅游服务质量。

● 参考文献

[1] 新华社．习近平向联合国世界旅游组织第 22 届全体大会致贺词[N]．人民日报，2017-09-14（1）.

[2] 刘小兵．走进红色古镇岚安[N]．甘孜日报，2019-05-03（2）.

[3] 康巴传媒网．我州召开四川长征干部学院甘孜泸定桥分院暨县级党校分类建设专题会议[EB/OL]. [2020-09-22] http://www.gzz.gov.cn/gzzrmzf/c100042/202005/4fbece482eba42ffbbe80bd2647c756a.shtml

[4] 雷晓琴，谢红梅，范丽娟．旅游学导论[M]．北京：北京理工大学出版社，2018：36.

[5] 陆娅楠，刘志强，王珂，等．国庆中秋假期首日国内旅游人次近亿 交通运行平稳有序[N].

人民日报，2020-10-02（4）.

[6] 何勇. 长假首日，四川景区接待游客超 200 万人次较“五一”大幅增长[EB/OL]. [2020-10-01] https：//sichuan. scol. com. cn/ggxw/202010/57916903. html

[7] 张守帅，吴晓铃. 彭清华在 2020 四川省文化和旅游发展大会上强调：顺应形势变化 巩固向好态势 激发动力活力 推动我省文旅经济加快恢复振兴实现高质量发展[N]. 四川日报，2020-09-26（1）.

[8] 甘孜州政府办. 我州深化旅游扶贫见成效[N]. 甘孜日报，2019-03-13（1）.

[9] 刘小兵. 点赞！泸定烹坝力争成为骑游一族的新乐园[EB/OL]. [2020-10-01]. https://baijiahao.baidu.com/s？id=1632250847390761989&wfr=spider&for=pc2020-10-4

[10] 康巴传媒网. 宜居宜游处处靓产业兴旺生活美[EB/OL]. [2020-10-01] http：//www. gzz. gov. cn/gzzrmzf/c100005/202006/3f5135ec95bf43d1884cdfa2d14b0612.shtml.

3 第三篇 康巴畜牧及兽医研究

甘孜州畜牧业生产现状及发展对策①

四川民族学院农学院　周贵凤

【摘　要】畜牧业是四川省甘孜州的传统产业、基础产业和支柱产业之一。本文通过阐述甘孜州畜牧业生产现状，分析甘孜畜牧业生产特点，针对实际生产过程中存在的具体问题，提出发展思路及对策，为激发甘孜州农村发展活力，实施乡村振兴战略及甘孜州畜禽业发展献计献策。

【关键词】甘孜州；畜牧业；生产；发展对策

一、甘孜州畜牧业发展现状

甘孜州辽阔，草原广袤，牧草地面积达 13 284.28 万亩，占整个土地面积的 58%，具有得天独厚发展高原畜牧业的有利条件。全州 18 个县中有 5 个纯牧业县，13 个半农半牧业县，325 个乡（镇）中纯牧业乡 92 个，是川西北牧区的重要组成部分。物种资源丰富，根据其独特的地理位置和气候特点，养殖有牦牛、藏猪、藏鸡、藏羊等特色畜禽品种，是四川省重要的草地畜牧业生产基地。

畜牧业是全州农牧民赖以生存和发展的基础产业、优势产业和特色产业。据四川省统计局报告，2018 年甘孜州牧业总产值达 46.9 亿元，占全州生产总值（GDP）的 16.1%。因此，畜禽业在全州国民经济发展和农牧民增收中占有十分重要的地位。

二、甘孜州畜牧业生产特点

（一）畜禽出栏量稳步增长

自国务院发布《国务院关于促进牧区又好又快发展的若干意见》（国发〔2011〕17 号），国家发展和改革委员会、农业部发布《退牧还草工程项目管理办法（试行）的通知》等文件以来，甘孜州大力实施草原生态保护，着力减缓畜草矛盾，努力实现草畜平稳，通过积极恢复生猪生产、鼓励农牧民增加畜禽出栏等措施，努力实现生产发展收入增长。2019 年，甘孜州各类畜禽出栏量达 141.4 万头（只、羽），总体减少 2.6%。其中，牛出栏率增长 3.8%，家禽出栏率增长 19.6%，羊出栏率减少 0.8%，生猪出栏率减少 20%（见图 1）。

① 基金项目：甘孜州科技局项目“甘孜州退化草原生态修复及牧旅结合发展对策研究”研究成果，四川民族学院“甘孜州退化草原生态修复及现代畜牧业发展研究团队”研究成果。

作者简介：周贵凤（1989—），女，硕士，讲师，主要从事动物疾病防控的研究。

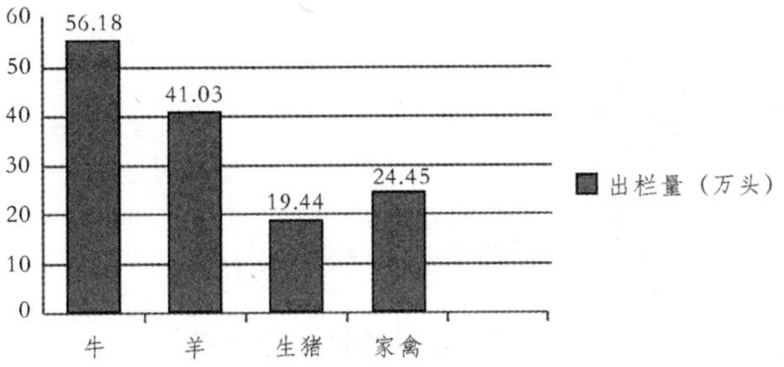

图 1　2019 年各类牲畜出栏量

2020 年上半年，各类牲畜出栏率较去年同期增长 4.1%。除了生猪因受非洲猪瘟疫情影响，其出栏率较去年同期减少 7%以外，其余畜禽出栏率（如牛、羊、家禽等）都出现不同程度的增长（见表 1）。

表 1　2020 年甘孜州上半年畜禽出栏情况统计表

畜禽种类	2020 年上半年出栏量（万头）	较去年同期增长量（万头）	增长率（%）
牛	23.19	1.62	7.5
羊	5.29	0.63	13.6
生猪	9.75	-0.74	-7
家禽	8.59	1.79	36.4

（二）肉蛋奶产量保持增长

2020 年上半年，甘孜州肉类总产量达 3.78 万吨，较去年同期增长 2.5%；牛奶产量达 4.19 万吨，较去年同期增长 5.1%；禽蛋产量 277 吨，较上年同期增长了 100.7%。2019 年甘孜州畜禽产品产量见表 2。

表 2　2019 年甘孜州畜禽产品产量统计表

畜禽产品种类	产量（吨）	增长率（%）
牛肉	70 608	3.5
羊肉	6 802	−2.9
猪肉	13 391	−19.5
禽肉	320	22
牛奶	115 869	11.8
禽蛋	402	4.4
天然蜂蜜	97	6.6

（三）牲畜存栏量总体平稳，草食类牲畜存栏量逐渐下降

近 5 年，甘孜州各类牲畜总存栏量基本维持在 340 万头 ~ 360 万头（只匹），2019 年年底，全州各类牲畜总存栏 346.08 万头（只匹），增长 0.4%。其中，牛存栏 220.92 万头，增长 0.6%；羊存栏 72.73 万只，减少 0.2%；生猪存栏 17.08 万头，减少 4.4%（见图 2）。

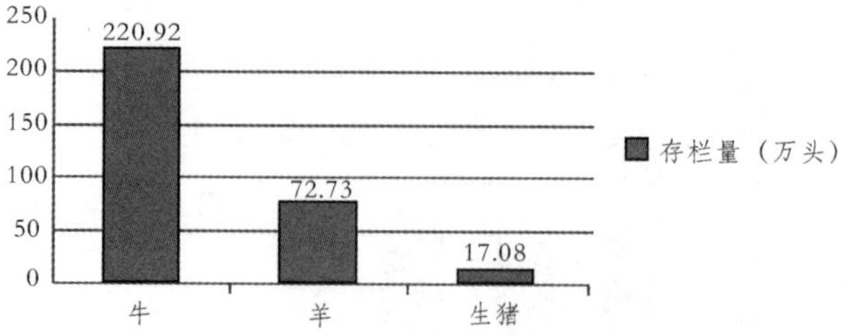

图 2　2019 年各类牲畜存栏量[3]

为了缓解畜草矛盾，自实施草补政策以来，各级各部门采取积极措施，鼓励牧民加大牲畜出栏，实现草畜平衡的目标。2020 年上半年，甘孜州各类牲畜存栏为 351.33 万头（只、匹），较上年同期减少 2.03 万头（只、匹），存栏量总体减少 5.5%。除生猪外，牛、羊等草食牲畜较去年同期存栏量均有不同程度的下降，其中，羊存栏量下降最多，达 15.8%。总的来说，牧业生产形势平稳。

表 3　2020 年甘孜州上半年牲畜存栏情况统计表[3]

畜禽种类	2020 年上半年存栏量（万头）	较去年同期增长量（万头）	增长率（%）
牛	214.87	−1.26	−0.6
羊	77.61	14.62	−15.8
生猪	15.57	0.12	0.8

三、存在问题

（一）畜禽品种相对单一，存栏量高、出栏率低

据不完全统计，目前甘孜州主要养殖牦牛、犏牛、山羊、绵羊，部分地区养殖有藏猪、藏鸡，马养殖数量相对偏少。甘孜州牦牛出栏率平均约为 10%～15%，各县数据差异较大。其原因一方面是饲养管理相对粗放，主要通过“靠天养畜”的传统模式进行放牧，补饲少甚至无补饲，造成出栏周期长、抵御自然灾害的能力差、生产效益低等问题；另一方面由于甘孜州地广人稀，离成都市区较远，交通不便，牦牛产品主要在当地进行销售，市场需求较小；再者，农牧民商品意识、市场意识淡薄，受当地文化、传统、宗教等影响，雅江、白玉、德格等部分地区“惜售”“惜宰”现象突出，其出栏率不到 10%。

（二）基础设施落后，畜禽产品开发种类少、发展水平低

目前，甘孜州畜禽产品经营组织化程度低，基础设施及信息相对滞后，畜产品加工机械设施设备落后，资金投入不足，畜禽资源综合利用率较低，产品品种的研制开发相对单一，质量参差不齐，种类少，多数为牦牛肉、牦牛奶粗加工企业，技术创新能力低下，生产技术水平不高[4]。

（三）民族品牌效应小，未形成合力

目前，甘孜州畜禽产业化经营还在起步阶段。据不完全统计，全州牦牛肉、牦牛奶加工企业 12 家，牦牛养殖合作社 76 家。牦牛产品加工企业规模较小，产品分散，产品附加值较

低，管理机制不健全，产品的精加工和深加工受到限制，产品质量粗糙，产业链短，市场拓展能力有限，辐射带动能力弱，营销环节不畅，中介组织发展迟缓，市场抗风险能力弱，缺乏市场竞争力。

（四）畜牧人才短缺，基层防疫基础薄弱

畜牧业是甘孜州的传统产业、基础产业之一和支柱产业之一，因此，对畜牧兽医人才的需求量极大。但由于甘孜多数地方处于高海拔地区，因自然气候条件恶劣、地理位置偏远、环境艰苦，能留到州内各县的优秀畜牧人才较少，再加上家庭传统观念影响，州内不少学生不愿意从事畜牧行业工作等，导致甘孜州各地区出现畜牧专业人才断层及严重缺乏的局面。此外，州内多数农牧民对畜禽疾病防范意识薄弱，基层服务体系建设不健全，畜禽发生传染病的案例时有发生。

（五）环保设施不健全

州内很多养殖户缺乏环保意识，对畜禽粪便污染问题认识不足，重养殖轻环保，很多养殖场无化粪池、排污通道、贮粪场及粪污处理等设施，污水横流，粪便滥堆，蚊蝇乱飞，环境恶劣，严重影响了周边的自然环境[5]。

（六）放牧压力大，草原退化严重

由于前几十年牲畜数量增长过快，草原面积缩小，加之利用方式的不合理，致使草原超载过牧，草原建设投入不足，鼠害问题突出，草原严重退化。据调研，康定市 70%的天然草原不同程度地退化，且天然草原质量不断降低，目前较 20 世纪 80 年代初，天然草原产草量下降 33.6%，载畜能力大幅度降低，部分地区由于退化严重，已成为沙地、裸地或盐碱滩。

四、发展思路及对策

（一）加大扶持力度，注重畜牧人才培养

各级政府要加大在资金、项目等方面给予倾斜，改善甘孜州基础设施建设，提高畜牧业综合生产能力[5]。另外，要强化畜牧人才队伍建设，第一是由政府牵头，由学校专业教师担负起对从事畜牧行业人员或农技人员培训的工作，提高在职在业人员专业知识，以解决在职人员非本专业人员的问题。第二，学校与地方畜牧相关企业加强深度合作，如建立实习基地，定期派动物医学专业或畜牧兽医专业学生到基地见习，既加强了学生实践动手能力，又解决了地方人才不足的问题，达到双赢的局面。第三，学校可通过其他渠道或招考方式，如二类模式等，尽可能招收一些甘孜州本地区的学生，为州籍学生开设绿色通道，使之能长期留在甘孜州地区服务，从而减轻学校人才培养与地方人才需求的矛盾。

（二）大力宣传，改变传统思想，做好疾病防控和生物安全

畜禽出栏率低下是制约甘孜州畜禽产业发展的重要因素。因此，相关部门应积极向当地

农牧民大力宣传有关政策，分析其中利害关系，做好沟通交流工作，一是要改变农牧民“惜售”“惜杀”“靠天养畜”等传统思想，提高商品意识，增加动物的出栏率；二是健全基层防疫服务体系，要广泛宣传畜禽疾病防控知识，做好动物疫病监控和生物安全，提高动物存活率，降低死亡率，切实把畜禽数量的增长变为收入的增加。

（三）做好良种繁育，转变生产方式

甘孜州物种资源丰富，有牦牛、藏猪、藏鸡、藏羊等特色品种，是我国“动植物基因库”之一。但州内各地生产管理方式普遍落后，多数以自繁自养的方式繁育后代，配种率较低，极易出现近亲交配等问题，后代品质低下。因此，要改善生产管理方式，着力在良种繁育上下功夫，通过纯种繁育、良种引进、人工授精、冷冻胚胎、基因改良等方式，加快品种改良步伐，提高甘孜州畜禽良种生产水平。

（四）做好草场建设，促进畜牧业可持续发展

充分利用“草补”奖励机制，选育适合甘孜地区生长的优质牧草种，扩大人工种草面积，注重饲料饲草基地建设，科学收割储备青贮饲料，确保牲畜越冬安全。加快调整畜群结构，缓解草场过载压力，做好草畜平衡，确保甘孜州畜牧业可持续绿色发展 。

（五）深挖畜禽产品资源，注重产品开发的多样性

深度挖掘畜禽产品资源，对畜禽全身“榨干取净”，尽可能地将畜禽全身各部分充分利用，注重产品开发的多样性，延伸产业链，才能在有限的资源下获得更高的经济效益。如牦牛产品中，除了将牦牛肉、牦牛奶制备成各类食品、饮品外，还可深度开发牦牛毛绒、牦牛皮、牦牛角、牦牛骨等加工成衣物、精美工艺制品；牦牛血、牦牛内脏中提取有效成分用于医药、生物制品；此外，牦牛粪便都可加工成燃料、无公害肥料等利用起来。充分将畜禽产品有限的资源，使 1 头牦牛能发挥出 1 群牦牛的经济价值，从而极大提高农牧民的经济效益。

（六）创建品牌，广泛宣传，拓宽销售渠道

甘孜政府及有关部门要加大畜产品加工龙头企业的扶持和对外招商引资力度，扶持培育州内畜产品加工开发企业，积极帮助和指导畜牧龙头企业、合作社及农牧民，与之共同打造甘孜州特色畜禽产业品牌，明确品牌发展定位，尽快搞好商标注册，研发特色畜牧产品，创建绿色、有机畜牧食品基地；利用网络、电视、报刊各种媒体和各种商品交易会、洽谈会等多种形式加大特色生态畜牧产品的宣传，扩大其知名度和影响力，不断提高市场的占有率。通过实体经营、互联网+等多种平台，积极拓展产品销售渠道，大力发展订单牦牛产业，创新发展甘孜州农村电商，从云物流视角下大力发展农畜产品物流，按需定制，使销售前移，产销结合，确保甘孜畜禽产业健康、快速、高效发展，拉动农牧民增收。

（七）注重产业结合，探索现代化、多元化、绿色发展模式

除了注重甘孜州畜禽产品的开发以外，还应将畜禽业生产走向产业化道路。依托国家、省州政府的相关政策，加快进度修建高质量的高速公路、高铁和机场，改善交通困难局面，

在资金、设备、技术、人才等方面加强投入力度，建立产学研平台，紧密与当地或周边院校合作，充分发挥现代农牧业生产基地与学校、企业等结合优势，通过产学研平台及企业优势带动基地建设，用基地带动农牧民生产。加强与种植业、甘孜州旅游业等产业合作，通过以种促养、以养增收、农旅结合、牧旅结合等方式，紧密与第二、第三产业相结合，打造甘孜州特色畜禽文化产业，开发旅游延伸产品，打造甘孜州特色畜禽产品体验和观光区，把经济效益、生态效益和社会效益统一起来，不断完善农牧业经济结构，强化产业集群，延长产业链，增加产品附加值，增强行业抗风险的能力，实现农牧产业的可持续绿色发展，切实提高甘孜州人民的经济收入[6]。

● 参考文献

[1] 邓竹佳. 甘孜州畜牧业现状及发展特色养殖业可行性分析[J]. 现代农业科技，2012（17）：312，314.

[2] 邓清培. 加快甘孜州半农半牧区畜牧业发展的探讨[J]. 四川农业科技，2017（4）：67-70.

[3] 甘孜藏族自治州统计局. 甘孜藏族自治州 2019 年国民经济和社会发展统计公报[EB/OL]. [2020-03-26].http://www.gzz.gov.cn/gzzrmzf/c100046/202004/a67f1758486a49678509e64217cf0d97.shtml

[4] 马泽郎. 甘孜州生态畜牧业发展的问题及对策[J]. 中国畜牧兽医文摘，2018，34（6）：61.

[5] 蒲慧龙. 临夏州畜牧业生产现状及发展对策[J]. 中国牛业科学，2019，45（1）：59-61.

[6] 周贵凤. 甘孜藏区牦牛产品开发现状与对策研究[A]//凌立. 康巴发展研究（第八辑）. 北京：经济日报出版社，2019：206-213.

高原重要人兽共患病的危害与防控对策

四川民族学院农学院　巴英

【摘　要】人兽共患病的发生和流行严重威胁着畜牧业的发展和人类社会的公共卫生安全。高原重要人兽共患病主要包括包虫病、结核病、布鲁菌病、狂犬病和炭疽等。研究这些疫病发生的原因及危害，建立科学有效的疫病防控体系，采取行之有效的防控对策，有益于畜牧业稳定健康的发展和维护广大人民群众的身体健康。

【关键词】高原；人兽共患病；危害；防控对策

人兽共患病是指“能在人和脊椎动物中相互传播的疾病或感染”。目前世界上的人类疫病中，特别是新发现的人类疫病中有一半以上是人兽共患病。针对2020年流行的新冠病毒肺炎，中国科学院的陈化兰院士做了不同动物对新冠病毒易感性的研究，得出了雪貂和猫对新冠病毒高度易感，狗对新冠病毒易感性较低，猪、鸡、鸭不易感的结论，他们建议应该把鼬科动物（雪貂、水貂）和猫科动物（猫、老虎）纳入新冠病毒防控范围。人兽共患病不仅严重影响动物健康，妨碍畜牧业稳定健康发展，更重要的是还会危及人类身体健康。因此，切实加强人兽共患病的防控工作，确保养殖业生产安全、动物产品质量安全和公共卫生安全显得尤为重要。

一、高原重要人兽共患病及其危害

高原重要人兽共患病主要有包虫病、结核病、布鲁菌病、狂犬病、炭疽病等。

（一）包虫病

包虫病即棘球蚴病，是由寄生在犬、狼、狐等动物小肠的棘球绦虫的幼虫（棘球蚴）感染中间宿主引起的一种严重的人兽共患病。棘球蚴主要寄生于人、牛、羊等的组织器官内。人、羊和牛是中间宿主，犬是终末宿主。如果犬吃了患病动物的内脏后，棘球蚴内的原头节在犬的小肠内发育成成虫，成虫产卵随粪便排出体外，污染牧场饲草饲料、饮水、动物皮毛等。人、牛、羊等因误食了被虫卵污染的食物、饮水，或者和犬亲密接触，虫卵就可能从消化道进入体内引起感染。棘球蚴对人和动物的危害主要有争夺营养物质使机体营养不良，抵抗力下降；棘球蚴大小不一，若寄生在不受器官限制的部位，可长成巨大囊肿，机械性压迫可使周围组织缺血、萎缩、坏死，毒素作用，过敏反应等。

作者简介：巴英（1969—），女，大学本科，副教授，主要从事预防兽医学研究。

（二）结核病

结核病是由分枝杆菌引起的人兽共患慢性传染病。病理特点是主要在机体的多种组织中形成肉芽肿结核结节，继而结核中心干酪样坏死或钙化。在家畜中牛最易感，特别是奶牛。本病主要通过呼吸道和消化道感染。患畜是该病的传染源，特别是开放性结核（即有临床症状的排菌病畜）患畜。其痰液、粪尿、乳汁和生殖道分泌物中都可带菌，可通过污染饲料、食物、饮水、空气和环境而散播传染。病菌随咳嗽，喷嚏排出体外，通过飞沫传播，健康人和动物吸入后即可感染。据世界卫生组织估计，全球每年新发结核病患者 880 万例，据统计，2/3 的结核患者来自 8 个国家，我国位居第二，仅次于印度[1]。肺结核在我国法定报告甲乙类传染病中发病数和死亡数排在第二位。

（三）布鲁菌病

布鲁菌病是由布鲁菌引起的人兽共患慢性传染病。在家畜中，牛、羊、猪最常发生。其特征是生殖器官和胎膜发炎，引起流产、不育和各种组织的局部病灶。

传播途径主要为消化道，其次为损伤的皮肤、黏膜（甚至可以通过无损伤的皮肤、黏膜）及生殖道，吸血昆虫也能传播。受感染的妊娠母畜在流产或分娩时会将大量布鲁菌随着胎儿、胎水和胎衣排出，因此是最危险的传染源。人类感染布鲁菌病，主要是被患病动物感染，一般不由人传染于人。人感染后，主要表现波浪热或长期低热，全身不适、无力、多（盗）汗，关节和肌肉疼痛，神经痛，肝脾肿大，睾丸炎及附睾炎，孕妇可发生流产[2]。

二、高原人兽共患病的防控对策

（一）政府高度重视，提倡人与自然的和谐发展

由于近年禽流感等人兽共患病的爆发，引起了政府及公众对人兽共患病的关注，但仅停留于表面，并未深入地研究疫病平时的预防和爆发后的扑灭措施，建立科学有效的疾病防控体系，还存在一定的侥幸心理。特别是对一些慢性疫病，关注度还远远不够。我国在 20 世纪五六十年代，在国家保障人力、物力、财力还比较弱的情况下，在危害严重的地方性疫病防控方面做了大量工作，在全国范围内消灭了当时流行非常猖獗、严重危害农牧业生产的牛瘟，也使布鲁菌病、结核病等人兽共患病发病率、死亡率明显下降。但目前布鲁菌病、结核病等防治工作力量削弱，人兽共患病发病率明显回升。关注民生，了解百姓疾苦，政府要高度重视人兽共患病特别是一些人兽共患的地方病的防治工作，各级干部要感同身受，充分认识到包虫病等人兽共患病对老百姓的危害以及防治的重要性、紧迫性，改变工作作风，把防治工作落到实处。

目前人兽共患病频频发生的原因众多，其中有一个原因是资源匮乏，人类对自然界过度的开发和掠夺，使人类和野生动物的接触增多，加大了人类感染自然疫源性疾病的机会。我国人口众多，资源人均占有量极低。因此，要积极探求这种供求矛盾之间的平衡点，政府在制定经济中长期发展规划时应该兼顾经济效益、社会效益、环境效益的和谐统一，不能再走先破坏、后治理，以牺牲自然环境为代价来换取经济发展的老路，最大限度地寻求社会经济

发展与自然生态系统的和谐统一，营造人与自然和谐共处的家园，给动物和其他物种一个尽量不被人类打扰的自由王国[3]。

（二）加强科普宣传，树立个人防病意识

人兽共患病频发的其中一个原因是大众对人兽共患病缺乏认识，预防不力，有些人还有吃生食的习惯，有些人与宠物拥抱亲吻、同桌吃饭、同床睡觉，过度亲密。这些不良的饮食和生活习惯都可能直接引起人兽共患病的发生。因此相关部门要加强科普宣传，多形式开展重要疫病防治知识健康教育，让大众了解人兽共患病发生的原因、传播途径、防治要点、做到有的放矢。中国疾病预防控制中心网站主页的健康主题传染病板块，对中国目前的法定报告传染病包括结核病、布鲁菌病、包虫病等有详尽的介绍，相关人员可以自学并推荐给大众。加强科普宣传，在生活中养成良好的饮食习惯，饭前要洗手，不饮生水，不直接喝生奶，不吃生肉或半生不熟肉，购买检疫过的动物产品，奶及其制品要彻底消毒；广大农牧民要认识到犬在包虫病、狂犬病和一些寄生虫病传播中的重要作用，不和犬及患病牛、羊亲密接触；养殖户要严格家畜检疫，淘汰被感染的动物，科学养殖，做好对家畜、粪便、水源的管理，改变一些传统的建筑风俗，做到人畜分居，人的住房和动物圈舍要有一定的卫生间距，圈舍要经常清扫和消毒，人畜分开饮水等；从业人员要做好个人防护，特别是皮肤有伤口时，要做好个人防护，防止病原体从伤口侵入引起感染，禁止徒手处理流产物，流产物要进行深埋或焚烧等无害化处理，更要严禁食用流产物，对可能被病畜污染的家庭环境、物品、病畜粪便进行消毒处理；剪毛及加工皮毛、生产菌苗和进行布鲁菌等研究的人员要做好个人防护，工作中穿戴工作服、帽子、口罩、胶鞋、乳胶手套；做好皮毛消毒。在我国，教学科研单位及疫苗生产企业人员意外感染的事件时有发生，有效的生物安全意识和规范的实验操作是确保实验室生物安全的根本。

（三）加大疫病科学研究，提高疫病防控水平

目前我国还缺少人兽共患病的专门研究机构，没有高水平技术支撑，很多人兽共患病的监测、诊断、防治方法相对比较落后，同时还存在疫苗品种少、免疫效果较差、诊断制剂诊断准确率较低、假阳性多等问题。科技是第一生产力，一个国家、一个民族的强盛离不开科技创新。国家应加大投资力度，建立一些跨学科的人兽共患病研究机构和控制中心，并组建相应的专家队伍。只有打下扎实的科研基础，才能在面对突发的疫情时临危不乱，迅速有效地开展工作，为快速锁定病原和寻找相应的防治方法提供强大的技术保障。科研工作者们应沉下心来搞科学研究，国家也应该加大力度搭建尊重科学尊重科研工作者的平台，吸引更多的优秀人才从事疫病防控事业。20 世纪五六十年代，在条件极差的情况下，我国的兽医科研工作者成功研制出了中国系猪瘟兔化弱毒疫苗，其有高度安全性和优良的免疫原性，很多国家利用这个疫苗控制或消灭了猪瘟，猪瘟兔化弱毒疫苗目前仍是世界上公认的比较理想的猪瘟疫苗。从事疫病防控的科研工作者，要心怀人民，有情怀、有责任、有担当，兢兢业业、刻苦钻研、科技创新，争取在人兽共患病的发生原因及防控措施研究、新型疫苗开发、产业化生产等方面有所突破。

（四）完善疫病监控体系，加强疫病监测预报

目前我国动物疫病监控体系还不完善。由于防控专项资金不足以及对疫病危害认识不足，结核病和布鲁菌病等的监测工作某些地方没有按国家标准严格执行，存在走走形式、编编数据的情况。因扑杀阳性家畜的补偿金较少，养殖户难以承受其经济损失而抵触检测并偷偷低价销售发病家畜，造成疫情扩散。各级政府要进一步加大经费支持力度，将人兽共患病防控工作经费列入财政预算，更新兽医诊断监测仪器设备，提升兽医队伍的检疫监管能力，提高扑杀阳性畜禽的补偿资金标准。采取综合措施保障牲畜耳标和养殖档案工作落实到位。人兽共患病的源头多为动物疫病，如果动物疫病防控不到位，人感染人兽共患病的情况则永无休止。所以必须将人兽共患病防控关口前移，重视兽医在人兽共患病防制中的关键作用，“防人病必先防兽病”，只有这样才可以切断动物疫病向人类传播的“源头”。人兽共患病防控涉及农业、卫生、科技、教育、出入境检验检疫、林业、公安等多个部门，因此必须加强各部门之间的沟通与协作，形成资源共享和统一联动的疫病监测防控体系。

（五）疫区疫病的净化

布鲁菌病、结核病疫区要进行疫病的净化。采用免疫学方法，定期进行检疫，特别是种公畜，只有健康种公畜才能留作种用。检出的患病动物（有症状的动物）应立即淘汰，而血清阳性动物，如数量少，也可进行淘汰，逐步净化直至全群动物均为阴性。如阳性动物数量较多，不适宜淘汰处理，则应该与其他健康动物隔离，避免引起感染，同时对群体采用培养健康动物群体方法逐步净化疫病。培养健康动物群体方法就是从小动物抓起不断净化疫病。在雌性动物产前、产后要对躯体和产房环境进行彻底消毒，幼龄动物出生后，立即与雌性动物群体隔离，喂健康动物初乳，以后喂健康乳或消毒乳，然后定期检查，阳性淘汰，最后直到全群阴性。

（六）加强犬的管理

目前世界上已发现的人兽共患病有 200 余种，而与犬有直接或间接关系的有 70 多种[4]。其中危害严重的包虫病、狂犬病等的传播都与犬密切相关。所以一定要做好犬的管理，采取“管、免、灭”的综合防治措施。首先严格登记制度，养犬就要登记，按规定做好疫苗接种和驱虫。凡未登记者视为无主犬，消灭野犬及无免疫证犬。犬尽量拴养，特别是在包虫病流行的地区，要切实做好家畜定点集中屠宰，不要用动物病变的脏器喂犬，定期用吡喹酮等药物驱虫，驱虫后五天内的粪便应进行焚烧等无害化处理。对流浪犬要进行集中管理，投放驱虫药，寺庙也应对流浪犬集中隔离喂养。可适当采取去势手术来限制犬的数量。

● 参考文献

[1] 冯亚文，王志刚. 加强人兽共患病防控工作的思考[J]. 畜牧兽医科技信息，2017(5)：12-13.

[2] 陈溥言. 兽医传染病学[M]. 北京：中国农业出版社，2015.

[3] 王建文，赵玉军，林颖. 人兽共患病频发的原因与对策[J]. 动物医学进展，2006，27（2）104-107.
[4] 余春. 犬源性人兽共患病的防控[J]. 中国工作犬业，2017，9：16-18.

康巴地区藏兽药植物甘松在畜牧兽医生产中的应用

四川民族学院农学院　阮晨梅

【摘　要】藏兽药植物甘松，藏名邦贝（spangspos），败酱科（Valerianaceae）甘松属（*Nardostachys* DC）植物，广泛分布于我国四川省、青海省、甘肃省、云南省、西藏自治区等地。甘松具有镇静、抗菌杀虫、抗抑郁、抗心律失常等特点，研究发现其在畜牧兽医生产中也可作饲料添加剂和兽药成分之一。本文就康巴地区藏兽药植物甘松的生物学特性和其在畜牧兽医生产中的应用进行综述。

【关键词】康巴；甘松；畜牧；兽医

藏兽医学是藏族人民在长期的畜牧兽医生产劳作中不断汲取外来兽医学精华总结出的宝贵财富，其具备独立的理论体系、诊断治疗原则以及药理学知识体系。藏兽医学将药物分为重、润、凉、钝、轻、糙、热、锐等八种性质，结合“五行”学说和“三体”学说（隆、赤巴、培根）临证诊断、辩证施治。藏兽医药材多来源于高原地区，以主药、辅助药和佐药配伍制成，是藏兽医学的重要组成部分。康巴地区位于青藏高原东部横断山区，主要指四川甘孜藏族自治州、阿坝藏族羌族自治州的部分地区、木里藏族自治县，云南迪庆藏族自治州，青海玉树藏族自治州，西藏昌都、那曲东三县等地域。该区域辽阔，地貌丰富，草原水草丰茂，气候类型多样化，相对高差大，平均海拔在 3 000 m 以上。该区域独特的地形气候条件，造就了康巴地区丰富的药用植物资源。

藏兽药植物甘松，藏名邦贝（spangspos），为败酱科（Valerianaceae）甘松属（*Nardostachys* DC）植物，旧分为甘松（*Nardostachys chinenisis* Batal）、大花甘松（*Nardostachys grandiflora* DC.）和匙叶甘松（*Nardostachys jatamansi* DC.）三种品种，但实为一个种及其变型光果甘松 [*Nardostachys jatamansi*（D. Don）DC. f. *plena* Batal][1]。我国甘松主要分布在四川省、青海省、甘肃省、云南省、西藏自治区等地，《本草纲目》记载“甘松出姑臧、凉州诸山……今黔、蜀州郡及辽州亦有之”[2]。藏医药古籍《晶珠本草》描述“甘松芳香，生长在阴山草坡”[3]。甘松多生长于高海拔地区潮湿处，有独特香味，是藏汉医药学中的一种药用植物，其干燥的根和根茎可入药，有“理元气，去气郁”功效[2]。在藏兽医临床诊疗中甘松多用于治疗胃扩张，瘤胃膨气，消化不良[4]。

一、甘松植物资源概况

甘松，又称甘松香、松香、苦弥哆，最早于古籍《本草拾遗》中记载其“丛生，叶细，

作者简介：阮晨梅（1996—），女，硕士，主要从事动物临床疾病学研究。

出凉州”[5]。关于其形态特征，古籍《甘露本草明镜》记载有“为多年生草本，根呈圆柱形，具须根，内表淡色，外皮咖啡色，叶状如开眼用的勺，长短不齐，顶端纯尖，基部渐成柄，全缘，花脉平行三出，花紫红的”[6]。根据金乾等人对甘松属植物不同种型原植物特性研究得出，甘松[N. *jatamansi*（D. Don）DC.] 呈现长匙形或线状倒披针形叶状，根粗长，根茎粗短，呈聚伞型头状主花序，基部少见单分支花序，花后花序主轴和侧轴大部分不显著伸长，有白毛钟状花冠，果实被毛。通过比较发现甘松变种光果甘松[N. *jatamansi*（D. Don）DC. f. *plena* Batal.] 呈现线状狭倒卵形叶状，根须发达，呈聚伞型头状主花序，基部和中部常见对生分支花序，花后花序主轴和侧轴大部分显著伸长，光滑无毛钟状花冠，果实光秃[7]。甘松属植物广泛分布于喜马拉雅山区，其中包括印度、尼泊尔、不丹、缅甸和中国西南地区，多生长在 3 500 m 以上的高海拔地区。我国野生甘松呈片状分布，主要位于西部青藏高原地区，多生长于山原河谷、丘状及平坦高原地带的草地和灌木丛中，与草本类和小灌木类呈伴生种生长，相互制约相互影响。据调查，甘松在甘青川三个省份都有分布[8]。甘孜藏族自治州作为甘松的主要产区，甘松分布较广泛，多位于海拔不低于 4 200 m 的偏远高海拔地区的山坡草丛、高山草甸处。在石渠县和甘孜县采摘的甘松形态特征表现为主根分支，稀疏细线状叶基纤维，叶丛生，倒披针形基生叶，尖端渐尖，茎生被毛稀疏，淡紫色花，头状聚伞花序，花柱与雄蕊近等长，而分布于理塘县郊区、甲洼乡的甘松与其他地方的甘松相比，主要生长在沙石地上，在形态上其植株更矮小，叶片更宽，有紫色边缘，深紫色花，花序主轴和侧轴伸长不明显[9]。

二、甘松的化学成分

药植物的药效与其化学成分的种类及含量密切相关。目前，国内外研究人员已通过高效液相质谱、薄层色谱法、液相色谱质谱仪等技术对甘松的化学成分进行了大量研究分析。研究表明甘松属植物中萜类化合物为主要化学成分，其中以化学成分甘松新酮（nardosinone）为代表的倍半萜类化合物最多，以及少部分环烯醚萜类、三萜类化合物。萜类化合物以倍半萜类化合物为主，和部分半萜、单萜、三萜和环烯醚萜化合物。常见的倍半萜类化合物有甘松酮（nardosinone），异甘松新酮（isonardosinone），甘松新酮二醇（nardoinonediol），甘松呋喃（nardofuran），缬草萜酮（valeranone），广藿香醇（patchouli alcohol），甘松香醇（narchinol），甘松根酮（gansongone）等[10]。常见的半萜类化合物有异戊酸（isovaleric acid）。常见的单萜类化合物有蒈烯-3（3-carene），α-蒎烯（α-Pinene），β-紫罗兰酮（ionone），β-蒎烯（β-pinene）等。常见的三萜类化合物有熊果酸（ursolic acid），齐墩果酸（oleanolic）等。常见的环烯醚萜类化合物有甘花环烯（nardostachin）、缬草三酯（Valtrate）、乙酰缬草三酯（Acevaltrate）、异缬草三酯（isovaltrate）等。另外甘松的根和根茎中还含有部分甾体类，黄酮类，香豆素类，木脂素类等化合物[11]。甘松植物中分离得到的甾体类化合物有 β-谷甾醇（β-sitosterol）[12]。黄酮类化合物主要有柚皮素（naringenin）和刺槐素（Acacetin）[10]。香豆素类化合物主要有甘松醇（nardostachnol），喔绕瑟络醇（oroselol），白芷素（angelicin）等[13]。木脂素类化合物有 Erythro-1-（4-hydrox y-3-methoxypheny 1）-2-（2-methoxy-4（E）-Propeny lphenoxy）-propan-1-ol，Virolin 等[14]。除上述化合物外，甘松属植物还含有一些其他有效成分，如猕猴桃碱、缬草碱、缬草宁碱等生物碱，以及一些由葡萄糖、阿拉伯糖、木糖、果糖组成的杂多糖[15]。

三、甘松的药理作用

甘松作为药用植物历史悠久，其药用历史可追溯到公元前500—1000年的印度吠陀时期。尼泊尔西部地区的居民使用粉末状的甘松根茎浸液治疗咳嗽、发烧、食物中毒、霍乱、胃部疾病、肠道蠕虫，并将其研磨成糊剂用于缓解伤口和关节疼痛。西藏医学系统则使用其根茎治疗咳嗽、感冒、慢性发烧、发炎、肠蠕虫、高血压、食物中毒、胃炎等。各项研究显示甘松的药理作用主要包括抗菌杀虫、镇静、抗抑郁、抗心律失常等作用。

（一）抗菌和杀虫作用

甘松具有较好的抑制细菌生长的作用，朱烨等人的试验发现，甘松在 1∶80 倍的稀释浓度下对结核杆菌仍有抑菌效果[16]。甘松中富含萜类及其含氧衍生物等各种挥发性化学成分，其对沙门氏杆菌、白色念珠菌有一定的抑菌作用[17]。另外有研究发现甘松对植物来源的病原真菌也有抑制杀灭效果，其对小麦纹枯病菌的抑制效果大于60%，对棉花枯萎病菌也有明显的抑制效果[18]。同时，甘松还有较好的杀虫作用，13.5 ug/cm^2 甘松精油对腐食酪螨成虫有杀灭活性[19]。甘松中富含的黄酮类化合物对虫体中枢神经系统具有毒害作用，可致虫体麻痹、行动迟缓。另外，甘松中富含的萜类化合物对虫体也有明显的触杀和抑制生长发育作用，从甘松的根中分离出的愈创木烷型半萜类化合物异甘松过氧物（isonardoperoxide）、甘松过氧物（nardoperoxide）能有效抑制恶性疟原虫的生长发育[20]。

（二）镇静和抗癫痫作用

大量研究表明甘松提取物对动物中枢神经有调节作用，可有效降低动物自主活动频率，具有良好的镇静效果。竹元裕明通过观察吸入甘松香小鼠的活动情况并对甘松香己烷提取物主要成分进行分析，结果表明甘松提取物白菖烯可使小鼠自觉运动量明显减少，吸入甘松香具有镇静作用[21]。由甘松、马蹄香、白胡椒等重要和少量苯巴比妥配制成“甘松抗痫灵”具有抗小鼠电惊厥、药源性惊厥、大鼠听源性惊厥作用以及镇静镇痛作用[22]。Vidya S.Rao 等人通过构建小鼠全身性强直-阵挛性癫痫发作实验模型，发现甘松乙醇提取物可明显提高癫痫发作的阈值，且神经毒性作用非常低[23]。在小动物临床镇定药 Anxocare 中也含有甘松提取物，可用于控制犬猫由于恐惧和情绪压力引起的焦虑。

（三）抗抑郁作用

研究发现甘松具有抗抑郁的作用。通过对大鼠注射适量甘松提取物可有效减轻大鼠焦虑症[24]。甘松中特有的倍半萜类成分甘松新酮能够促进显著提高神经生长因子介导的 PC12D 细胞的神经样分化，有抗缺氧缺糖损失的作用，可通过 cAMP 通路和/或 MAPK 通路发挥抗抑郁作用[25]。另外，甘松中含有的甘松根酮、甘松二酮醇两种化学成分也对皮质酮损伤的 PC12 细胞具有保护作用，具有抗抑郁活性[26]。武姣姣等人通过向小鼠灌胃甘松 95%乙醇提取物，观察其对动物行为绝望模型的影响，结果表明甘松 95%乙醇提取物有一定的抗抑郁作用，小鼠强迫游泳不动时间和小鼠悬尾不动时间明显下降[27]。

（四）抗心律失常作用

研究发现甘松具有抗心律失常的作用。邓雅文等人的研究表明，甘松治疗心律失常疾病有 4 个靶点、14 个关键靶点蛋白，FoxO、过氧化酶、心肌细胞肾素能、cGMP-PKG、Rap1、cAMP 等信号通路都可能有所涉及[28]。甘松中特有的化学成分甘松新酮可抑制大鼠心室肌细胞 INa，加快 INa 失活速度，延长 INa 从失活态向激活态转变的时间，从而实现抗心律失常的作用[29]。简鹏等人通过研究甘松新酮对快速性心律失常大鼠心肌细胞的抑制作用发现甘松新酮可通过影响 c AMP-PKA 细胞信号转导通路，促进心功能的恢复，抑制心肌细胞钙超载，明显改善快速性心律失常大鼠心律[30]。唐昱等人也通过研究甘松对心肌梗塞大鼠的交感神经重构提出甘松可预防室性心律失常的结果[31]。

（五）其他药理作用

相关研究显示，甘松提取物灌胃给药还可促进小鼠小肠推进运动[32]，且对预防急性胃炎及抑制胃溃疡有明显的作用[33]。以甘松为君药的回药“甘松饮”可改善糖尿病肾病大鼠早期血脂、降低大鼠糖化血红蛋白及尿微量白蛋白水平，对早期糖尿病肾病大鼠的肾脏具有一定的保护作用[34]。甘松中含有的单萜化合物甘松香酮 A 具有显著的抑制肿瘤细胞活性的药理作用[35]。

四、甘松在畜牧生产中的应用

甘松具备来源广泛、绿色环保、低耐药性等特点，可以作为饲料添加剂应用于畜牧生产中，发挥促进动物机体生长发育，提高免疫能力的作用。

（一）促进生长发育

甘松中含有的多种氨基酸、矿物元素、维生素等营养元素，可丰富饲料营养价值，增补动物机体所需营养成分，促进机体生长发育。同时甘松特有香味可刺激畜禽嗅神经引起嗅觉中枢兴奋，进而兴奋食欲，诱导动物采食。添加了中草药甘松的“三丁三香诱饵”则具有较强的诱食作用，民间多用于垂钓[36]。仔猪配合饲料中添加甘松，具有振中醒脾、开胃进食的功能，可明显降低仔猪腹泻发病率，提高其抗病能力，促进仔猪生长发育。蔡先安等[37]的研究表明，按一定比例将含有甘松的香型中草药组成香味饲料添加剂添加到饲料中饲喂艾维茵商品代肉仔鸡，较对照组肉鸡平均日增重比提高 4.24%，料重比降低 5.8%，可有效改善饲料适口性，可促进肉鸡食欲，提升体重增长率。

（二）提高免疫能力

甘松中含有的多糖类、有机酸类、生物碱类等免疫活性成分，可有效促进免疫器官发育，增强免疫细胞活性，有效调动机体非特异性免疫系统杀灭侵害动物的病原微生物。由多种益生菌、果寡糖与甘松中富含的绿原酸配制成的饲料添加剂“猪用宜健长”可显著促进仔猪的生长发育，增强动物机体的免疫功能并降低其腹泻发病率[38]。在肉鸡饲粮中添加有机酸和精油复合微囊包被物可明显提高肉鸡的脾脏指数，提高血清中总蛋白、球蛋白及白蛋白含量，提高机体免疫功能，提升抗病能力[39]。何荣香等人的研究也发现在断奶仔猪的饮水或饲粮中添加复合有机酸可以提高血清总蛋白含量，改善仔猪血清生化指标，同时对仔猪空肠黏膜免疫有促进作用[40]。甘松乙醇粗提取物对产肠毒素大肠埃希氏菌有抑制作用，可有效防治仔猪细菌性腹泻，在仔猪饲料中适量添加可有效抑制机体内病原微生物的生长繁殖[41]。

五、甘松在兽医临床中的应用

甘松性凉、轻，在兽医临床中多用于治疗“热毒泻”“瘟疫症”，其在抗菌消炎、治疗消化系统疾病和传染性疾病方面都有作用。

（一）抗菌消炎方面

甘松中含有的某些化学成分能有效杀灭细菌，将甘松与地肤子、土茯苓、黄芩、苦参、黄柏、白鲜皮、苍耳子、徐长卿浸泡煎煮制成抗菌洗液，可有效抑制大肠埃布氏菌、铜绿假单胞菌、金黄色葡萄球菌的生长[42]。以甘松、红花、刺百叶、牛黄、贯众、草乌、麝香、白脑砂等制成蒙药吉木道尔吉可有效抑制病原微生物生长，治疗奶牛子宫内膜炎[43]。以甘松、草乌叶、瞿麦、多叶棘豆等药材制成巴布-7 蒙药复方，可压制疼痛，除热止痢，有效杀灭致犊牛腹泻的大肠杆菌[44]。

（二）消化系统方面

羔羊腹泻，痢疾。将甘松一钱，茜草、翻白草、黑冰片各二钱，草乌叶、诃子各半两研磨成粉配以银朱一钱混匀制成七味诃子散，病羔羊温水灌服，每日 1～5 g 可清瘟解毒，消炎止痛，散淤止痢[45]。家畜消化不良，胃臌气。以甘松、五灵脂、诃子、川楝子、山楂、青木香等二十五味药材制成药丸，病畜温水灌服，每日两次，一次一丸可治愈[46]。猪肠胃积热毒，腹部呈现紧缩状，排血腥味白、黄色稀便。以甘松和银朱各一钱半，冰片、甘草、白芍各一钱，诃子、草乌叶各五钱，病猪温水灌服，连续 3 日可清热解毒、涩肠止泻[47]。家畜误食霉草中毒，排黑色粪便。以甘松、大黄、北缬草、亚大黄、东莨菪根各五钱配以土木香一两制成解毒方，病畜温水灌服可泻热解毒，安神镇静，强心利尿，理气止痛[48]。

（三）传染性疾病方面

若尔盖·尼玛著的《藏族民间常见畜病诊治》记载藏兽药甘松与冰片、石灰华、红花等二十五味药材炮制成冰片二十五味，家畜内服可治疗陈旧性热症，用于急慢性传染病引起的发烧[49]。古籍《三农纪》记载“凡畜牛，宜制避瘟丹：乳香、苍术、细辛、甘松、川芎、降真香，早晚于栏内烈火焚之，疫气远避”[50]。针对家畜传染病除隔离杜绝接触外，焚熏避毒丹也可防疫辟秽。

六、小结

随着我国人民物质需求的升级，以往利用抗生素和化学添加剂增强畜禽生产性能、免疫能力的方式已无法满足人们对畜禽产品安全性的需求。甘松具有镇静、抗菌杀虫、抗抑郁、抗心律失常等作用，其具备绿色环保、纯天然、安全性高、低药物残留等独特优势，已作为饲料添加剂和兽药成分广泛应用到畜牧生产和临床兽医中。综上，藏兽药甘松在畜牧兽医生产中具有较高的开发价值，其不仅有助于藏兽医药学的发展，而且还有助于创造较好的经济效益。

● 参考文献

[1] 李莹，金乾，群培，等．传统药用植物甘松的植物学名考[J]．中药材，2017，40（6）：1474-1477.

[2] 李时珍编纂，刘衡如，刘山永校注．新校注本《本草纲目》（第 4 版）上册[M]．北京：华夏出版社，2011.

[3] 帝玛尔・丹增彭措．晶珠本草[M]．上海：上海科学技术出版社，2012.

[4] 江士辰．藏兽医名词术语浅释（续三）[J]．西南民族学院学报（畜牧兽医版），1987（4）：76-79.

[5] 武姣姣，石晋丽，刘勇，等．甘松的本草考证[J]．中药材，2011，34（9）：1459-1461.

[6] 嘎玛群培．甘露本草明镜[M]．拉萨：西藏人民出版社，1993.

[7] 李莹，金乾，群培，等．传统药用植物甘松的植物学名考[J]．中药材，2017，40（6）：1474-1477.

[8] 金乾．藏药植物甘松的生药学研究[D]．成都：西南民族大学，2019.

[9] 耿晓萍，刘云召，石晋丽．甘青川三省甘松药用植物资源调查：中华中医药学会第十届中药鉴定学术会议暨 WHO 中药材鉴定方法和技术研讨会[C]．中国陕西西安，2010.

[10] 张毅．中药甘松化学成分的研究及天然抗肿瘤活性化合物（-）zeylenone 全合成和构效关系的研究[D]．北京：中国协和医科大学，2006.

[11] B N D A, B A B A. Nardostachys jatamansi (D. Don) DC. -Challenges and opportunities of harnessing the untapped medicinal plant from the Himalayas[J]. Journal of Ethnopharmacology, 246.

[12] 张旭，兰洲，董小萍，等．甘松有效成分研究[J]．中药材，2007（1）：38-41.

[13] RAO V S, RAO A, KARANTH K S. Anticonvulsant and neurotoxicity profile of Nardostachys jatamansi in rats[J]. Journal of Ethnopharmacology, 2005, 102(3): 351-356.

[14] CHAUHAN R S, KAUL M K, KUMAR A, et al. Pollination behaviour of Nardostachys jatamansi DC. , an endangered medicinal and aromatic herb[J]. entia Horticulturae, 2008, 117(1): 78-81.

[15] 蒋开年，韩泳平．藏药甘松多糖 S 的研究[J]．中草药，2011，42（11）：2248-2250.

[16] 朱烨，秦方．10 种中药在试管内对结核杆菌抑制作用的初步观察[J]．上海中医药杂志，1965（4）：15-18.

[17] 陈武．甘松挥发油的体外抑菌实验研究[J]．无线互联科技，2013（7）：135.

[18] 陈仕江，丁伟，杨帮，等．10 种中药植物对 4 种植物病原真菌的生物活性研究[J]．西南农

业学报，2005（3）：311-314.
[19] 刘婷. 植物精油对腐食酪螨和伯氏生卡螨的作用研究[D]. 贵阳：贵州大学，2018.
[20] TAKAYA Y, KURUMADA K I, TAKEUJI Y, et al. Novel Antimalarial Guaiane-type Sesquiterpenoids from Nardostachys chinensis Roots[J]. Tetrahedron Letters, 1998, 39(11): 1361-1364.
[21] 贺玉琢. 吸入甘松香具有镇静作用[J]. 国际中医中药杂志，2006（2）：113.
[22] 杨秀英. 甘松抗痫灵的主要药效学实验[J]. 云南中医学院学报，1996（3）：9-14.
[23] RAO V S, RAO A, KARANTH K S. Anticonvulsant and neurotoxicity profile of Nardostachys jatamansi in rats[J]. Journal of Ethnopharmacology, 2005, 102(3): 351-356.
[24] KASTURE S B, MANE-DESHMUKH R V, AROTE S R. Non-linear dose effect relationship in anxiolytic and nootropic activity of lithium carbonate and Nardostachys jatamansi in rats[J]. Oriental Pharmacy & Experimental Medicine, 2014, 14(4): 357-362.
[25] 李琴. 甘松新酮抗抑郁作用及作用机制初探[D]. 北京：北京中医药大学，2011.
[26] 李艳忙. 甘松的化学成分研究及抗抑郁活性初筛[D]. 北京：北京中医药大学，2015.
[27] 武姣姣，石晋丽，唐民科，等. 甘松对动物行为绝望模型的影响[J]. 中国实验方剂学杂志，2012，18（7）：205-207.
[28] 邓雅文，陈恒文，武庆娟，等. 基于网络药理学探讨甘松干预心律失常的作用机制研究[J]. 中国现代中药：1-17.
[29] 钱薇，邹丽，王秀秀，等. 甘松新酮对 SD 大鼠心室肌细胞钠离子通道电流的影响[J]. 当代医药论丛，2019，17（16）：2-5.
[30] 简鹏，李庆海，范立华. 甘松新酮对快速性心律失常大鼠心肌细胞抑制作用的实验研究[J]. 中国临床药理学杂志，2015，31（22）：2240-2242.
[31] 唐昱，刘燕锋，詹俊锋，等. 甘松对大鼠心肌梗死后交感神经重构的影响[J]. 临床心血管病杂志，2016，32（10）：1052-1054.
[32] 何跃，杨松涛，唐建军，等. 甘松提取物不同部位组合给药对小鼠小肠推进运动的影响[J]. 成都中医药大学学报，2008，31（4）：38-39.
[33] 何跃，杨松涛，胡晓梅，等. 甘松不同提取成分组合给药预防大鼠急性胃炎的实验研究[J]. 实用医院临床杂志，2011，8（1）：27-29.
[34] 袁玲，南一，徐俊，等. 回回甘松饮对早期糖尿病肾病大鼠的肾脏保护作用[J]. 中国实验方剂学杂志，2014，20（3）：109-113.
[35] 梁增林. 钓鱼技术[M]. 天津科学技术出版社，1988.
[36] 蔡荣先，肖琳，陈兴安. 香型中草药饲料添加剂饲喂肉仔鸡的试验[J]. 中国饲料，1998（10）：3-5.
[37] 张会峰，许雄伟，姜国均. 中药提取物对仔猪生长发育及免疫功能的影响[J]. 今日养猪业，2017（S1）：104-106.
[38] 高玉云，张杏莉，孔邱林，等. 有机酸和精油复合微囊包被物对肉鸡生长性能、免疫器官指数、屠宰性能、肉品质和血清生化指标的影响[J]. 动物营养学报，2017，29（8）：2923-2930.
[39] 何荣香，吴媛媛，韩延明，等. 复合有机酸对断奶仔猪生长性能、血清生化指标、营养

物质表观消化率的影响[J]. 动物营养学报，2020，32（7）：3118-3126.
[40] 谢晶，曹冶，李琰，等. 17味藏药粗提取物对仔猪细菌性腹泻主要病原菌体外抑菌试验[J]. 养猪，2019（5）：109-112.
[41] 周勇，熊学平，孔丽媚，等. 中药抗菌洗剂抗菌效果的实验研究[J]. 中医临床研究，2014，6（26）：19-20.
[42] 刘斌忠，刘亚琴，乌日娜，等. 蒙兽药治疗奶牛子宫内膜炎研究[J]. 中国畜牧兽医文摘，2016，32（2）：174.
[43] 姚媛媛，王纯洁，敖日格乐. 传统蒙药复方巴布-7 对致犊牛腹泻病大肠杆菌体外作用的研究[J]. 当代畜牧，2014（32）：72-74.
[44] 张艳敏. 羔羊痢疾的中西医诊疗[J]. 当代畜禽养殖业，2015（11）：29-30.
[45] 佚名. 藏兽医经验介绍[J]. 畜牧兽医通讯，1977（2）：35-44.
[46] 相军. 猪腹泻病的治疗策略[J]. 兽医导刊，2020（1）：22.
[47] 江士辰，陆宏开. 藏兽医验方选（三）——若尔盖县红星公社兽防站内、外、产科病验方[J]. 西南民族大学学报（自然科学版），1977（1）：23-35.
[48] 尕尔戈. 藏兽医方药选辑（一）[J]. 西南民族学院学报（自然科学版），1993（3）：329-337.
[49] 王成，查有梁，张彦，等. 清代巴蜀畜牧兽医技术史初探：中国《活兽慈舟》学术研讨会[C]. 中国四川威远，2013.

藏猪脾脏转移因子的制备及活性检测①

四川民族学院农学院　叶兵兵

【摘　要】采用冻融—透析法提取了藏猪脾脏转移因子（Transfer Factor，TF），并对TF提取液的澄明度、pH值等理化性质进行了检测和分析。实验结果表明，藏猪转移因子无菌、无毒、无热原性、无致敏性，符合生物制剂的质量要求。该研究对藏猪脾脏转移因子的临床应用提供理论依据。

【关键词】转移因子；理化性质检测；脾脏；藏猪

转移因子（Transfer Factor，TF）是白细胞中具有免疫活性的T淋巴细胞所释放的一类小分子可透析物质[1]。最初，是用人的白细胞为原始材料来提取和制备转移因子的，但若想要将转移因子得以广泛应用，此种方法是不可取的，因为人的白细胞可能会携带肝炎病毒，并且价格高昂难以实现，为了解决这一问题，科研者将研究方向转移至畜禽类。通过大量的实验研究，科研者不仅在畜禽体内提取出了转移因子，还发现了猪脾脏转移因子在生物活性、生化指标和临床效果方面与人的转移因子有着惊人的相似，并且还不引起过敏反应，也没有毒性和携带肝炎病毒的危险。因此，转移因子便广泛应用于肿瘤[2]和艾滋病[3]、疱疹[4]等病毒性传染病，以及免疫缺陷病[5]、细菌真菌感染病[6]等疾病的治疗。

随着科研的深入，畜禽转移因子在牛[7]、鸡[8]和犬[9]等方面也有了一些临床应用，但对于生活在川西高原的藏猪，在此方面的研究甚少。藏猪由于其生存的自然生态因素的特殊性，而使其形成了特殊的生态学特征和耐寒怕热、耐低压低氧等生理特点，本实验便是以长期生活在川西高原的藏猪脾脏为原材料，通过提取其具有生物活性的转移因子，并对转移因子进行相关生物活性检测而获得实验数据，为以后开发利用藏猪的转移因子提供依据。

一、材料与方法

（一）试验材料

1. 试验材料及试剂

新鲜藏猪脾脏，取材于康定市藏猪养殖基地，4 °C冰箱保存。Folin酚试剂盒，小牛血清白蛋白溶液购自上海生工生物工程有限公司。

---

① 基金项目：四川民族学院科研项目（项目编号：XYZB18014ZB）。

作者简介：叶兵兵（1989—），男，安徽潜山人，讲师，主要从事动物医学教学工作。

2. 试验动物

家兔 20 只，由四川民族学院农学实验室提供。

3. 主要仪器设备

高速匀浆机；立式自动压力蒸汽灭菌器，产自致微（厦门）仪器有限公司；无菌操作台，产自苏州市金净净化设备科技有限公司；恒温培养箱，产自成都世纪方舟科技仪器有限公司。

4. 培养基

营养肉汤、普通琼脂培养基，血液琼脂平板均按常规方法制作。

（二）试验方法

1. TF 的制备

提取健康藏猪脾脏 4 条，剪去脾脏表面的被膜和脂肪，用天平称重，将加工后的藏猪脾脏放入高速组织捣碎机中，同时向高速组织捣碎机中加入适量的生理盐水，以 12 000 r/min 的速度将脾脏捣碎 2 次，待脾脏捣为匀浆后，将匀浆盛放于密闭容器内，再将密闭容器置于−20 °C 冰箱内反复冻融 3 次，冻融后将密闭容器放置在室内，待匀浆自然解冻后备用。

准备 MD34 透析袋一卷，将其剪成三小段，每一段的一端用透析袋专用夹夹住，从透析袋的另一端将匀浆放入透析袋内，装满一段透析袋后便用透析袋专用夹夹住，最后将三个完成了分装的透析袋置于干净托盘内，并在托盘内倒入 250 mL 氯化钠注射液，加入 0.2%甲醛溶液，将托盘置于 4 °C 冰箱内，透析 48 h 后，收集透析外液于无菌玻璃瓶内，并置于 4 °C 冰箱内冷藏备用。

2. 澄明度

通过肉眼直接观察藏猪脾脏转移因子提取液的澄明度，通过嗅觉直接辨识其气味。

3. pH 值

用酸度计测定 TF 溶液的 pH 值。

4. 蛋白质反应

取 5 mL 藏猪脾脏 TF 溶液，滴加一滴 25%的磺基水杨酸，观察有无絮状物或浑浊出现。

5. OD260/OD280 值测定

采用紫外分光光度法，用生理盐水做对照，检测 TF 溶液在 260 nm 和 280 nm 处的光密度，三次检测求平均值。

6. TF 原液中多肽含量检测

根据试剂盒操作方法进行。

7. 无菌检验

将提取液接种于营养肉汤、普通琼脂培养基，血液琼脂平板。37 °C 培养，12 h 及 24 h 观察是否有菌落形成。

8. 热原试验

按《中华人民共和国药典》规定进行热原试验（2005 年版第三部生物制品）。在 10 只家兔中随机挑选 4 只家兔，实验前停止饲喂 2 h，2 h 后每隔 1 h 分别用体温计测量这 4 只家兔的体温，共测定 2 次，并计算出每只家兔的平均体温。

绑定 4 只家兔，在其体温正常后 15 min 内，采用耳缘静脉注射的方式缓慢注入 3 mL TF 提取液，每隔 1 h 便测量 1 次体温，共测量 3 次，以最高体温减去正常体温即为家兔体温的升高值。

9. 过敏试验

按《中国生物制品规程》中生物制品安全试验规程进行。取未进行实验的 6 只家兔，对其中 4 只家兔采用耳缘静脉注射的方法注射 TF 提取液 3 mL，对另外 2 只家兔也采用耳缘静脉注射的方法注射灭菌生理盐水 3 mL，30 min 后观察记录。

10. 安全性试验

取剩余的家兔 10 只，随机分为 5 组，第 1 组耳缘静脉注射 TF 提取液 1 mL/只，第 2 组耳缘静脉注射 TF 提取液 2 mL/只，第 3 组耳缘静脉注射 TF 提取液 3 mL/只，第 4 组耳缘静脉注射 TF 提取液 4 mL/只，第 5 组耳缘静脉注射生理盐水 3 mL/只，观察 7 d 后全部剖杀，观察各组织脏器的情况。

二、结果

（一）澄明度

藏猪脾脏 TF 提取液为浅黄、透明、微腥的液体。

（二）pH 值

经检测，藏猪脾脏 TF 提取液的 pH 值在 6.0 ~ 6.5 之间。

（三）蛋白质反应

蛋白质反应没有出现絮状物或浑浊，说明藏猪脾脏 TF 中不含大分子蛋白质。

（四）OD260/OD280 值

从表 1 可知 TF OD260/OD280 均值为 2.46，大于 2.0。符合 TF 的质量标准。

表 1　TF 溶液的 OD260/OD280 值

次数	OD260/OD280 值	OD260/OD28 平均值
1	2.36	2.46
2	2.48	
3	2.55	

（五）TF 原液中多肽含量检测

通过试剂盒测定，藏猪脾脏 TF 原液中多肽含量为 1.21 mg/mL。

（六）无菌检验

将 TF 提取液接种于营养肉汤、普通琼脂培养基，血液琼脂平板中，37 °C 培养 5 d 后，观察无细菌生长。该试验证明藏猪脾脏 TF 无菌性。

（七）热原试验

在家兔体内注射 TF 提取液后，分别测量 4 只家兔的体温，根据实验数据填写表 2。

表 2　TF 提取液对家兔体温的影响

T/°C	停饲后 1 h	停饲后 2 h	注射后 1 h	注射后 2 h	注射后 3 h	T 升高值
T1	38.2	38.5	38.4	38.3	38.3	+0.05
T2	38.9	39.0	39．2	39.0	38.8	+0.25
T3	38.4	38.6	38.6	38.4	38.4	+0.1
T4	39.3	39.0	39.2	39.1	39.1	+0.05

试验结果表明，注射藏猪脾脏 TF 的家兔其体温变化不明显，该试验证明藏猪脾脏 TF 无热原性。

（八）过敏试验

注射藏猪脾脏 TF 提取液的 4 只家兔与 2 只注射生理盐水的家兔，在观察期并无明显差异，6 只家兔均未出现咳嗽、呼吸困难等明显的病理特征及死亡现象，该试验证明藏猪脾脏 TF 无致敏性。

（九）安全性试验

注射藏猪脾脏 TF 提取液的 8 只家兔与 2 只注射生理盐水的家兔，其精神、食欲、毛色及活动状况都正常，无一例死亡。剖检后内部脏器并无异常，该试验证明藏猪脾脏 TF 无毒性。

三、分析与讨论

在现代农业飞速发展的今天，养殖业健康发展对我国农业的前进起到了重要的作用。而在发展养殖业的过程中，如何减少甚至避免疾病的发生给相关科研人员带来了巨大的挑战。自从 1949—1953 年 Lawrence 发现了“转移因子”，并对其进行了大量的研究，后人据此将转移因子进行了适当的临床应用，其临床结果为农业带来了巨大的希望。

动物转移因子是一种具有较强免疫活性的小分子物质，吸收快，作用迅速，无不良反应和毒副作用。由于其有抗原特异性和多方面的非特异性免疫功能，是一种理想的新型动物免疫制剂，对人和动物的细菌性、病毒性等疾病的治疗有明显的成效。研究证实，猪脾脏转移因子可用于治疗扁平疣、小儿支气管哮喘、银屑病等，但目前国内外对藏猪转移因子的研究较少，对藏猪涉及面较窄。因此，如何高效制备藏猪转移因子并高效地利用，用于防治畜禽疾病，尚需大量的研究工作。

四、结论

通过透析得到的藏猪脾脏转移因子成分复杂，含有 DNA、核苷酸，不含大分子蛋白质。测其 TF 原液中多肽含量为 1.21 mg/mL，符合 TF 质量标准。无菌、无毒、无热源性、无过敏性符合兽医临床用药标准。下一步将继续研究其对藏猪的体液免疫和细胞免疫效果，为甘孜州动物疾病防控与治疗提供新的方法。

● 参考文献

[1] 曾学清，胡隆梅，谭邦青，等. 猪脾乙肝特异性转移因子的研制[J]. 中国生化药物杂志，1999，20（5）：239-241.

[2] PINEDA B, ESTRADA PARRA S, PEDRAZA-MEDINA B, et al. Interstitial transfer factor as adjuvant immunotherapy for experimental glioma[J]. J Exp Clin Cancer Res, 2005, 24(4): 575-583.

[3] PIZZA G, CHIODO F, COLANGELI V, et al. Preliminaryobservationsusing HIV-specifictransfer-factorin AIDS [J]. Biotherapy, 1996, 9(123): 41-47.

[4] ESTRADA-PARRA S, NAGAYA A, SERRANO E, et al. Comparative study of transfer factor and acyclovir in the trentment of herpes zoster[J]. International Journal of Immunopharmacilogy, 1998, 20(10): 521-535.

[5] LAWRENCE HS. Transfer factor and cellulae immune deficiency disease[J]. The New England Journal of Medicine, 1970, 283(8): 411-419.

[6] WILSON G B, FUDENBERG H H, KELLER R H. Guide lines for immunotherapy of antigen-specific defects with transfer factor[J]. Joutnal of Clinical&Laboratory Immunology, 1984, 13(2): 51- 58.

[7] KLESIUS P H, FUDENBERG H H. Bovine transfer factor: in vivo transfer of cell-mediated immunity to cattle with alcohol precipitates[J]. Clin Immunol Immunopathol, 1977(8): 238-246.

[8] KLESIUS P H, GIAMBRONE J J. Adoptive transfer of delayed hypersensitivity and protective immunity to Eimeria tenella with chicken-derived transfer factor[J]. Poultry Science, 1984, 63(7): 1333-1337.

[9] SIMON M R, SILVA J, FREIER JR D, et al. Tuberculin-specific transfer factor in dogs[J]. Infect Immun, 1977, (18): 73-77.

浅析我国非洲猪瘟生物安全防控措施之车辆管控

四川民族学院农学院　王旭

【摘　要】对畜禽运输车辆进行清洗、消毒是切断非洲猪瘟等重大动物疫病传播的重要措施。本文在已有非洲猪瘟研究中进行分析和总结，旨在从车辆管控方面提出在非洲猪瘟病毒的侵袭下，我国猪场该如何在司机管理、车辆洗消方面进行非洲猪瘟生物安全管理。

【关键词】非洲猪瘟；非洲猪瘟病毒；猪场；司机；车辆

非洲猪瘟（Infection with African swine fever virus，ASF）是由非洲猪瘟病毒（African Swine fever virus，ASFV）感染家猪和各种野猪（如非洲野猪、欧洲野猪等）而引起的一种急性、出血性、烈性传染病。其特征是发病过程短，最急性和急性感染死亡率高达 100%[1]。由于非洲猪瘟病毒存在超过 30 株病毒型和 24 种基因型，其基因及其蛋白编码功能尚不明确[2]，免疫逃避机制不清楚，尚未研发出疫苗，猪场免遭非洲猪瘟的途径只有通过一系列的防控措施。

据中国已查明疫源的 68 起家猪疫情，传播途径主要有三种：一是生猪及其产品跨区域调运，占全部疫情约 19%；二是餐厨剩余物喂猪，占全部疫情约 34%；三是人员与车辆带毒传播，这是当前疫情扩散的最主要方式，占全部疫情约 46%。[3]数据显示 ASF 以接触性传播为主。因此在生猪养殖中，猪场防控非洲猪瘟应做好人员与车辆进出消毒等工作。本文结合笔者多年猪场管理的经验及当下猪场非洲猪瘟的防控措施，来简单分析一下我国猪场该如何在司机管理、车辆洗消方面进行非洲猪瘟生物安全管理。

一、司机管理生物安全措施

（一）司机手部及个人物品消毒

由于司机在运输生猪、种猪或者饲料等过程中，流动性大，接触东西不明确，携带非洲猪瘟病毒的风险系数较高，倘若携有非洲猪瘟病毒进入猪场内，则会造成猪场大面积感染[4]。因此在每次上车前要求司机进行手部消毒，另外要求司机的指甲长度应控制在 1 mm 以下以防止指甲残留物中带有病毒。司机上车前和返回时随身携带的个人用品如手机、钥匙、电脑、眼镜等都要进行擦拭消毒。

（二）司机洗澡更衣及衣物处理

由于非洲猪瘟病毒生命力强且可以附着于衣物上，因此司机每次出车返回时应将衣物及

作者简介：王旭（1986—），男，助理实验师，主要从事养猪生产管理及疾病防控。

鞋子放在指定的消毒桶内，最好做到光脚进入洗澡房，进行 5 min 以上的洗澡，且必须使用洗发水和沐浴露。洗完澡后，对洗澡间全部墙壁、地面进行消毒冲洗[5]。未经洗澡不得越过洗澡间取衣物、毛巾，洗完澡走出洗澡间后禁止返回。司机洗完澡后，进入指定隔离区，隔离期间严禁外出。

（三）出车

司机每次出车前应领取消毒好的衣服、鞋等。物资车、猪精车、送餐车司机出车前需领用防护服，方便在猪场大门口下车从事相关工作时的安全防护。出车中司机需要下车的情况：物资车、猪精车、送餐车司机穿防护服、更换专用水鞋在猪场大门口下车从事相关工作；通勤车司机全程不允许下车；拉猪车司机可在猪场三级洗消点等待车辆烘干过程中，穿防护服、更换专用水鞋下车，在指定区域活动。

二、车辆洗消生物安全措施

目前非洲猪瘟无任何有效的治疗药物和疫苗可用来防治，消灭传染源和切断传播途径成为防控非洲猪瘟的关键步骤[6][7]。调运频繁的生猪及其产品和运输人员、车辆是传播非洲猪瘟的主要环节，养殖、屠宰和加工企业常忽视了对人员和车辆的彻底清洗、消毒，对于来往于养猪场间的运输车辆只是简单对轮胎和车体进行消毒，消毒不够彻底，没有对车内部和底部进行全面消毒，不能达到消灭病原菌和切断传播途径的目的。对畜禽运输车辆进行清洗、消毒是切断非洲猪瘟等重大动物疫病传播的重要措施[8]。

（一）拉猪车辆洗消

1. 外设洗消点初洗

外设洗消点初洗可以有效地将车辆的脏物及可能污染物清洗在离场区比较安全的位置。外设的消毒点位置选择也很重要，一般要求车程大于 4 小时的车辆，应在卸猪场附近找洗车点将车辆猪粪冲洗干净再返回外设洗消点。车程小于 4 小时，如条件允许应找洗车点将猪粪冲洗干净后再返回外设洗消点，如条件不允许可直接返回外设洗消点洗车。外设洗消点初洗时使用清水对车辆按从内向外、从前往后、从上往下的顺序进行彻底冲洗，不留死角，无任何残留。车辆往前行驶轮胎运转半圈，将贴在地面的轮胎部分冲洗干净，车辆离开洗消场地后，对场地进行收拾、整理、清洗消毒。

2. 车辆清洗

车辆进入场区外清洗前首先要彻底清洗干净（即车体和车厢、驾驶室无粪便残留），车辆中（驾驶室）不可有猪肉和肉制品，如不达标，禁止进入，返回上级洗消点。

车辆清洗时先用清水对车厢内外、底盘、车轮、挡泥板及车头等部位按照从内向外、从前往后、从上往下的顺序进行初洗，并使车辆往前行驶车轮运转半圈，将贴在地面的轮胎部分清洗；清洗后用 1∶50 全清消毒液，对车辆车厢内外、底盘、车轮、挡泥板及车头等喷洒覆盖，静置 10 min 以上，将长毛刷湿润后，对车厢外侧、车头、车尾及污迹积压处涮洗遍；

全清清洗后用大量的清水对车厢内外、底盘、车轮、挡泥板及车头等进行彻底冲洗，不留死角，无任何残留，车辆往前行驶，轮胎运转半圈，将贴在地面的轮胎部分冲洗干净；清洗干净后静置 10 min，沥干车上积水，车厢内积水用拖把拖干。

3. 车辆消毒

车辆清洗完成后使用消毒液（例：正典双杀/卫可）对车厢内外、底盘、车轮、挡泥板及车头等部位按照从内向外、从前往后、从上往下的顺序进行消毒，并使车辆往前行驶，车轮运转半圈，将贴在地面的轮胎部分进行全面消毒，全部喷完消毒液后保持湿润 10 min 以上。车辆消毒合格后将车辆开至沥水台沥干 15 min。观察车厢沥干情况，如还有积水现象，用消毒好的拖把将积水拖干。

4. 车辆烘干/臭氧

非洲猪瘟病毒在 55 °C、30 min 或 60 °C、10 min 的环境中将被破坏失活，许多脂溶剂和消毒剂可以将其破坏[9]。因此在实际的工作当中，车辆烘干/臭氧消毒是切断非洲猪瘟等重大动物疫病传播的重要措施。拉猪车、柴油版配餐车、柴油版物资车、柴油版通勤车等可以在烘房进行预烘，使烘房温度达到烘干温度，保持在 60 ~ 65 °C，烘干时间为 1 h，直至车厢内无明显水迹。汽油车、冷链车等可以进行车厢、驾驶室内部臭氧（20 mg/m^3）2 h[10]。烘车过程中每 10 min 需巡查一次，查看设备是否正常运行，查看各温度传感器温度（各点温度误差不得大于 5 °C）；实时查看热风炉油位情况，杜绝干烧[11]。车辆烘干、臭氧检查合格后车辆才能使用。

（二）其他车辆洗消

1. 场内转猪车（猪苗）

场内转猪车是场内猪只转移的交通工具，为了防止猪群栋舍间疾病的交叉感染，执行车辆在用车前要先进行洗消烘。另外车辆到各栋舍门口时，饲养员将猪赶到栋舍门口不能越过标志线，栋舍门口要安排专人装猪上车；装好后，经过固定路线运输到出猪台。装车人员将猪赶下车，出猪台专人接猪[12]。

2. 拉粪车

非洲猪瘟病毒生命力强，环境适宜的情况下能够保持活性几天甚至十几天，感染病毒的猪其血液和组织、排泄物、分泌物都存有非洲猪瘟病毒[13]。因此猪场的拉粪车及拉粪车人员要做到栋舍分开、场区内外分开。

3. 消毒三轮车

消毒三轮车主要负责运送消毒机水、消毒药等物资到洗消点的三轮车，在使用时，要使用随车携带的消毒药物随用随消。

4. 参观车辆

禁止参观车辆参观猪场，如有特批，必须按照拉猪车洗消程序洗消后才可前往猪场，并在洗消点停车；人员下车后更换防护服、专用水鞋，手机用 75%酒精擦拭消毒，手部用 1∶200 卫可浸泡 1 min 后，才可前往猪场参观[14]。

5. 社会其他不可控车辆

由于无法对社会其他不可控车辆进行消毒，需要在该类车辆经过后及时对途经道路进行消毒。

三、结语

非洲猪瘟病毒不分品种、年龄，一年四季均可感染发病，病猪是该病毒的主要传染源。病猪既可通过排泄物、分泌物污染环境散播病毒，又可通过肉品、脏器、污水散布大量病毒。非洲猪瘟病毒不仅感染性比较强，而且传播途径多样，因此对于非洲猪瘟的防控必须从控制传染源、切断传播途径与保护易感动物等方面着手构建完整的生物安全体系。本文只是从车辆管控方面提出对于猪场非洲猪瘟防控的一些措施，猪场对于非洲猪瘟的防控还要在人员、猪群等方面建立全面的生物安全体系。综上所述，由于非洲猪瘟目前还缺乏有效的治疗手段，一旦发病会对我国生猪养殖业造成非常严重的危害，所以猪场管理者应分析好防控问题，寻找解决对策，做好非洲猪瘟的防控工作，维护我国生猪养殖业的稳定，促进养猪户增收。

● 参考文献

[1] 朱珊珊. 浅谈非洲猪瘟[J]. 农民致富之友，2018（18）：1.

[2] 杨有福，程宝，李想，等. 从非洲猪瘟病毒分子机理与传播特点浅谈猪场防控[J]. 中国猪业，2019（6）：47-50.

[3] 张阳. 一场没有硝烟的战斗——权威专家回应非洲猪瘟疫情防控热点[N]. 光明日报，2018-11-24（T0B）.

[4] 高娴，张娜娜，刘欢，等. 非洲猪瘟研究进展[J]. 新农村，2018（9）：150.

[5] 王现科，周标. 六盘水市中小规模猪场非洲猪瘟防控建议[J]. 云南畜牧兽医，2019（4）：21-22.

[6] 杨汉春. 非洲猪瘟的现实、挑战与策略[J]. 兽医导刊，2019（19）：9-10.

[7] 农业农村畜牧部畜牧兽医局. 感染非洲猪瘟养殖场恢复生产技术指南[N]. 中国畜牧兽医报，2019-09-02.

[8] 林瑞庆，周德荣，吴松明，等. 猪场虫害在非洲猪瘟传播中的风险和防控[J]. 养猪，2019（3）：126-128.

[9] 葛林，孙研. 西班牙非洲猪瘟根除经验与借鉴[J]. 世界农业，2019（8）：121-125.

[10] 张险朋. 非洲猪瘟实验室检测技术研究进展[J]. 畜牧兽医科技信息，2019（7）：18-20.

[11] 姚宝安，贺银，韦柳青，等. 非洲猪瘟“拔牙”式防控[J]. 中国猪业，2019（6）：51-52.

[12] 彭尧，张世新，朱中平. 非洲猪瘟背景下如何做好易感动物保护[J]. 猪业科学，2019（6）：205-206.

[13] 肖和良. 浅析中国防控非洲猪瘟药物最新进展[J]. 今日养业，2020（1）：10-15.

[14] 张雷，陈绍品，李子秀，等. 规模化猪场如何防控非洲猪瘟[J]. 今日畜牧兽医，2019（9）：27.

甘孜州牦牛产业化发展的制约因素及对策

四川民族学院农学院　肖启程

【摘　要】牦牛产业是甘孜州的特色产业，本文通过分析牦牛产业存在的问题，提出相应对策，以提高牦牛的出栏量和其产品质量，促进养殖户的意识转变，推动牦牛产业更好、更快地发展。

【关键词】牦牛产业；优势；对策

川西北牧区是我国五大牧区之一，其农业、旅游业是主要产业，牦牛作为甘孜农业发展的特色动物，兼具使用价值和经济价值。牦牛既可农耕、运输，方便农、牧民的生活，又可制造成牦牛肉、牦牛奶等产品出售，因此牦牛也是藏族人民生活的物质基础和经济来源，牦牛业的发展直接影响着甘孜州的经济发展。

一、甘孜州发展牦牛业的优势

（一）政策优势

提高农牧民的收入，改善人们的生活条件是甘孜州政府重视的一个方面，因此牦牛业的发展能得到政府的支持。如今，全州大部分县乡都存在牦牛养殖合作社，其以提高牧民的收入、降低经济损失为目标，相信在今后，政府会制定更多促进牦牛业发展的政策。

（二）资源优势

甘孜州地形复杂，地貌多样，其特殊的地理环境逐渐培育出甘孜州最著名的牦牛品种——九龙牦牛，它是国内外牦牛种群中体型最大、品质最为优良的品种，被列为我国五大牦牛地方品种的首位。甘孜州的牦牛现存栏约 200 万头，占全国牦牛存栏的 20%，庞大的数量是牦牛业发展的巨大优势。

（三）环境优势

甘孜州的牧区面积为 9.01 km^2，全州共 5 个牧区县，13 个半农半牧县，各县海拔高度不一，均有牦牛分布，不同县的牦牛适应环境情况有所差别，据此可选优势种牛进行配种以提高牦牛的适应能力，增加其发展价值。此外，甘孜州的紫外线强烈，可以起到杀菌作用，在一定程度上有助于牦牛的养殖。

作者简介：肖启程（1993—），男，硕士，助教，主要从事兽医寄生虫病学研究。

虽然甘孜州的牦牛业发展具有一定优势，但也需根据面临的不同问题采取相应的对策，以促进经济发展。

二、制约甘孜州牦牛业发展的问题分析

（一）草场退化

甘孜州牦牛的饲养方式主要以放牧为主[1]，加之其他食草动物的存在与牦牛数量的增加，使草量不断下降。此外，由于全球气候变暖，气温升高，草地退化严重，草原建设速度赶不上退化速度，影响着牦牛业的可持续发展。

（二）畜群结构不合理与品种退化

牦牛终年放牧，缺少抵抗自然灾害的能力，且养殖户并没有注重畜群结构，性别比例不合理，犊牛饲养时间过长，适龄母牛比例不高等问题严重影响整个牦牛群的繁育和生产性能。此外，在长期放养的影响下，种群之间缺乏交配，便很难产生适应性强的品种，同时在饲养过程中存在过度使用，缺乏优势选育，这样便造成牦牛生长缓慢或生产性能下降，最终使品种退化。虽然牦牛已经适应了恶劣的自然环境，但仍需注重优势选种，培育和管理优势品种，改变以往的粗放模式。

（三）出栏率低

藏族牧民由于存在“惜杀惜宰”和忌杀生的观念，对已经达到出栏标准的牦牛不及时出售，且由于管理粗放，造成养殖周期长，周转较慢，使出栏率低于全国牦牛出栏率。

（四）人才缺乏和品牌效应低

牦牛的选育措施少、产业化管理力度小、营销人才匮乏、经营模式单一，且品牌效应低下，产品宣传投入较少，促销力度不够，虽有市场份额和高质量，却无好销量。

三、推进甘孜州牦牛产业化发展的对策

（一）大力推进“放牧＋补饲”模式

放牧不仅无法保障牦牛群的饲料需求，而且会增加牧草负荷，为此应该建立科学的管理模式。通过补饲不仅能补充饲料，同时也能减缓草场退化的速度。可提前储备好青贮饲料、青稞秸秆等其他草料，在牧草不足时及时补饲。曹兵海[2]指出“放牧+补饲”可维持牦牛生命、存栏数，同时也能降低死亡率。因此该模式应该引起政府重视，加大补贴力度和实施范围。

（二）提高管理和养殖技术

虽然牧民拥有一定的牦牛养殖经验，但缺乏提高养殖技术的意识，以致牦牛的养殖效益偏低。在养殖过程中，饲料可影响牦牛产品品质，因此要注重饲料的品质来源，同时为了草

场的可持续利用，应避免过牧。此外，应学习新技术，引进不同地区的优良种牛与本地牦牛进行杂交以改良品种，也可学习冻精保存和人工授精技术，通过购买冻精实施人工授精技术，以提高繁殖率，便于同期管理[3]。

（三）提高出栏率，优化畜群结构

加强思想宣传和教育，普及牦牛养殖知识，改变“惜杀惜宰”观念，树立商品意识，及时出售育肥公牛和不繁殖母牛，挑选优良个体以供配种，淘汰生产性能低下与老龄母牛，以提高出栏率，保证牦牛群的合理结构和质量[4]。

（四）培养人才，重视宣传

牦牛业的发展要做大、做强，势必要与现代化养殖技术接轨，要重视养殖、防疫、科研、营销等方面的人才培养。同时加强对牦牛产业的宣传，树立市场意识，提高产品知名度，让其得到大众的认可，让人才愿意投身于牦牛业的发展。使牦牛的养殖逐步走向市场化、规模化、科学化，以改善人民的生活水平，促进经济发展。

（五）推进基础设施建设

牦牛产业作为甘孜州的特色养殖业，应受到更多的关注和支持。为了降低牦牛死亡率，防止过冬后体质变差，应适当给予补助鼓励牧民建立暖棚[5]，采用晚出早归的方式，不仅能利用暖棚养殖，使其容易过冬，而且也能保证其在冬季的生产性能，同时也可发展暖棚种草，以备补饲。

四、结语

甘孜州牦牛产业拥有很大的发展空间，一定要多加宣传，更正人们的思想观念，使牧民懂得学习、引进新技术、新方法，保证草场的可持续再生，拓展牦牛的经营与销售渠道，用科学的方法发挥牦牛产业的特色，积极克服发展过程中所面临的困难，为牦牛产业的发展保驾护航。

● 参考文献

[1] 高文武，达久. 甘孜州牦牛产业发展现状及对策[J]. 中国畜牧兽医文摘，2018，34（1）：42.

[2] 曹兵海. 2019 年肉牛牦牛产业发展趋势与建议[J]. 饲料工业，2019，40（4）：1-7.

[3] 陈学礼，和嘉华，邹淑昆，等. 提升中甸牦牛生产性能的措施[J]. 当代畜牧，2018（12）：3-5.

[4] 张舸鹏，李迎军. 浅析西藏牦牛业的问题与发展潜力[J]. 居舍，2018（12）：149.

[5] 马志群. 阿坝州牦牛产业化发展的制约因素与对策[J]. 现代畜牧科技，2017（4）：18.

藏猪饲养管理技术①

——以泸定县德威乡为例

四川民族学院农学院　卢葳

【摘　要】藏猪是甘孜州传统畜牧业的重要畜种之一，长期以来都以其产品的独特风味、绿色、无污染而备受人们关注。本文以泸定德威乡上奎武村为例，对藏猪的不同生长时期的饲养方式和某些疫病的防控进行了阐述。结果显示，该地区气候、地势和良好的饲养技术适合饲养藏猪，注重传染病和寄生虫的预防和治疗，提高了藏猪存活率。

【关键词】藏猪；饲养；管理

藏猪是生存在高海拔、寒冷、独特的放牧猪种。甘孜州有悠久的藏猪养殖传统，农牧民群众养殖经验丰富。藏猪养殖不但可以满足甘孜州人民对肉品的需求，也带动了甘孜州的经济发展。但藏猪的养殖数量少，多为放养自食，商品转化率较低。

藏猪主要生活在海拔 2 800 ~ 3 800 m 的高海拔地区，抵抗力和灵活性都强于家猪。另外，藏猪体型较家猪小，成年藏猪体重大约只有 40 kg，被毛多为黑色，嘴长且略尖，头狭长，喜四处寻觅食、拱土，耳小但立，可灵活转动。体躯窄，前躯略低于后躯，背腰微弓或平直，四肢肌肉紧实，猪蹄坚固平稳，便于奔跑，臀歪斜。藏猪的鬃毛长而密，毛下还有大量绒毛，非常有利于抗御严寒，且沉脂力强，有利于在高原地区觅食困难时有足够的能量可消耗。虽然藏猪有很多的优点，但也存在生长发育迟缓、繁殖力低等缺点，使藏猪产业的发展停滞不前[1]。

当前，藏猪仍主要靠农牧民自由放养，群体散乱，各群落之间相对交流较少，导致近亲繁衍情况越来越严重，因此藏猪的品种急剧减少，生产性能也随之降低；随着甘孜州的不断发展，交通越来越便利，人类活动范围越来越大，纯种藏猪的生活区域相对减小，数目不断下降。可以通过完善藏猪饲养管理方面的技术来保护藏猪的纯种性，并增加藏猪的数量。

藏猪场位于泸定县德威乡上奎武村山腰。粪便采用干湿分离、堆积发酵、沉淀还田等方式处理，在清理废渣的同时又不会对环境造成污染。

藏猪可用三种方式来饲养。第一种是在草地上自由放牧，藏猪有很大的活动范围，生活也比较自由；第二种饲养方式是使藏猪在居民居住地周围自由活动，找寻食物；第三种为舍饲，对藏猪进行圈养，与市场上其他猪种饲养方式相似。但舍养的饲养成本比散养和自由放牧的成本高，此时需要研究不同时期藏猪的营养需求，来降低饲料成本[2]。

① 基金项目：四川民族学院应用型示范课程建设项目（兽医临床诊断学）。

作者简介：卢葳（1984—），女，硕士，讲师，研究方向：兽医寄生虫、药理、病理学。

一、藏猪不同时期饲养管理

（一）哺乳仔猪

哺乳仔猪由于成长得很快，但生理上却不能很快达到成熟标准，所以造成哺乳仔猪难饲养、易染病、死亡率高。哺乳仔猪调理体温的能力弱，仔猪在不同年龄段要给予不一样的保温温度：初生 32 °C、1 周龄 30 °C、2 周龄 28 °C、3 周龄 26 °C，所以圈舍中要设置保温区，如用红外线灯照明取暖等。

仔猪的消化系统不完善，消化器官在 6 ~ 8 月迅速发育，但在前期由于消化器官发育不成熟、消化功能较弱，仔猪胃中缺乏盐酸来刺激胃蛋白酶，可使乳蛋白消化而不能使植物蛋白消化，导致仔猪对饲料的消化困难，此时哺乳仔猪极易发生腹泻、呕吐、胃痉挛等消化道疾病，因此需要对仔猪饲料进行酸化，可添加柠檬酸和甲酸等酸性物质，以帮助哺乳仔猪肠胃的消化吸收[4]。

哺乳仔猪缺乏先天免疫力，极难抵抗疾病。也因年幼而使大脑皮层发育和血脑屏障不够完善。初乳中的免疫抗体的含量很高，但长时间地分泌乳汁，其中所含抗体含量也渐渐降低，哺乳仔猪越快吃到初乳，体内的抗体就越多，也可大大增加哺乳仔猪的成活率。仔猪自身也会在两周龄左右合成抗体，但直到仔猪足月，体内抗体仍然较低。

哺乳仔猪成长快，所以对草料的质量、数目和比例上会有很高的要求。哺乳仔猪在一些微量元素钙、磷和蛋白质代谢方面要比成年猪高很多，在第 3 日就可注射右旋糖酐铁等物质来补充铁含量，防止贫血。最好在 1 周龄内诱食，可在最初诱食用日粮中添加适量奶粉，以加强日粮的可口性[3]。仔猪在 30 ~ 40 日龄时，可对不需要留种的进行去势处理，并做好伤口的消毒，避免伤口感染溃烂。

（二）生长育肥猪

育肥猪是在育肥期内有合适的肌肉与脂肪比例、最快的增重速率、最高的草料利用率的猪。生长育肥猪主要作为商品供人类食用，所以要注意育肥猪的脂肪和肌肉比例。

育肥猪按发育育肥分为两个阶段：第一阶段：中猪，30 ~ 40 kg：第二阶段：大猪，育肥期，40 kg 以上。在育肥前期选择营养平衡的优质饲料饲喂，尽量干喂，饲料可逐渐增加，扩大肠胃容积，为后期做准备。前期也可以少量掺水湿喂，水不宜过多，能将饲料捏成团就好，这样不易对肠胃造成负担。育肥后期，可以给育肥猪喂多量精料来增加重量。

藏猪场为生长育肥猪修建了专门的运动场地，藏猪可自由活动。还设有药浴区，可驱除体外的寄生虫和清洁皮肤表面。当生长育肥藏猪在 25 kg 和 40 kg 左右时，要分别进行 2 次驱虫[4]。

因为猪的体重不同，所需要的温度和湿度也不同。育肥猪在 45 kg 以前需要的适宜温度为 20 ~ 23 °C，而 45 kg 以上的适宜温度为 18 ~ 20 °C。夏季炎热时期，当圈舍温度超过 27 °C 时，可采用在圈舍内定期洒水和利用风扇的方式来降低环境温度，最佳空气相对湿度在 50% ~ 70% 之间。

（三）怀孕母猪

母猪初配年纪最好在 3 ~ 4 月龄，生育年限至多为 5 年。母猪怀孕期一般为 110 ~ 120 天，114 天左右较常见，所以猪场负责人员一旦确定母猪受孕，便要推算出预产日期，以提前做好接产准备，增加成活率等。配种方法最好采用本交为主。在母猪配种时，一定要正确详细地记录配种公猪的号码、品种和配种日期，要注意种猪的健康状况，预防出现怀孕母猪流产的症状。

在妊娠过程中一般采用以下三种饲养方式：第一，在交配前 20 天和交配后 10 天给母猪饲喂精料，其余时间按母猪身体状况主要饲喂青草料，直到母猪在怀胎后期 80 天后，再饲喂精饲料，后期的营养含量不得低于早期。这种饲养方式适用于身体状况差、机能差的受孕母猪，有利于给母猪补充充足的营养。第二，受孕母猪在早期多食青贮饲料，在受孕后期再食用营养高的精饲料。这个饲养方法适用于配种前身体状况好的妊娠母猪，也有利于降低饲养成本。第三，在受孕前期主要饲喂青粗饲料，再在每日的草料中逐步加入精饲料，提高草料中的蛋白质和维生素等各种成分，实现妊娠母猪营养的全面供给。

对于繁殖体况过瘦的母猪要迅速恢复膘情，利于受精卵着床和胚胎的存活；对繁殖期身体状况较优的经产母猪要限喂饲料，预防妊娠母猪过肥[6]。气候也会影响妊娠母猪的健康和怀孕状况。初春季节比较寒冷，日照时间短，受精卵在母猪体内前两周的附植初期，母猪易受季节因素发生流产，在这个时期要加强妊娠母猪的饲养管理。

母猪分娩时间多为 1.5 ~ 2 小时，如分娩时间在 2 小时以上，迟迟不产子的，应马上注射催产素，防止生产时间太长使仔猪窒息，在子宫内形成死胎[5]。同时要防止妊娠母猪的乳房炎、子宫内膜炎和子宫囊肿等疾病，减少对哺乳仔猪的影响；饲养员也应注意猪圈环境，保持干净整洁，极大减少妊娠母猪疾病的发生。

（四）种公猪

藏猪场对种公猪的选择要求很高，公猪不仅要有健壮的体型、优良的品相，也要有优秀的配种能力，精子的活力也要很强。藏猪公猪的性成熟时间一般为 130 ~ 185 日，依据种公猪的年龄、大小、使用年限和强度、膘情和生理状况等，给予合适的饲料量，种公猪不可过肥和出现垂腹现象[6]。种公猪在配种季节可加强营养，但在配种之后逐渐降低营养恢复至一般状态，不可饲喂太多粗饲料，易把公猪肚子胀大不便于配种。定期对圈舍施行杀菌和清理措施，每一年按期对种公猪进行疫苗免疫和驱虫，防止传染病的传播。

饲料的搭配会对种公猪的精液质量产生差异巨大的影响，例如：如果钙和磷补充不及时，会使精子活力下降、精子发育不成熟造成畸形或者无法受精，所以饲料中应分别添加钙和磷各 0.65%和 0.55%。此外，还需在饲料中添加复合维生素来增加营养。种公猪若是缺少维生素 A，其睾丸会呈现萎缩或肿胀，不能正常合成精子或者合成畸形精子，还可通过照射阳光来增加体内维生素 D 的含量。每千克饲粮应提供维生素 A3 500 ~ 4 500IU，维生素 D1 500 ~ 1 800IU。

当种公猪受到不明原因的有害性刺激时易产生自淫现象，所以要将公猪与母猪分开饲养，不让公猪闻见母猪气味、听见母猪声音。在交配前 3 周，要对种公猪的精子进行数目、味道、颜色等的检测，使种公猪在交配时达到最佳状态。交配方法可采用自由交配和人工辅助交配。

（五）后备母猪

后备母猪应当有易受精怀胎、泌乳力好、能哺乳大约 10 头仔猪的生产性能。后备母猪体形健硕优美，四肢发育结构等良好，乳房发育和生长速度都应优质，有 5 ~ 6 对整齐排列的乳头[6]。后备母猪在 20 kg 以前可以 4 ~ 6 头群养，在 40 kg 左右可 2 ~ 3 头群养。

依据后备母猪的膘情状态不同，饲喂不同比例和数目的饲料，例如：中等偏上膘情的后备母猪日饲喂量为 0.7 ~ 1.0 kg，后备母猪不宜过胖也不宜过瘦，不然对发情时间和发情状态有影响。8 月龄的后备母猪大概重 20 kg，在交配前因为要发育又要生长，其所需的各种营养成分和其他时期猪均不同，且所需要的营养比较高，应适当增加青贮饲料的比例，使肌肉和骨骼得到充分的发育。

在配种前让后备母猪与配种公猪接触至少三周，提高卵子质量、受精概率。后备母猪发情症状要明显，阴门发育较大且低垂，且有正常的发情周期[7]。

注射疫苗不仅可以使后备猪对疾病有预防作用，也可以让抗体通过母乳进入哺乳仔猪，增强哺乳仔猪抵抗力和免疫力[8]。

（六）断奶仔猪

断奶后到育肥前这一时期的猪常被称作断奶仔猪，也被称为保育猪[9]。仔猪常在 7 周龄时断奶。要使哺乳仔猪过渡到断奶仔猪，不仅要对哺乳仔猪采取强行补料、降低母乳的措施，也要对哺乳仔猪实施不同的断奶方式。通常有一次断奶法、分批断奶法、逐渐断奶法三种方式。而同一窝仔猪也要按体重、公母、强弱分配到不同的圈舍中，保育舍内的最适温度在 22 ~ 25 °C。

对转入保育舍的保育猪继续饲喂两周哺乳猪仔料后再饲喂断奶仔猪料[6]。在被饲喂两周的哺乳仔猪料时，要在饲料中添加适量抗生素和蛋白质等，预防疫病和补充充足营养，且对两周后饲喂的断奶猪料每日的摄入量也要充分掌握。同时，在哺乳仔猪断奶前期饲喂人工乳，因为人工乳中含有大量膨化饲料，而膨化饲料有利于仔猪消化、降低食用时一些微生物引起的腹泻症状，减少了腹泻发生概率。

如果断乳仔猪开食较晚，断奶后食用饲料无节制、猪圈生活环境差、不注重清洁卫生和通风设施、水质较差或水槽被污染等，都可能引起断乳仔猪的下痢。

二、藏猪疫病的防治

（一）传染病

猪瘟病毒不仅可以直接接触传播，也可以间接接触传播。猪瘟无特效治疗方法，只有通过接种疫苗来控制。藏猪场在仔猪 3 日龄时注射猪瘟疫苗，并在半年后再次注射，加强防御。因为猪瘟可垂直传播给仔猪，仔猪若未及时吃到初乳，很容易染上猪瘟。因此即便是免疫接种，也不能完全保证藏猪的存活。

仔猪黄/白痢主要由大肠杆菌引起。因为泸定县早晚温差大，季节交替时气温变化大，仔猪的抵抗力较弱，大肠杆菌分布于环境各处，仔猪极易发生黄/白痢。

仔猪副伤寒由沙门氏菌引起。其传播途径多，可通过乳汁、消化道、流产胎儿、羊水等传播。且有些健康猪会带菌，从而感染上其他免疫力弱的藏猪，造成死亡。

猪轮状病毒性腹泻由轮状病毒引起。由于轮状病毒基因组构造多样，且病毒性疾病传染性强、难以治疗、治疗药物少，所以藏猪发生轮状病毒性腹泻一般依靠自身免疫力来抵抗。

藏猪场曾发生哺乳仔猪腹泻症状，病猪排出乳白色带腥臭味的浆状粪便，无精打采、畏寒，且多在 10 ~ 30 日龄哺乳仔猪中发生。经藏猪场的饲养人员观察，腹泻是由大肠杆菌引发的仔猪白痢。饲养人员对患病仔猪肌注乙酰甲喹注射液进行治疗，注射量为 4 mg/kg，每日 2 次，连用 3 日以上，直至症状完全好转；大部分哺乳仔猪腹泻症状得到了有效的控制，部分仔猪因其抵抗力低下而死亡。

藏猪场也偶尔发生大猪腹泻，饲养人员也用土霉素注射液进行肌注，注射量为 7 mg/kg，每日 2 次，连用 3 日，有效则继续使用，直至腹泻得到控制。若土霉素注射液无效，则用其他药品，如恩诺沙星注射液，一般腹泻症状都能得到解决。因此，平时应做好猪场的卫生管理和环境的消毒灭菌，抑制病菌的滋生。

（二）寄生虫

在饲养中，藏猪体内体外也易出现寄生虫。如猪蛔虫可在猪体内多个部位移行，在小肠中寄生可造成仔猪生长发育停滞、消瘦、贫血、肠穿孔和肠梗阻等；蛔虫在胆管寄生，引发黄疸和腹痛症状；当蛔虫幼虫出现在猪肺部时引起蛔虫性肺炎。可按要求使用敌敌畏、左咪唑、阿维菌素及伊维菌素等去除线虫的药物来治疗蛔虫。另外，对猪群应定期驱虫，对猪粪进行及时的打扫和处理。

猪疥螨常在猪身体表面使局部皮肤发痒，猪常用肢蹄抓挠或在圈舍墙上、围栏处摩擦瘙痒部位。一段时间后，可在皮肤上观察到一些小的结节，后又出现水泡或脓疮，当它们破裂后便形成痂皮。可引起猪食欲不振，逐步消瘦，情况危急还可能引发死亡。可在皮下注射阿维菌素或伊维菌素，也可用适宜浓度的螨净乳剂或双甲脒溶液涂擦患部。

藏猪场中也有寄生虫病的发生，饲养人员给予藏猪足量的营养，但并未见到藏猪长膘，反而很消瘦，粪便中也偶尔可见白色线状虫体出现，便给予伊维菌素阿苯达唑粉剂混入饲料中驱虫，用量为 0.1 mg/kg，连用 7 日，将体内蛔虫驱除，再饲喂饲料，猪开始长膘。因此，要对藏猪定期驱虫，每年两次，防治寄生虫的发生。

三、总结

因为藏猪的生活环境的恶劣，造就了藏猪在身体各机能和免疫方面的优势；而藏猪的生活环境和其他猪种不一样，在生活中，无论是饮食还是实验方面都对藏猪有一定的需求。因此，保护藏猪的纯种性、增加藏猪的数量是刻不容缓的。而泸定县德威乡藏猪场位于高海拔地区，环境适合养殖藏猪，在饲养管理方面也有自己的方法和技术，注重在传染病和寄生虫方面的预防和治疗。

此藏猪场虽然保护了藏猪品种，大大提升了藏猪的存活率，增加了数量，但由于德威乡的藏猪场远离城镇、交通不便，所以与外界的联系较少，不利于藏猪的科研探索。因此，在不断提高饲养管理技术的同时，藏猪场也要注重与外界的交流、猪种间的联系，不断提升藏猪的利用价值。

● 参考文献

[1] 卓嘎，普布次仁，拉巴次仁. 西藏畜禽品种资源现状及对策[J]. 西藏科技，2011（1）：38.

[2] 李秋实. 藏猪饲养管理现状及建议[J]. 养殖与饲料，2016（11）：68.

[3] 李国云，杨东，赵立三，等. 迪庆藏香猪的饲养管理[J]. 养殖与饲料，2013（1）：26-27.

[4] 李明秀. 散养藏猪饲养管理技术[J]. 四川农业技术，2018（6）：47-48.

[5] 张锦余，龚克勤. 集约化养猪场不同阶段猪的饲养管理技术[J]. 湖南畜牧兽医，2002（3）：19-22.

[6] 李存杰，闫平，朱金香. 种猪的饲养管理技术[J].《黑龙江畜牧兽医》综合指导版，2009（13）：81-82.

[7] 孙艳阁. 特种野猪种猪的饲养管理[J]. 当代畜禽养殖业，2017（5）：9-10.

[8] 刘纪玉. 后备猪的饲养管理要点总结[J]. 生产管理，2014（2）：21-22.

[9] 张永辉. 仔猪、育肥猪的饲养管理[J]. 畜禽饲养，2014（12）：38.

[10] 叶聚科. 浅谈保育猪的饲养管理[J]. 生产指导，2012（27）：42.

[11] 祁作南. 怀孕母猪的饲养与管理[J]. 农民致富之友，2015（5）：95.

对我国兽医公共卫生体系的思考

——以非洲猪瘟疫情的应对为例

四川民族学院农学院　张金娟

【摘　要】非洲猪瘟疫情的暴发是我国兽医公共卫生系统面临的一场严峻的考验。辽宁沈阳非洲猪瘟疫情发生后，我国积极采取措施控制疾病，防止疫情扩散。本文介绍了我国非洲猪瘟疫情、疫情应对的措施和兽医公共卫生体系，从疾病控制的角度反思我国兽医公共卫生体系中存在的问题。

【关键词】非洲猪瘟；兽医公共卫生；疾病控制

非洲猪瘟是由非洲猪瘟病毒感染引起猪的一种以皮肤、组织、内脏严重出血为特征的烈性传染病，传播迅速，病死率高。非洲猪瘟自 2018 年 8 月传入我国以后，迅速蔓延至全国各个省份，对我国养猪业造成了巨大的经济损失。沈阳市非洲猪瘟疫情发生后，农业农村部立即发布了非洲猪瘟Ⅱ级疫情预警。根据《非洲猪瘟疫情应急预案》，沈阳市立即采取措施，划分疫区疫点，封锁、扑杀、无害化处理病死猪及同群猪，消灭传染源，明确禁止封锁区内所有生猪及易感动物和产品运入或流出，暂停生猪向外调运[1]。本文从我国非洲猪瘟疫情的应对出发，从动物疫病的防控的角度，反思我国兽医公共卫生体系存在的问题。

一、非洲猪瘟疫情

非洲猪瘟病毒属于非洲猪瘟病毒科非洲猪瘟病毒属，核酸为双股线性 DNA 分子，是目前发现的唯一 DNA 虫媒病毒，家猪和野猪均可感染。蜱类是其重要的保毒宿主和传播媒介。患病猪和隐性带毒猪是非洲猪瘟主要的传染源，患病猪和病死猪的组织、血液、分泌物、排泄物以及被其污染的饲料、饮水、圈舍、车辆、工具等均可成为传染源，未煮熟的或者经过腌制等处理的被感染猪肉、猪肉制品、猪肉残羹也是重要的传染源。直接接触被感染的家猪或野猪，通过摄入病毒污染物质（如食物残渣、饲料）间接接触或者生物媒介（软蜱叮咬）是非洲猪瘟的主要传播途径[2]。

非洲猪瘟病毒于 1921 年首次在肯尼亚被发现，陆续在非洲大陆暴发。1957 年传入欧洲，其传播范围逐步扩大。2012 年，蒙古、乌克兰以及俄罗斯均有非洲猪瘟疫情的相关报道[3]。2018 年 8 月 1 日，我国辽宁省沈阳市某养殖户的生猪发生疑似非洲猪瘟疫情，经中国动物卫生与流行病学中心确诊，非洲猪瘟首次传入我国，随后在江苏、浙江、安徽、黑龙江、内蒙古、河南、吉林、山西、云南、海南、贵州等省份均有相关报道，疫情迅速蔓延至全国。2018

作者简介：张金娟（1990—），女，硕士，助教，主要从事动物疾病诊断相关研究。

年以来，非洲猪瘟疫情蔓延形势严峻，我国及周边国家疫情都比较严重。

二、我国应对非洲猪瘟疫情的措施

2018 年 8 月 3 日，中国动物卫生组织与流行病学中心确诊辽宁沈阳某猪场非洲猪瘟疫情。同时根据《非洲猪瘟疫情应急预案》和《非洲猪瘟防治技术规范》，我国农业农村部发布了非洲猪瘟Ⅱ级疫情预警。沈阳市立即启动《非洲猪瘟疫情应急预案》Ⅱ级应急响应，通过封锁疫区、扑杀、无害化处理病死猪及同群猪、严格消毒等措施，禁止封锁区内所有生猪及易感动物和产品运入或流出，暂停沈阳市生猪向外调运[1]。控制并消灭传染源，防止病原扩散。我国农业农村部及时发布了非洲猪瘟疫情，信息公开透明，并就疫情防控情况回答了记者提问，提醒大众关注疫情、共同防控疾病；随后，全面部署全国的非洲猪瘟防治工作。

国务院办公厅发布了《国务院办公厅关于做好非洲猪瘟等动物疫病防控工作的通知》和《国务院办公厅关于加强非洲猪瘟防控工作的意见》，要求各地高度警惕疫情风险。农业农村部办公厅先后发布了《农业农村部办公厅关于防治非洲猪瘟加强生猪移动监管的通知》《农业农村部关于做好非洲猪瘟防治工作的紧急通知》等一系列通知，控制我国非洲猪瘟疫情。第一时间通过官方媒体及时向社会公布非洲猪瘟相关信息，并向世界动物卫生组织报告疫情。强调联防联控，细化各部门工作分工，海关加强检疫、林业和草原部门强化监测预警、财政部门提高非洲猪瘟强制扑杀补助、市场监管部门加强猪产品流通加工环节安全监管、公安部门配合做好疫区安保和疫情处理，以及宣传部门、交通运输部门等其他部门各尽其责、联合行动、密切配合。及时发布疫情信息，加强猪场防疫监管，加强生猪移动监管、区域化进出管理、相关产品的流通加工餐饮等各个环节的监管，并通过媒体通报了疫情防控中的一些违法违规典型案例，警醒相关工作人员。

三、我国兽医公共卫生体系

兽医公共卫生体系包括兽医公共卫生及相关政策、法规，兽医公共卫生人才的培养和教育。以发展兽医执法、教育、科技等公共卫生事业为基础，开展动物疫病强制免疫、监测、检疫、疫病控制等工作[4]，最终为人类健康服务。兽医公共卫生监督是兽医公共卫生体系中的重要组成部分，执行国家兽医法律法规，负责重大动物疫情的控制和扑灭、应急和预警，保护动物健康，保障动物源性食品安全。兽医公共卫生监督管理体系主要包括：动物卫生监督机构，官方兽医制度和动物疾病预防控制体系[5]。

动物卫生监督是一种政府管理的行政行为，我国在省、市、县三级分别设置了动物卫生监督机构。依据《中华人民共和国动物防疫法》和相关规定，动物卫生监督机构对动物饲养、屠宰、经营、隔离、运输以及动物产品生产、经营、加工、贮藏、运输各个环节中的动物防疫及动物产品安全实施监督管理。其职责中包括了动物和动物产品检疫、动物产品质量安全监管、动物防疫监督执法、违法案件查处、重大动物疫情的应急处理和执法人员的培训等。

动物疾病的预防控制是兽医公共卫生中非常重要的内容，动物疾病预防控制体系主要包括：动物疾病防控法规体系、动物疫病预防控制措施、动物疫病风险评估。目前以《动物防疫法》为核心，《重大动物疫情应急条例》《国家重大动物疫情应急预案》《生猪屠宰管理条例》

等为补充，农业农村部还颁布实施了一系列行政规章制度和动物疫病防治技术规范，形成一个比较完整的动物疫病防控法律法规体系。就非洲猪瘟疫情的应对，农业农村部在 2015 年《非洲猪瘟防治技术规范（试行）》、2017 年印发了《非洲猪瘟疫情应急预案》。

兽医公共卫生人才的培养和教育方面，我国部分高等学校比如华中农业大学设置有兽医公共卫生方向。在本科层次上，只有吉林大学和甘肃农业大学设立动物医学（兽医公共卫生方向），设动物（或动植物）检疫专业较多[6]，部分学校仅仅开设了兽医公共卫生学课程。在研究生培养上，部分学校预防兽医学专业下有设置兽医公共卫生方向。目前兽医公共卫生侧重于人兽共患病的监测控制和动物源性食品安全，还未形成完整的学科体系，没有引起足够的重视，也没有专业的兽医公共卫生人才培养队伍，使得兽医公共卫生人才的培养和教育相对滞后。

四、对我国兽医公共卫生体系的思考

2018 年 8 月，我国在首次确诊非洲猪瘟的同时，农业农村部发布了疫情预警。及时发布疫情信息，立即采取措施控制当地疫情。随后农业农村部开会部署全国范围内的非洲猪瘟防治工作，发布了《农业农村部办公厅关于防治非洲猪瘟加强生猪移动监管的通知》和《农业农村部关于做好非洲猪瘟防治工作的紧急通知》。疫情信息透明，反应迅速，相关法律及政策比较完整，疫情还是迅速蔓延至全国，主要原因是相关政策无法得到落实。从《农业农村部办公厅关于非洲猪瘟疫情防控中违法违纪典型案例的通报》可以看出：动物生产环节相关从业人员逃避检疫、销售生猪引发疫情，缺乏生物安全意识；动物防疫环节，官方兽医违规出具检疫证明，导致疾病跨省跨地区传播，严重影响了疾病的防控。

我国生猪养殖除了一些专业性的规模化养殖模式外，还有部分散养模式。非洲猪瘟疫情发生后，后者由于缺乏专业知识和生物安全意识，没有建立完整的生物安全防御体系，没有采取相应的措施来抵抗外来疾病，早期无法预防疾病，不能及时发现上报感染病　例，违规屠宰销售疑似感染动物，给疫情防控带来了很大的难题。养殖场生物安全是疫情防控非常重要的一个环节，因此，从制度上应该严格控制动物的养殖，制定相关的从业要求或标准，提高动物养殖的基本条件，强化相关从业人员的专业素质，促进养殖科学化、规模化、现代化。

疫情防控中出现了多次官方兽医违规开具检疫证明、管理人员监管不力的典型案例，部分工作人员法律意识淡薄、滥用权力。主要依靠相关的督查小组检查工作，没有形成完善的监督检查制度，法律体系不够完善、监管不力。农业农村部颁发了关于加强生猪移动监管的通知，车辆及人口流动频繁，各地执行的过程中出现一系列问题，监督人员不足、基层工作人员专业性较差、监管能力弱等。基层农技人员大多无专业背景，尽管政府通过举办一些培训来加强的专业素质，但仅为杯水车薪，不能从根本上解决问题。建议岗位聘用时选聘专业人才。

兽医公共卫生人才的培养和教育是兽医公共卫生体系中非常重要的一部分，我国兽医公共卫生起步晚，还未形成完整的学科体系，应提高重视，推动建设完成的学科体系以及高等学校兽医公共卫生人才的培养。

我国兽医公共卫生的核心是预防和控制动物疫病，只有先了解我国动物疾病的流行情况，才能防患于未然。动物疾病流行病学调查费时费力，建议国家增加投入，在兽医公共卫生机构设置专门的流行病学调查部门，摸清各个地区动物疾病的流行情况，实时监测搜集相关数据，建立动物疫病数据资料库，对于重大动物疫病的可能发生情况科学评级，指导科研投入和生产投入，预防重大动物疾病的流行。

● 参考文献

[1] 中华人民共和国农业农村部. 农业农村部发布非洲猪瘟Ⅱ级疫情预警[EB/OL]. [2018-08-03]. http://www.moa.gov.cn/ztzl/fzzwfk/gzdt/201808/t20180803_6155300.htm.

[2] OIE. African swine fever: Animal health in the world [EB/OL]. [2020-10-05]. https: //www. oie. int/en/animal-health-in-the-world/animal-diseases/african-swine-fever/

[3] 陈溥言. 兽医传染病学（第六版）[M]. 北京：中国农业出版社，2010：218-219.

[4] 刘清华. 兽医社会化服务体系的建设[J]. 湖南农业，2018（1），19.

[5] 张彦明. 兽医公共卫生学（第二版）[M]. 北京：中国农业出版社，2011：319-322.

[6] 柳善增，胡盼，马春峰，等. 兽医公共卫生发展趋势及专业教育[J]. 中国兽医学报，2017，37（7），1429.

对甘孜州牧区经济发展的一点思考

四川民族学院农学院　彭宗杰

【摘　要】甘孜州牧区主要集中在高海拔地区，条件恶劣，牧区经济发展受思想观念、环境条件、自然灾害等多种因素的制约，面临诸多困难。从改变观念、新品种、科学饲养、提高市场竞争力、牧旅合作等方面着手大力发展牧区经济，提高牧民的生活水平。

【关键词】甘孜州；牧区经济；制约；发展

甘孜州牧区主要集中在折多山以西的草原地区，甘孜州草原面积约 9.44 万 km^2，占甘孜州总面积的 61.7%，是全国 5 大牧区之一的川西北牧区的重要组成部分。海拔高度 3 800 ~ 4 500 m，平坦宽阔，气候条件恶劣，高寒低温。以牦牛、藏绵羊等为主的畜牧业，生产经济形式单一，牧区经济受多种因素的制约，牧民增收难度大。

一、制约甘孜州牧区经济发展的主要因素

（一）思想观念滞后

甘孜州牧民普遍具有以下特点：受教育程度较低，文化素质不高，还有部分是文盲或半文盲，有的只会藏语（方言），听不懂普通话，与外界交流受限，信息不灵；受传统观念的影响，生产方式传统单一；把牲畜作为财富储存，畜多为富，惜杀惜售，盲目攀比牲畜头数，不愿出售变为商品，商品经济意思淡薄；牲畜生病后，缺乏医治意识，积极治疗的少，这也反映出当地缺医少药，治疗成本高。

（二）地理环境差

草原地处高海拔地区，气候条件恶劣，无霜期短，光照时间长，昼夜温差大。土地贫瘠，草原退化，沙漠化、板结化、鼠害虫害严重，草原自身修复能力较差。植物生长期短，生产能力较差。

（三）自然灾害频发

自然灾害发生十分频繁、危害大。主要自然灾害有洪灾、旱灾、雪灾、冰雹。靠天养畜，

作者简介：彭宗杰（1965—），男，副教授，研究方向：实验室管理。

靠天吃饭，自身抵御自然灾害的能力较差，发生灾害后，牲畜大量减少。

（四）放牧生活环境差

该地区地广人稀，远离城镇乡村，气候条件恶劣，基础设施差，交通不便，信息不畅。部分人还过着逐水草而居的游牧生活，居无定处。

（五）生态环境破坏严重

当地群众生态环境保护意识不强，过度超载放牧，导致土壤裸露、水土流失、草原退化严重。杂草、毒草增多泛滥，老鼠破坏草场，鼠害严重，草场减产，载畜能力降低，这些都使草原进一步退化、沙漠化、板结化、鼠虫害化，生态环境进一步恶化。

（六）营商环境差

自身商品经济意识淡薄，交通不发达，投资环境不佳，企业成本高，招商引资不易，特别是围绕牧业产品开发生产的企业少，开发种类不多、单调，主要是初加工，缺乏深加工。销售渠道少。

（七）人才缺乏

当地缺乏懂技术、懂管理的人才。饲养方式传统，粗放型，技术含量低；育肥时间长，养殖成本高。

二、甘孜州牧区经济发展的措施

为了使牧民增收，脱贫后不返贫，逐步提高牧民的生活水平，大力发展牧区经济，应从下面几个方面进行解决。

（一）更新观念，改变传统生产方式

转变传统的畜多为富、惜杀惜售、盲目攀比的思想，增强商品经济意识，提高出栏率和商品化率。已经育肥可出售的，尽快出售，提高收益，还可避免消耗更多的资源，增加饲养成本。

加快人才培养的力度，特别是本土人才的培养。培养一批既懂技术又懂经营管理的人才，改变传统生产生活方式，加快牲畜生长，缩短饲养时间，加强牲畜疫病治疗和防控，提高牧畜产量和质量。

（二）培育新品种

加大科研力度，开发适合高原条件的饲料草，加大草的种植面积，提高草料产量。

加大牲畜品种改良或引进，开发适应高寒地区、生长快、抗病能力强的好品种。改善畜群结构、畜种结构。提高产出率、产量和肉质品质。

（三）科学饲养，生态养殖

过度超载放牧，造成草原退化严重，载畜能力降低。这就要求合理放牧对草场施行轮牧、休牧。加强水资源开发，解决牲畜用水和草原灌溉用水，合理施肥，加强草原管理。防治病虫害，防治鼠害，除治杂草、毒草，遏制草地的退化、沙化、鼠虫害化，增加牧草产量和质量。合理养殖，生态养殖，加强人、草、牧三配套措施，达到三者平衡和谐发展，使草场得以休养生息。

搭建牲畜圈舍和冬季暖棚，加大人工饲养草料基地建设，增加草料储存量，增强抵御自然灾害的能力，增加牧畜数量，提高出栏率和商品化率。

施行放牧、补饲饲料、育肥、过冬。消除“夏饱、秋肥、冬瘦、春乏”的恶性循环。科学养殖，生态养殖，实现草地生态的良性循环和资源的可持续利用。提高成活率、存栏率和出栏率。

（四）产品开发

牲畜产品多为牧民自己加工，产品单一，种类不多，主要是初加工，缺乏深加工、精加工，产品质量难以保证。应加快畜牧产品商品化、规模化、标准化开发生产，在原有的产品上推陈出新。如对风干肉、风腌肉、手撕肉等肉干制品，酸奶、奶饼子、奶渣子、酥油等奶制品，蕨麻（人参果）等土特产，牲畜皮、毛、骨和内脏等进行深度开发利用，形成一系列产品，促进产品增值、牧民增收。

（五）加强经营环境建设

加强基础设施建设，出台更加灵活的政策，建立灵活多样的招商引资环境，吸引资源开发、产品加工、电商等企业入住。加大物流连接，建立灵活多样的销售渠道。

（六）牧旅结合

定居在公路和城乡附近，可搞家庭型住宿接待、牧家乐、民俗接待、牧民生活体验。加强藏族传统文化和民族节日的开放利用，加强旅游产业发展。

成立合作社，也可引进企业+牧民，建立休闲园区。园区内住宿、特色餐饮、休闲、耍坝子、戏曲、弦子锅庄、山歌、民俗文化表演、服饰表演，射箭、骑马等牧场体验；冬虫夏草、贝母、人参果、水果、菌子、肉制品、奶制品等各种土特产品开发利用；金银制品、首饰、唐卡、藏毯、藏族祥巴、石刻等民族手工制品。形成“政府+公司+合作社+基地+牧民”种植产业化经营体系。

总之在保护草原生态环境的前提下，改善畜群结构，保障牧畜数量稳步增长，招商引资，形成多种经济复合体，培育多个经济增长点，稳步提高牧民生活水平。

● 参考文献

[1] 邓竹佳. 甘孜州畜牧业发展的制约因素及对策[J]. 现代农业科技，2012（17）：308-309.

[2] 罗晓春. 藏区农村经济发展思考[J]. 西南民族学院学报（哲学社会科学版），1993（5）：46-49.
[3] 张彦虎，李万明. 新疆草原生态旅游产业发展研究——以东天山北坡草原为例[J]. 西南民族大学学报（人文社会科学版），2014，35（11）：135-138.
[4] 向前，达久阿达. 甘孜州牦牛产业发展刍议[J]. 中国畜牧兽医文摘，2012（2）：34.
[5] 唐梅香. 浅析牦牛养殖发展现状及对策[J]. 中国畜禽种业，2015，11（2）：57.
[6] 李解，兰道亮，李键. 牦牛生态养殖与产业发展措施[J]. 四川畜牧兽医，2015（3）：13-14.
[7] 西绕甲措. 四川省甘孜藏族自治州生态经济发展研究[D]. 中国石油大学，2011.
[8] 赵晓鸿. 甘孜藏区生态旅游经济开发研究[J]. 生态经济，2006（5）.
[9] 谭立勤，晏鄂川，何勇. 四川省甘孜州生态经济持续发展初论[J]. 经济天地，2001（4）.
[10] 王友富，胡兰. 民族地区经济发展策略研究——以甘孜藏族自治州为例[J]. 柴达木开发研究，2014（5）：11-14.
[11] 调研报告：关于推进农牧区乡村旅游发展的思考[EB/OL]. [2019-07-22]. https://wenku.baidu.com/view/f16d838f9fc3d5bbfd0a79563c1ec5da50e2d6e0.html, 1998-08-1
[12] 中共甘孜州委政研室课题组. 甘孜州农牧业发展和新农村建设问题及政策研究[EB/OL]. [2020-10-11]. https://www.doc88.com/p-982342639830.html, 2012-10-26
[13] 尚燚. 草原牧区经济发展中存在的问题及对策[J]. 中国畜牧兽医文摘，2017，33（4）：11.
[14] 巴特尔. 牧区畜牧业经济发展存在的问题和对策[J]. 现代农村科技，2016（10）：5-6.
[15] 泽柏，但其明，李昌平，等. 川西北牧区草地畜牧业可持续发展对策研究[J]. 草业与畜牧，2008（8）：1-7，14.
[16] 且华敏. 甘孜州草业生态系统面临的问题与对策建议[J]. 中国畜牧兽医文摘，2018，34（6）：63.

4

第四篇

康巴农林研究

乡村振兴战略下甘孜州农业供给侧结构性改革策略

——基于康定市羊厂村的调查与思考①

四川民族学院经济与管理学院 杜明义 杨惠 殷继林

【摘 要】甘孜州推进乡村振兴，必须推进农业供给侧结构性改革。基于康定市羊厂村调查，认为甘孜州通过农业供给侧结构性改革，推进了乡村振兴，但还存在许多问题，需要在农业产业布局，农业产业发展结构、三大产业融合、人力资本投资等上推进改革，进一步推进乡村振兴。

【关键词】乡村振兴；农业供给侧结构性改革；甘孜州；羊厂村

2018 年中央“一号文件”《关于实施乡村振兴战略的意见》指出：乡村振兴“必须坚持质量兴农、绿色兴农，以农业供给侧结构性改革为主线，加快构建现代农业产业体系、生产体系、经营体系，提高农业创新力、竞争力和全要素生产率”。[1]农业供给侧结构性改革，要调整农业结构，提高劳动力、土地、资本、创新（管理）要素效能，重点是调结构、降成本、补短板，提高供给质和量，推进低水平供给向高水平供给转化，形成市场需求的有效供给。甘孜州是四川省一个藏族自治州，是我国脱贫攻坚的关键区。2017 年到 2018 年，甘孜州泸定县、康定市等相继脱贫，进入乡村振兴阶段。推进乡村振兴，必须推进农业供给侧结构性改革。基于具有代表性的康定市羊厂村的实地调查，本文认为甘孜州目前推进供给侧结构性改革、推进乡村振兴取得了一定成绩，但还存在许多问题，需要积极采取策略推进。

一、乡村振兴战略下甘孜州农业供给侧结构性改革现状

2018 年中央“一号文件”《关于实施乡村振兴战略的意见》中指出：“乡村振兴，摆脱贫困是前提。”目前，以羊厂村为代表的甘孜州许多地区在脱困当中开始探索乡村振兴之路，取得了一定成效。羊厂村地处甘孜州康定市折东地区羊厂河右岸。村民沿河分散居住在海拔 1 550 ~ 2 200 m 的高山、半高山峡谷地带，以藏羌民族为主体，全村现有 26 户 212 人，有低保人口 18 人，残疾人口 4 人，农村养老保险参保人员 48 人，农保全覆盖。2014 年建档立卡识别贫困户 6 户 23 人，2016 年因病致贫 1 户 3 人。全村有耕地 159 亩，退耕还林面积 334.72

① 基金项目：四川省教育厅（四川民族山地经济发展研究中心）研究项目“四川民族地区高半山特色产业扶贫模式研究”（项目编号：SDJJ1810）的阶段性成果；四川民族学院科研项目“乡村振兴战略下农村土地产权制度改革与农业现代化发展研究”（XYZB19004SA）的阶段性成果。

作者简介：杜明义（1970—），男，硕士，教授，主要研究方向：农村经济与西部民族经济。杨惠（1968—），女，四川泸定人，四川民族学院监审处副教授、高级会计师，主要研究方向：会计理论与实务、民族经济研究。殷继林（1976—），男，四川康定人，康定市羊厂村村支部书记。

亩。全村过去主要以种植玉米等传统农作物为主，群众收入渠道单一，2014 年人均纯收入仅 3 300 元，7 户 26 人为贫困人口，贫困发生率达到 10%，被确定为建档立卡贫困村。当时全村经济收入低、基础设施差，许多人户想搬离羊厂村。推进脱贫攻坚后，该村大力发展了农牧产业，主要发展旱作农业、高原农业、特色经济林、中药材业、林下经济；并依托当地青山绿水、田园风光、民俗文化等资源，盘活农村闲置房屋、集体建设用地、“四荒”地、可用林场等资源，发展了一些旅游观光、休闲度假、农耕体验等旅游业。发展休闲农业和休闲旅游、发展农牧产品加工业等措施有效增加了农民收入，2017 年实现 7 户 26 人贫困者全部脱贫。脱贫后的羊厂村积极展开农业供给侧结构性改革，乡村振兴取得了一定成效。

（一）推进区域乡村合理发展规划

为了长远的可持续发展，羊厂村需要制定长期发展规划，科学推进发展，实现脱贫振兴。于是，羊厂村请四川省轻工院专家为羊厂村制作了整村规划，设计了产业发展规划区和农民特色村寨集中居住建设区，为今后的长远发展进行了统筹规划。

（二）推进产业结构调整

通过因地制宜、分类推进，羊厂村进行了产业结构调整，推进了农业特色产业发展。

一是种植近 400 亩大樱桃。羊厂村充分利用土壤特点与自然资源优势，积极培育近 400 亩大樱桃种植，加速农业提质与群众增收步伐。二是种植 300 余亩杭白菊。2017 年，羊厂村与顺康农业科技有限公司签订合同，形成“公司+基地+农户”模式，种植 300 余亩杭白菊，每亩收入达 3 000 余元，中药材种植增加农户收入。三是养蜜蜂 300 箱。羊厂村属于高半山地区，植物种类丰富、花粉品种多、面积广，羊厂村充分利用优势资源，大力推广养蜂产业，取得了较好的经济收益。四是种植 100 多亩经济林。花椒、核桃、各类小杂水果是羊厂村的传统优势经济林木，通过规模发展带来较好收益。五是养殖 100 头毛驴等。羊厂村组织村民代表前往九龙县考察养殖项目，认为羊厂村适合养驴，于是推进了养驴项目，该项目成为羊厂村特色收益来源。同时利用山地资源，大力发展了山羊等养殖业，增加农民收益。六是推进农牧产品加工业发展。通过和外来投资企业联合建立起了加工工厂，发展了农牧特色产品的加工业。主要将当地生产的花椒、核桃等加工成特色产品；同时，将采集和种植的中药材进行加工，提高了产品附加值，增加了农民收益。

（三）推进经营结构调整

羊厂村传统的生产经营方式为一家一户的小农耕作模式，农户居住分散、生产分散、资金分散、信息分散，很难形成规模经济。在推进脱贫振兴中，羊厂村开始探索建立新型经营主体，推进经营结构的转变。2012 年，羊厂村党支部书记从汉源买回 50 株大樱桃树苗，在村里山坡地试种成功后，从 2014 年起全村陆续开始种植大樱桃，并成立了大樱桃种植农民专业合作社，推进专业化、规模化生产。合作社吸收全村 56 户加入合作社，建立了“支委+致富带头人+合作社+农户”的模式。最初，全村种植 15 000 多株近 400 亩的大樱桃。大樱桃种植农民专业合作社在村两委支持下，由村支书和全村 40 名妇女共同发起，于 2013 年 4 月成立，注册资金 80 万元，主要为全村 212 人服务。合作社所有成员为羊厂村村民，农户以承包的土地作为非货币出资加入合作社。目前，合作社构建了代表大会、理事会、监事会等机构，建立了管理服务机构、决策管理监督机构，按照《中华人民共和国农民专业合作社法》规定了相关职责权限。合作社配备会计从业资格的人员，设立会计、出纳各一名，制定了《康定市羊厂村大樱桃种植专业合作社章程》，完善了理事会会长、理事、会计、出纳等职责，制定了一系列相关财务制度。

除了大樱桃合作社外，羊厂村通过“公司+基地+农户”经营模式，种植了 300 余亩杭白菊。在养殖业上，发展起了养殖合作社。利用河谷气候温和条件，将高山放养的牦牛集中到河谷平坝区的温室大棚进行养殖，提高出栏率和肉品质，并建立起了康定市羊厂全新牦牛养殖农民专业合作社；同时在半山区推进山羊养殖，建立了康定市羊厂文戊山羊养殖农民专业合作社；在半山区建立了毛驴养殖厂房，推进毛驴养殖。通过多途径发展山地特色养殖业，增加农民收益。此外，2018 年又启动建立中药材生产加工厂和其他特色农牧产品的加工，推进了产业融合发展。

（四）推进交通通信等物流信息通道结构调整

羊厂村基础设施建设是脱贫振兴的先决条件和重要保障，通过加强水、电、路、通信、灌溉等基础设施建设，破解发展瓶颈，进一步改善群众生产生活条件、提高人居环境水平，夯实发展基础。一是推进交通基础设施建设。2014 年，羊厂村修建了近 6 km 的机耕道路，方便群众到田间耕作；2015 年，利用市农村交通三年攻坚行动和体育彩票公益金项目支持，建设了 7.08 km 的通村硬化道路，畅通羊厂村与外界的连接道路。二是推进水利基础设施建设。2011 年，在县水务局安排专门项目帮助下，全村架设了 12 000 m 饮水管道，让农民喝上了干净卫生的自来水。三是推进农村信息基础设施建设。2012 年，在移动和电信公司支持下，羊厂村组织群众义务投工投劳，建设了通信基站，让全村摆脱了无通信的状态。四是推进灌溉设施建设。2015 年在成都预备役师的援助下，建设 300 余亩大樱桃灌溉水管工程；2016 年，在市农牧科技局支持下，羊厂村修建了 30 千瓦的太阳能提灌站，解决了大樱桃基地灌溉水源问题，为特色产业发展奠定了基础。五是推进农田整理。通过以工代赈项目补助的 200 万元和群众投劳折资 28 万元，平整土地，配套田间渠系，修建田间排灌渠系 500 多亩；推进小型水源工程，修建蓄水池 30 口；推进田间作业道路，推进土壤改良，调整田型 500 多亩，推广新型肥料使用 500 多亩，建设成高标准基本农田 500 多亩。六是改善全村用电条件。羊厂村 2003 年农网改造后，全村通了电，但电压不稳。2016 年 12 月，在镇变电所帮助下，羊厂村增加了一台变压器和 500 多 m 低压线，改善了用电问题；2017 年 9 月，在市政府帮助下，羊厂村为高山居住的一户人家安装了太阳能发电设备设施，解决其用电问题。[2]

（五）推进人才、技术等投入结构调整

羊厂村为推动产业发展，推进乡村振兴，对农民进行扶“志”教育。通过宣传、外出参观培训等方式，激发了农民发展大樱桃规模种植、发展养殖产业、发展合作社的热情，增强了内生动力。同时进行扶“智”教育，培养农民自我发展能力。地方政府为推进大樱桃产业发展，农牧科技局为村民免费提供大樱桃树苗，同时送 8 名村民到省农科院进行大樱桃种植培训，这些农民学成回来又教会其他人种植，带领全村种植大樱桃。羊厂村还请专家来讲课

培训，提高农民的生产技能。如最初发展大樱桃产业时许多村民顾虑多，于是村干部联系市农科局，通过牵线请四川农业大学的专家到村里进行技术指导。专家认为在海拔 1 500 至 2 000 m 的羊厂村种植大樱桃效果最佳，鼓励大家种植，并对农民进生产技术培训。此外，2018 年 9 月，四川省科技扶贫万里行活动的水果产业技术服务团专家，对羊厂村大樱桃等种植、养殖进行了技术培训。羊厂村还派人到山东省参加全国大樱桃研讨会，展示村里的大樱桃，因为果实大且饱满、口感极佳得到高度评价，参会者认为其具有很好的市场前景，于是村民的信心大增。村民们通过估算认为自己种植的大樱桃，如果以每斤 20 元出售，每户收入可达 5 万 ~ 10 万元。村民们看到了大樱桃产业发展的大好趋势，激发了种植积极性。

二、乡村振兴战略下甘孜州农业供给侧结构性改革存在的问题

以羊厂村为例分析，甘孜州农业供给侧结构性改革存在诸多问题，制约了乡村振兴。

（一）产业规划布局实施不够，农业主导产业明确度不足

尽管羊厂村做了整村规划，对产业发展和村寨建设进行了设计，但实施力度不够。目前主要针对一些特色产业的发展规划进行了初步的实施，但特色村寨建设没有推进，农旅融合发展、城乡融合发展的规划没有实施。由于规划总体还是大体设计，具体如何实施，没有细致的方案和实施时间表、路线图，规划下的产业布局和特色村寨建设实施效益明显不够。同时，羊厂村的产业种类较多，还没有明确的优势、特色的主导产业，没有形成品牌产品、地理标志产品。

（二）产业结构需要优化调整，经营方式需要增加效益

产业发展是推进脱贫振兴的必然途径。羊厂村村民明白曾经的贫困就是因为没有一个持续支持大家获得收入的产业，已有的传统产业产出低，市场化率低，增加收益低。为此，为了推进乡村振兴，羊厂村发展了多种产业，进行传统玉米、蔬菜种植外，还进行大樱桃、花椒、核桃、苹果、羊肚菌、杭白菊等种植；进行了猪、牛、羊、驴、鸡、鸭等养殖。这些种养殖业存在规模化不大、主导性突出不足、特色性不明显的问题。根据省州农业科技部门的考察，羊厂村是人工天麻种植极佳之地，因此建议该村进行人工天麻种植。目前，筹划投入的人工天麻产业实施力度还不足。尽管目前建立起来一些合作社等新型经营组织，进行了一定的规模经营，但在人才、资金、技术、管理等还不足的情况下，运转效益还不充分。

（三）三大产业融合不够，区域协作需要加强

农牧产业相关的种养加旅产业发展不足，三大产业融合不够。由于产业链延伸不足，农民增加收益不充分。目前，一些特色旅游产业进行了一定的规划，但推进力度不够；建立的加工业产品相对单一，对多种农牧产品加工支持不够。同时，某些农牧产品规模不大，产量有限，加工饱和度不够。羊厂村主要是高半山地区，推进山上山下合作，城乡区域协同发展不足，影响发展水平。

（四）人力资本等要素投入不足，市场连接通道需要扩张

推进农业持续发展，人力资本水平是关键。总体上，羊厂村通过一些培训，提高了生产意识、市场意识、竞争意识，同时提高了生产技能。但现代农业的发展需要更好的意识与技术，才能获得持续发展的后劲。目前羊厂村还需要增强意识和能力。同时，要推进羊厂村乡村振兴，现代技术投入需要持续跟进，如现代的种植、养殖技术手段，网络技术，线上营销等。同时，推进规模扩张，资金缺乏也成为制约因素。随着市场规模扩大，寻找市场通道将是乡村振兴发展的关键因素。目前羊厂村的产品与其他地区产品同质化强，市场竞争压力大，寻找营销合作、网络营销等方式还没有跟进。

三、乡村振兴战略下甘孜州农业供给侧结构性改革推进策略

基于甘孜州农业供给侧结构存在的问题，需要在农业产业布局，农业产业发展结构、多元产业融合、人力资本等上进行革新，推进供给侧结构性改革，推进乡村振兴。

（一）推进乡村产业规划布局实施，明确农业主导产业发展方向

首先，要推进乡村产业规划布局实施。中共中央、国务院印发的《乡村振兴战略规划（2018—2022 年）》指出：乡村振兴注重规划先行、因势利导、体现特色。要推进县域乡村布局科学安排，推进资源合理利用、配置设施，推进村庄整治，推动村庄规划管理全覆盖。建立“立足乡土社会、富有地域特色、承载田园乡愁、体现现代文明的升级版乡村，避免千村一面，防止乡村景观城市化。”规划还指出：“各地区各部门要编制乡村振兴地方规划和专项规划或方案。加强各类规划的统筹管理和系统衔接，形成城乡融合、区域一体、多规合一的规划体系。”[3]目前，羊厂村进行了村寨布局和产业发展规划，要切实推进实施。羊厂村处于高半山地区，村民居住分散，有些居住在较高山区，出行不便。根据规划，村民都要集中居住到河谷内相对平坦地方，形成功能完善、布局合理、生态宜居的特色村寨，形成与附近城镇融合发展格局，改善村民生活环境和条件，将推进村民热爱家乡、发展生产的热情。

其次，要明确农业主导产业发展方向。针对农业产业布局上，要落实“农业功能区制度”，甘孜州是我国生态脆弱地区，根据国家功能区规定，要坚持保护优先、限制开发，发展特色农业。羊厂村土地不多，且多在高半山，许多土地斜面度达到 50 度左右。为此，要发展绿色、特色农牧产业为主导的产业，要请专家进行论证，结合康定地区县乡“一乡一（业）品”布局，发展特色农牧产业。要确定一到三种特色产业为主导产业，同时小面积发展其他产业，形成主次分明、形式多样、特色高效的农业产业体系。根据羊厂村地理位置、海拔高度和日照特点，可确立大樱桃种植为主导产业，将高山、半高山海拔 1 500 ~ 2 000 m 的地方布局为大樱桃种植区，形成规模经济，将有效促进产业振兴。

（二）优化农业发展结构，提升经营方式方法

首先，要优化农业发展结构。羊厂村离城镇较近，有较集中的居民区和教育区，市场大，区位优势明显。这里光照充足，雨量充沛，土质肥沃，核桃、花椒、玉米、土豆等都出产；

这里山林茂盛，高山区草原饲草丰富，适合养殖牦牛、羊、藏鸡等，同时，河谷深处，野猪、磐羊、野牛、獐子等野生动物众多；这里有雪山，河谷中有海子、神仙洞自然景点，风光优美；这里树木林立，空气清新，负氧离子高，1 550 ~ 2 200 m 左右的海拔高度是康养宜居地。[4]根据地理环境和资源优势，根据乡村规划和产业布局，羊厂村要确立农牧特色产业为主导产业，要优化产业结构，形成规模经济。在种植业上，可形成大樱桃为主导的特色龙头产业，带动核桃、花椒、人工天麻三种左右种植业发展；在养殖业上，可大力发展山羊为特色的龙头养殖业，带动驴、牦牛、藏猪三种左右的养殖业发展。在加工业上形成种养相应的特色加工，增加产品附加值，延长产业链，增加价值链。在旅游业产业上，根据农牧景观特色旅游，结合特色村寨建设，结合自然生态景色，发展乡村旅游、体验旅游、休闲旅游、生态旅游。要做大做强优势特色产业，促进产业提档升级，把地方土特产和小品种做成带动农民增收的大产业。要建设出具有地理标志农产品，结合民族特色，地域特色和现代要素打造名优品牌。要调整产业结构，发展生态农业、体验农业，提高产品档次和附加值，增加收益空间。

其次，要提升经营方式方法。在经营方式方法上，类似羊厂村的甘孜州其他地区，应基于家庭经营的基础地位，发展起家庭经营、集体经营、合作经营、企业经营等共同发展的新型经营体系，发展适度规模经营，提高农业发展的集约化、专业化、组织化、社会化水平，有效带动小农户发展。要发展规模经营，就要推进农村集体产权制度改革，发展多种形式的股份合作，推动资源变资产、资金变股金、农民变股东，提高农民多渠道获得收益。要大力发展新型经营主体，发展家庭农场、合作社、龙头企业、社会化服务组织和农业产业化联合体等。要推进新型经营主体与小农户建立契约型、股权型利益联结机制，带动小农户专业化生产。要积极探索“公司+基地+农户”“合作社+农户”等经营模式。

（三）推进三大产业融合发展，加强区域协作协同发展

首先，要推进三大产业融合发展。2018 中央一号文件《关于实施乡村振兴战略的意见》指出构建农村三大产业融合发展体系。大力开发农业多种功能，延长产业链、提升价值链、完善利益链，通过保底分红、股份合作、利润返还等多种形式，让农民合理分享全产业链增值收益。通过发展种植业、养殖业，形成农村的第一产业，同时，积极发展农牧产品的加工业，形成“生产基地+加工企业+商超销售”等产销模式，形成农村的第二产业。通过加工，增加农牧产品的附加值，延长产业链，提高农业的收益。目前羊厂村应推进加工业发展，不断提高加工业能效。通过发展旅游业、商业，形成第三产业。旅游业是农牧产业发展下的产业链的延长。游客主要体验当地的农牧文化，对农牧产品进行采摘等体验，依托农牧生产场景和的优美生态环境，形成康养等旅游业。目前，羊厂村旅游业发展不足，需要加强环境改造，尽快推进特色村寨建设，完善农业产业布局，完善游购娱设施，建立良好旅游环境，加大宣传力度，推进特色农业旅游的发展。要利用“旅游+”“生态+”等模式，推进农业、林业与旅游、教育、文化、康养等产业的融合发展。

其次，要加强区域协同发展。要推进羊厂村等地区与城镇的协同发展，与其他地区的协作发展，在种养品种、技术、资金、市场形成合作，解决发展中的一些问题；在加工、仓储等上合作，节约资本，提高生产能力；推进与研究所、大学合作，推进技术指导；与超市、

社区、旅游公司合作，推进农牧产品销售。发展多样化的联合与合作，提升小农户组织化程度。只有形成开放协同格局，才能共同推进农牧产业的发展。

（四）加大人力资本等要素投入，扩张市场连接通道等

首先，要加大人力资本等要素投入。2018 年中央一号文件《关于实施乡村振兴战略的意见》指出实施乡村振兴战略，必须破解人才瓶颈制约。为此，类似羊厂村的甘孜州其他地区，要把人力资本开发放在首要位置，政府应打通智力、技术、管理下乡通道，培养更多乡土人才。要推进农民成为新型职业农民，通过弹性方式参加一些农业职业培训。联系高等院校、科研院所等技术人员到村进行技能培训，建立城乡、区域、校地之间人才培养合作与交流机制。同时结合“人才振兴”大力培养本土人才，从致富带头人中挖掘“土专家”“田秀才”，充分发挥他们的本土优势，培养更多的产业技术人才。要促进小农户和现代农业发展有机衔接，增加农业发展的技术投入，把小农生产引入现代农业发展轨道。要实验推进使用适合高半山地区的高端农机装备，果菜生产、畜禽养殖等农机装备；推进农业信息化建设，推进互联网进村入户，发展智慧农业和“互联网+”现代农业方式。甘孜州要争取乡村振兴的财政支持投入，推进金融和社会资本更多投向农业供给侧结构性改革。通过完善农村承包地“三权分置”制度，实验推进农村承包土地经营权依法向金融机构融资担保、入股从事农业产业化经营。通过联系，推进一些投资公司对乡村农牧特色产业、旅游产业的投资，推进产业发展。

其次，要扩张市场连接通道等。要做好市场通道结构的改善。要借助农产品研讨会、博览会、展销会等渠道，通过电商、“互联网+”等手段，推进品牌市场营销。加强农产品商标及地理标志商标的注册和保护，坚持质量兴农，突出优质、安全、绿色导向，健全农产品质量和食品安全标准体系。开展农超、农社对接，通过网络营销方式，加大农牧产业的销售，提升产品销售收入。此外，要推进农村基础设施结构改善。提升公路、供水、环保、电网、物流、信息、广播电视等建设水平，推动城乡基础设施互联互通。推进农村人居环境治理和美丽宜居乡村建设，实施垃圾分类和资源循环利用，进行生活污水治理，推进改厨改厕行动，推进农村环境综合治理，从而持续有效推进农业供给侧结构性改革，推进甘孜州的乡村振兴。

● 参考文献

[1] 中共中央国务院关于实施乡村振兴战略的意见[N]. 人民日报，2018-02-05（1）.

[2] 刘燕. 脱贫路上带头人[EB/OL]. [2019-09-12]. http://www.sctv.com/wczq/dt/201808/ t20180802_3921018.shtml

[3] 中共中央国务院印发《乡村振兴战略规划（2018—2022 年）》[N]. 人民日报，2018-09-27（1）.

[4] 李铭霞. 周燕“大樱桃”种下脱贫梦[N]. 甘孜日报. 2015-11-13.

康巴地区野生果树利用价值及综合评价①

四川民族学院横断山区生态修复与特色产业培育研究中心　宋思梦

【摘　要】康巴地区是青藏高原的一部分，多样的气候与生态系统为野生植物提供了丰富的生境。为了解其核心区域甘孜州野生果树资源利用价值与存在问题，本文综合大量文献与标本资料对该区野果利用现状进行了分析评价。结果表明：研究区野生果树有 459 种 6 亚种 79 变种 3 变型，隶属 44 科 99 属，木本植物占绝对优势且灌木居多；常被应用于食品行业、药用原料及油脂、木材、纤维等轻/化工市场，还是优良的抗性育种材料及重要的观赏和水土保持树种。此外，本文对研究区野生果树开发存在的问题进行了评估并提出相应建议，特别是可将野果资源推向山区旅游及少数民族文化保护与推广的周边市场，促进康巴地区农旅协同进步并实现脱贫致富。

【关键词】康巴地区；野生果树资源；利用价值；农旅协同

中国是世界上最大的果树起源中心之一，野生果树资源极为丰富，具有数量庞大、口感新颖、污染较少及综合效益显著的特点[1,2]，且其在长期异质环境中进化形成了多级种下分类单位，适应性强，抗逆性好，为众多研究学者提供了多样的抗病抗寒砧木及丰富的杂交育种材料[3]。康巴地区是全国三大藏族聚居区之一，在中国西南边疆具有重要战略地位，四川甘孜藏族自治州（甘孜州）即是康巴地区最核心区域[4,5]。其属横断山系北段川西高山高原区，东连雅安市，南与凉山州、云南省交界，西隔金沙江，与西藏自治区相望，北与阿坝州、青海省相邻，境内山川平行相间，现代冰川发育，中部突起、东南缘深切[6]。地理位置的特殊性与自然条件的复杂性使得甘孜州已成为全国生物资源宝库和果树资源的重要组成部分，更是世界瞩目的孑遗生物分布中心和生物物种分化变异中心，对外来物种的繁衍生息具有广泛包容性[5,7]。从 20 世纪五六十年代开始，我国数次开展各省份资源调查[6-9]，已有部分植物学家对州内高等植物进行过调查研究[5,10]，但针对野生果树的资源、价值及存在问题缺乏系统性认识，导致资源利用效率不高，商品化进程较慢。深度挖掘康巴地区甘孜州野生果树资源的利用价值及开发途径，可进一步加速生态农林业建设、生态能源发展并丰富青藏高原维管束植物遗传资源等。

因此，本文以康巴地区甘孜州行政区域内原生分布的，用于生食、加工及砧木/育种材料

① 基金项目：四川民族学院 2020 年度校级特色科研孵化项目“甘孜州大渡河流域水土保持植物资源研究”（KBFHB19014）；四川民族学院 2020 年度校级特色科研孵化项目“康巴藏区高寒草地不同海拔梯度土壤理化性质研究”（KBFHB19015）。

作者简介：宋思梦（1993—），女，助教，硕士，主要从事水土保持及植物资源研究。

的野生果树资源为研究对象，分析其价值与利用概况，拟解答以下科学问题：① 野生果树种质资源；② 野生果树利用价值；③ 现存在问题及改进建议。研究结果可指导区域野生果树引种驯化与高原干旱寒冷地区果树生产，促进高原山地少数民族发挥野生果树的经济、生态、社会效益。

一、自然概况与研究方法

（一）自然概况

甘孜州（27.58° ~ 34.20°N，97.22° ~ 102.29°E，1 330 ~ 7 556 m *a.s.l.*）地处康藏高原东南，全域属康巴地区。地势由西北向东南倾斜，南北跨 6 个纬度，地表平均海拔 3 500 m 以上，最高峰贡嘎山（7 556 m）与山麓大渡河边（1 000 m）高差达 6 000 m 以上。复杂的地形地貌使其形成明显的气候、土壤与动植物资源垂直带谱。境内气候类型有河谷亚热带、山地暖温带、山地温带、山地寒温带、高山亚寒带、高山寒带、高山永冻带等。年均降水量 325 ~ 920 mm，常年日照时数 1 900 ~ 2 600 h，历年平均霜日 180 ~ 228 d，无绝对无霜期。全境年均温 8 °C，自南向北气温逐渐降低，南北年均气温相差达 17 °C 以上；随海拔升高气候变化显著，山脚、山顶气温差可达 20 ~ 30 °C。土壤类型有山地燥褐土、山地燥红土、山地褐土、山地黄棕壤、山地暗棕壤、山地棕壤、山地棕色针叶林土、山地灰化土、山地草甸森林土、高山草甸土、高山寒漠土等。植被类型有亚热带偏湿/干性常绿阔叶林、山地常绿落叶阔叶林、低中山落叶阔叶林、亚高山落叶阔叶林、山地硬叶常绿阔叶林、低山常绿针叶林、中山常绿针叶林、亚高山常绿针叶林、亚高山落叶针叶林、山地灌丛、亚高山灌丛、高山灌丛、干旱河谷灌丛、山地草丛、亚高山草甸、高山草甸、沼泽草甸、高山流石滩植被等。植物区系里含高等植物 5 335 种[5]，占横断山高等植物的 1/2，占全国高等植物的 1/6。

（二）研究方法与数据处理

结合前期调查并查阅 CVH 国家植物标本资源库、四川大学植物标本馆、中国林业信息网与四川省林草局等单位高等植物资源网络平台公开信息，以《中国植物志》[9]《四川植物志》[10]《甘孜州高等植物》[6]与《甘孜州树木》[7]所列的植物种类为基本资料，参考刘孟军[8]主编的《中国野生果树》一书中所列的我国野生果树种类名录，反复筛选确定研究区属于野生果树的植物种类。此后，以郑万钧系统（裸子植物）与恩格勒系统（被子植物）为标准正确鉴定科属种[1]。数据整理后前期处理和表格制作采用 Microsoft Office Excel 2007 进行，统计分析通过 Statistical Product and Service Solutions 24.0 进行。

二、甘孜州野生果树种类统计

甘孜州地域辽阔，地形地势复杂，土壤及气候类型多样，长期自然选择与进化造就了丰富多样的野生果树资源。该地区约有野生果树 547 种（含亚种/变种/变型 88 种），隶属 44 科、99 属（附录），占区域内维管束植物种类的 10.25%[5]，占我国野果种类的 47.28%[1]。资源总量丰富，分别是甘肃、广东、湖北、河南、西藏、新疆、青海与吉林的 1.53、2.34、2.57、3.20、

5.31、5.36、5.53及11.40倍（见表1）。在收录的547种野果资源中，草本及水生植物类合计30种，仅占总野果资源的5.48%；木本植物合计517种（乔木类139种，灌木类342种，藤本类36种），约占总资源的94.52%。可见木本植物在甘孜州野果资源中具有明显优势。547种野生果树中，含20种以上的科有蔷薇科[Rosaceae，175/20种（种/亚种、变种与变型，下同）]、忍冬科（Caprifoliaceae，44/14种）、小檗科（Berberidaceae，36/2种）、虎耳草科（Saxifragaceae，19/10种）、壳斗科（Fagaceae，26/2种）和芸香科（Rutaceae，17/3种），含20种以上的属有栒子属（*Cotoneaster*，35/7种）、小檗属（*Berberis*，36/2种）、蔷薇属（*Rosa*，28/6种）、忍冬属（*Lonicera*，25/8种）、悬钩子属（*Rubus*，29/3种）、茶藨子属（*Ribes*，19/10种）、荚蒾属（*Viburnum*，16/6种）及栎属（*Quercus*，18/2种），为研究区野生果树绝对优势科、属。种数包含变种、变型和亚种。

表1　中国部分地区野生果树资源

地区 Region	种数 Number of species	占全国总种比例/% Proportion in total species of China（%）
甘肃[2] Gansu	358	30.94
广东[1] Guangdong	234	20.22
湖北[11] Hubei	213	18.41
河南[12] Henan	171	14.78
西藏[13] Xizang	103	8.90
新疆[1] Xinjiang	102	8.82
青海[14] Qinghai	99	8.56
吉林[15] Jilin	48	4.15

甘孜州野生果树重要种类突出，如胡桃（*Juglans regia*）与华榛（*Corylus chinensis*）属于渐危种类，银杏（*Ginkgo biloba*）属于稀有种类且是裸子植物中中国特有的最古老的孑遗植物。州内还具有国内市场知名度和竞争力较突出的种类，如梨果仙人掌（*Opuntia ficus-indica*），果实被当地人称“仙桃”，主产于大渡河河谷山岗坪一带，以其清热解暑、美容养颜的药用价值及清凉爽滑、酸甜可口的食用价值深受青睐，常作为高档水果与蔬菜[10]；贡嘎高原雪梨（*Pyrus pashia*）可做观赏园林树种，果实可生食，兼具止咳润肺的药用功能；大渡河糖心苹果（*Malus pumila*），产于2 000 m海拔以上，因得天独厚的光热资源而饱含纤维素和有机酸，成为泸定特产之一；泸定杵坭红樱桃（*Prunus pseudocerasus*），可溶性固形物≥12%，可食率≥85%，富含各种维生素（V_C、V_{B1}、V_{B2}）、矿物质、氨基酸和微量元素（Ca、Mg、Fe、Cu、Zn、P）等，是全国农产品地理标志之一[5-7]；炉霍变叶海棠（*Malus toringoides*），果实可食可药，嫩叶是国家地理标志产品“雪域俄色茶”的原料，还可用作州内水土流失植物措施。此外，继人工选育栽培的传统第一代水果（桃（*Amygdalus persica*）、葡萄（*Vitis vinifera*）等）和近几十年开发的第二代水果[中华猕猴桃（*Actinidia chinensis*）、凤梨草莓（*Fragaria × ananassa*）等]后[10]，人们越发喜爱处于荒山林区尚未被发掘的野生山果和一些新开发的优特水果（第三代水果）[7,8,11]，本文结果显示甘孜州含有诸如沙棘（*Hippophae rhamnoides*）、越橘（*Vaccinium vitis-idaea*）、野蔷薇（*Rosa multiflora*）、树莓（*Rubus althaeoides*）、酸枣（*Choerospondias axillaris*）、野草莓（*Fragaria vesca*）等丰富的第三代水果资源亟待深度开发。

三、康巴地区甘孜州野生果树资源利用价值

（一）直接食用

甘孜州内大多野生水果[沙棘、无花果（*Ficus carica*）等]均可鲜食，虽分散零星、无固定产量、果实较小，但因良好的光能资源和无污染的生长环境而色彩鲜艳[12-15]，味道鲜美。浆果柔软多汁，坚果酥脆美味[16]，能满足人类对果品的各种风味需求，且多种营养物质含量超过一般水果。如每 100 g 火棘（*Pyracantha fortuneana*）鲜果含糖 29%、淀粉 1.22%、食用纤维 3.35%、蛋白质 4.14%、Fe3.2 mg、Zn0.92 mg[4]；每 100 g 喜阴悬钩子（*Rubus mesogaeus*）鲜果含总糖 12.70%、总酸 2.35%、粗蛋白 1.32%、V_c18.74 mg、V_b10.104 mg、V_B20.029 mg[17]；每 100 g 中华猕猴桃含可溶性固形物 14.1%、总糖 9.10%、总酸 2.6%、蛋白质 1.5%[13]；每 100 g 胡桃中含亚油酸 31%、优质蛋白 20%、糖类 10%，以及多种 Ca、P、Fe、胡萝卜素、V_{B2}、V_{B6}、V_E、胡桃叶醌、磷脂、鞣质等物质[18]。

（二）加工业原料

州内部分野生果树常用于食品及各类轻/化工行业原料。如银杏（*Ginkgo biloba*）、马桑（*Coriaria nepalensis*）等鲜食有一定毒性但通过加工仍可食用；胡桃、三尖杉（*Cephalotaxus fortunei*）、五月瓜藤（*Holboellia fargesii*）及华山松（*Pinus armandi*）等种子含丰富的不饱和脂肪酸可用于榨油；花椒（*Zanthoxylum bungeanum*）含柠檬烯等挥发性物质可用作调味料；茅莓（*Rubus parvifolius*）酸甜多汁可酿酒、制醋、榨果汁；杏（*Prunus armeniaca*）、柠檬（*Citrus limon*）、花红（*Malus asiatica*）、柑橘（*Citrus reticulata*）等蔷薇科、芸香科的果实可用作制果酱、果脯、果丹皮等；“白哇多”变叶海棠可用作炒茶；悬钩子属茅莓、红泡刺藤（*Rubus niveus*）等可为直接食用，也是部分野生动物重要的食物来源。而如胡桃、红豆杉（*Taxus chinensis*）、罗汉松（*Podocarpus macrophyllus*）及三尖杉等可作为良好用材原料；榆树（*Ulmus pumila*）、水麻（*Debregeasia orientalis*）、水红木（*Viburnum cylindricum*）及青冈栎（*Cyclobalanopsis glauca*）等可用作造纸、纤维、制皂及提取单宁等。

（三）砧木资源

野生果树多具备丰富的遗传多样性且保留着强大的适应性和抗逆性基因[7]，能为其近缘栽培果树提供砧木[2,19]。甘孜州部分野生果树因其理想的地方适应性与独特的生理特性而具有此功能，可进一步调整栽培果树的长势，抵抗不良环境以提高水果产量与品质。如用酸橙（*Citrus aurantium*）可作为柑橘类的优良砧木；山桃（*Prunus davidiana*）可作为李（*Prunus salicina*）、梅（*Armeniaca mume*）、桃等果树抗寒、耐旱以及抗线虫的优良砧木[1]；泸定、康定、丹巴、巴塘及乡城用野生核桃做高接换种，嫁接后形成具有理想经济价值的泡核桃（*Juglans sigillata*），科学有效管理后在 3～5 年顺利开花结果并创收[6]。

（四）育种亲本

甘孜州对具有良好栽培性状的野生果树通过对比试验、人工驯化和筛选，可直接作为栽培品种推广生产[1]；而要获得性状优良的新品种则可利用州内野生种与栽培种进行杂交[4]。州内大部分地区由于气候冷凉干燥，一些引进的栽培果树幼苗无法安全越冬且病虫害严重，将野生果树作为育种亲本对加速优良果品繁殖、防治病虫害、促进早期结果具有显著效果。如用草莓野生种与凤梨草莓杂交后形成的新品种具有叶斑病抗性；康定和巴塘以薄壳核桃为父本、山核桃（*Carya cathayensis*）为母本，杂交后获得的果实大小与品质大幅提升，年产量均达 1 600 t[6,7]，表现出显著的杂种优势。

（五）园林观赏与水土保持

近年来，甘孜州通过人工栽培将部分野生果树开发为园林观赏树木[5]，如雀梅藤（*Sageretia thea*）、贴梗海棠（*Chaenomeles speciosa*）、枇杷（*Eriobotrya japonica*）等，鲜艳的花果为干旱河谷增加了绿化与景观多样性。柘（*Cudrania tricuspidata*）、南酸枣（*Choerospondias axillaris*）、银杏等野生果树均为园林观赏的优质品种。此外，川西栎（*Quercus gilliana*）、酸橙、柠檬（*Citrus limon*）、沙棘、长叶胡颓子（*Elaeagnus bockii*）及梨果仙人掌等还是优良的水土保持树种，在长江上游水土流失防治、水源涵养方面发挥了重要作用[18]。如川西栎能适应贫瘠土壤；胡颓子具有大量根瘤可改良土壤；梨果仙人掌可耐高温、耐干旱、抗风沙等。

（六）药用食疗价值

现代医学证明，许多野生水果是很好的中药材，具有特殊的医疗保健功能[1,19]，常食有益固精解毒、抗癌抗衰老、明目健脑等功效，对维持人体内生理酸碱平衡卓有意义。如直穗小檗（*Berberis dasystachya*）根与茎均可代替黄连入药治疗关节肿痛、痢疾及黄疸等症[4]；狭叶五味子（*Schisandra lancifolia*）果可敛肺止咳、滋补涩精、止泻止汗；榆树（*Ulmus pumila*）树皮、叶及翅果均能安神利小便；蛇莓（*Duchesnea indica*）全草药用能散瘀消肿、收敛止血，治疗支气管炎[3]等。

四、资源开发存在的问题及未来发展途径

（一）存在的问题

1. 科研落后于生产，资源蕴藏量不清

甘孜州过去的研究工作大多集中于植物分类与生物化学等理论基础[6]，而在种群生产能力及种下变异等方面较为缺乏，未对该地区种植资源进行详细而全面地报道，蕴藏量不清晰。实用技术方面，过去也多侧重于与栽培果树砧木相关的嫁接亲合性、抗性及矮化特性等研究，而未对其早实丰产性、深加工特性与开花结果习性引起足够重视，深入基层的技术推广工作薄弱，制约了野果商品化进程。

2. 缺乏保护性开发及管护，资源破坏严重

甘孜州野果种类繁多但部分变异类型的个体数量通常较少，农户肆意砍伐木材烧柴或做篱笆，企业砍枝砍树掠夺式开发，均使得资源遭受严重破坏[3]。还有些果树所处的环境恶劣、竞争性杂草杂木丛生、无人管护，加上长期实生繁殖自然变异，个体间良莠不齐，群体产量与质量低而不稳，反过来又加速了人们消极管护的恶性循环[9]。如白叶莓（*Rubus innominatus*）、弓茎悬钩子（*Rubus flosculosus*）、红刺悬钩子（*Rubus rubrisetulosus*）、小果秀丽莓（*Rubus amabilis* var. *microcarpus*）等野果受生境与干扰双重胁迫，资源量逐年减少，一旦生存条件受到严重破坏便可能成为新濒危物种处于灭绝临界线，进而导致大量有利基因永久丧失。

3. 资源分布零散，采集困难，不耐贮运

一方面，州内立体气候导致同种果树在同一区域不同海拔的物候期不同，果实成熟期和采收期有差异；另一方面，野果多生长于鲜有人居的荒山野林，全州分布零星，很多高大乔木及藤本类果树挂果高不易采收（如壳斗科），灌木类又多茎刺或叶刺且果实小（如悬钩子属、火棘属及胡颓子属等），这些都阻碍着当地人民对野果的采收。交通不便还使得贮运增加了时间成本，可能导致果实变质，不易足量而新鲜地远销州外市场或食品加工企业。

4. 资源闲置或流失，综合开发率低

首先，受认识、技术及交通状况等限制，目前甘孜州野生果树种类中不到5%被规模化开发，且大多开发工作局限于个别有用器官和少数地区[1,6]，其余野果以农户零散种植或自然生长为主，大量资源闲置浪费。偶见部分国外人员在州内收集如野生猕猴桃、悬钩子等野生果树资源回国育种栽培，还会造成州内资源流失。其次，普通果蔬产后加工已有一定进展，但具特殊风味和富含维生素的野生水果自动化技术产业薄弱，基本停留在直接食用层面或以农户为单位“小规模、少品种”的简单加工，综合利用率仅1%左右[11]。再者，由于缺乏有效制度和法规，野果资源归属不清，导致部分经济价值高、市场需求量大的野生果树（沙棘、刺梨（*Rosa roxburghii*）等）“抢收”“抢青”现象严重，人为的资源浪费对产量、质量和效益造成了影响。

5. 产品宣传推广力度不够、效果不佳

受饮食观念和山区位置影响，州内仍有一部分野生果树不为人知。市场流通鲜食零售种类如野柿（*Diospyros kaki* var. *silvestris*）、野生猕猴桃、胡颓子、无花果、梨果仙人掌、苹果、枇杷等主要在地方中小型集贸市场季节性销售，个头较小、酸涩不易把握，但因其数量有限，故价格高于普通栽培水果，不易被当地居民普遍接受，难以获得理想的经济效益。而对于城镇市场少见，但州内农民常食用的野生果实，当地人民主要以自给为主，外销数量较少，未将这些资源主动推向市场，宣传效果不佳，许多营养与药用价值较高的野生果树仍未被利用。

（二）未来发展路径

现阶段康巴地区野生果树资源拥有巨大的开发利用价值，需从根本上提高野果资源的保护性开发技术与科学化利用水平。

（1）提高公民意识，加强宣传教育，充分发挥广大群众的监督与自我监督作用，让少数民族居民对资源保护形成正确认识，了解其对当地经济可持续发展的重要意义。拓展野生果

树资源的开发深度与深加工技术并加强第三代野生果树驯化栽培，在避免资源浪费的基础上培育出新的水果品种。

（2）针对本区已濒危的果树群体，强化生物保护学研究的方法，通过揭示物种种群衰退的原因制定针对性应对措施，形成种群保护策略，必要情况下通过就地搬迁等方法对资源进行保护；而对于有较高利用价值且尚未达到濒危等级的野生果树，可以考虑建设大范围的生态公益林，鼓励当地适当开发；对于需要大量使用的种群，也应避免竭泽而渔，在条件允许的情况下减少对野生果树种群的直接利用，通过其他人工繁殖的方法增加果树种群数量。

（3）进一步对广布型、特有型、珍稀型、濒危型等野生果树进行调查，建立跟踪体系；同时积极开展优良果树资源的鉴定与筛选，了解甘孜州野生果树资源生物学特征，掌握相关野生果树是否存在优良变异（抗旱涝、抗虫病等）；还应开展野生果树的有用组分分析，了解可食用部分的维生素、矿物质含量，评价果实的营养与经济价值；此外，要充分调研并掌握康巴藏区野生果树资源高山高原生态气候适应能力，包括土壤 pH、光照、温度等，了解其生长发育规律，为未来人工繁育、栽培提供数据支持。

（4）康巴地区面积大，海拔高，野生果树能适应各地不同的生态条件，是水土保持和改善生态环境首选且关键的物质基础。因此，野生果树资源开发要与当地小流域治理、退耕还林、荒山绿化等工程相结合，适当增加具水保作用的野果造林绿化比例，充分发挥野生果树的经济与生态效益。

（5）康巴地区甘孜州境内主体居民为藏族（占州内总人口数 78.4%），同时还有彝族、羌族、苗族、回族、蒙古族、土家族、傈僳族、白族、壮族、傣族等 25 个民族，民族文化交汇聚集且民族植物学内涵较深；甘孜州还是四川省重点原始林区之一，空气清新，尚未被商业化开发的旅游资源丰富，而一些特殊游览节日如“五一”恰是集鲜食、保健与观赏于一身的悬钩子属果实成熟的观果期[11]，“十一”是中华猕猴桃（*Actinidia chinensis*）等野果成熟期，州政府可据此在游览景区与自然保护区分开规划的基础上，将野生果树发展与少数民族文化特色、草原/保护区旅游景点开发充分结合，农旅协同共进。

五、结论

康巴地区甘孜州野生果树资源种类丰富，分布广泛，受污染程度较轻，农药化肥残留少[3]，是优良的抗性育种材料及重要的药用、香料、油脂、用材、蜜源、观赏和水土保持树种，其价值利用程度由果树现存规模、加工方式及自身特性决定。但民众保护意识差、整体利用难度较大、水平较低，在未来工作中应积极探索野生果树资源保护与合理开发的新路径，为甘孜州生态农林业、生态药业、生态旅游业、生态能源业及民族文化 5 大支柱产业的农旅协同建设与发展提供理论依据和技术支撑。

● 参考文献

[1] 刘孟军，商训生，滕忠才. 中国的野生果树种质资源[J]. 河北农业大学学报，1998（1）：102-109.

[2] 张玉芹. 甘肃野生果树种质资源及开发利用途径研究[J]. 北方园艺，2015，24：62-66.
[3] 韦霄. 广西野生果树资源调查研究[J]. 广西植物，2005，4（4）：314-320.
[4] 李勇，干友民，李平，等. 川西高原公路边坡植被恢复中不同草种组合筛选试验研究[J]. 草业与畜牧，2015（6）：31-39.
[5] 谢学强. 甘孜州高等植物新增种类研究[J]. 湖北农业科学，2014，53（6）：1286-1288.
[6] 贺家仁，刘志斌. 甘孜州高等植物[M]. 成都：四川科学技术出版社，2008.
[7] 贺家仁. 甘孜州树木[M]. 成都：四川科学技术出版社，1993.
[8] 刘孟军. 中国野生果树[M]. 北京：中国农业出版社，1997.
[9] 中国科学院中国植物志编辑委员会. 中国植物志[M]. 北京：科学出版社，1998.
[10] 四川植物志编辑委员会. 四川植物志[M]. 成都：四川科技出版社，2012.
[11] 姜淑苓，贾敬贤，丛佩华，等. 我国野生果树资源及利用价值[J]. 中国食物与营养，2003，10：31-32.
[12] 李保印，周秀梅，高其明，等. 河南蔷薇科野生果树种质资源及其评价[J]. 北方园艺，2002（5）：5-7.
[13] 罗大庆，郑维列. 西藏色季拉山区野生果类资源及其利用前景[J]. 果树学报，1998（3）：283-288.
[14] 周劲松. 青海野生果树资源[J]. 中国果树，2003（4）：13-15.
[15] 唐伟斌，张晓丽. 北方野生果树资源的开发利用[J]. 北方园艺，2002（4）：6-7.
[16] 唐开学，李学林，张文炳，等. 云南特有野生果树资源及其分布特点[J]. 园艺学报，2013，29（5）：418-422.
[17] 袁媛，李学林，李露，等. 云南木通科野生果树资源及开发利用[J]. 西南农业学报,2004，17（5）：212-215.
[18] 李二平，杨熙冰. 野生果树在湖南城市园林绿化中的应用[J]. 经济林研究，2006（1）：81-85.

附录 1　甘孜州野生果树种质资源

科 Family	属 Genus	种 Species	变种 Varieties	变型 Forma	亚种 Subspecies	生境 Habitat	水平分布区域 Horizontal distribution	垂直分布/m Vertical distribution (m)
苏铁科 Cycadaceae	苏铁属 *Cycas*	1				XV	Kd，Ld	1 300~1 500
银杏科 Ginkgoaceae	银杏属 *Ginkgo*	1				VIII，XV	Kd，Ld	1 200~1 500
松科 Pinaceae	松属 *Pinus*	1				IV，X	Kd，Ld，Db，Jl，Dc	1 800~3 200
罗汉松科 Podocarpaceae	罗汉松属 *Podocarpus*	1				XV	Kd，Ld	1 300~1 500
三尖杉科 Cephalotaxaceae	三尖杉属 *Cephalotaxus*	1	1			I	Jl，Kd	1 700~3 000
红豆杉科 Taxaceae	红豆杉属 *Taxus*	2	1			I，X	Kd，Ld，Db，Jl	2 000~3 300
胡桃科 Juglandaceae	胡桃属 *Juglans*	3				I，II，VII，VIII，X，II	Kd，Ld，Db，Jl，Yj，Bt，Dc，Xc，Dr，Df，Xl，By，Sq	1 100~3 200
	枫杨属 *Pterocarya*	3				I，X，II	Ld，Jl，Kd，Dr	1 800~3 300
桦木科 Betulaceae	榛属 *Corylus*	3	2			I，II，IX，X	Kd，Ld，Jl	1 300~3 000
	虎榛子属 *Ostryopsis*	1				IV	Dr，Xc	2 500~3 300
壳斗科 Fagaceae	栗属 *Castanea*	1				VII，XV	Kd，Ld，Xc，Dc	1 200~2 900
	柯属 *Lithocarpus*	2				I，X	Ld	1 800~2 500
	青冈属 *Cyclobalanopsis*	5				I，II，X	Kd，Ld，Jl，Dc	1 300~2 600
	栎属 *Quercus*	18	2			I，II，X	Kd，Ld，Db，Jl，Lt，Bt，Dc，Xc，Dr，Df，Xl，By，Sd，Yj	1 200~3 700
榆科 Ulmaceae	榆属 *Ulmus*	1				VIII，IX，X，XV	Kd，Ld，Jl，Dr，Df	1 300~3 000
桑科 Moraceae	构树属 *Broussonetia*	2				II，X	Kd，Ld，Db，Jl，Dc	1 600~2 500
	柘树属 *Cudrania*	1				I，IX	Ld，Jl，Xc	1 300~2 500

科 Family	属 Genus	种 Species	变种 Varieties	变型 Forma	亚种 Subspecies	生境 Habitat	水平分布区域 Horizontal distribution	垂直分布/m Vertical distribution (m)
	榕属 *Ficus*	3	2			II，IV，V，VIII，X，II，XV	Kd，Ld，Db，Dc，Jl	1 200~2 500
	桑属 *Morus*	3	3			I，II，IX，X，II	Kd，Ld，Db，Jl，Yj，Bt，Dc，Dr，Df，Xl，Lt，Xc	1 200~3 000
荨麻科 Urticaceae	水麻属 *Debregeasia*	1				II，IX，X	Kd，Ld，Db，Jl，Bt，Dc，Dr，Yj，Df，Lh，Gz，Xl，By	1 300~3 500
五味子科 Schisandraceae	五味子属 *Schisandra*	6	1	2		I，II，X	Kd，Ld，Jl，Dc	1 600~2 300
樟科 Lauraceae	木姜子属 *Litsea*	6	3			I，II，X	Kd，Ld，Db，Jl，Dc，Dr	1 200~3 800
小檗科 Berberidaceae	小檗属 *Berberis*	36	2			I，II，III，V，IX，X	全州 Garze Prefecture	1 800~4 200
木通科 Lardixabalaceae	木通属 *Akebia*	2	1			I，II，X	Ld，Db，Jl，Dc	1 300~2 700
	猫儿屎属 *Decaisnea*	1				I，II，X	Kd，Ld，Jl	1 800~2 600
	八月瓜属 *Holboellia*	2				I，X	Kd，Ld，Db，Jl	1 600~3 300
	串果藤属 *Sinofranchetia*	1				I	Kd，Ld	2 000~2 600
猕猴桃科 Actinidiaceae	猕猴桃属 *Actinidia*	6	1			I，II，X	Ld，Jl，Kd，Db	1 600~2 800
	藤山柳属 *Clematoclethra*	3	3			I，II，X	Kd，Ld，Db，Jl	1 800~3 300
虎耳草科 Saxifragaceae	茶藨子属 *Ribes*	19	10			I，II，III，VII，X	Kd，Ld，Db，Jl，Lt，Dc，Xc，Df，Lh，Gz，Xl，By，Dg，Sq，Sd，Bt，Dr	1 600~4 500
蔷薇科 Rosaceae	杏属 *Armeniaca*	3				I，II，VII，VIII	Kd，Ld，Db，Jl，Yj，Lt，Bt，Dc，Xc，Dr，Xl，Dg，Gz，Df，By	1 200~3 500

续表

科 Family	属 Genus	种 Species	变种 Varieties	变型 Forma	亚种 Subspecies	生境 Habitat	水平分布区域 Horizontal distribution	垂直分布/m Vertical distribution (m)
	稠李属 *Padus*	5				I, II, X	Kd, Ld, Db, Jl, Xc, Gz	2 000~3 500
	樱属 *Cerasus*	12				I, II, VII, VIII, X, XV	Kd, Ld, Db, Jl, Dc, Xc, Dr, Lh, Sd, Df, Yj, Lt, Bt, Xl, By, Dg, Sq	1 500~4 100
	桃属 *Amygdalus*	3	1			I, II, VII, VIII, X	Kd, Ld, Db, Jl, Yj, Lt, Bt, Xc, Df, Xl, By, Dg, Sd, Kd, Dc, Dr	1 100~3 500
	李属 *Prunus*	1				VII, VIII	Kd, Ld, Jl, Bt, Dc, Xc, Dr	2 000~2 900
	木瓜属 *Chaenomeles*	3				I, XV	Kd, Ld	1 200~1 900
	栒子属 *Cotoneaster*	35	7			I, II, III, X	全州 Garze Prefecture	1 100~4 000
	山楂属 *Crataegus*	1				I, II, X	Kd, Df	2 500~3 900
	移【木衣】属 *Docynia*	1				I, III	Dc, Xc	2 000~3 000
	枇杷属 *Eriobotrya*	1				VII, XV	Kd, Ld	1 200~1 500
	草莓属 *Fragaria*	6	1			I, II, III, VII, X	Kd, Ld, Db, Bt, Lt, Df, Dg, Xl, Yj, Dc, Dr	1 100~4 200
	蛇莓属 *Duchesnea*	1				I, II, III, VII, X	Kd, Ld, Db, Jl, Dc	1 500~4 000
	苹果属 *Malus*	13				I, II, VII, VIII, X	全州 Garze Prefecture	1 200~3 500
	小石积属 *Osteomeles*	1	1			II, X	Kd, Ld, Db, Jl, Dc, Dr	1 400~2 900
	石楠属 *Photinia*	2				II, X	Jl, Dc	2 000~2 800
	扁核木属 *Prinsepia*	1				II, X	Jl, Dc, Xc, Dr	2 600~3 200

续表

科 Family	属 Genus	种 Species	变种 Varieties	变型 Forma	亚种 Subspecies	生境 Habitat	水平分布区域 Horizontal distribution	垂直分布/m Vertical distribution (m)
	火棘属 *Pyracantha*	4				II，X	Kd，Ld，Db，Jl，Dc，Dr	1 300~2 600
	梨属 *Pyrus*	5				VII，VIII	Kd，Ld，Db，Yj，Jl，Bt，Dc，Xc，Dr	1 200~2 900
	蔷薇属 *Rosa*	28	6			I，II，III，X，II，XV	全州 Garze Prefecture	1 100~4 300
	悬钩子属 *Rubus*	29	3			I，II，III，IX，X	Kd，Ld，Db，Lt，Dg，Jl，Yj，Xl，Bt，Xc，Dc，Dr，Df，Lh，Sd，By	1 500~4 200
	花楸属 *Sorbus*	19				I，II，X	Kd，Ld，Db，Yj，Lt，Bt，Dc，Xc，Df，Lh，Xl，By，Dg，Sq，Sd，Dr，Jl	1 700~4 400
	红果树属 *Stranvaesia*	1	1			I，II，X	Kd，Ld，Jl	1 700~3 000
豆科 Leguminosae	落花生属 *Arachis*	1				VII	Kd，Ld	1 100~1 600
	皂荚属 *Gleditsia*	1				VII，XV，X	Ld，Db，Jl	1 300~2 000
	槐属 *Sophora*	5	1	1		I，II，III，IX，X，II，IIV，XV	Kd，Ld，Db，Jl，Yj，Lt，Bt，Dc，Xc，Dr，Df，Xl，By，Dg，Sq	1 300~3 500
	决明属 *Cassia*	1				I，II，IX	Ld	1 200~2 400
大戟科 Euphorbiaceae	叶下珠属 *Phyllanthus*	1				II，X	Dr	2 000~2 400
芸香科 Rutaceae	柑橘属 *Citrus*	5	1			VII，VIII	Kd，Ld，Db，Dc，Dr	1 200~2 300
	吴茱萸属 *Evodia*	5				I，II，VII，VIII，X	Kd，Ld，Db，Yj	1 400~3 000
	花椒属 *Zanthoxylum*	7	2			I，II，X	Kd，Ld，Db，Jl，Yj，Lt，Bt，Dc，Xc，Dr，Df，Xl，By，Dg，Sd	1 300~2 400
马桑科 Coriariaceae	马桑属 *Coriaria*	2				I，II，X	Kd，Ld，Db，Jl，Yj，Dc，Dr	1 500~3 000

科 Family	属 Genus	种 Species	变种 Varieties	变型 Forma	亚种 Subspecies	生境 Habitat	水平分布区域 Horizontal distribution	垂直分布/m Vertical distribution (m)
漆树科 Anacardiaceae	黄连木属 *Pistacia*	2				I，II，X	Kd，Ld，Db，Jl，Dc，Dr	1 300~3 000
	盐肤木属 *Rhus*	2	1			I，II，X	Kd，Ld，Db，Jl，Dc	1 600~2 700
无患子科 Sapindaceae	文冠果属 *Xanthoceras*	1				VI，VII	Kd，Xc，Bt，Df，By	1 400~3 200
七叶树科 Hippocastanaceae	七叶树属 *Aesculus*	1				I	Ld，Db	1 500~2 500
胡颓子科 Elaeagnaceae	胡颓子属 *Elaeagnus*	5				I，II，X	Kd，Ld，Db，Jl，Yj，Dc，Xc，Dr，Df，Bt	1 400~3 200
	沙棘属 *Hippophae*	2			2	I，II，III，X，III	Kd，Ld，Db，Jl，Bt，Df，Lh，Gz，Xl，By，Dg，Sd，Lt，Dc，Sq，Xc	2 000~4 100
大风子科 Flacourtiaceae	山桐子属 *Idesia*		1			I，II，X	Ld，Jl	1 600~2 300
西番莲科 Passifloraceae	西番莲属 *Passiflora*	1				I，II，X	Ld，Db	
葫芦科 Cucurbitaceae	西瓜属 *Citrullus*	1				VII	Kd，Ld，Db，Jl，Bt，Dr	1 200~2 700
菱科 Trapaceae	菱属 *Trapa*	1				IIII	Ld	1 700~1 800
石榴科 Punicaceae	石榴属 *Punica*	2				I，II，VII，XV	Kd，Ld，Db，Bt，Dc，Xc，Dr	1 300~2 900
使君子科 Combretaceae	诃子属 *Terminalia*	1				II，X	Bt，Xc，Dr	2 200~2 900
山茱萸科 Cornaceae	灯台树属 *Bothrocaryum*	1				I，X	Ld，Jl，Dc	1 900~2 800
	四照花属 *Dendrobenthamia*	2				I，X	Kd，Ld，Db，Jl，Dc	2 000~2 700
	山茱萸属 *Cornus*	1				I，X	Ld，Jl	2 000~2 500
	梾木属 *Swida*	7	2			I，II，X	Ld，Db，Jl，Yj，Lt，Dc，Df，Kd，Dr	1 700~3 800

续表

科 Family	属 Genus	种 Species	变种 Varieties	变型 Forma	亚种 Subspecies	生境 Habitat	水平分布区域 Horizontal distribution	垂直分布/m Vertical distribution (m)
仙人掌科 Cactaceae	仙人掌属 *Opuntia*	1				II	Kd，Ld，Db，Jl，Dr	1 300~2 200
鼠李科 Rhamnaceae	勾儿茶属 *Berchemia*	6				I，II，X	Kd，Ld，Db，Jl，Yj，Bt，Dc，Xc，Dr，Df，Xl，By，Sd，Lt，Gz，Dg	1 800~3 900
	枳椇属 *Hovenia*	1				VII，VIII	Kd，Ld	1 200~1 600
	雀梅藤属 *Sageretia*	4				I，II，IX，X	Kd，Ld，Db，Bt，Xc，Dr，Yj，Lt，Dc，Df，Xl，Jl	1 300~3 400
	枣属 *Ziziphus*	4	1			I，II，VII，VIII，X	Kd，Ld，Db，Dc，Xc，Kd	1 200~2 800
葡萄科 Vitaceae	葡萄属 *Vitis*	5				I，II，VII，X，XV	Kd，Ld，Db，Jl，Dc，Xc，Dr	1 300~3 000
	蛇葡萄属 *Ampelopsis*	3	1			I，II，X	Kd，Ld，Db，Jl，Dc，Bt，Dr	1 600~2 600
杜鹃花科 Ericaceae	越橘属 *Vaccinium*	3				I，II，X	Kd，Ld，Db，Jl，Xc，Dc，Dr	1 500~3 500
	珍珠花属 *Lyonia*	2	4			I，II，X	Kd，Ld，Db，Jl，Dc，Xc，Df	1 500~3 800
柿树科 Ebenaceae	柿树属 *Diospyros*	3	2			II，VIII，IX，X，XV	Kd，Ld，Db，Jl，Bt，Dc，Xc，Dr	1 300~2 900
木樨科 Oleaceae	木犀榄属 *Olea*	1				II	Dr	2 100~2 300
茄科 Solanaceae	树番茄属 *Cyphomandra*	1				XV	Ld，Jl	1 200~2 500
	枸杞属 *Lycium*	2				II，III，VII，X	Kd，Ld，Db，Dg，Sq	1 400~3 500
	番茄属 *Lycopersicon*	1				VII	Kd，Ld，Db，Jl，Yj，Bt，Dc，Xc，Dr	1 200~3 300
	假酸浆属 *Nicandra*	1				VII，VIII，IX	Kd，Ld，Yj	1 400~2 600
	酸浆属 *Physalis*	3	1			II，VII，X	Kd，Ld，Db，Jl	1 600~3 100

科 Family	属 Genus	种 Species	变种 Varieties	变型 Forma	亚种 Subspecies	生境 Habitat	水平分布区域 Horizontal distribution	垂直分布/m Vertical distribution (m)
忍冬科 Caprifoliaceae	忍冬属 *Lonicera*	25	5		3	I，II，III， X，III，XV	全州 Garze Prefecture	1 200~4 700
	荚蒾属 *Viburnum*	16	5		1	I，II， X，XV	Kd，Ld，Db，Jl， Dc，Dr	1 500~3 700
	接骨木属 *Sambucus*	3				I，II，III	Kd，Ld，Db，Jl， Bt，Dc，Xc，Df，Yj	1 400~4 000
芭蕉科 Musaceae	芭蕉属 *Musa*	1				VIII，XV	Ld，Jl	1 100~1 900
	鹤望兰属 *Strelitzia*	1				XV	Kd，Ld	1 200~1 500
禾本科 Gramineae	甘蔗属 *Saccharum*	3				I，II，VII	Ld，Dr	1 000~3 300
合计 Total 44	99	459	79	3	6			

科的排序中裸子植物按郑万钧系统，被子植物按恩格勒系统。生境中，I，林内；II，灌丛；III，草地；IV，山坡；V，石缝；VI，苗圃；VII，农地；VIII，田边；IX，路旁；X，河沟；XI，河谷；XII，流石滩；XIII，湖泊；XIV，宅旁；XV，庭园。水平分布区域中，Bt，巴塘；By，白玉；Db，丹巴；Dc，稻城；Df，道孚；Dg，德格；Dr，得荣；Gz，甘孜；Jl，九龙；Kd，康定；Ld，泸定；Lh，炉霍；Lt，理塘；Sd，色达；Sq，石渠；Xc，乡城；Xl，新龙；Yj，雅江。

甘孜州泸定县园林植物病虫草害现状调查及防控建议①

四川民族学院农学院　李忆

【摘　要】本文对甘孜州泸定县城内园林植物主要分布的主干道、公园以及绿道等地进行调查和统计，研究发现：由于园林植物被大量引入城市进行绿化，导致外来病虫杂草被带入当地，给当地农业生产带来潜在的威胁。本文旨在对园林植物病虫害的防控提出科学合理的建议。对泸定县园林植被病虫草害治理具有一定的科学指导性。

【关键词】泸定；园林植物；病虫草害；防控

泸定县位于川西甘孜州的东部，地处青藏高原向四川盆地的过渡地带，东接天全、荥经，西临康定、九龙，南连石棉，是四川进藏的必经之地。作为甘孜州东大门和东部区域商贸中心，泸定县享有“红色名城”美誉[1]。近年来，泸定县城市化建设进程加快，城市绿化建设也不断提速。为进一步打造康养城市，泸定县城市规划更加注重园林设计，选择的园林植物种类繁多。但是，在泸定县种植的园林植物中，病虫草害的发生也较为普遍。

一、园林植物病虫草害种类

泸定县位于大渡河沿岸，属于干热河谷地带，一般种植较耐旱的园林植物。由于县城内园林设计主要将乔木、灌木、草本、藤本植物按照层次布局搭配种植，因此，这也使得很多病虫害在不同种类植物间传播，杂草与园林植物形成竞争关系，影响园林植物正常生长。为了了解泸定县城内园林植物病虫草害的种类，本文在园林植物的主要分布的主干道、公园以及绿道等地进行调查和统计，研究发现：

1. 植物虫害

（1）金龟甲。

金龟甲又称金龟子，主要为铜绿丽金龟、红脚绿丽金龟等。金龟幼虫为害植物地下部分，特别是草坪土壤层中会有大量蛴螬（幼虫），啃食植物根部造成地上部分萎蔫、枯萎。成虫为害地上部分，主要造成植物叶片空洞、缺刻等，严重时叶片吃光仅剩叶脉。

（2）蚜虫。

由于园林植物种类繁多，蚜虫的种类也随之增多。蚜虫主要刺吸寄主新稍枝叶片汁液，造成枝叶卷缩、畸形，还会排泄大量蜜露在叶片上，容易诱发煤污病[2]。蚜虫是病毒传播的主

① 基金项目：四川民族学院自然科学一般项目（XYZB16002）和重点项目（XYZB18001ZA）研究成果。
作者简介：李忆（1982—），女，硕士，副教授，主要从事植物病虫害识别及防治研究。

要虫媒之一，可传播多种植物病毒。

（3）凤蝶。

凤蝶以幼虫期危害严重，幼虫啃食植物嫩叶，形成不规则缺刻，到暴食期将叶片叶肉啃食干净，仅剩叶脉或全部吃光。

（4）椿象。

杜鹃花冠网蝽主要吸食植物汁液，从而造成叶片上出现白色小斑点，严重时造成叶片失绿苍白，提前落叶；产卵时会附着黄褐色胶状物[2]。

麻皮蝽刺吸枝干、茎、叶汁液，枝干出现干枯，茎、叶受害部位出现黄褐色斑点，严重时会造成提前落叶。

（5）蚧壳虫。

主要是盾蚧、蜡蚧为害枝条、叶片。吸取植物汁液造成生长衰弱、早期落叶、叶黄枝枯。

2. 植物病害

（1）小叶女贞褐斑。

小叶女贞褐斑病是常见病害，主要为害叶片，出现褐斑，边缘呈紫色，中心浅褐色，后期病斑增多连接成大斑，甚至导致叶片枯死脱落。

（2）山茶灰斑病。

山茶灰斑病由盘多毛孢菌引起，病斑多位于叶缘，呈不规则褐色大斑，扩大后会变为灰白色，边缘呈红褐色，其上有小黑点，散生或呈轮状排列。

（3）苏铁炭疽病。

苏铁炭疽病主要从叶尖开始侵入，慢慢扩展，最初出现水渍状斑点，随后逐渐变为暗灰色，之后为浅褐色至灰褐色，病斑呈近圆形，外有黄色晕圈。

（4）桂花煤污病。

桂花叶片和枝条上有一层灰黑色煤污状霉状物，影响植物光合作用，造成植株生长衰弱，降低观赏价值。引起煤污病是由于蚜虫、蚧壳虫危害桂花时，产生的分泌物诱发由煤炱目和小煤炱目的多种真菌滋生。病菌借风雨和昆虫传播，常在春秋两季发病。

（5）小叶榕叶枯病。

病原菌为大茎点霉菌引起，为害叶片，造成叶尖、叶缘及中部失绿，产生浅褐色病斑。病斑正反面都有小黑点，边缘颜色较深，病健处交界分明。

3. 植物草害

（1）紫茎泽兰。

又名破坏草，多年生，菊科，种子及根茎繁殖，入侵能力极强。由中缅边境传入中国云南南部，曾被一些城市以园林观赏植物引进，后影响其他植物正常生长而被列为检疫危险入侵植物名录中。其入侵后短期就能形成单一优势种群，严重对农林畜牧业造成极大破坏。目前县城一些花坛中已集中出现紫茎泽兰丛生现象。

（2）野茼蒿。

一年生草本，菊科，种子繁殖，主根较粗壮，茎直立，植株较大，影响其他园林植物生长。

（3）牛膝菊。

又名辣子草，一年生，菊科，种子繁殖，头状花序，植株矮小，发生量大，危害较重。

（4）牛繁缕。

又名鹅肠菜，越年生或多年生，以种子或根蘖繁殖，蔓延速度快，是园林园区重要杂草之一。

（5）马唐。

又名熟地草，一年生，禾本科，秆丛生，生命力极强，根系发达，属世界恶性杂草[3]，本地总体危害不重。

（6）牵牛。

又名喇叭花，一年生缠绕草本，旋花科，茎缠绕，多分枝，叶互生，生长在灌木、乔木上，影响植物光合作用。

二、防治方法

1. 园林植物虫害防治

（1）金龟甲。

金龟甲可在成虫期晚间使用驱光灯、诱杀器进行诱杀。保护天敌如：白毛长腹土蜂、鸟类等，日本金龟子乳状芽孢杆菌的芽孢粉剂可取得长期控制的效果[4]。发现幼虫，可用 90%敌百虫晶体 1 000 倍液，50%辛硫磷乳油 1 000 倍液，浇灌植物根部。

（2）蚜虫。

蚜虫发生盛期可修剪虫枝、虫叶减少虫口密度，集中销毁虫枝虫叶，避免再次侵害。蚜虫喜黄色，忌银色，可在园区内布置黄色粘板或银色驱虫带。保护捕食性瓢虫、草蛉、食蚜蝇等。避免在天敌昆虫发育盛期施药或选择对天敌昆虫影响较小的药剂施用，如 3%克百威颗剂灌根施用，既能防蚜，又能保护天敌[2]。吡虫啉可湿性粉剂 3 000 ~ 4 000 倍，啶虫脒可湿性粉剂 2 000 ~ 3 000 倍或氧乐果乳油 2 000 ~ 3 000 倍液喷施。

（3）凤蝶。

保护凤蝶金小蜂、寄生蜂等；人工捕杀凤蝶虫卵、幼虫及蛹；利用苏云金芽孢杆菌，可以有效预防凤蝶等鳞翅目昆虫引起的虫害；4—6 月幼虫发生期，用 20%甲氰菊酯乳油 3 000 ~ 4 000 倍液，90%敌百虫晶体 1 000 ~ 1 500 倍液喷施。

（4）椿象。

及时清除杂草，保持园区清洁；麻皮蝽有假死性，可通过人工震树捕杀，还可以防治其他具有假死性的害虫；成虫产卵期，查找卵块及时摘除；40%氧化乐果乳油 1 000 ~ 15 000 倍液，20%拟除虫菊酯类 1 000 ~ 2 000 倍液喷施；对茎干醋且表皮粗糙的植物，涂刷白涂剂。

（5）蚧壳虫。

加强园区管理，修剪整枝，以利通风透光；少施氮肥，多施磷钾肥；剪除虫枝，集中销毁；保护天敌，捕食性瓢虫、跳小蜂、蚧蚜小蜂，避免天敌发生期施药，杀伤天敌。

蚧壳虫在成虫期虫体外壳会变坚硬，施药往往达不到效果，因此要把握用药时期，最好在初孵若虫期 40%氧化乐果乳油 1 500 倍液、25%噻嗪酮可湿性粉剂 1 000 倍液、水胺硫磷乳油 1 000 倍液等喷施[2]。

2. 园林植物病害防治

（1）小叶女贞褐斑病。

加强园区管理，及时清理病叶病株，集中烧毁；少施氮肥，多施有机肥；开春后发出新梢时，用 30%氧氯化铜悬浮剂 1 000 倍液、50%多菌灵可湿性粉剂 1 000 倍液、80%代森锰锌可湿性粉剂 1 000 倍液喷施。

（2）山茶灰斑病。

及时清除病枝病叶，合理密植，适量增施磷钾肥和有机肥；开春后发出新梢时，用 30%氧氯化铜悬浮剂 1 000 倍液、50%多菌灵可湿性粉剂 1 000 倍液、80%代森锰锌可湿性粉剂 1 000 倍液喷施[2]。

（3）苏铁炭疽病。

加强园区日常管理，合理施肥，及时修剪枝条，改善通风透光；发病初期可用 80%炭疽福美可湿性粉剂 500 ~ 600 倍液、80%代森锰锌可湿性粉剂 800 ~ 1 000 倍液等喷施。

（4）桂花煤污病。

及时清除病枝病株，保持合理的植株密度，通风透光；增加有机肥施用，促进植物生长。该病由蚧壳虫、蚜虫等害虫诱发引起，因此，应及时防治虫害，可参照蚜虫、蚧壳虫防治方法进行。

（5）小叶榕叶枯病。

防治措施：清理园区，修剪病枝，移除病株，集中烧毁；发病时，用 80%代森锰锌可湿性粉剂 1 000 倍液、75%百菌清可湿性粉剂 1 000 倍液或 50%苯菌灵可湿性粉剂 1 000 倍液。

3. 园林植物草害防治

在农田防治中可施用除草剂，但在园林中防除杂草时不可施用除草剂，以免其他植物遭受药害。有效防治园林杂草方法是加强植物检疫，杜绝苗木携带杂草或杂草种子，土壤做好消毒处理，发现杂草及时拔除，特别是侵入性强的杂草。对于草坪这种单一性种群的区域，可选用防除阔叶杂草的选择性除草剂。

三、结语

园林植物用于城市绿化被大量引进到城市建设，这也成为外地病虫杂草带入当地的主要渠道，给当地农业生产带来潜在的威胁。因此园林植物在引进之前必须要做好苗木检疫工作，这是控制病虫害爆发的第一道“关口”，能够最大限度地避免一些危险性病虫害通过人为因素传播扩散[5]。对于园林植物，主要在种植前多土壤进行消毒处理，目的是灭菌、杀虫及虫卵；苗木进行清理，发现病株、虫枝等及时修剪、销毁；可用辐射手段处理种子、扦插材料等；可在园区放置捕虫灯、诱虫器，减少虫口密度；定期巡查，人工扑杀、修枝。

此外，可以人工投放天敌的虫卵或成虫，增加园区天敌数量，达到以虫治虫的效果；选择微生物制剂如苏云金芽孢杆菌，专一性强、安全性高、效果显著；喷洒性外激素或设置性激素诱杀器，也是目前有效的生物防治手段，此方法针对性强，直接诱杀异性害虫，减少交配概率，直接影响虫口密度。

过去病虫害防治完全依靠化学防治，虽然防治有效，但容易引起害虫抗药性，植物遭受药害，天敌被毒害的情况发生。多选择植物源农药如印楝素、藜芦碱[6]等，对环境污染小，对生境影响小，人畜安全。

园林植物病虫害的防治工作应逐渐融入种植设计、苗木检疫、养护管理、病虫防治等各个环节中[7]，园林设计是将不同种类的观赏植物进行配植在同一环境中，园林园区管理就需要从全局出发，考虑植物不同生物学特点，采取科学、有效、安全、环保的措施从多方面治理病虫害问题，保障园林绿化长期可持续发展，为城市提供优美、舒适的生态环境。

● 参考文献

[1] 任耘. 四川藏区旅游扶贫模式——以甘孜州泸定县为例[J]. 经验，2020：14-16.
[2] 董祖林，高泽正，杜志坚，等. 园林植物病虫害识别和防治[M]. 北京：中国建筑工业出版社，2015.
[3] 周小刚，罗孝贵，张宏军. 甘孜州农田杂草原色图谱[M]，成都：四川科学技术出版社，2013.
[4] 徐再福. 普通昆虫学[M]，北京：科学出版社，2018.
[5] 高磊，李跃忠，王凤. 城市困难立地条件下园林绿化植物病虫害的发生及其防控策略[J]. 园林，2020（9）：2-7.
[6] 罗淼平. 农药知识读本[M]，北京：化学工业出版社，2019.
[7] 张颖. 浅谈园林植物病虫害防治技术[J]，现代园艺，2020（6）：50-51.

甘孜州青稞种植现状及存在问题分析

四川民族学院农学院　仁青志玛

【摘　要】青稞具有丰富的营养价值和多种医药保健作用，人们对青稞及其加工产品的需求愈来愈强烈。本文通过分析甘孜州青稞种植现状，了解青稞种植存在的问题，提出相应的对策，为青稞生产提供一定的基础资料。

【关键词】青稞；品种；种植现状；存在问题

青稞是青藏高原对裸大麦的特称，在分类上属于禾本科（Gramineae）小麦族（Triticeae）大麦属（Hordeum）中的普通大麦种（H.vulgare L.），因籽实与内外颖附着与否而分为皮大麦和裸大麦。皮大麦又叫颖大麦或谷麦，裸大麦又叫元麦或米麦。从播种、出苗、分蘖、拔节、孕穗、抽穗、灌浆到成熟，青稞一生要经历 8 个生长时期，从播种到成熟一般需要 120 ~ 140 d 的时间。

青稞主要分布在我国西藏、青海、四川的甘孜州和阿坝州、云南的迪庆州、甘肃的甘南州等海拔 4 200 ~ 4 500 m 的高寒地区，是广大藏族人民在特殊地理环境、生态环境下以及长期的民族生活习惯中不可缺少的主粮。同时，青稞秸秆蛋白质含量高，质地柔软，是牲畜越冬的主要饲草和补饲精料。所以，青稞具有生产条件和生活必需的双重不可替代性[1]。

青稞籽营养丰富，蛋白质含量达 15%左右，富含脂肪、膳食纤维以及多种微量元素和维生素，富含人体所必需的八种氨基酸，也是世界上麦类作物中 β-葡聚糖最高的作物，平均含量为 5.25%[2]。随着青稞中多种营养成分的发现和科技的不断进步，人们对青稞及其加工产品的需求愈来愈强烈。除了生产糌粑以外，青稞酒、青稞麦片、青稞饼干、青稞茶，以及以青稞为原料的药品和保健品都需要消费青稞。因此在满足本州粮食基本需求的基础上，进行青稞的深加工产业化建设，就需要了解青稞目前的种植现状，为其产业化生产提供一定的基础资料。

一、甘孜州青稞的品种

青稞在青藏高原具有悠久的栽培历史，有文字记载的种植历史就长达 4 000 多年。特殊的地理位置、生态环境和气候条件（高寒、无污染、昼夜温差大等）使青稞比任何一种麦类作物都具有更多的有效营养成分和更好的医用功效[2]。甘孜州多样化的生态环境孕育了丰富的青稞品种资源。从 20 世纪 60 年代至今，甘孜州从事青稞新品种选育已有近 60 年历史，甘孜州农科所的研究人员在对甘孜州地理环境及农业生产条件进行长期了解和分析的基础上，经过系统选育、杂交选育等方法，先后改良和培育出在生产上发挥过重要作用的青稞品种有 813、809、

作者简介：仁青志玛（1974—），女，讲师，研究方向：园林产品加工。

康青 3 号、康青 4 号、康青 6 号、康青 7 号、康青 8 号等 26 个[3]。这些品种适应了甘孜州不同区域特有的自然地理环境，符合当地农业生产条件，因此在当地的青稞种植中表现出了品质优良、丰产性好的特点，具有较强的适应性和抗逆性，极大提升了农民对青稞种植所获得的效益。

目前甘孜州青稞品种中的95%左右属春性，多数春青稞要求 1 200 ~ 1 500 °C 的有效积温，在海拔 3 000 ~ 4 000 m 之间的多数农区都能满足。这几年生产上大面积栽种的品种为康青 6 号、康青 8 号、康青 7 号、康青 3 号等，部分地方选种黑六棱、黑四棱等专用品种。同时，还积极开展了藏青 2000 等西藏青稞品种引种试验和本地黑青稞筛选和扩繁工作。

二、甘孜州青稞种植现状

甘孜藏族自治州，位于四川省西部，青藏高原东南缘[1]。全州地域辽阔，经度由东至西跨五度，纬度由南至北达七度，由于地理位置和地形地貌的多样性，形成了丰富多彩的气候特点，各种生物资源及生态类型，不同的生态类型都有其适应的作物种类。甘孜州总面积约 15.32 万 km^2，其中农用地面积 12.56 万 km^2，占总面积的 85.11%，在农用地中，牧草地和林地所占比重最大，林地 4.98 万 km^2，占总面积的 33.70%，牧草地约 7.44 万 km^2，占总面积的 50.8%。1998 年，国家实施退耕还林（草）工程以来，甘孜州粮食作物耕地总面积持续下降，约 919.98 km^2，只占总面积的 0.62%[4]。在地域分布上，受地形条件制约，全州耕地主要分布于雅砻江、大渡河、金沙江河谷地带，这部分地区海拔较高，气候寒冷，山地较多，坡陡土薄，灌溉条件差，农作物基本是一年一熟。受自然、经济、社会和历史的影响，全州除泸定县和海螺沟景区管理局以外的 17 个县（市）都种植青稞，青稞是甘孜州最主要的粮食作物，面积和总产均居甘孜州粮食作物第一位。

根据甘孜州的气候条件、地势地貌、青稞栽培历史、作物结构布局等，青稞种植主要分为三个区域。第一区域为一年一熟春青稞种植区，该区域包括道孚县、炉霍县、甘孜县、新龙县、白玉县、德格县等河谷地区，海拔多数在 2 600 ~ 3 900 m 之间，地势平坦，年降雨量 527 ~ 956 mm，年日照时数 2 000 ~ 2 600 h，日照长、辐射强，因此青稞产量高、品质好，种植面积和产量占全州青稞种植面积和产量的 65%以上；第二个区域为一年一熟的冬青稞种植区和春青稞种植区，该区域主要分布在金沙江、雅砻江沿岸，包括雅江县、巴塘县、稻城县、乡城县、得荣县的部分乡镇，该区域青稞播种面积占上述县粮作总面积的 43.6%；第三个区域甘孜州东部的康定市部分乡镇、九龙、丹巴县是一年一熟、两年三熟及一年两熟并存区，主产玉米、小麦，青稞仅占该地区农作物总播面 5%[4]。

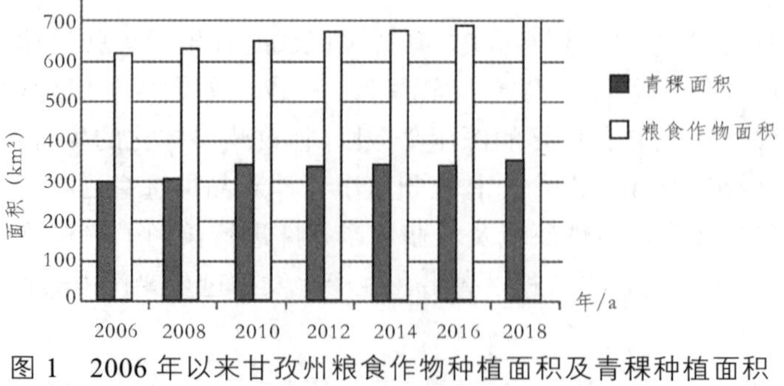

图 1　2006 年以来甘孜州粮食作物种植面积及青稞种植面积

如图 1 所示，自 2006 年以来，甘孜州青稞种植面积总体表现出持续上升的变化趋势。2006 年以来，各县在认真贯彻落实中央、省、州各项强农惠农政策下，兑现了种粮农民直接补贴、农资综合补贴、良种补贴和农机购置补贴，带动全州青稞播种面积从 297.33 km^2 增加到 2014 年的 335.33 km^2。到 2018 年，全州青稞播种面积达到 349.66 km^2，已占全州粮食作物种植面积的 47%以上，青稞良种推广面积 325.2 km^2，良种覆盖率达到 93%。其中：康青 6 号 61.6 km^2，康青 7 号 132.93 km^2，康青 8 号 44.93 km^2，康青 9 号 5.33 km^2，黑青稞 66.67 km^2，其他品种 13.73 km^2。

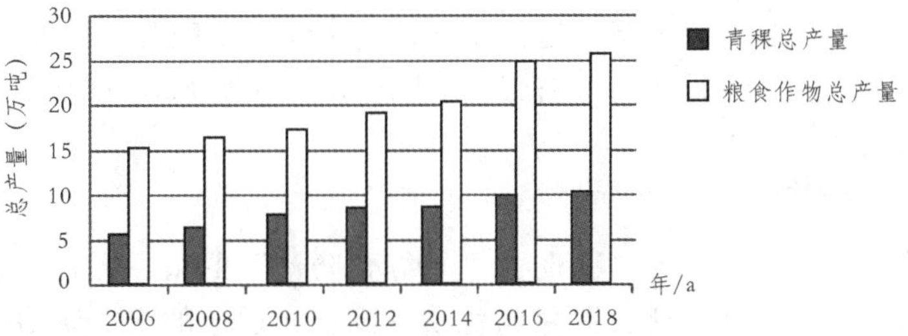

图 2　2006 年以来甘孜州粮食作物总产量及青稞总产量

解放前，甘孜州青稞产量为 450 ~ 750 kg/hm^2，20 世纪 70—80 年代，青稞每公顷产量突破 1 000 kg，90 年代以来，由于新选育的高产品种——康青 3 号大面积推广应用，青稞平均产量达到 2 250 kg/hm^2 以上，部分高产地区达到 4 500 ~ 6 000 kg/hm^2。如图 2 所示，2006 年全州青稞产量 6.05 万 t，2014 年提高到 9.01 万 t，增加了 48.9%。到 2018 年全州青稞平均产量达到 3 375 kg/hm^2，总产量从 2006 年的 6.05 万 t，提高到 11.8 万 t，增加了 95%。除满足口粮、种子、（少量）饲料和储备留存等需求外，还有一定剩余青稞进行精深加工、开发外向消费。

三、甘孜州青稞种植存在的问题

（一）自然因素

青稞的种植主要在高海拔地区，由于耕地的土壤肥力不足，耕地分散，降水量低，灌溉条件差，不能满足青稞各个生长期的需水量，从而影响青稞的产量。低温、霜冻、冰雹等自然灾害的发生，也导致青稞的产量受到严重的影响[5]。青稞的种植受病虫害的影响也较为严重，常见的病害有青稞黑穗病、青稞条锈病、青稞黄矮病等，而虫害主要是青稞蚜虫、麦穗夜蛾、青稞萤叶甲、粘虫等。

（二）人为因素

农牧民对先进知识、先进技术的接受能力较差，耕作方式原始，管理粗放，客观上形成了广种薄收。长期连作导致品种混杂、退化严重、草害严重、病害频发、土壤板结、养分失衡。某些观念限制了现代植保技术措施不能全面应用，使产区的病虫害得不到有效控制。在青稞种植中施肥量不足，导致土壤肥力逐年下降，影响青稞苗的长势。

四、应对策略

（一）良种良法推广

提高农牧民科学种植青稞的意识，引导农牧民转变生产、生活观念，提高综合生产能力。积极推进青稞与春小麦、油菜、蚕豌豆、马铃薯等作物轮作，逐步推行“豆薯类或油菜—小麦—青稞”三年轮作制度和“豆薯类或油菜或小麦—青稞”两年轮作制度。根据当地生态条件和生产水平，科学选用良种，热量条件好的区域选用中、晚熟品种，热量条件较差的区域选用早熟或特早熟品种。按照“重基少追”原则，一次性施足底肥，一般按照有机肥 3 万～4.5 万 kg/hm^2、尿素 150～180 kg/hm^2、磷肥 120 kg/hm^2、钾肥 kg/hm^2 施肥。

（二）科学防治病虫害

青稞病虫害的防治中，要按照“预防为主、综合防治”的植保方针，实行农业防治与化学防治相结合的综合防治方法，优先采用与优质、高产相适应的农业防治措施，在此基础上发挥青稞本身和自然因素的控害作用，并辅以化学防治[6]。秋收以后，在农田墒情良好时进行深翻，从而将害虫越冬以及生存的环境彻底破坏，可减小第二年虫害发生的密度[7]。由于青稞黑穗病主要为种子带菌，除了对种子进行拌种处理外，没有其他有效的化学防治药物，一般在播种前用 2%立克锈湿拌剂按种子重量的 2‰进行拌种。对于青稞锈病、青稞黄矮病害可用立克锈、粉锈宁或多菌灵兑水进行喷雾防治。麦穗夜蛾在青稞抽穗扬花期，每 667 m^2 用锐劲特 10 ml～15 ml，或用 5%的抑太保乳油 30 ml～60 ml 兑水喷雾。对青稞蚜虫、麦穗夜蛾、青稞萤叶甲、粘虫等虫害可用杀虫剂农药选晴天进行喷雾防治或毒土、毒饵等方法防治。

● 参考文献

[1] 甘孜藏族自治州地方志编纂委员会. 甘孜州志（1999—2005）[M]. 成都：四川人民出版社，2010.

[2] 卢良恕. 中国大麦学[M]. 北京：中国农业出版社，1996.

[3] 冯继林，杨开俊. 甘孜州青稞生产与育种成就[J]. 西藏农业科技，2011（33）：33-35.

[4] 甘孜藏族自治州人民政府. 甘孜藏族自治州土地利用总体规划（2006—2020 年）[Z].

[5] 刘廷辉. 甘孜州青稞产业发展现状及对策[J]. 现代农业科技，2016（9）：329-330.

[6] 甘孜州农业产业扶贫技术手册编委会. 甘孜州农业产业扶贫技术手册. 2016.

[7] 李学文. 青稞常见病虫害的发病规律与防治方法[J]. 农机使用与维修，2019（9）：86-87.

大渡河流域农业特色产业发展路径探析

——以泸定县为例

四川民族学院经济与管理学院　谢丛银

【摘　要】大渡河流域辽阔，气候多样，物产丰富。泸定、康定、丹巴等县（市）率先在甘孜州实现了脱贫摘帽，巩固提升脱贫成果、防止返贫仍是我们今后农村工作的目标任务。甘孜州于2018年启动了大渡河流域乡村振兴示范区建设，推动农业特色产业发展是实施乡村振兴战略，综合提升农牧民生活生产水平的主要路径。农业特色产业发展首先要树立正确的发展理念，充分利用当地的自然资源优势，以先进的生产管理技术为支撑，以优惠的政策为保障，加大资金的投入，通过产业融合发展拉动区域内经济收入的增长，实现大渡河流域乡村振兴的战略目标。

【关键词】大渡河流域；特色产业；路径

大渡河发源于青海省玉树藏族自治州境内阿尼玛卿山脉的果洛山南麓，汇入多条支流向南流经金川、丹巴等县，于丹巴县城东接纳小金川后始称大渡河，再经康定市折东地区、泸定县、石棉县转向东流，于乐山市城南注入岷江。大渡河流域甘孜州境内泸定、康定、丹巴等县（市）先后于2018年、2019年实现了脱贫摘帽，退出了贫困县序列。进一步巩固提升脱贫成果、防止返贫，确保全面建成小康社会，加快推进农业农村现代化，实现乡村振兴战略是我们今后农业农村工作的目标任务。

乡村振兴战略提出了“产业兴旺、生态宜居、乡风文明、治理有效、生活富裕”的二十字方针。乡村振兴战略为“三农”问题的解决，为今后农业农村工作的开展确定了思路、要求和方向。乡村振兴，产业兴旺仍是重点，社会经济发展离不开产业支撑，尤其是经济发展滞后的地域。“产业兴旺”要着力培育主导优势产业，充分挖掘生产潜力和提升发展能力，直接或间接提高群众经济收入。主导优势产业也即是特色产业，特色是一事物区别于其他事物的本质属性，特色产业简单的理解就是指这种产业在生产中有自己独特的优势，并能将这种优势扩大化，就是以“特”制胜的产业。农业特色产业是指在农村区域范围内有影响力的产业，能带动区域内经济增长的产业或产业集群。农业特色产业不仅是指本地传统优势产业，而且还包括新开发、引进的产业（品种）。我们在推动特色产业发展中要有创新意识和创新能力，做好新品种新产业的开发、培育、推广、整合及运营等工作，形成新的有竞争优势的特色产业及产业集群。

关于特色产业发展及对区域内产业经济发展的带动作用等问题，国内外专家学者有诸多论述，也形成了相应的理论观点。法国经济学家佩鲁（F.Perrour）在分析经济在空间上的非均

作者简介：谢丛银（1964—）男，副教授，教育硕士，研究方向：农业经济管理。

衡增长时提出“增长极理论”，该理论认为，由于经济发展的平衡性（这只是一种理想状态，实际上是不可能的），不同地区经济发展水平或同一地区不同行业经济发展水平的不平衡性，那么该地区的经济发展要实现快速增长就要形成增长极即优势产业，然后围绕该优势产业形成集聚，形成规模优势产业，从而带动整个区域经济的发展，增长极有极化效应与扩散效应。“产业集群理论”由美国哈佛商学院的权威学者麦克尔·波特创立，主要观点是：在一个特定区域的一个特别领域，集聚着一组相互关联的中小企业，通过这种产业区的集聚形成追求外部的规模经济的结果，促进企业间资源的共享，降低信息成本、物流成本、寻找成本、合同的谈判成本及执行成本等，从而使规模报酬递增。“区域比较优势理论”认为：区域优势是指某一个区域在其经济发展过程中，在地理条件、特色自然资源、劳动力资源、资金、技术、管理和社会诸因素中某一项或几项因素中具有的特殊有利条件，这使该区域更具有市场竞争力，有更高的资源利用效率。“竞争优势理论”反映了企业竞争力的问题，从更高层面上解释了“优势”的形成与发展。区域竞争力就要看区域内是否有优势主导产业，而主导优势产业的形成和发展又取决于区域内是否存在有核心竞争力的企业，企业竞争优势最终决定了优势主导产业。“反梯度推移论” 理论认为，区域的技术引进和经济发展的次序不能完全依照其所处的梯度（客观上存在梯度差异），而应该主要依据经济发展的需要和条件来定。只要经济发展需要，而且条件又具备，那么不论区域处于哪个梯度上都可以直接引进先进技术，进行优先开发，实现跳跃式的发展。这些相关理论观点及实践，对我们研究特色产业的发展问题，指导我们具体的实际工作都有着较好的启示意义。

我们应认识到特色产业的发展对推动当地经济发展的巨大作用。政府引导扶持农业企业发展，从特色产业的培育、经营、创新等来确立适合当地的主导优势产业，促进相关企业的专业化协作，开展种养加、产加销一体化经营，形成供、产、销产业集群，建立生产、加工、物流、营销、服务等的产业链，依托龙头企业带动中小企业共同促进区域内经济的发展。

大渡河流域辽阔，气候多样，物产丰富，是康巴地区具有示范意义的农业产业经济带。河谷底部终年温暖，年平均气温在 12 ~ 18 °C，无霜期达 180 ~ 320 d，农作物可以一年两熟到三熟。泸定县位于甘孜州东南部，大渡河由北向南纵贯全境。泸定是典型的高山峡谷区，县城海拔 1 321 m，县境内海拔高差达 6 570 m，高山终年积雪，河谷地却又四季分明，属典型的亚热带季风气候。年均气温 15.5 °C，年降雨量 664.4 mm，年蒸发量 1 275.7 mm，年均日照时数为 1 323.6 h，全年无霜期 279 d。从河谷到谷岭气候、植被、土壤等呈明显的垂直递变规律，境内河谷、平坝、高半山、高山等俱全，属典型的立体气候[1]，适应从亚热带到温带的各类水果、蔬菜、中药材以及经济林木的生长生产。境内如樱桃、桃子、苹果、猕猴桃、黄果柑、仙桃、土豆、白菜、羊肚菌、花椒、木耳、玻棱瓜、佛手柑等应有尽有，产品无论从产量到品质都有着极好的口碑，受到人们的称赞。2019 年，泸定县城市环境空气质量位居四川省第一，得天独厚的自然禀赋是当地农村产业经济发展的优势条件。

从目前泸定县农村经济收入的来源来看，主要包括：一是农作物及经济作物如玉米、大白豆、洋芋、花椒、中药材、食用菌等种植业收入；二是畜牧业生产方面主要有生猪、鸡、黄牛，少量牦牛、山羊、蜜蜂等养殖业收入；三是水（干）果主要有樱桃、桃子、苹果、黄果柑、板栗、核桃等收入；此外，人员外出务工及就地发展旅游、矿产等也成为群众收入的重要渠道。村民群众经济收入的来源渠道看起来较多，但总体上仍然表现出特色不明显、产业规模小、层次低生产效率不高等问题，这也是导致农民群众收入水平增长缓慢的主要原因。

为了使当地特色优势产业更加凸显，亮点更多，能更好地带动地方经济水平的提升，给农民群众带来更多实惠，我们从以下五个方面来探析促进特色产业发展的路径，也希望能借此助推大渡河流域农业特色产业的发展。

一、树立正确发展理念，切实促进农业特色产业的发展

正确认识特色产业发展及其对地方产业经济的带动作用，在创新、协调、绿色、开放、共享的新发展理念指引下促进农业特色产业的发展。大渡河流域虽然有优良的自然资源条件，现也有如樱桃、苹果种植等这样一些有特色的产业，但整个地区经济的发展依然滞后，还没有在省内有较大影响的特色产业，对地方经济的带动作用也很有限，还没有把优良的资源条件充分地发挥出来。这主要反映在发展的理念意识及客观生产管理技术上还存在一些问题。曾经，泸定县原有的水果如香桃、清脆李、岚安的苹果、沙湾的梨子等都是很好的品种，有的据说还是贡品，在县内外享有盛誉，具有良好的品种优势。但由于疏于培育、管理、改良，随着树木老化，病虫害增加，生产管理技术没有跟上，导致品种退化，早已没有了往日的口碑，这是十分令人痛惜的。我们要增强创新意识，提高创新能力，因地制宜地开展优良品种的开发、引进、培育及管理工作；发展绿色有机农产品，加强农产品地理标志认证和管理；实施品牌战略，打造地方知名农产品品牌；引导龙头企业将标准化、品牌化贯穿于企业生产、加工、流通全过程，形成产品优势及产业优势是促进农业特色产业发展的有效路径。目前泸定县部分乡镇虽引进了中华寿桃、茂县清脆李、车厘子等优良品种，但还没有形成产业优势，还需加强改良、整合和推广工作。促进特色产业发展，提高农牧民的内生发展动力，让农牧民群众的生活富裕起来，增强他们的获得感，这对区域内乡村振兴战略的实施是十分重要的。

二、充分利用当地的自然资源优势来发展特色产业

发展农业特色产业从资源条件来看，优越的自然资源是农业特色产业的根，是农业特色产业发展的原动力。发展农业特色产业要根据当地的优势自然资源条件来开发、培育、整合和运营，只有充分地利用区域内的资源优势才能在市场竞争中具有竞争优势，才能将资源优势转化为经济优势，进而转化为人们实实在在的收入。资源优势是指体现在自然、人文、经济、技术、政策、交通等方面的优势，也可进一步细分为农业资源优势、工业资源优势、旅游资源优势、交通运输业条件优势等。自然资源优势主要指自然条件和自然资源方面的优势。这些资源条件对于农业生产，农业企业经营来说具有决定性的作用，宜农则农，宜林则林，宜牧则牧，因地制宜地进行区域内产业规划，合理布局农业特色产业就显得十分重要。如中华寿桃（冬桃，晚熟桃），在本地又叫贡嘎雪桃，果实个大，平均单果重 350 g，最大可达到 1 000 g，具有品质好、较丰产、耐贮运、晚熟（约在 10 月份）等优点，市场前景看好，具有很好的经济价值。目前在泸定县兴隆镇和平村、泸桥镇海子坪村等地都有一定面积的种植，该区域地处高半山，坡度较缓，土层较厚，日照时间长，昼夜温差大，有利于果实糖分的积累，一般着色率达 80%，果实品质好，已初步显现出较好的经济效益，但规模效益还未呈现，泸定县适宜中华寿桃种植高半山地区还很多，但还没有推广开来。而清脆李、车厘子（大樱桃）、猕猴桃、仙桃（仙人掌果实）、玻棱瓜、佛手柑、羊肚菌等林林总总都可作为特色产业

来开发，这些产品都非常适应大渡河流域的气候、土壤等自然条件，品质上乘，具有很好的市场前景。

三、技术是特色产业发展的重要支撑

技术是农业生产管理过程中的重要因素关键变量，要强化科技在产业发展中的支撑作用。在特色产业开发培育过程中，需要得到技术上的支持，还要有技术上的优势，能解决农民生产中的实际问题。如中华寿桃的种植，因成熟晚、生长周期长、管理技术较复杂，需要得到技术上的有力保障。相关农业科研部门单位要做好技术服务工作，深入实施科技特派员制度，进一步发展壮大科技特派员队伍。农技人员要勤走基层，下乡做好技术指导，为农户提供技术支持服务。也可通过“农民夜校”由农技人员不定期到村进行技术培训指导，推广农业生产新技术新方法，使农户掌握相关技术方法，增强他们的内生发展动力。在具体推广应用时也要注意技术先进性、实用性、经济性的结合。生产管理技术是推动产业发展的重要支撑，需要多方协同努力来保障。事实上甘孜州农科所在兴隆镇和平村就建有这样的种植基地，具有示范的作用，也能够给种植户提供相应的技术支持，现在的问题主要是如何将他们的这种作用更好地发挥出来，辐射到更多的村镇，服务更多的村民群众。

四、产业扶持政策是特色产业发展的保障

政府要充分发挥在农村产业发展中的引导作用，要精准把握政策，遵循重点急迫，坚持分工合作，进一步完善基础设施，促进产业发展。在国家减免农业税后，又进行了粮食补贴、农业生产地力的补贴等，这极大地降低了农民的生产成本，缓解了农户投入生产的压力，改善了农业生产条件，同时也增强了农民群众农业生产的信心。通过支持“六小工程”“三奖一补”等惠农政策，促进农村基础设施建设。今年国家还会对国家现代农业产业园创建、田园综合体项目、农村产业融合发展示范园项目、农村三大产业融合发展先导区项目、养殖基地与农产品流通设施等五类项目进行强力扶持。这些都为农村产业的发展注入了动力，给农村经济的增长增添了后劲。

就泸定县而言，近年来政府能坚持目标导向与问题导向，不断加强统筹整合财政涉农资金，以项目申报实施为抓手，兴产业、补短板、强弱项，统筹整合财政涉农资金使用和项目落地。泸定县财政部门于2016年至2019年在蔬菜、水果、玻棱瓜、佛手柑、仙桃、羊肚菌、中药材等种植上，在藏香鸡、中蜂、公牛（羊）等养殖与改良上，在标准化圈舍、太阳能杀虫灯等项目建设上分别投入了440.74万元，784.03万元，854.69万元和614.85万元。涉农部门进行了农资发放，对新型产业予以资金扶持。在推动产业发展过程中，资金投入不足仍是农村产业发展的瓶颈。特色产业的发展需要有资金优势，这就需要我们在财政支农资金政策制定上更多地向优势主导产业扶持倾斜，加大资金投入的力度。稳步进行农村普惠金融改革试点，推出更多免抵押、免担保、低利率、可持续的普惠金融产品。在农村金融融资渠道上要有更多创新，也可通过引入社会资金等多种方式方法进行融资，来满足农村产业发展对资金方面的需要，巩固脱贫成果，助力乡村振兴。

五、促进产业融合发展，提升农村经济规模效益

产业集群发展能促使相关企业间资源共享，降低信息成本、交易成本及物流成本，从而获得规模经济效益，带动区域内经济收入水平的提高。我们要充分利用特色产业龙头企业的扩散效应，推动产业集群发展，提高规模经济效益。建立各相关企业从生产、加工、贮藏、保鲜、物流、营销和服务等全产业链的分工协作机制，促进三大产业的融合发展。大渡河流域有“成都后花园，休闲康养基地”之称，有得天独厚的自然资源，蓝天白云、青山绿水、天然氧吧，这些都是其他地方不可复制的独特资源，自然环境本身就是优良的旅游资源，若能将这些资源与特色产业相结合，就能获得叠加的经济效益。如中华寿桃在 10 月份成熟，恰与 10 月黄金周重叠，若能将中华寿桃生产（花季、采摘）打造成休闲旅游观光产业，实现农旅嫁接，市场前景就更为看好。如同现泸定县一年一度举办的以花为媒、以果为介的樱桃节；康定市麦崩乡的鱼通官寨；时济乡若吉村的民宿接待等正成为大渡河流域融产业、文化、旅游于一体的特色产业发展模式，正探索走出一条农旅融合、产村一体的乡村振兴之路。

综上所述，推动农业产业发展是农业和农村经济工作中一件带有全局性、方向性的大事，是一项系统工程，也是实施乡村振兴战略的主要目标，是农村工作的重点内容。通过打造 “一村一品”“一乡一业”的特色产业来促进大渡河流域农业产业的发展，带动区域内产业经济水平的提高。我们要更进一步推动农业特色产业发展，增强农牧民内生发展动力，巩固提升脱贫攻坚成果，确保农村全面建成小康社会，加快农业农村现代化建设，让大渡河流域真正成为全省乡村振兴示范区，提高广大农牧民的获得感、幸福感和安全感，逐步实现农业强、农村美、农民富的新时代“三农”工作的总目标。

● 参考文献

[1] 360 百科. 大渡河[EB/OL]. [2020-08-04]. https://baike.so.com/doc/5406032-5643831.html.

巴塘苹果种植史小考①

四川民族学院历史文化与旅游学院　王芬　胡莹可　丁健　于潇

【摘　要】清宣统三年（1911），美国传教士将苹果苗和种子带入巴塘地区，并使其存活下来。苹果虽不是当地原产农作物，但巴塘的自然环境适宜苹果生长。并且随着技术的革新，巴塘苹果的品种也日趋多样化，产量也逐年提高。作为巴塘地区的一张名片，其价值不仅仅是农作物本身，还应该开发与其相关的旅游观光产业，使其更能满足多样化的市场需求。

【关键词】巴塘苹果；种植史；人文因素

巴塘是四川省甘孜藏族自治州西南的一个县，位于四川西部青藏高原南缘金沙江中游东岸的川、滇、藏三省（区）结合部，与甘孜州的理塘、乡城、得荣、白玉 4 县接壤，隔金沙江与西藏的盐井、芒康、贡觉和云南的德钦等县相望。除此以外，巴塘还是历史上茶马古道川藏、滇藏两线的交汇点，是进入西藏的交通要道和川西的边陲重镇。巴塘一地，早在战国以前（公元前 500 年）就有人类活动，周曰戎，秦称西羌，汉系白狼国，唐属吐蕃，元属朵甘思宣慰司都元师府辖，明万历年间曾被云南丽江纳西族木氏土司占领，康熙五十八年（1719）归清廷所辖，雍正四年（1726）划入四川版图，具有悠久的历史。

一、巴塘苹果的种植史

提到“高原江南”——巴塘，人们自然会想到巴塘苹果，头脑中便会浮现出“巴塘苹果香满园”的场景。如今，巴塘苹果似乎已成为巴塘的象征，一张名片，为这个西部的小城镇增添了不少魅力。

（一）引进

巴塘苹果与国内其他苹果相比较，历史比较悠久，历来备受人们追捧，它以其果型优美、色泽鲜艳、个头硕大、香味浓郁、耐于储藏等特点享誉全国，市场前景十分广阔，可进入国际市场的中上品种有玫瑰香、小冬红、对窝、冰糖、红冠、金冠等六种。巴塘苹果不但是一

① 基金项目：四川省高校人文社会科学重点研究基地重点项目（项目编号：CR1412）研究成果；大学生创新创业训练计划项目“叶长青康区之旅新探”（项目编号 201911661100）阶段性成果。

作者简介：王芬（1998—），女，历史文化与旅游学院 1743 历史班在读学生。胡莹可（1999—），女，历史文化与旅游学院 1743 历史班在读学生。丁健（1998—），男，历史文化与旅游学院 1743 历史班在读学生。于潇（1981—），女，硕士、讲师，主要从事跨文化研究。

种“舶来品”，也并非由中国人引进，而是在清宣统三年（1911），由美国外科医生史德文和基督教牧师浩格登从美国引进了苹果苗子和种子，在他们的租借地架炮顶（现园艺场）进行育苗栽培。此时，国内只有烟台才种植苹果。后来，因巴塘华西小学（外国人开办）一名老师与教会有交情，并且懂得嫁接技术，才得以嫁接少许出来，逐渐得到广泛种植。教会在巴塘垦殖荒地，兴建苗圃，引进西方花木，种植西洋蔬菜和水果，不仅使当地人学会了新的种植技术，还引进了许多外国优良品种，比如最早栽培的一批苹果苗就有 30 余株，品种 10 余个①。

民国五年（1916），当地群众开始挖其孽根栽培，使之在县城一带逐步得到繁殖推广。1925 年，基督教会又在城外购得 95 亩耕地，交给教徒耕种。但由于受到技术条件和交通制约，巴安（巴塘旧名）苹果的发展十分缓慢，直到 1949 年，苹果树不到 1 000 株，产量也仅有 20 ~ 25 t。

（二）培植

中华人民共和国成立后，巴塘县人民政府对苹果生产十分重视，加上 1958 年川藏公路南线——东（俄洛）巴（塘）公路建成通车，使巴塘苹果的生产有了较大发展。1959 年，建立了巴塘园艺站，正式开始了生产、调查研究和繁殖育苗等工作。1962 年，在架炮顶建立 1 亩苗圃地，并配有专业工人从事育苗工作，培植苹果、核桃、梨子等经济林木，使得巴塘林果业往多样化和专业化方向发展，果实品质也显著提高。1966 年，全县苹果林已发展到 1 300 亩，1.56 万株，产量更是达 198.8 t。1984 年，全县仅有苹果树 2.99 万株，面积 1 923 亩，产量 348.7 t。

1985 年，巴塘县委、县人民政府把发展苹果生产作为振兴巴塘农村经济的一项重要优势产业来抓，并决定把巴塘建成优质苹果基地县。1986 年，巴塘成立了县苹果基地建设规划小组，对全县的苹果生产做出了具体规划，同年，州委、州政府将巴塘县正式列为甘孜州建设优质苹果商品基地县，成立了县苹果基地建设领导小组。1987 年，县林业局将河西的苗圃基地改建为苹果种植园，陆续嫁接的优良品种多达 17 个。县林业局内增设了巴塘县经济林木管理站，专门负责全县苹果基地的建设工作②。在巴塘人民政府及当地人民的努力下，巴塘苹果越来越受到大众的欢迎。

（三）多样化

自 1985 年以来，全县共发展苹果基地 3 420 亩、栽培苹果树 12.28 万株，其品种共达 70 种。其中，实生品种 50 个，引进品种 20 个。实生品种中品质中上的有玫瑰香、对窝、冰糖、桂花香、人头、枣子香、香蕉香、梨苹果、水果糖、小冬红、大冬青、大冬红、秋冬花、爸爸苹果、糖精苹果、雪峰、解放一号、前进一号、无名一号、扁甜苹、点心、红珊瑚、赤阳等 23 种，引进品种中品质中上的有金冠、元帅、新红星、印度苹果、红星、红冠、国光、视光、红富士、早金冠等 10 种③。依苹果成熟早晚又可分为春苹果、秋苹果、冬苹果。从 7 月

① 陈焕仁. 走进康巴[M]. 成都：巴蜀书社，2004：105.

② 四川省巴塘县志编纂委员会. 巴塘县志[M]. 成都：四川民族出版社，1993：131.

③ 四川省巴塘县志编纂委员会. 巴塘县志[M]. 成都：四川民族出版社，1993：131-132.

到 10 月，都有新鲜苹果成熟上市。春苹果主要有玫瑰香、枣子香、大白花、小白花、大对窝、人头苹果、姑娘苹果等，色彩鲜艳，香脆爽口；秋苹果主要有香蕉香、桂花香、秋冬花、小对窝、秋红、倭锦等，红亮、香醇；冬苹果主要有大冬青、小冬青、大冬红、小冬红等，质地硬脆，不易砂化，耐贮存①。巴塘苹果不但品质优良，没有任何污染，所含淀粉、蛋白质、糖分、有机酸等营养物质和多种维生素极为丰富，而且产量较高，深受人们喜爱。

1952 年和 1957 年，巴塘苹果先后两次被送到北京民族文化宫，作为民族地区的特产进行展览。1958 年，东巴公路通车后，巴塘人民选了最好的苹果送到北京，献给敬爱的毛主席和周总理。1965 年，玫瑰香获四川省评比第一名。1974 年，经鉴定，玫瑰香再次被选为四川省优质苹果。

甘孜州十八县（市）均有苹果种植，但无论从种植时间长短，还是产量，其他地区均无法与巴塘相比。至 1990 年，巴塘全县有苹果林面积 5 343 亩，苹果树 15.27 万株，年产量达到 1 149 t，其他十七县（市）总产量甚至也比不上巴塘一县的总值，巴塘苹果在某种程度上已经成为甘孜州苹果生产中心。

巴塘苹果自 20 世纪初被美国传教士引进后，经过一百多年的培植，现已形成一个具有 60 多个本地品种品系和 10 多个引进品种的优良种群。位于园艺场树龄 100 余年的玫瑰香苹果（第一代“老祖宗”），据四川农业大学园艺系调查组 1970 年测定，树高 11.15 m，干周 2.45 m，冠径 199.12 m，在树龄 55 年时株产曾达 1 128 kg。本地品种中的大冬红、小冬红、人头、香蕉香、大冬青和引进品种金冠、红星等，无论在内地或高原市场都有很强的竞争力，销往成都、雅安、西藏、云南、青海等地。

二、巴塘苹果在巴塘县种植的原因

（一）自然因素

苹果的生长条件十分苛刻，不同气候条件下生长的苹果口感及特质存在着显著差异。一般情况下，种植苹果需要满足以下几个方面的要求：

（1）气温：苹果喜低温干燥，要求冬无严寒，夏无酷暑。适宜的温度范围是年平均气温 9 ~ 14 °C，冬季极端低温不低于零下 12 °C，夏季最高月均温不高于 20 °C，一般年平均温度在 7.5 ~ 14 °C 的地区，都可以栽培苹果。

（2）降水量：苹果在生长期每亩地需要的降水量约为 180 mm，生长期降水量需要大于 540 mm 才可种植。

（3）日照：苹果喜光，只有光照充足，才能生长正常，年日照 2 000 h 以下即可。

（4）水分条件：要求年降水量 500 ~ 800 mm，湿度在 70%以下。

（5）土壤条件：PH5.5 ~ 6.7。

苹果在不同的生长条件下，其特征往往千差万别，即使是同一种品种在不同的生长环境，外形、品质等也会存在差异。以巴塘中部的玫瑰香为例，这类苹果因其果肉具有似玫瑰的浓烈香气，故命名为玫瑰香。其生长在海拔 2 800 m 以下的高山峡谷区，这里气温干燥，地表温

---

① 甘孜藏族自治州林业志编写组. 甘孜藏族自治州林业志[M]. 成都：四川辞书出版社，2010：289.

度冬低夏高且风速小，年平均气温在 11.3 ~ 13.8 °C 之间，温差不大，全年无霜期在 181 ~ 215 天，年平均降水量为 467 mm。正因有这样的自然条件，才形成了大小适中，呈扁平或短圆锥形、果面底色绿黄，向阳面有鲜红霞，被面有明显的断续浓红条纹，蜡质较厚的巴塘玫瑰香。

自远古以来，巴塘的人们就在这块土地上耕种劳作，繁衍生息。因金沙江能有效调节沿岸气候，使得巴塘的气候十分温暖，形成了特有的亚热带气候，为小麦、青稞、玉米等农作物的生长创造了良好的条件，以苹果为主的各种水果应有尽有，巴塘因而有“苹果之乡”的美称。整个巴塘境内的大多数地区夏无炎热，冬无严寒，日照充足，降水量适中，拥有富含磷、钾、钙的山地褐土，为苹果提供适宜的生长环境并保障了其产量。1986 年建立基地县时，全县有果园 5 000 亩，主产苹果、梨、核桃、石榴、葡萄、桃、李、杏等，其中苹果园 2 000 余亩，年产量 1 000 t 左右。除 3 个纯牧业乡外，南自中心绒区贡波乡的木荣（海拔 2 240 m），北至措拉区列衣、茶洛（海拔 3 700 m），均有苹果种植，在海拔 2 400 ~ 3 000 m 区域中苹果种植面积最广、产量最多、质量最好。在这一梯度内的贡波、地巫、中心绒、昌波、苏哇龙、竹巴笼、前进、团结、党巴、莫多、松多、中咱、茨巫、白松、拉哇等 15 个乡是最适宜苹果的生态区。

巴塘县年平均气温 12.6 °C，最冷月气温处在 2.4 ~ 7.5 °C 之间。年极端最高气温 38.5 °C，极端最低气温 14.10 °C，平均日照时数 2 450.6 h，日较差 18.4 °C，这样的气候条件完全符合苹果生产栽培所需。苹果最适宜区内有农转果地 4 000 余亩，采用交叉分布的水渠可以实现自流灌溉，加上这些地区地势开阔、土层深厚、土壤肥沃，是优质果园的选择地。全县可建成的苹果果园面积也大幅提升，这为打造巴塘苹果商品生产基地，实现专业化生产创造了条件。

（二）人文因素

1. 苹果传入的原因

传教士带苹果进入巴塘有一个原因是交通不便。基督会传教士当初在申请将传教点从打箭炉（今康定）迁至巴塘时，就意识到交通运输的艰难。1906 年，史德文与浩格登赴巴塘考察后向总部建议将传教中心点设于巴塘，但因在巴塘物资供应需靠外界，便建议留一户传教士驻守打箭炉，专门从事物资供给、邮件和经费的中转。总部坚决反对，指出：“鉴于交通困难、地方极其偏僻，尤其是很难找到愿意到那里去传教的男男女女。”“明智之举是放弃巴塘、返回到急需充实力量的汉族地区传教。”①而他们经过反复的思考，决定不放弃巴塘。在迁入点获得许可的同时，也意味着在随后的岁月里，传教士们需克服交通运输的巨大障碍。因此传教士们在进入巴塘前带上了种苗，农作物在当地生产可以减少外来物资的运输，减少因旅途运输带来的种种负面影响。从传教士来到康区的目的来说，他们在传教的同时也将西方先进技术带入康区，其中农作物作为人们生存生活的必需品，将西方的农作物带进康区，可以拉近与当地居民的距离，方便其传教工作的进行。还有一个原因，史德文等人无法适应巴塘本地吃食，而传教是长期的工作，故而从美国本土引进了苹果、小麦种子、洋杏树苗数百株，以便在巴塘长期居住下去。

---

① ALBERT L. SHELTON. Pioneering in Tibet：A Personal Record of Life and Experience in Mission Fields[M]. New York: Fleming H. Revell Company, 1921, pp. 156-157, 48-49, 209-210, 214, 277, 277-278 .

2. 从接受到兴盛

在巴塘这片土地上，苹果虽不是原产农作物，但在人们的日常生活中它却是补充身体所需元素的重要来源。自 1910 年美国人把苹果引进巴塘，到如今巴塘发展为高原苹果之乡，当地人民做出了很大的贡献，这片土地上的人民对于苹果有着深厚的感情，也正因这样的感情才给了他们勇于创新与精心栽培的力量。

其中有一位藏族果农，名叫林开平（尊称林大爷），他一生热爱果树事业。林大爷年轻的时候在架炮顶后山，开荒建了一座果园，是巴塘县城仅次于黄家果园的第二大果园。他长期从事着苹果栽培管理工作，并摸索出一套中耕除草、洒水、修剪、嫁接的生产技术，非常有地方特色。除此以外，他还发明了高接换种技术（先将大树主干锯断，在断面开十字形口子，插上接穗、捆好，涂上酥油和蜜蜡制成的接腊，再包上泥巴、防止水分蒸发），苹果的接活率极高，可达 100%。这套方法更适合风大，接穗易被吹断的巴塘果树的嫁接①。除了林大爷以外，还有许多热心于林果事业发展的民众，他们或是响应号召，积极培育新型果品，或是为本地林果发展出谋划策，努力改进品种，提高竞争力。在甘孜州人民政府及巴塘县政府和人民的共同努力下，巴塘苹果打开了知名度，也成为苹果市场的佼佼者。

三、结语

巴塘苹果素有盛名，经过百年时间的锤炼，它不仅是巴塘人民宴待嘉宾的佳品和馈赠亲友的礼物，是巴塘地区人文风貌的一个触发点，还是一张体现巴塘种植历史的名片。巴塘地区应建立与苹果相关的农业旅游项目，让观光旅游与农业巧妙结合起来，成为新时代的新型综合农业生产基地。巴塘苹果的创新不仅会给当地带来更多的资源与机会，也会为甘孜州其他地方的发展带来灵感，使这些农产品拥有更高的价值，走向更广阔的市场。

● 参考文献

[1] 陈焕仁. 走进康巴[M]. 成都：巴蜀书社，2004：105.
[2] 四川省巴塘县志编纂委员会. 巴塘县志[M]. 成都：四川民族出版社，1993.
[3] 甘孜藏族自治州林业志编写组. 甘孜藏族自治州林业志[M]. 成都：四川科学技术出版社，2010.
[4] ALBERT L SHELTON. Pioneering in Tibet:a personal record of life and experience in mission fields[M]. New York: Fleming H. Revell Company, 1921.
[5] 张玉林，莫德格，陶长海，等. 情系巴塘[M]. 呼和浩特：远方出版社，2000.

① 张玉林. 莫德格. 陶长海，等. 情系巴塘[M]. 呼和浩特：远方出版社，2000：351.

5

第五篇
康巴旅游研究

民族地区山地旅游者的旅游动机与满意度的关系研究①

——以四川省甘孜州为例

四川民族学院历史文化与旅游学院　黄丽

【摘　要】山地旅游是民族地区实现经济发展的重要途径之一。旅游者的旅游动机和满意度现状直观反映出旅游目的地存在的问题，二者之间的关系更是旅游目的地发展旅游的依据。本文以赴甘孜州旅游的游客为研究对象，采用文献研究法和问卷调查，深入调研其旅游动机和满意度。研究发现旅游动机是一个多维变量，由自我发展动机、主客交往动机、休闲观光动机、民族文化体验动机、疗养动机和健身动机六个维度构成，且各动机维度对旅游满意度的正向影响关系存在显著差异。基于此，本文提出充分发挥自然资源优势，开发多样化山地旅游活动项目；深入挖掘民族文化内涵，不断提升山地旅游的竞争力；整合区内优良的康养资源，完善产品体系，打响康养胜地品牌等甘孜州山地旅游发展建议。

【关键词】民族地区；山地旅游；旅游动机；旅游满意度

随着 2015 年 10 月首届国际山地旅游大会在贵州召开，山地旅游引起了我国政府部门、业界和学术界的重视，山地旅游已成为旅游发展的热点之一。作为一种新兴的现代旅游形式，山地旅游成为民族地区实现经济发展的重要途径之一，亦成为保护生态环境的重要途径之一。

甘孜州位于四川省西部，地处中国最高一级阶梯向第二级阶梯云贵高原和四川盆地过渡地带，属横断山系北段川西高山高原区，境内山地资源丰富，开发价值高，具备旅游开发的前提条件。但随着雅康高速建成通车，以及途径甘孜州的中国最美景观大道——国道 318 线被打造成中国自驾游堪与美国 66 号公路媲美的强 IP 的时机已经成熟，为甘孜州的山地旅游发展带来了重大契机。甘孜州至今共举办了五届山地旅游节，极大地提高了甘孜州山地旅游的知名度和旅游经济收益，可见州政府对发展山地旅游是高度重视的。但甘孜州山地旅游发展水平仍然较低，属于起步阶段，创收能力有待提高。由此，甘孜州山地旅游发展及其研究逐渐引起各界人士的重视和广泛关注。

游客的旅游动机和满意度，及二者之间的关系等都会直观反映出旅游目的地发展中存在的问题，且这些问题会影响或制约旅游目的地的发展壮大和可持续发展。如何在发展过程中，充分满足游客需求，不断提高游客满意度和重游率，真正实现变“绿水青山”为“金山银山”，同时又守住“绿水青山”，是当前山地旅游发展需重视和亟待解决的问题。本文以旅游动机和

① 基金项目：甘孜州社科联项目“甘孜州山地旅游发展研究——基于游客动机和满意度视角”（ZSK201816）的最终成果。

作者简介：黄丽（1990—），女，硕士，讲师，研究方向：区域旅游经济发展。

游客满意度相关理论为基础，以赴甘孜州旅游的游客为研究对象，采用文献研究法和问卷调查，深入调研其旅游动机和满意度，研究二者之间的关系，探讨民族地区山地旅游合理有效并切实可行的发展路径。

一、相关研究现状

作为游客产生旅游行为的直接原因，旅游动机在旅游过程中起到举足轻重的作用。近年来，国内外学术界对旅游动机进行了大量而深入的研究，积累了丰硕的研究成果，主要集中在概念界定、旅游动机测度、旅游动机与其他旅游概念的关系三个方面。

关于山地旅游动机的研究，学者们更多的是融入山地旅游市场及游客行为的研究中，如陆林（1997）对黄山旅游者进行实证分析，指出游览祖国名山、观赏奇异自然风光、回归大自然等是其主要动机[1]；Godde 等（2000）研究指出探新求异、异域文化体验、休闲娱乐、体育运动、康体养生和探寻自我价值是山地旅游的主要动机[2]；刘智兴等（2013）研究得出宗教朝觐、避暑乘凉、体验民俗文化是五台山游客的主要动机[3]；赵振斌等（2011）指出登顶、穿越、徒步是太白山背包客的主要旅游动机[4]；胡明文（2014）以武功山的游客为例，分析其山地游憩行为，指出 “接触自然”是武功山山地旅游的重要动机[5]；郑群明（2016）使用因子分析法，得出南昆山度假者有五大山地度假动机[6]；陈星等（2017）指出三清山游客主要有四类旅游动机，分别是体验生活、刺激/冒险、放松/逃避和社交/求知[7]。可见，不同类型的山地旅游景区，因其所拥有的资源禀赋和所提供的旅游产品的不同，山地旅游动机也有很大的差异，此外由于主观意志的不同，不同类型的游客拥有不同的山地旅游动机。

国内外关于旅游动机和满意度之间的关系研究较多，积累了较多的研究成果，对旅游动机显著影响满意度，学者们一致认可，但具体到如何显著影响，学者们从不同的旅游情境、旅游者类型和不同的旅游变量进行研究。Lee（2009）指出湿地旅游者的旅游动机显著直接正向影响其满意度[8]。张宏梅等（2010）研究发现旅游动机借助旅游涉入的中介作用，影响游客满意度[9]。Taher（2015）对徒步旅行者进行研究，指出其对拉力因素的评估显著影响总体满意度[10]。可见，学者们对旅游动机与满意度之间的关系研究给予了较多关注，但目前学术界对民族地区山地旅游者的旅游动机和满意度之间的关系研究较为缺乏。

关于山地旅游游客旅游动机和满意度的研究，学者们将旅游动机和满意度分开研究的较多，将二者合在一起探讨的较少，也没有从各变量维度层面探讨两者之间的关系。从现有研究来看，学者们普遍认同不同类型的山地旅游景区，因其所拥有的资源禀赋和所提供的旅游产品的不同，游客的山地旅游动机也有很大的差异，但具体到民族地区山地旅游的旅游动机及其与满意度之间的关系，学者们的研究较为缺乏。

二、案例点情况

山地作为甘孜州最美的风景之一，有着康巴儿女最浓的乡愁以及绿色发展的最大优势。甘孜州立足自身丰富多彩、品质高端的山地户外资源和民族人文资源这一打造高质量世界山地旅游目的地的先天优势和良好条件，认真践行“绿水青山就是金山银山”的理念，着力将资源优势转化为经济优势，以全域旅游为主线，不断加快环贡嘎山、环稻城亚丁和环格聂山三个旅游圈，格萨尔文化旅游带，中国最美高原和最美草原两个湿地的全域旅游布局，精心打造川西北文化旅游经济带重要增长极，力求全面呈现山地旅游的生态魅力、风光魅力、人文魅力和体验魅力，致力于打造国际最佳山地旅游目的地。山地旅游已经成为甘孜州走向全国乃至全世界的一块“金字招牌”。

自 2016 年开始，甘孜州连续五年举办山地文化旅游节。山地文化旅游节将独特的自然风光、山地运动、人文景观、民俗风情、红色文化等全面地展现在社会各界人士的眼前，已成为甘孜州展示民族文化和提升文旅品牌的重要舞台。近几年，甘孜州山地旅游知名度得到了明显的提高，涌现出了一大批知名品牌、景区、旅游线路和赛事活动。2018 年，全州共接待游客 2 230 万人次，实现 222.5 亿元的旅游收入，游客人次跨越“两千万”台阶，旅游收入破“两百亿”大关。甘孜州已成为我国旅游热度最高、游客评价最好的全域旅游目的地之一。

三、研究设计

（一）量表设计

为保证调查问卷有效，且与此次研究目的相符，在编制测量题项时，笔者在前人开发的成熟量表的基础上，结合游客对民族地区山地旅游需求和消费行为特征，并多次与旅游专家进行讨论，选择和设计了本研究的测量量表。游客旅游动机的测度在张言庆（2011）[11]和 Godde 等（2000）[2]开发的旅游动机量表的基础上，根据民族地区山地旅游的实际情况进行补充和修正。游客满意度的测度在何曙光（2011）[12]和夏巧云（2012）[13]开发的游客满意度测量量表的基础上，加入重游和向亲友推荐这两个积极的游后行为。

为提高量表的科学性和可操作性，笔者于 2020 年 7 月 10 日通过微信、QQ 等社交平台向到过甘孜州旅游的游客发放问卷，进行预调研，共收回完整问卷 90 份，由此对问卷中表述模糊、游客难以理解和不愿填写的题项进行修改，之后再邀请旅游专家对问卷进行优化，从而确定最后的正式调查问卷。

本次研究的最终问卷分为三部分：第一部分是旅游动机测量，包含六个维度的变量，共计 25 个题项；第二部分是游客满意测量，共计 6 个题项；第一、二部分以李克特 5 分级量表方式呈现，让游客逐项填写对 31 个题项的同意程度，1 分表示完全不同意，3 分表示一般，5 分表示完全同意；第三部分是游客基本信息调查，共计 7 个题项。

（二）数据收集

本文采用线上线下相结合的方式发放问卷。线上主要是 2020 年 8 月 10 日通过微信、QQ 等社交平台请身边去过甘孜州和正在甘孜州旅游的朋友填写问卷，线下则于 2020 年 8 月 20 日到康定市木格措景区实地发放调查问卷。本次研究问卷一共发放 230 份，回收 192 份。对回收的问卷，按照以下原则进行无效问卷剔除：① 删除有未填项的问卷；② 删除填写模糊、难以识别的问卷；③ 删除绝大多数题项的答案相同的问卷。经筛选后获得 169 份有效问卷。本次研究问卷的回收率是 83.48%，有效率是 88.02%。

四、数据分析

（一）样本人口学特征统计分析

本次研究的样本量共计 169 份，具体的人口学特征情况统计结果如表 1 所示：

表 1　样本人口学特征的描述性统计

变量	分类项目	频次	频率/%
性别	男	79	46.7
	女	90	53.3
年龄	18 岁以下	11	6.5
	18～25 岁	51	30.2
	26～35 岁	51	30.2
	36～45 岁	31	18.3
	46～55 岁	16	9.5
	56 岁以上	9	5.3
受教育程度	初中及初中以下	12	7.1
	高中/职高/中专	30	17.8
	大专/本科	93	55.0
	硕士及以上	34	20.1
职业	个体经营户	18	10.7
	企业员工	10	5.9
	事业单位/政府工作人员/公务员	27	16.0
	学生	46	27.2
	专业人士（教师/医生/律师等）	32	18.9
	自由职业者	22	13.0
	军人	5	3.0
	离退休人员	5	3.0
	其他	4	2.4
月平均收入	2 500 元及以下	46	27.2
	2 501～5 000 元	41	24.3
	5 001～7 500 元	52	30.8
	7 501 元及以上	30	17.8
旅游信息来源	亲友推荐	39	23.1
	旅游网站	37	21.9
	抖音、微博等新媒体	36	21.3
	旅行社宣传	15	8.9
	其他渠道	42	24.9

续表

变量	分类项目	频次	频率/%
游客来源	甘孜州本地	20	11.8
	四川省内其他市县	105	62.1
	四川省外市县	44	26.0

数据来源：本研究整理

从上表中可以看出：

（1）本次研究调查的对象中男女比例基本相当，女性调查者相对多一些。

（2）本次调查对象的年龄层次主要集中在 18～25 岁、26～35 岁、36～45 岁三个阶段，累计占比 78.7%。调查对象以青壮年群体居多，说明这个年龄阶段的人出游需求和出游可行性更强，也说明甘孜州山地旅游较为受这一游客群体的青睐。

（3）本次调查对象的受教育程度普遍较高，其中学历在大专或本科及以上的人数共 127 人，合计占比 75.1%。

（4）在职业分布上，本次调查对象以学生、事业单位/政府工作人员/公务员、专业人士（教师/医生/律师等）以及自由职业者为主，学生占比 27.2%，其他三类职业累计占比 47.9。说明目前学生和中等收入人群是甘孜州的主要客源，这可能跟高原地区的消费水平、正值暑假家庭亲子游旺季以及受 2020 年新冠肺炎疫情影响部分职业收入锐减无法出游有关。

（5）本次被调查对象的月平均收入的分布情况为：2 500 元及以下、2 501～5 000 元、5 001～7 500 元、7 501 元及以上的分别占比 27.2%、24.3%、30.8%、17.8%。说明到甘孜州游玩的游客中收入水平偏低的占多数，这主要跟当前的主要客源有关。

（6）在关于甘孜州山地旅游信息的主要来源这一题上，以亲友推荐、旅游网站和抖音、微博等新媒体等三种渠道的游客居多，三者分别占比 23.1%、21.9%、21.3%。说明目前游客在进行旅游决策时，口碑、互联网以及自媒体等新兴媒体是其重要的信息获取渠道。

（7）在游客来自哪里这一题上，有 62.1%的被调查者来自四川省内其他市县，说明省内旅游市场依然是甘孜州的主要客源市场；也有 26%的游客来自四川省外市县，说明甘孜州山地旅游在国内旅游市场具有一定的名气和吸引力。

（二）信度分析

利用 SPSS24.0 统计软件对问卷的信度进行分析，得出各个潜在变量及总体的 Cronbach's α 系数。一般而言，Cronbach's α 系数在 0.6 以上，说明信度可接受，在 0.7～0.8 之间时，说明问卷的信度相当好，在 0.8～0.9 之间时，说明问卷具有非常好的信度（见表 2）。

表 2　游客旅游动机和满意度量表的信度分析

量表	题项数	Cronbach's α
旅游动机测量量表	25	0.914
旅游满意度测量量表	6	0.911
总的测量量表	30	0.933

数据来源：本研究整理

旅游动机的 25 个测量条款中，远离城市喧嚣这一测量条款，修正后总相关系数为 0.248，小于 0.3，且将这一条款删除后的 Cronbach's α 系数为 0.915，大于总体 Cronbach's α 系数 0.914，故此条款应删除。原因可能在于，大众旅游时代到来，旅游成为人们的必需品，对于长期在城市生活和谋生的旅游者来说，旅游仅是放松身心，并非是自身对城市喧嚣的厌弃。其他测量条款的修正后总相关系数（Corrected Item-Total Correction，CITC）均大于 0.3，且其项已删除的 Cronbach's α 系数均小于总体 Cronbach's α 系数，说明这些题项具有非常好的信度，无需进行删除。因此，旅游动机的 24 个测量条款总体 Cronbach's α 系数为 0.914，说明具有非常好的信度，量表是非常符合研究的标准和要求的。

从 CITC 值来看，旅游满意度的 6 个测量条款全部高于 0.5，总体的 Cronbach's α 值为 0.911，说明测量题项的信度非常好，符合研究的标准和要求。如表 2 所示，量表的总体 Cronbach's α 值是 0.933，说明本次研究所使用的量表总体上的信度和内部一致性非常好，十分符合研究要求。

（三）效度分析

本问卷采用探索性因子分析法进行效度分析，判断依据是：若相同构面的因子荷载值较高，收敛效度也较高；若题项只在其所从属的构面里因子负荷值高于 0.5，其他构面的负荷值低于 0.5，满足此条件的题项数量越多，则具有越高的区别效度。

因子分析之前，需要通过 KMO 测度以及巴特莱特球体检验来判断对样本数据进行因子分析是否是适合的。检验结果如表 3 所示，旅游动机部分的 KMO 值=0.881，Bartlett 球形检验的显著性概率为 0.000<0.01；旅游满意度部分的 KMO 值=0.889，Bartlett 球形检验的显著性概率为 0.000<0.01。可见，这两部分非常适合做因子分析，具有较好的内部一致性，且收敛和区别效度均较良好。

表 3 旅游动机和旅游满意度的 KMO 测度和 Bartlett 球形检验结果

旅游动机部分	KMO 取样适当性检验		0.881
	Bartlett 球形检验	近似卡方	1 979.729
		df	276
		Sig.	0.000
旅游满意度部分	KMO 取样适当性检验		0.889
	Bartlett 球形检验	近似卡方	630.490
		df	15
		Sig.	0.000

数据来源：本研究整理

（四）因子分析

本文使用主成分分析法提取因子，同时进行方差最大正交旋转，并根据研究假设的维度抽取因子，最后得到 6 个解释因子，解释总体方差 67.166%的变异。为提高因子分析结果，本文采用以下标准筛选题项：① 删除在所有因子上的负荷量均低于 0.5 的题项；② 删除单独成为一个因子的题项；③ 删除有两个以上的因子负荷量高于 0.5 的题项。经筛选后，有两个题项不符合标准，便予以删除，即将“M17 参与当地民族特色活动”和“M20 陪同亲人或朋友”两个题项删除，原因可能是目前甘孜州民族特色活动不多，知名度不高，且当前游客更多的是自发式旅游，而非被动陪伴式旅游。最后，由 22 个题项组成 6 个因子，各因子所含的题项均有较大负荷，在 0.518 ~ 0.818 之间，如表 4 所示。

从分析结果来看，原始观测变量“观光动机”中“欣赏优美的自然风光”和“欣赏多样的动植物”两个题项划归到原始观测变量“休闲动机”题项所在的因子上，形成新的“休闲观光动机”；原始观测变量“民俗体验动机”中“购买当地土特产品”和“品尝当地民族美食”两个题项划归到原始观测变量“社交动机”题项所在的因子上，形成新的“主客交往动机”；原始观测变量“民俗体验动机”中“了解当地民族文化习俗”与“观光动机”中“参观藏民族文化景观”和“参观藏传佛教景观”两个题项合成一个新的因子“民族文化体验动机”；“康养动机”分为两个因子，分别是“疗养动机”和“健身动机”。出现这种现象是可以接受的，原因在于① 大众旅游时代，从观光旅游走向休闲度假，但观光依然是当前旅游的重要组成内容。② 游客前往旅游目的地，期待获得 Local 体验，而此体验的获得，更多的是通过土特产品的购买、当地美食的品尝以及与当地居民交流、交朋友等主客交往方式获得。③ 康养是健康和养生的集合，健康包括生理健康和心理健康，养生则包括食物养生和环境疗养。

根据所得因子内部题项构成及原始观测变量中的指标构成，将这 6 个因子分别命名为：自我发展动机（因子 F1，代表指标 M21、M22、M23、M24、M25）、主客交往动机（因子 F2，代表指标 M15、M16、M18、M19）、休闲观光动机（因子 F3，代表指标 M2、M3、M4、M10、M12）、民族文化体验动机（因子 F4，代表指标 M11、M13、M14）、疗养动机（因子 F5，代表指标 M7、M8、M9）和健身动机（因子 F6，代表指标 M5、M6）。并分别对由此形成的 6 组指标进行信度分析，分析结果如表 4 所示。

表 4　旅游动机探索性因子分析结果

测量条款	因子						Cronbach's α
	F1：自我发展动机	F2：主客交往动机	F3：休闲观光动机	F4：民族文化体验动机	F5：疗养动机	F6：健身动机	
M21 丰富人生经历	0.738						0.860
M22 挑战获成就感	0.615						
M23 激发灵感	0.605						
M24 寻求刺激或冒险	0.659						
M25 开阔视野长见识	0.812						
M15 购买土特产品		0.719					0.760
M16 品尝民族美食		0.518					
M18 结识新朋友		0.696					
M19 谈论旅游经历		0.712					
M2 放松身心			0.758				0.804
M3 缓解压力			0.818				
M4 寻求精神慰藉和平静			0.682				

续表

测量条款	因子						Cronbach's α
	F1：自我发展动机	F2：主客交往动机	F3：休闲观光动机	F4：民族文化体验动机	F5：疗养动机	F6：健身动机	
M10 欣赏自然风光			0.584				0.804
M12 欣赏动植物			0.550				
M11 参观民族文化景观				0.754			0.773
M13 参观藏传佛教景观				0.785			
M14 了解民族文化习俗				0.669			
M7 享受宜人的气候					0.621		0.734
M8 享受温泉疗养					0.751		
M9 享受森林天然氧吧					0.758		
M5 强身健体						0.558	0.584
M6 获得积极心理体验						0.678	

数据来源：本研究整理

从表 4 中可以看出，新组合的六个维度，除健身动机维度外，其余五个维度的 Cronbach's α 系数全部高于 0.7，具有较好的内部一致性。可能因题项较少，健身动机这一维度的 Cronbach's α 系数为 0.584，但也非常接近 0.6，可接受。总体上，旅游动机测量量表的区别和收敛效度良好。

（五）相关分析和回归分析

本文运用 SPSS24.0 统计软件进行相关分析，检验山地旅游者旅游动机和满意度各变量之变的相互关系，同时明确关系的方向和强弱程度。此处主要讨论山地旅游者旅游动机各维度是否与其总体满意度存在显著相关性，分析结果如表 5 所示。

表 5　游客旅游动机与满意度的相关分析结果

		旅行达期望	旅行付出值得	与他地比满意	总体满意	愿意重游	向亲友推荐
自我发展动机	Pearson 相关性	.503**	.414**	.398**	.471**	.399**	.425**
主客交往动机	Pearson 相关性	.047	.170*	.150	.121	.111	.086
休闲观光动机	Pearson 相关性	.260**	.227**	.275**	.231**	.161*	.213**
民族文化体验动机	Pearson 相关性	.179*	.215**	.156*	.225**	.227**	.118
疗养动机	Pearson 相关性	.128	.145	.125	.150	.065	.186*
健身动机	Pearson 相关性	-.038	.103	.154*	.139	.175*	.106

注：**在 0.01 水平（双侧）上显著相关；*在 0.05 水平（双侧）上显著相关。

数据来源：本研究整理

从表 5 中可以看出，在 0.01 的显著性水平下，山地旅游者的自我发展动机总体满意度各因子显著相关；休闲观光动机与总体满意度中的“旅行达期望”“旅行付出值得”“与他地相比满意”“总体满意”和“向亲友推荐”因子显著正相关；民族文化体验动机与总体满意度中的“旅行付出值得”“总体满意”和“愿意重游”因子显著正相关。

在 0.05 的显著性水平下，山地旅游者的主客交往动机与总体满意度中“旅行付出值得”因子显著正相关；休闲观光动机与总体满意度中“愿意重游”因子显著正相关；民族文化体验动机与总体旅游满意度中“旅行达期望”和“与他地相比满意”因子显著正相关；疗养动机与总体满意度中“向亲友推荐”因子显著正相关；健身动机与“与他地相比满意”和“愿意重游”因子显著正相关。

同时，也可以看出，除“旅行付出值得”外，主客交往动机与其他总体满意度因子无显著相关关系；除“向亲友推荐”外，疗养动机与其他总体满意度因子无显著相关关系；除“与他地相比满意”和“愿意重游”外，健身动机与其他总体满意度因子无显著相关关系；民族文化体验动机与“向亲友推荐”因子无显著相关关系。

本文运用 SPSS24.0 统计软件对旅游动机的六个维度与满意度各因子进行回归分析，对前面的相关性分析结果进行验证。回归分析的结果与相关分析的结果一致。

（六）数据分析结论

目前到甘孜州进行山地旅游的游客群体以及甘孜州山地旅游发展具有以下特点：① 甘孜州山地旅游者男女比例基本相当，受教育程度普遍偏高。② 受到本地生活消费水平和 2020 年新冠肺炎疫情的影响，目前甘孜州山地旅游的客源市场主要为中等收入人群和四川省内居民。③ 目前游客所获得的甘孜州山地旅游信息来源主要为亲友推荐、旅游网站和抖音、微博等新媒体，说明目前游客在进行旅游决策时，口碑、互联网以及自媒体等新兴媒体是其重要的信息获取渠道。④ 目前甘孜州山地旅游颇受青壮年和中等收入群体的青睐，在四川省具有很高的名气和吸引力，同时在国内旅游市场也具有一定的名气和吸引力。

甘孜州山地旅游者的旅游动机由六维度构成，分别是自我发展动机、主客交往动机、休闲观光动机、民族文化体验动机、疗养动机和健身动机。民族地区山地旅游者的旅游动机各维度与总体旅游满意度各因子之间部分存在显著正向相关关系，其中自我发展动机和休闲观光动机显著正向影响总体旅游满意度各因子；除“向亲友推荐”外，民族文化体验动机显著正向影响总体旅游满意度各因子；主客交往动机显著正向影响“旅行付出值得”这一总体旅游满意度因子；疗养动机显著正向影响“向亲友推荐”这一总体旅游满意度因子；健身动机显著正向影响“与他地相比满意”和“愿意重游”这两个总体旅游满意度因子。

可见，目前甘孜州山地旅游者的旅游满意度水平显著受到其自我发展动机和休闲观光动机的影响，大部分受到其民族文化体验动机的影响，部分受到主客交往、疗养和健身动机的影响。同时也说明，目前甘孜州山地旅游者的动机与旅游满意度之间还存在其他旅游变量或因素的影响，这些变量在动机与满意度关系中起到调节或中介的作用，需要进一步具体研究。

五、甘孜州山地旅游发展对策

近年来，甘孜州重视和加快发展山地旅游。随着各项举措的推进，甘孜州山地旅游取得了不错的成绩，如山地旅游知名度明显提升，山地旅游营销尤其是口碑建设、网上建设和新媒体营销取得一定成效，核心吸引物中丰富独特的自然和人文资源受到广大旅游者的青睐和肯定，优良的康养资源吸引了大量度假主导型游客的到来，正在实现旅游业从观光到休闲度假的健康转型等。而休闲度假游或休闲度假旅游产品对游客重游依赖性较强，加之甘孜州距离主要客源市场较远，在闲暇时间一定的情况下游客逗留时间较短，因此甘孜州十分有必要采取某些措施，提升游客旅游满意度，力争吸引游客重复旅游，增加旅游收益。根据本研究所得出的结论，对甘孜州山地旅游发展提升旅游满意度提出以下几点建议：

（一）充分发挥自然资源优势，开发多样化山地旅游活动项目

本文研究发现，目前甘孜州山地旅游者的满意度水平的各项指标显著受到游客自我发展动机和休闲观光动机的影响，且休闲观光动机在各类型游客中均比较突出，是各类游客的基本旅游动机。此外，度假主导型游客是甘孜州目前和未来的主要的目标市场。加之受2020年新冠肺炎疫情的影响，游客的旅游需求发生变化，亲山近水、呼吸新鲜空气以及依托自然资源开展户外活动成为后疫情时代游客的重要需求。所以，甘孜州应该充分利用自身的资源优势，开发和完善基于自然生态资源的旅游度假产品，吸引游客前来休闲放松和度假，同时发挥生态旅游景区的生态教育功能，融入生态科普类产品和服务，如景区特有动植物科普展或地质知识宣传廊等，帮助游客开阔视野，增长见识；依托自然资源，结合海拔实际，开发多样化的兼具体验性和挑战性的山地户外活动项目，如原始丛林穿越、峡谷穿越、高原徒步、徒步登山、攀登雪山、滑雪、山地越野、洞穴探秘、地质考察等，吸引游客参与，通过刺激和挑战，增加游客成就感，满足其自我发展动机。

（二）深入挖掘民族文化内涵，不断提升山地旅游的竞争力

本文研究发现，除“向亲友推荐”这一指标外，民族文化体验动机显著正向影响游客的总体旅游满意度的各个指标，且民族文化体验动机在各类型游客中均较突出，属于基本旅游动机之一。甘孜州作为康巴文化的诞生地，藏文化的发祥地之一，拥有极具特色、博大精深和绚丽多姿的藏民族文化，这是甘孜州山地旅游区别于其他地区山地旅游的核心内容。因此，甘孜州应该深入挖掘自身文化特色，找出与竞争对手的不同之处，如针对凉山州则突出格萨尔文化、藏传佛教文化，针对阿坝州则突出情歌文化、茶马古道文化，针对贵州省则突出藏民族文化等；在挖掘到独特文化内涵后，甘孜州应结合实际情况，选择恰当且形象生动的显化方式和展示形式，既保留原真性又具有体验性，如大型民族舞蹈的沉浸式演出、建非遗传承馆并设置体验区、康巴文创产品开发以及康巴美食文化节等，让游客能够容易且清晰地感知到甘孜州山地旅游的独特性和文化内涵，满足其民族文化体验动机，从而提高游客满意度。

（三）整合优良康养资源，完善产品体系，打响康养胜地品牌

本文研究发现，除了人文和自然风光外，度假主导型游客还很看重甘孜州优良的康养资源，疗养动机突出。此外，疗养动机显著正向影响“向亲友推荐”这一指标，健身动机显著正向影响“与他地相比满意”和“愿意重游”这两个指标。说明康养旅游产品的开发对吸引度假型游客具有重要作用，同时对培育良好的口碑，构建旅游目的地形象，吸引游客重游具有重要作用。目前甘孜州在温泉度假游方面取得了较大发展，也打造了较为知名的旅游目的

地，如海螺沟温泉度假小镇，但目前甘孜州的康养旅游产品体系还不完善。因此，甘孜州应该充分利用包括温泉在内的丰富的康养资源，如舒适宜人的气候（阳光、温度）、森林天然氧吧、博大精深的藏医药、野生食用菌等，开发出体系完善的康养旅游产品，如夏日避暑之旅、冬日追逐暖阳·洗肺之旅、秋日松茸美食之旅、春日雪山温泉之旅等，打响康养胜地的品牌。

● 参考文献

[1] 陆林. 山岳旅游地旅游者旅游动机行为研究——黄山旅游者实证分析[J]. 人文地理，1997，（1）：6-11.

[2] GODDE P M, PRICE M F, ZIMMERMAN F M. Tourism and development in mountain regions：moving forward into the new millennium[M]//Godde P M，Price M F，Zimmermann F M. Tourism and Development in Mountain Regions. New York，NY. USA：CABI，2000：1-25.

[3] 刘智兴，马耀峰，高楠，等. 山岳型旅游目的地形象感知研究——以五台山风景名胜区为例[J]. 山地学报，2013，31（3）：370 -376.

[4] 赵振斌，党娇. 基于网络文本内容分析的太白山背包旅游行为研究[J]. 人文地理，2011，26（1）：134 -139.

[5] 胡明文，赵丽桂，李梁平. 武功山旅游者山地游憩行为特征分析[J]. 萍乡高等专科学校学报，2014，31（5）：28-34.

[6] 郑群明，段霓婧，刘嘉，等. 山地度假旅游者动机与旅游消费行为关联研究——基于广东南昆山度假游客的调查[J]. 广西经济管理干部学院报，2016，28（4）：82 -87，101.

[7] 陈星，张捷，张宏磊. 观光型旅游地游客动机、交往意愿和体验质量之关系——以世界自然遗产地三清山为例[J]. 地理科学进展，2017，36（11）：1391-1401.

[8] LEE T. H. A structural model to examine how destination image, attitude, and motivation affect the future behavior of tourists[J]. Leisure Sciences，2009，31（3）：215- 236.

[9] 张宏梅，陆林. 游客涉入及其与旅游动机和游客满意度的结构关系——以桂林、阳朔入境旅游者为例[J]. 预测，2010，（2）：64-69.

[10] TAHER S H M, JAMAL S A, SUMARJAN N, et al. Examining the structural relations among hikers' assessment of pull-factors，satisfaction and revisit intentions：The case of mountain tourism in Malaysia[J]. Journal of Outdoor Recreation & Tourism，2015，12：82-88.

[11] 张言庆. 基于旅游动机的游客满意度差异研究[J]. 旅游论坛，2011，（2）：24-27.

[12] 何曙光. 基于 IPA 分析法的衡山景区游客满意度研究[D]. 长沙：湖南师范大学，2010.

[13] 夏巧云，王朝辉. 基于 Fuzzy-IPA 的山岳型景区游客满意度研究——以黄山风景区为例[J]. 安徽师范大学学报（自然科学版），2012，35（5）：471-476.

康定市旅游购物品销售调查分析①

四川民族学院历史文化与旅游学院　邓建萍　王兴贵

【摘　要】作为旅游六要素之一的“购”是旅游收入的一个重要部分。旅游购物涉及购物品本身的价值、旅游者的心理因素以及购物环境等多个方面。甘孜州物产丰富，为旅游购物品的开发提供了资源条件。本文选取康定市作为研究对象，采用实地考察、问卷调查的方法，对康定市旅游购物品销售情况进行分析。研究发现，由于店铺自身因素与外部环境因素的影响，大多数店铺旅游购物品销售效益不佳，店主满意度较低，基于此，本文根据发现的问题提出相应措施，以期对康定市旅游购物品市场的发展起到一定作用。

【关键词】旅游购物品；旅游购物品销售；销售效益；康定市

“购”是旅游业六要素之一，在旅游业发展中占有重要地位。旅游购物品作为旅游收入的重要组成部分，成为国内学者研究的重要内容之一。马蜂窝发布的《全球旅游消费报告 2019》显示，九成游客预算超支，“买买买”成为重要原因，近六成女性游客表示购物是导致预算超支的主要原因。国家在《关于进一步促进旅游投资和消费的若干意见》中提出开发富有特色的旅游纪念品，丰富旅游商品类型，提升特色旅游商品。因此，对康定市旅游购物品销售进行研究具有现实意义。

一、研究区域概况

康定地处四川盆地西缘山地和青藏高原的过渡地带，位于四川省西部、甘孜州东部，跑马山脚下，折多河从城中穿过。古称“打箭炉”，简称炉城，是甘孜州人民政府与康定市人民政府所在地。康定历史文化悠久，是历史上茶马古道上的重镇，是汉藏贸易的重要口岸[1]。现有康定机场、雅康高速，空中、陆上交通发达，加强了州内外的联系。康定有“情歌之乡”的美称，属于国道 318 线自驾游线路上的重要节点。

二、研究方法

2019 年 11 月 23—25 日，对康定市旅游购物店进行实地调研。以康定市中心城镇——炉

① 项目基金：四川民族学院 2018—2020 年高等教育人才培养质量和教学改革项目“应用转型背景下的康巴旅游购物品学课程建设研究”（项目编号：Xjjg2018034）阶段性成果。

作者简介：邓建萍（1969—），女，副教授。王兴贵（1970—），男，硕士，副教授，主要研究方向：区域与旅游可持续发展研究。

城镇内的旅游购物店为调查对象，对旅游购物店进行编号，采用逐户问卷的调查方法，对城镇内经营旅游购物销售的店铺进行问卷调查。本次调查包括炉城镇内车站附近、溜溜城步行街、情歌广场附近以及城镇内主街的主要店铺。本次调查共有 41 个店铺，其中，康定车站附近 3 个，溜溜城步行街 7 个，折多河两侧 10 个，主街道 21 个。

调查的主要内容包括：① 销售人员基本特征，包括性别年龄、受教育程度等。② 店铺基本情况，包括店铺所处位置、店铺面积、店铺规模、店铺开始经营时间、店铺形象（包括外观、店名、装饰、店铺布局等）。③ 店铺的销售情况，包括旅游购物品类型、销售额、销售途径、经营状况、进货渠道等。④ 店铺销售人员（或老板）对旅游购物看法，包括游客对旅游购物品的购物倾向、营销购物品销售因素，以及旅游购物品的开发设计等。⑤ 店铺接待购物对象。

本次被调查的店铺中，店员 5 人，店老板 36 人，分别占 12.2%、87.8%。其中男性 18 人，女性 23 人，分别占 43.9%，56.1%；经营者年龄大都在 20 ~ 50 岁，占 85.4%；受教育程度在初中以下占比为 58.6%，高中或者中专学历为 17%，大专或本科占比为 24.4%。总体上看，受访经营者的受教育程度较低（见表 1）。

表 1　店铺受访人员基本特征

统计指标		频数	比例/%
性别	男	18	43.9
	女	23	56.1
年龄	20 岁以下	1	2.4
	20 ~ 30 岁	12	29.3
	30 ~ 40 岁	11	26.8
	40 ~ 50 岁	12	29.3
	50 岁以上	5	12.2
学历	初中以下	24	58.6
	高中或中专	7	17
	大专或本科	10	24.4
	研究生以上	0	0

三、旅游购物品销售类型分析

在康定炉城镇旅游购物品销售店销售的旅游购物品类型丰富多样，主要有旅游工艺品、旅游用品、土特产品、特色服饰等。其详细类型如表 2 所示。

表 2　康定市炉城镇旅游购物品主要类型

序号	种类	亚类名称	具体名称
1	旅游工艺品	金属制品	金银首饰（手镯、耳环等）、藏刀、转经筒等
		民间手工制品	
		牛角制品（等）	牛角梳
		宝石	珠链

续表

序号	种类	亚类名称	具体名称
2	旅游用品	帐篷、帽子、旅行服装、旅行包	
3	土特产品	茶叶	藏茶
		酒	青稞酒
		林产品	得荣树椒、九龙花椒
		野生菌类	松茸、鸡油菌、羊肚菌、牛肝菌、白菌等
		中药材	虫草、川贝、天麻、当归、党参、红景天、雪莲花、灵芝、藏红花等
		牦牛肉制品	风干牛肉、牛肉干
		地方特色食品	酥油、奶酪、糌粑、酸奶
4	特色服饰		藏装

四、旅游购物品经营场所分析

（一）旅游购物品经营场所类型

康定旅游购物品经营场所主要有两种类型，一是门面店铺型，主要分布于车站附近、主街、溜溜城步行街、情歌广场附近等主要区域，是旅游购物品销售的主体。门面店铺型销售的旅游购物品类型相对较为齐全，相对较为规范。二是沿折多河旁边的购物摊点型，主要分布于大风湾农产品综合批发市场以及牦牛肉销售中心，数量较多，主要销售康定土特产以及新鲜的牦牛肉等。康定市对其进行统一规范，搭建了屋棚，但多数缺乏统一的标识。

（二）旅游购物品门面店铺变化情况分析

甘孜州旅游业经过 20 多年的发展，其旅游接待有了很大提高，旅游购物条件也有巨大变化，旅游购物环境也得到了巨大改善。门面店铺数量的变化反映了甘孜州旅游业的发展变化、游客数量的变化，以及旅游购物品需求的变化。其变化大体上可以分为以下几个阶段：

表 3　不同阶段门面店铺数量变化情况

店铺开始经营时间	店铺数量	占问卷的百分比/%
2001 年以前	3	7.4
2001—2008 年	8	19.5
2008—2013 年	11	26.8
2013 年后	19	46.3

2001 年以前，在康定从事旅游购物品销售的店铺较少，仅为 3 家，占问卷的 7.4%。主要是由于甘孜州地处偏远，交通不便，还处于相对封闭的状态，到甘孜州的游客较少。

2001—2008 年，从事旅游购物品销售的店铺有所增加，增加了 8 家，占问卷的 19.5%。2001 年二郎山隧道通车，缩短了成都到康定的距离，交通条件有所改善，进入甘孜州的游客数量增加。

2008—2013 年，从事旅游购物品销售的店铺增加较快，在 5 年间增加了 11 家，占问卷的 26.8%。随着旅游业的快速发展，甘孜州的原生的、独特的自然风光及特色民族风情吸引更多的游客到甘孜州旅游，游客对旅游购物的需求增加。

2013 年后，从事旅游购物品销售的店铺迅速增加，在 6 年间增加了 19 家，占问卷的 46.3%，其中，2018 年来新增 8 家。主要原因有：2013 年以来，国家层面出台了《国民旅游休闲纲要（2013—2020）》相关文件，旅游政策环境好；2014 年四川省涉藏工作地区旅游工作会议在甘孜召开，出台了《四川藏区旅游业发展三年行动计划》；2013 年甘孜州政府推动全域旅游，旅游业得到了快速发展；2018 年 1 月，雅康高速通车，交通更加便捷，到甘孜州游客迅速增加，旅游业快速发展。

（三）旅游购物品门面店铺存在的问题

总体来看，康定旅游购物品店铺分布具有一定规律，主要沿商业街（新市前街、新市后街、东大街）、溜溜城步行街与沿折多河两岸分布。每个店铺都基本利用沿街、沿河的老民居，对内部进行了改建，外部由政府统一装饰，与康定城镇融为一体。但旅游购物品门面店铺存在以下问题。

1. 旅游购物店铺标识牌不规范，影响旅游形象

店铺标识牌是展示店铺形象的窗口，是引导旅游者购物必需的设施，也是重要的旅游吸引物。标识主要表现在店铺店名标牌以及店铺内商品标牌。总体来看，康定旅游购物品店铺都有自己的标识系统，对游客购物起到一定的引导作用。由于缺乏统一的规划，其标识存在不规范的现象，主要表现在：总体上店铺都有店名标牌，但店名标牌的装修不统一，整体不协调，标识牌的字体和颜色不统一（有的用了汉文、藏文、英文三种文字，有的只用了汉文，有的用了汉文和藏文，标识牌的颜色用红色、黄色、绿色等多种颜色）；部分店铺内的商品都有类别标牌（包括名称、价格），但标识牌不规范，随意性比较大。

2. 旅游购物店铺装饰过于简单，缺乏特色

旅游购物品店铺装饰成为“景观”是吸引游客到店购物观赏、选购的重要因素，会给游客留下深刻的印象。良好的装饰可以营造游客观光、购物环境。店铺装饰包括装饰材料、样式、风格等。目前，康定旅游购物店铺的装饰上大体相似，较为简单，缺乏地方特色，没有营造整体购物环境和氛围。主要表现在：一是基本采用玻璃橱柜，较为单一；二是虽然很多店铺外观采用玻璃门，但采光度不太好，难以让游客从室外欣赏室内的购物品；三是装饰风格较为简单，没有结合自身店铺的特点装饰，没有体现康巴地区的地方特色。

3. 旅游购物品展示缺乏美感，没有形成视觉效果

旅游购物品店铺不仅仅是销售商品，为游客购物提供便利，还是游客观光的主要场所。因此，良好的旅游购物品展示有利于形成视觉效果。目前，康定旅游购物店铺展示缺乏形式美，给游客的视觉效果较差。其展示存在以下问题：一是功能区不完善，将收银区、销售区与货物储藏区等没有严格区分，整体的协调性较差，没有形成点线面的美感视觉效果；二是

旅游购物品类型比较多样，分类不明确；三是旅游购物品摆放随意性强，不整齐，显得很凌乱；四是没有将店铺具有代表性、能吸引游客的旅游购物品摆放在显眼的位置。

五、旅游购物品销售情况分析

（一）门面店铺接待的购物者分析

门面店铺接待的购物者情况反映了旅游购物品销售情况，从目前情况来看，康定门面店铺接待的购物对象主要为外来旅游者与当地社区居民。其中，有 24 户（占问卷的 58.5%）的店铺业主认为购物对象主要为外来旅游者，有 23 户（占问卷的 56%）的店铺业主认为购物对象主要为当地社区居民。说明康定门面店铺接待的购物者不仅仅是外来旅游者，还有当地社区居民。表明康定门面店铺旅游购物品不仅满足游客需求，还满足当地社区居民生活的需要。同时，也与康定地处汉藏过渡地带，在康定地区的外来人员有紧密的关系（包括公务员、事业单位、学生、商业经营者等）。

（二）具有市场竞争力的旅游购物品类型分析

对旅游者具有购物吸引力的主要表现在门面店铺和旅游购物品，而旅游购物品是旅游者前来购物旅游的最大吸引力。从问卷结果来看，在旅游购物品类型中，市场竞争力的顺序为土特产>特色服装饰品>旅游工艺品>旅游用品。其中，以菌类、药材、牦牛肉制品等为主的绿色农产品土特产受到广大旅游者的喜爱，是门面店铺卖得最好的商品，占问卷的 51%，土特产对游客具有吸引力最强。其次，旅游工艺品也成为外来游客购物的对象，占问卷的 14.6%，说明甘孜州藏族特色文化对外来游客的吸引力强。一部分店铺以专卖店为主，主要经营特色服装（藏族服饰），其市场竞争力较强，占问卷的 17%。特色服饰主要是满足当地藏族同胞穿戴的需要。

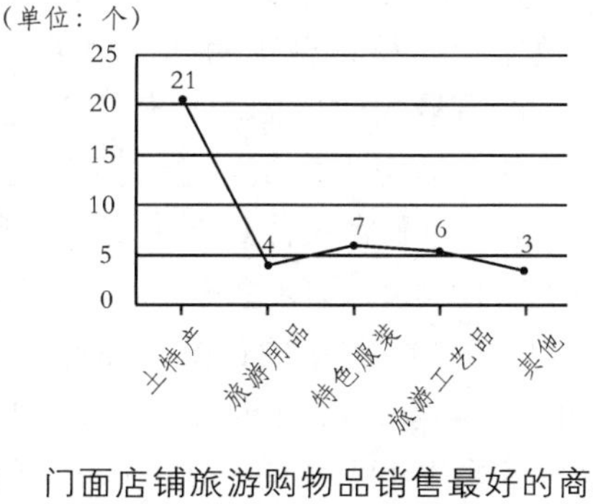

图 1　门面店铺旅游购物品销售最好的商品

（三）店铺销售效益分析

销售额反映门面店铺旅游购物品的销售状况，同时也反映其产生的经济效益。一般情况下，店铺一天销售额达到 5 000 元以上的较少，仅占问卷的 19.5%，1 000 元以下的占到 50%。问卷调查虽然不能反映店铺销售额的真实情况，但一定程度上说明门面店铺旅游购物品的销售不太理想。

虽然甘孜州旅游业得到大力发展，但店铺的总销售额并没有随着旅游业的发展而增加，反而呈减少的趋势。相比前几年，店铺销售额增加的很少，仅有 1 家，占问卷的 2.4%，认为差不多的为 4 家，占问卷的 9.7%；大多店铺销售额减少了，为 32 家，占问卷的 78%，减少的幅度大，有的店铺减少幅度很大（在近两年开始经营的店铺有 4 家，无法比较）。

由于店铺的销售额不佳，店铺对经营状况的满意度不高。目前，对店铺经营状况满意的有 6 家，占问卷的 14.6%；认为还行的为 15 家，占问卷的 36.6%；不满意的为 20 家，占问卷的 48.7%。

（四）销售渠道分析

随着雅康高速通车，以及现代技术（网络技术）的应用，销售渠道也发生了变化。店铺销售不再以实体店的方式满足外来游客和社区居民进店购物的需要，一部分店铺采用多渠道的方式对购物店进行营销，采用“实体店+网上销售”的销售模式，增加店铺的销售额。仅仅采用实体店进行旅游购物品销售的店铺有 12 家，占问卷的 29.2%，采用“实体店+网上销售”销售的有 29 家，占问卷的 70.7%。

六、影响销售额的因素分析

影响店铺销售的因素主要有旅游购物品类型、旅游淡旺季、市场竞争、销售渠道、外部环境等因素的影响。

（一）旅游购物品个性化特征

在康定销售的旅游购物品类型多样。但旅游购物品的特色、实用性、纪念性，以及性价比等因素成为吸引游客的重要因素。其中，具有甘孜州地方特色的旅游购物品，如以菌类、药材、牦牛肉制品等为主的绿色农产品土特产是店铺卖得最好的商品，可以满足游客对绿色农牧产品的需求（见图 1）。特色服装饰品具有实用性，满足当地藏族同胞穿戴的需要。

在问卷中，游客关注旅游购物品最多的方面顺序依次为旅游购物品的质量、地方特色、实用性、价格、纪念性、便于携带、品牌，旅游购物品性价比、地方特色、实用性、纪念性是游客最关注的四个方面。其中，认为游客关注最多的是旅游购物品质量的店铺有 19 家，占问卷的 46.3%，认为关注价格的有 10 家，占问卷的 24.4%，说明游客在购物时较为理性，既考虑旅游购物品的质量，同时考虑旅游购物品的价格，性价比成为影响游客购物的重要因素。认为地方特色是游客关注最多的有 14 家，占问卷的 34.1%，表明地方特色成为外来游客在康定购物的重要因素之一。认为游客关注实用性的有 11 家，占问卷的 26.8%，关注纪念性的有 9 家，占问卷的 22%，表明游客购物时比较关注实用性和纪念性。此外，便于携带，是否是品牌成为部分游客关注的方面（见图 2）。

（二）市场竞争激烈

随着旅游业的发展，以及开放程度加大，旅游购物店铺增多（见表 3），销售压力较大。从旅游购物品销售店铺来看，销售相同或相似的旅游购物品的店铺较多，其中销售旅游工艺品和以牦牛肉、野生食用菌等为主的绿色土特产为主的店铺分别有 19 家，占问卷的 46.3%。因此，问卷店铺中认为相似的店铺多，旅游购物品的类型雷同的有 13 家，占问卷的 31.7%。

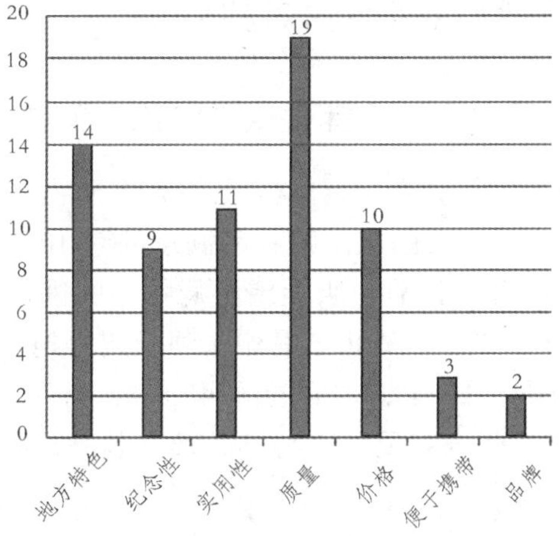

图 2　游客购物时关注最多的方面

（三）旅游淡旺季明显

旅游业是一个复杂的复合系统，其发展受到多种因素的影响，存在淡旺季之分。旅游购物业也会随着游客流动的季节变化而变化，店铺旅游购物品销售淡旺季明显。甘孜州旅游旺季在 5—10 月，旅游淡季在 1—4 月、11—12 月，淡旺季销售差异明显。认为旅游淡旺季是影响店铺销售的主要因素的有 16 家，占问卷的 39%，每天销售额差异达到 1 万 ~ 2 万。

（四）销售渠道

销售渠道影响店铺的销售量较为明显。采用传统的实体店进行旅游购物品销售的店铺销售额相对较少，一天的销售额大都在 1 000 元以下，其效益较低。采用“实体店+网上销售”的销售方式的店铺，利用“微信朋友圈”“抖音”“淘宝”等方式对自己店铺及旅游购物品进行营销，推销自己的产品，弥补实体购物不足。如：一瓢油、圣福蕊藏红花、圣洁康巴（精选特产专卖）等。总体来说，“实体店+网上销售”的销售方式比传统的单一的实体店销售效益好。

（五）交通条件

交通条件的改善是一把双刃剑。一方面，交通改善改变旅游目的地的可进入性，促进旅游业的快速发展；另一方面，打破交通瓶颈的制约，旅游流动加快，以前的旅游目的地可能成为过境游，缩短了游客的停留时间。因此，交通条件的改善同样会给旅游购物业带来不利影响。

雅康高速公路的通车促进了甘孜州旅游业的快速发展，但面临外来自驾游增加造成交通拥堵的困境。同时，康定特殊的地势条件决定了车辆容纳能力有限。雅康高速公路通车后，游客（特别是自驾游）不能停车，在康定停留时间短，来得快，去得也快。因此，雅康高速公路通车后，对店铺购物销售营销较大，出现销售不增反减的现象，在车站附近及主街（不便停车）表现较为明显。

七、提升店铺旅游购物品销售的对策分析

（一）注重旅游购物品开发，为店铺提供特色旅游购物品

开发具有甘孜州地方特色的旅游购物品，满足旅游者购物的需求是提升店铺旅游购物品销售的关键。目前，对甘孜州已开发的旅游购物品满意的有 18 家，占问卷的 43.9%，说明旅游购物品的开发有待进一步提升。目前，店铺旅游购物品的进货渠道有自产自销、甘孜州内及州外其他地区（成都、广州、西藏、青海、甘肃、阿坝州等地）。其中，自产自销的有 9 家，占问卷的 21.9%；甘孜州内的有 20 家，占问卷的 48.8%；州外其他地区有 12 家，占问卷的 29.3%。其中，自产自销、甘孜州内主要是土特产品及其制品；而旅游工艺品、旅游用品等主要靠州外其他地区输入。

（二）充分利用康定特殊的地理条件，增加店铺销售量

康定海拔为 2 616 m，夏季气温最高不超过 25 °C，空气湿度在 70%左右。康定拥有人体最感舒适的环境气候条件，是夏季避暑度假的旅游目的地。因此，要充分利用夏季避暑条件，让更多的游客在康定避暑度假，增加停留时间，增加店铺旅游购物品销售量。

（三）充分利用现代技术，加强旅游购物品网络营销

随着现代科技的发展，人们的购物消费方式也发生了改变，单一的实体店销售模式已不能满足旅游者的需要。目前，利用现代网络技术，如采用微信、微博等打广告，对经营店铺以及旅游购物品进行营销的店铺并不多，仅有 8 家，占问卷的 19.5%。

（四）加强品牌建设，提升旅游购物品市场竞争力

虽然问卷调查中，游客对品牌的关注度不高（见图 2），但品牌对树立店铺形象、增加销售量具有十分重要的作用。在问卷中，注重旅游购物品包装、树立品牌意识的店铺并不多，仅有 6 家，占问卷的 14.6%。其中，川藏礼、圣福蕊藏红花等已经注册商标，树立了自己的品牌。此外，一瓢油已经在康定当地人中树立了自己的品牌，其销售量大，效益好。因此，要通过注册商标、加强购物品包装等方式，加强品牌建设，树立品牌意识。

● 参考文献

[1] 周介铭，王德忠，王川. 康巴文化研究[M]. 北京：人民出版社，2018.

甘孜州非物质文化遗产旅游纪念品开发对策①

——以稻城县阿西土陶为例

四川民族学院历史文化与旅游学院　张远浩　李晓静

【摘　要】非物质文化遗产（简称“非遗”）作为中华民族上下五千年的古老技艺的传承，融汇了民族的历史与文化和艺人们的聪明才智。近年来，国家越来越重视对非物质文化遗产的保护与传承，民间艺人与普通老百姓的保护意识也越来越强，但是如今许多非物质文化遗产面临着鲜为人知、无人传承即将消失的危险。本文以稻城县阿西土陶为例，对甘孜州非物质文化遗产旅游纪念品进行研究。研究发现：稻城县阿西土陶具有实用性、原材料稀有独特、制作工艺复杂精细及民族性等特点。本文在旅游纪念品开发 SWOT 分析的基础上，有针对性地提出开发对策。

【关键词】非物质文化遗产；旅游纪念品开发；SWOT 分析；阿西土陶

一、非物质文化遗产的相关研究

（一）非物质文化遗产的概念及现状

联合国教科文组织 2003 年 10 月通过的《保护非物质文化遗产公约》，将非物质文化遗产界定为“被各社区、群体，有时是个人，视为其文化遗产组成部分的各种社会实践、观念表述、知识、技能以及相关的工具、实物、手工艺品和文化场所”。

非物质文化遗产是中华优秀传统文化传承的重要载体，目前非物质文化遗产正逐年得到国家以及社会人士的重视，十九大报告多次提及要继承和发扬中华优秀传统文化，报告将“加强文物保护利用和文化遗产保护传承”作为新时代建设社会主义文化强国的工作内容之一[1]。此外，国家加大了对非物质文化遗产的法律体系的构建，将其保护上升到了国家层面。同时非物质文化遗产数字化让其更加贴近人们的生活，增强了人们对它的兴趣。

我国是拥有世界非物质文化遗产最多的国家，截至 2018 年 12 月，我国入选联合国教科文组织非物质文化遗产项目总数共达 40 项。其中，32 个项目列入人类非物质文化遗产代表作名录，7 个项目列入急需保护的非物质文化遗产名录，1 个项目入选优秀实践名册。而对于我国的国家级非物质文化遗产项目，国务院先后公布了四批国家级项目名录，一共有 1 372 个国

---

① 项目基金：四川民族学院 2018—2020 年高等教育人才培养质量和教学改革项目“应用转型背景下的康巴旅游购物品学课程建设研究”（项目编号：Xjjg2018034）阶段性成果。

作者简介：张远浩（1973—），男，讲师，主要研究方向：旅游地理。李晓静（1995—），女，汉族，管理学学士，四川民族学院旅游管理专业毕业。

家级非物质文化遗产代表性项目。按照申报地区或单位进行逐一统计，共计 3 154 个子项[2]。

（二）非物质文化遗产保护传承面临的问题

虽然国家越来越重视非物质文化遗产的传承和发展，但是由于非遗传承人的逐渐缺失、时代的快速发展、审美的不同，非物质文化遗产的传承受到了极大的挑战。

首先是非物质文化遗产同质化现象严重，每个地方虽然都有着属于当地的非物质文化遗产，然而其类型和功能大多形同一致，没有什么特殊的地方。其次是非物质文化遗产逐渐变得商业化，厂家为了卖出更多的产品，获得更高的利益，往往会迎合大众的现代消费习惯和消费审美对非遗进行巨大的改变，未能保持其原真性。再次是人们的保护意识和保护手段还有待提高，并且国家缺乏相关专业的人才，在合理规划具体保护方面欠缺经验，对一些非遗的创新改变了其原有的文化内涵和独特魅力。

二、旅游纪念品的相关研究

（一）旅游纪念品的概念

目前，学术界对于旅游纪念品的概念界定还不是很统一，主要有如下几个概念及特点：

（1）旅游纪念品是能使人回想起当时的旅游经历和情景的东西，即对某一特定旅游目的地有纪念意义的实物商品[3]。

（2）旅游纪念品是以旅游景点资源作为依托，利用当地特有的材料制作，体现了当地的传统工艺和文化内涵以及风格等的物件。

（3）旅游纪念品是指具有地方标志性的旅游商品。它不同于一般的商品，它能反映旅游地的特色，是该旅游地独有的，在旅游市场上具有独占性的商品，具有艺术价值、收藏价值、礼品价值等基本价值，其中艺术价值是旅游纪念品最基本最重要的特征[4]。

综上所述，本文认为旅游纪念品的概念可以总结为：旅游纪念品是能够代表某个地方的独特魅力与文化内涵的，能够引发人们的回忆，具有纪念意义、收藏价值、礼品价值的旅游购物品。

（二）影响旅游纪念品购买行为的因素分析

旅游者购买行为是指旅游者为满足自身的需要而产生的心理活动和购买行为，是在旅游动机的驱使下，用一定的交易手段来换取服务和产品的行动[5]。对旅游购买者行为会产生影响的因素有以下几个：

1. 文化因素

我们每个人都生活在特定的环境氛围当中，从小就受到不同文化的熏陶从而形成了独自的审美观和价值观。今天，人们的物质生活愈来愈富足，故而对文化、精神等较高层次的追求更加强烈。人们在旅行过程中特别想了解体验当地的传统文化，寻求文化差异和文化认同。因此通过不同文化的相互碰撞，物化到旅游纪念品上，能够激发人们的购买行为。

2. 社会因素

社会因素包括家庭、社会阶层以及参照群体等。一般来说，在决定购买旅游纪念品的过程中，家庭成员所扮演的角色尤为重要。对于价格便宜的小工艺品一般会自行决定，而对于价格稍微昂贵的旅游纪念品则会同家人一起商量做决定。不同的阶层有着不同的价值观念，通常来说，社会上层人士倾向于购买高价格、高标准、高品位的东西来彰显个人的地位。个人在购买旅游纪念品的时候具有明显的从众心理，尤其是团队旅游的消费者。

3. 个人因素

个人因素主要表现在旅游者的性别、年龄、学历、生活、性格等方面。果断型的人在购买产品时较为明确，且决策速度快。抑郁型的人愿意精挑细选。活泼开朗的人在购买物品时喜欢颜色较为鲜艳的东西等。

4. 心理因素

每个人购买旅游纪念品时都会有一个心理过程，一开始是因为自己的某些需求激发，如马斯洛的五大需求层次包括自我、尊重需求等。其次是感觉以及信念态度，其中旅游纪念品的质量、做工都会影响消费者的购买决策。

5. 旅游纪念品的特色以及价格因素

旅游纪念品只有保持其独有的民族特色才能激发旅游者购买纪念品的动机，促使其进行消费。而旅游者大多买的购物品是：中草药、景泰蓝、瓷器、丝绸、陶器、木雕、工艺扇等，这些都体现了当地的风格和特色。对于那些旅游纪念品的标价稍微高的，旅游者一般会有更长的考虑时间。若是遇到性价比高的物品，那么旅游者会选择直接购买。

三、阿西土陶的概述

（一）稻城县概况

甘孜州拥有厚重的康巴文化、得天独厚的旅游资源。2015 年，甘孜州共接待游客 1 076 万人次，实现旅游收入 104 亿元。被誉为“最后的香格里拉”的稻城县属于甘孜州十八个县（市）之一，位于四川省的西南边缘，通过对亚丁景区的全域打造，当地人的收入不断提高。截至 2018 年 11 月，抖音上稻城亚丁相关的视频总播放量已经超过了 17 亿次。同期，稻城县旅游局统计，2018 年上半年，稻城县已经接待国内外游客约 70 万人次，同比增长超过 55%。

（二）阿西土陶的发展历史及现状

阿西土陶产于四川省甘孜州稻城县阿西土陶村，其有着上千年的发展历史。阿西土陶也称黑陶，是一种纯手工的民间传统技艺陶瓷。在涉藏工作地区，阿西土陶与民众的生活息息相关。一开始，当地人把它作为煮酥油茶的茶具，用来盛酒、做饭煲汤以及存储物品。到了明清时期，商贾在稻城县入户，逐渐影响了当地人，随后马帮队逐渐发展起来，专门负责日用品的运输。之后在与云南地区的交易中，马帮发现了阿西土陶的巨大市场，从此推动了阿西土陶的发展。阿西土陶鼎盛时期，家家户户都是作坊。民间还有自己组织的“陶马队”，把土陶运往云南迪庆、木里以及康南地区，由于其实用且廉价，所以深受当地人的喜爱。

随着历史的不断前进发展，现代化的商品逐渐代替了传统手工艺品。由于阿西土陶具有易碎、笨重等缺点，所以很多人改用了铝制、铜制、铁制器皿。再加上交通的发展，边远地区的人们逐渐走出大山，接触到了外面的世界。社会的现状逼迫他们不得不做出改变，然而大多数人不愿意留在山里学习、制作土陶，为了更多的利益，很多人外出打工。而对于非物质文化遗产的传承意识不到位，导致非遗传承人也越来越少，目前仅有两名传承人，而阿西土陶也面临着消失的困境。2008 年，阿西土陶被国家列入非物质文化遗产名录，阿西土陶的传承又有了一丝希望。

目前，伴随着旅游业如火如荼的发展，阿西土陶逐渐被外界所认知，据调查了解，时常会有一些专家学者以及国外的旅游者前来调研。同时，在政府的大力支持下，阿西土陶有望重获新生。

（三）阿西土陶的特点及文化内涵

1. 实用性

阿西土陶有大有小，形态多样。阿西土陶可用于盛酒、温茶、保鲜，功能用途极多。有的土陶可以作为装饰品，也可作为祭祀供奉品[6]，在当地传统婚嫁习俗中，也用来作为陪嫁迎娶之礼。

2. 独特性

阿西土陶制陶的泥土主要采挖自阿西村附近的山上，它主要包括白、红黏土两种。红色黏土又被称为赤土，它的主要成分有氧化铝和氧化硅，是一种上好的土。灰白土是一种粉状土，属于碳酸盐一类，是经过了数万年的风化形成的石粉，其可以降低泥土的黏性，还可以防止土陶在干燥过程中破裂变形。

3. 复杂性

制作土陶需要 10 道以上的工序，所运用到的工具十分复杂，但是大多用天然的木制或者石头制品，具有原生态的特点。采集的原料先用木棒敲成小块晾晒一到两天，之后再用木槌在石舂或石槽中敲打成粉状，经过几次过筛，最后得到的原料细若面粉。用时只需和水反复搓揉均匀即可。有的地区总结出经验，为了使泥土黏性和可塑性更强，会提前一天把泥料加水揉好，用塑料布包扎待用。[7] 制作陶坯时，要将泥团反复拍打揉搓，增强韧性，再用手不断地揉捏，将细小的石头颗粒剔除。然后用工具绘制出图案花纹，再挑选出大小形状相似的白瓷片一一镶嵌上去。等到镶嵌完成再用鹿皮摩擦抛光，放在阴凉处阴干三天左右。最后把陶器放在火堆中烧制，待烧到通红时向器皿内外洒上糌粑，防止渗漏，自然冷却后就形成了黑陶。

4. 民族性

阿西土陶使用的是当地藏族所特有的原材料，以黑底为主色，白色瓷片做装饰，有的纹饰像经幡、像塔、像花朵等，奇异多变，造型有着鲜明的藏族风格，具有独特的审美价值。

阿西土陶虽然是一件陶器，但是它里面蕴含了天人合一的思想、人与自然和谐相处共同生存的美好愿望，具有当地的民族风情、独特的历史文化内涵。阿西土陶不同的文案图式描绘有着各自独特的寓意。在制作过程中，人们还有许多的禁忌：在制作陶器时要虔诚地祭拜神山圣湖；每次烧泥坯之前要在柴堆上放上食物或者茶叶以表示对火神的敬畏；同时一定要保持柴堆以及周围的干净；不能横跨踩踏，也不能开玩笑、大小便等。[8]

四、阿西土陶旅游纪念品开发研究

（一）阿西土陶旅游纪念品开发的主要优劣势

1. 阿西土陶开发优势

（1）独特性。

目前市场上的旅游纪念品大都千篇一律，在许多旅游胜地以及景区都能够买到相似的产品。但是阿西土陶现在仅为四川省甘孜州稻城县所独有，且造型和制作手法、工艺都与其他的陶瓷工艺不同。

（2）实用性。

阿西土陶可以用来盛放粮食、酒类、酥油茶等，用来煲汤则味道鲜美且具有保温效果。同时阿西土陶富含了许多人体所需的微量元素，对身体有益。另外阿西土陶也可以当作居家陈列的装饰品，极具观赏价值。

（3）政府支持。

据实地走访调查，现在阿西土陶的销售很大部分都有着政府的支持，由政府帮忙找销售渠道。与此同时，甘孜州政府也在积极宣传阿西土陶非物质文化遗产，通过外出展览进行营销推广。

2. 阿西土陶开发劣势

（1）品牌知名度不高。

阿西土陶虽然作为非物质文化遗产，但是了解它的人却很少。一般都是口头相传、亲朋好友相互交流推荐才得以知晓。再者是从事学术相关研究调查的教师、学生以及科研的人员，通过实地考察才了解到。

（2）地理位置偏僻。

阿西土陶村处于川西甘孜州稻城县的偏远山区，偏僻的地理位置再加上不发达的交通系统，崇山峻岭的天然屏障阻隔了阿西土陶的对外销售。

（3）材料稀少。

阿西土陶是由当地赤土为主要原材料，这种赤土极为稀少，虽然土陶有极大的实用价值，但是其属于陶器类，容易摔坏。并且这种材质有的体积大，相对较为笨重，不易运输，而其包装盒也没有一个完整系统的设计研究，简单粗陋。

（4）创意少。

阿西土陶经过上千年的传承与发展，历经岁月的洗礼仍然保持原有的形制品质和制作工艺。然而在当代互联网的快速消费时代，阿西土陶未能够顺应时代的潮流进行相关的创新。其纹饰较为单一，图案较为简单，同时有的不符合现代人的审美。

3. 机会

（1）旅游市场。

稻城县阿西土陶村，距离稻城亚丁景区较近。其可以借助得天独厚的旅游资源、与日俱增的游客量进行开发销售。如今稻城亚丁景区正在如火如荼的开发中，每一年的山地旅游节都会吸引大量的游客前来游玩。最近几年阿西土陶的销量有所回升，又有很多人重拾起了这项技艺，开始制作土陶。

（2）国家政策。

当今国家越来越重视非物质文化遗产的保护传承与发展，习近平总书记曾多次讲话强调要保护好非物质文化遗产。而各地政府也加大了对非物质文化遗产的开发，出台了许多相关的政策，对非物质文化遗产传承人进行了补助奖励，同时也鼓励更多的人能够学习相关的非遗技艺。

4. 挑战

（1）非遗传承人的缺失。

目前阿西土陶非遗传承人就只有两个，因为前几年阿西土陶的销量一度处于低迷状态，很多人对这项技艺的传承发展失去了信心。由于阿西土陶制作工艺复杂且周期相对较长，收益较少，大多当地的手艺人便外出打工去了。

（2）创新。

为了不断迎合消费者的消费需求，市场上旅游纪念品更新换代的速度非常快。文化创意产品的开发最近几年也是发展迅速，如故宫的文创产品得到了消费者的喜爱。然而阿西土陶的创新虽然有一定的成果，但是并没有多大的变化，其纹饰颜色有的变得鲜艳，图式有龙的形象，但是却失去了阿西土陶原有的一些魅力。

（3）人才。

川西地区离市区较为偏远，工作生活条件较为艰苦，很多有能力才干的人都不愿意到这里工作。阿西土陶的开发缺乏相关专业人士的指导，即使有从事相关专业的人才，但是最终都会因为许多原因而不能坚持下去。

（4）价格。

阿西土陶目前的市场价格从 50 元到 1 000 元不等，但是这个价格与其他小型轻便的旅游纪念品来说稍微偏高了一点。阿西土陶村有个名叫降措的非遗继承人，其开设了一个手工作坊，而其中就有个自己制作体验的项目活动，根据不同的人选择的材料的多少来制定体验价格，也是 50 元到 100 元不等。

（二）阿西土陶旅游纪念品开发对策

根据以上针对阿西土陶作为旅游纪念品的优势劣势分析，本文对其开发营销提出了以下对策：

1. 创新产品设计

阿西土陶形制虽较为多样，但是其纹饰图案除菱形、方形、椭圆以外，线条没有多大的变化。首先，根据影响旅游者购买行为因素的分析，对于文化因素这一块的需求，我们可以运用更多体现当地藏族风俗民情的元素，例如勾勒出六字真言、格桑花、以传奇故事为主题的人物绘图等。其次是阿西土陶的造型可以结合现代的审美和风格，设计更多的适合做居家摆件装饰品的陶器，改变土陶的大小重量，使其方便携带，进行更加具有人性化温度的设计。再次是关于土陶易碎的问题，可以与更多的专家进行研究，寻找一些材料与当地赤土混合，增强其韧性与坚硬度。最后是阿西土陶的质地，其成品的外表不够光滑，较为粗糙，因此对于产品的打造，我们应该精益求精，不断提升产品的制作水平和效率。另外，可打造系统化、趣味性的设计，比如说亲子小玩具、情侣系列、亲朋全家福系列等。

2. 设计新颖独特的包装

阿西土陶虽然器物精美、素雅，但是如果一个产品没有一个好的包装，那么这件物品就是不完美的，存在着一定的缺陷。因此我们应该设计制作阿西土陶器物的包装盒，既保证小型物件方便游客手提，又可防止在邮寄过程中产生碰撞摔碎的情况。通过包装盒来更好地诠释阿西土陶的魅力[9]。

3. 打造民族品牌

“21 世纪是品牌竞争的时代，品牌的背后是文化。”[10]要想扩大旅游纪念品的销售量，就一定要深挖其文化内涵，打造独一无二的民族品牌，让非物质文化遗产走出国门走向世界。阿西土陶可以借助这一有利的民族优势，结合现在的互联网营销、广告、影视宣传等媒介打通自己的销售渠道，打响自己的名声，让品牌铸就阿西土陶的未来。

4. 巧妙借助丰富的旅游资源

阿西土陶村距离稻城亚丁景区较近，而稻城亚丁景区因其美丽的自然风光，再加上影片《从你的全世界路过》在此拍摄的宣传作用，让更多的人了解到了这个地方。因此阿西土陶应该抓住这个旅游的契机，借助旅游资源让阿西土陶重获新生，加大游客的体验度，使其能够亲自进行手工制作，自己设计图案造型，在专业人士的帮助下，制作完成属于自己的土陶。

5. 保护好非物质文化遗产继承人

目前阿西土陶非遗继承人正面临着消失的危险，很多人在接触了外界的生活之后，逐渐放弃了对非遗的传承。为了让非物质文化遗产传承下去，激发更多人的学习兴趣，可以举办校企合作，同时走出大山到外面去参展，设立体验店。政府应该对非遗传承人进行相应的指导补助，引进更多的专业人才，让其有信心把非物质文化遗产传承下去。

6. 明确目标定位，制定合理价格，推进产业化经营

首先是旅游者对旅游纪念品的需求不同，因此提前做个市场调查，明确市场的喜好需求进行定位，细分不同的游客，可以进行针对性销售。其次是阿西土陶的价格在旅游纪念品种相对来说较高，因此可以适当改进人工程序，减少人工成本，缩短产品制作的周期，借助现

代化的流水线，提高效率和质量。

五、结语

本文主要是结合了阿西土陶的优势劣势的分析以及影响旅游购物者行为的因素研究，针对性地对非遗阿西土陶提出了具体的开发对策，并且得到了以下结论：

作为非物质文化遗产，要使其长远地发展传承下去，需要我们每一代人的努力与支持，对于古老文化记忆的传播，是我们每一个人的责任。要想使非遗重获新生，首先我们要注重旅游纪念品生产的独特性，打造民族品牌文化；其次我们应该与时俱进，取其精华去其糟粕，紧跟时代的步伐，开创出更多符合现代化审美的东西。但是在这个开发过程不能丢掉其中的民族文化内涵、里面的精神灵魂；最后，我们要借助有利的资源条件和优势，在政府政策的大力支持下，让阿西土陶重现以往的风采和魅力。

● 参考文献

[1] 党的十九大报告辅导读本编写组. 党的十九大报告辅导读本[M]. 北京：人民出版社，2017.

[2] 中国非物质文化遗产网[EB/OL]. http://www. ihchina. cn/chinadirectory. html

[3] 朱应皋，万绪才. 旅游纪念品发展对策探析[J]. 现代经济探讨，2002（5）：64-66.

[4] 戚超. 黑龙江省旅游特色纪念品购买行为研究[D]. 哈尔滨：哈尔滨理工大学，2005.

[5] 屠娅梦. 旅游纪念品的开发与设计[D]. 武汉：湖北工业大学，2016.

[6] 郜岩. 阿西土陶文创产品设计研究[J]. 设计，2017（9）：16-17.

[7] 微信公众号. https://mp.weixin.qq.com/s?src=11&timestamp=1555148704&ver=1544&signature=BmjAfL* cqrXShAehE06wj2OtM-R7fIpQtfRYgJIJkOVE3j7VxUZ32FHxobdZWF5iAOhcIAdOjxm*h4keXI9azprFU52wVn6LXvOF6mU0iftlRztTCsEEstCbtgD5ewnu&new=1.

[8] 张超. 稻城亚丁阿西黑陶：民族民间非物质文化调查报告[J]. 民族学刊，2010，1（2）：106-114+165.

[9] 卞证. 常州非物质文化产品包装设计研究[J]. 艺术科技，2018，31（6）：162.

[10] 许世虎，康蓝月. 旅游纪念品的品牌化研究[J]. 社会科学家，2007（S2）：275-276.

旅游电子商务发展现状与对策研究①

——以甘孜藏族自治州为例

四川民族学院历史文化与旅游学院　王子野

【摘　要】自甘孜藏族自治州提出“旅游兴州”以来，旅游业在州内得到了大力发展。旅游电子商务作为一种高效的商务运行模式，为甘孜州旅游业的发展带来了明显的经济效益。本文对甘孜州旅游电子商务的发展现状进行深入分析，针对甘孜州旅游电子商务存在的问题提出相应的对策，以期为甘孜州旅游电子商务的健康发展提供有益的帮助。

【关键词】旅游电子商务；发展现状；对策；甘孜州

甘孜藏族自治州位于四川省西部，旅游资源丰富，现有世界级旅游资源 111 个，其中 5 级资源 23 个、4 级资源 74 个、3 级资源 16 个。目前建成的景区总共 67 个，其中海螺沟景区是 5A 级景区，4A 级景区 16 个，3A 级景区 50 个。自提出“旅游兴州”战略以来，旅游相关产业在甘孜州发展迅速，仅 2019 年一年就接待游客 3 300 余万人次，甘孜藏族自治州已经成为全国最具影响力、全省最具支撑力的旅游目的地之一。在甘孜州旅游产业迅猛发展的背后，旅游电子商务作为一种高效的商务运行模式，也为甘孜州旅游业的发展带来了明显的利益。但同时，旅游电子商务在甘孜州的发展过程中也存在着一些问题。

一、甘孜州旅游电子商务发展现状及问题分析

甘孜藏族自治州自提出“旅游兴州”以来，旅游业在州内得到了大力发展的同时，旅游电子商务也方兴未艾。旅游电子商务的兴起，将甘孜州丰富的旅游资源进行了有效的整合，把旅游产品放在网络中进行推广和销售，既便于相关旅游企业节约经营成本，又能让消费者更便捷地了解旅游产品相关信息，加强了企业与顾客之间的联系，有利于旅游业的长远发展。但是在甘孜州旅游电子商务蓬勃发展的同时，也存在着一些问题，主要有以下几点：

（一）甘孜州旅游电子商务相关企业服务模式单一

甘孜州旅游电子商务相关企业众多，但对旅游电子商务理解存在误区，其所提供的服务也仅仅局限于在“去哪儿旅游”“携程旅游”等流量较大的第三方旅游电子商务平台上挂出相

① 项目基金：四川民族学院 2018—2020 年高等教育人才培养质量和教学改革项目“应用转型背景下的康巴旅游购物品学课程建设研究”（项目编号：Xjjg2018034）阶段性成果。

作者简介：王子野（1980—），男，实验师，主要研究方向：计算机应用。

关服务信息，供潜在消费者浏览，并未对旅游电子商务所能提供的其他服务模式进行更深一步的探索与应用。

（二）甘孜州旅游电子商务相关企业缺乏有效的盈利模式

由于旅游相关企业开通旅游电子商务业务其前期投入巨大，后期维护也需要投入大量的技术资金与人力资源。如果没有行之有效的盈利模式，将使相关企业没有足够的动力参与其中，甚至使企业入不敷出，陷入经营困境。到目前为止，甘孜州旅游电子商务相关企业还没有摸索出适合自身发展的盈利模式，这直接导致旅游电子商务在甘孜州的发展后继乏力。

（三）甘孜州旅游电子商务复合型高级技术人才匮乏

目前很多企业对于旅游电子商务的认识还仅仅是停留在建立一个网站或是将相关服务信息在一些大型旅游电子商务平台上挂出即可的基础上，没有认识到要实现旅游电子商务的全面发展需要有互联网信息技术专业及电子商务专业、旅游专业的复合型高级技术人才，企业在招聘人才时往往认为只要精通互联网信息技术或是学习旅游专业的人才即可，而忽视了其应同时具备电子商务与旅游专业的学习背景。

（四）甘孜州旅游电子商务相关企业服务质量参差不齐

甘孜州许多旅游企业的服务意识还远远没有达到消费者的预期，企业过于注重自身的利益，缺乏长远的战略眼光。在传统旅游业向旅游电子商务转换的过程中不太重视自身品牌口碑的塑造，盲目追求短期既得利益，加上旅游电子商务兴起后，相关的制度与政策并没有完全落实，导致企业与顾客之间出现了很多服务问题，长此以往将对企业的良性发展带来一定的负面影响。

二、对甘孜州旅游电子商务发展的几点建议

（一）拓展甘孜州旅游电子商务相关企业服务模式

现在国内旅游电子商务服务模式主要分为两种，一是“鼠标水泥”式与传统相结合。国内大多旅游电子商务相关企业都采用的此种服务模式[1]。该模式是将现代互联网技术与传统旅游资源相结合从而达到盈利的目的，既通过网络向潜在顾客展示相关旅游产品，又实际拥有如旅游路线、景区、场地、酒店等传统旅游业务。将传统旅游业务与旅游电子商务相结合，发展直接面向顾客的 B2C 模式。二是拓展“水泥鼠标”式的传统经济中的新成分[2]。即旅游企业在发展自身旅游企业业务的同时，也可对其他企业的旅游产品进行代理销售，即发展面向旅游企业的 B2B 模式。

（二）整合甘孜州旅游电子商务企业服务平台，实现信息资源共享，使沟通合作更为便捷

相对于旅游相关企业传统经营模式来说，爆炸性增长的数据已经成为电子商务的核心优

势，其商业价值不言而喻[3]。在旅游企业经营过程中的各个阶段，要在海量的数据信息中提取出企业发展所必须的价值数据，必须要合理使用大数据技术。而将云计算应用到旅游电子商务运营过程中来，能在有效降低运营成本的同时大幅提高企业商业运营的效率。针对甘孜州旅游电子商务企业的特点，利用大数据、云计算等相关计算机网络技术对旅游电子商务企业服务平台进行合理优化，同时在各平台之间通过技术手段实现信息资源共同享有，使各旅游电子商务服务平台沟通合作更为便捷，最终达到降低服务平台边际成本，提高服务平台边际效益的目的。

（三）组织员工进行有效培训，引进旅游电子商务复合型高级技术人才

现阶段甘孜州旅游电子商务企业极其缺乏复合型高级技术人才，一方面作为旅游电子商务企业应在企业内部积极支持与培养旅游电子商务复合型高级技术人才。另一方面应与相关专业院校寻求校企合作，建立健全实训基地，根据企业自身需求制定专业培养计划，从而共同培养出专业知识过硬，尤其是实战经验比较丰富的电子商务复合型高级技术人才。

（四）政府应加强对旅游电子商务企业的规范化管理及政策扶持

甘孜州旅游区域十分广阔，政府应积极推进区域旅游合作，鼓励旅游电子商务企业加大旅游电子商务网络信息化建设投入，保证企业正常的资金周转。对旅游电子商务企业所建构的网站平台进行规范化管理，建立统一规范的旅游电子商务平台。同时政府及相关企业应加大对外宣传力度，多利用新兴媒体宣传手段进行包装宣传。

（五）以旅游电子商务为切入点提升多元化发展

甘孜州旅游业单一的产业结构已远远不能满足旅游经济的发展，政府应该积极推动支持多元化经济模式的发展，以旅游电子商务为切入点在旅游相关各产业之间建立紧密的关系，促进各旅游产业的贸易合作，形成多元化发展的趋势[4]。

三、结语

甘孜藏族自治州自提出“旅游兴州”战略以来，旅游相关企业在甘孜州得到了长足的发展，旅游电子商务作为一种高效的商务运行模式，还有许多地方值得我们探讨与摸索。旅游电子商务的发展是符合当今社会发展需要的，它在有效节约企业运行成本、带动企业高效发展的同时，也为人们在旅游出行方面带来了更多的便利条件。要实现旅游企业的现代化发展，需要旅游企业及时改变传统的经营模式，更加积极地参与经营变革中。通过旅游电子商务平台了解消费者日益丰富的个性需求，提高旅游企业自身的服务质量，为旅游企业的良性发展打好基础。

● 参考文献

[1] 李艳鹏. 中国旅游电子商务发展现状与对策研究[J]. 现代商贸业，2019（5）：45-46.

[2] 陈金萍，刘珍. 旅游电子商务面临的挑战和机遇探析——探索“悦途”旅游平台的未来发展[J]. 现代商贸工业，2019（25）：24-25.
[3] 马子文，程康，陈娟. 我国旅游电商发展现状及策略研究[J]. 农村经济与科技，2019（24）：45-46.
[4] 黄晓坪，林海涛，赵燕. 旅游业的现实困境与破解之策[J]. 科技经济导刊，2020（11）：9-10.

康巴地区民间工艺困境及发展途径浅析①

四川民族学院美术学院　周裕兰

【摘　要】民间传统工艺具有文化潜质，是物质文化和非物质文化的综合载体。由于康巴地区地处偏远，人口少、市场弱、资金匮乏，民间工艺产品发展存在困境。建议其明确创新与转化的作用，树立品牌意识，与高校艺术教育建立互动机制。
【关键词】康巴地区；民间工艺；发展

康巴地区民间工艺产品资源十分丰富，存在形式千姿百态，主要传统工艺产品有藏族黑陶、藏族刀艺、藏族木碗、藏传佛事用品、民族木雕、农耕文化产品、民族乐器、马帮用品、民族服饰、铜银铁制品、藏式家具、民族体育器具等。随着经济社会的不断发展，人们对民间工艺产品的需求不断上升，收藏、把玩、供奉、家居装饰等消费民间工艺品的市场行为不断成为消费时尚。康巴地区民间工艺品具有古朴、粗犷、自然之美，符合现代人返璞归真、崇尚自然的环保理念和审美价值取向，经营销售市场潜力巨大。民间工艺是民族传统文化的重要载体，它综合了生产、生活、艺术等文化体系，积淀、蕴含着普通民众的造物思想、审美意识、技术能力，是民族心理、精神、集体记忆的真实写照和重要的文化资源。由于人类文化的发展和艺术生态的更新对其造成了巨大的影响和冲击，对其所具备的文化价值、生活方式的发掘和应用，寻找有力途经实现其资源的转化，对于民族文化的发展和传承极具必要性。

一、民间传统工艺的文化潜质

（一）群体归属感

中国是多民族国家，历史上，汉族占据了中原地带，而一些少数民族却在一些特定的区域中，根据居住地周边的地理环境、民俗风情而形成了相对独立的，具有特色和个性的地域文化，扎下了属于本民族的“天人合一”的根系。隶属本民族的群体在地域文化的影响下，有着相同或者相似的生活模式、宗教信仰，甚至是价值取向等，长此以往，这种内聚性让民族群体的文化心理层面和民族的地域文化紧密相连。

① 基金项目：本文系四川民族学院自办科研项目“康巴地区民间工艺传承转化路径研究”（项目编号：XYZB2019035SB）的阶段性成果。
作者简介：周裕兰（1980—），女，讲师，研究方向为服装设计。

（二）文化潜质

民间工艺匠人借助简单工具，通过手与眼的配合，将个人的才能与个性付诸整个制作生产过程，其创作的民间工艺作品，具有生命力的形式美感体现出人与自然的关系，在文明进程中，谱写了璀璨耀眼的一页。传统工艺品带有不可复制、独一无二的个性；其与自然材料的亲近感，以及边想边做、敞开思路的随意表达，体现着人性化的设计理念，这些相较于千篇一律的工业革命产物来说具有很大的优势。

（三）幸福满足感

目前，英国、法国、美国、加拿大等国家已经先后引入了国民幸福指数，通过计量统计的方法来衡量国家的发展水平。幸福指数和国家经济水平具有相当紧密的关系，良好的经济可以为人们提供充足富裕的物质生活。康巴地区民间工艺，作为文化因素的一部分，它具有人文特性，是物质文化和非物质文化的综合载体，它在人类的生活中可以生成、调节、影响人们的幸福指数乃至精神满足感。

二、康巴地区民间工艺的困境

康巴地区民间工艺产品在传承、人才、技术、规模、品牌推广等方面都取得了一定的成绩。结合市场对旅游和文化产品的需求，其对增加农民收入、扩大就业和增强地方财力起到了积极作用。但是，由于康巴地区地处偏远，人口少、市场小、资金匮乏，民间工艺产品发展存在困境。

（一）传承方式的改变，缺少传承人

局限的传承方式阻碍了康巴地区民间工艺的传承和发展。口头教学和指导是康巴藏族地区传承民间工艺的古老方式。孩子们从父母那里学习制造技术和工艺，继承代代相传的家庭技能，成为熟练的工匠。虽然这种形式使康巴地区的民间工艺者从小就通过接触和学习获得了高超的技艺。但是局限、狭小的传播方式阻碍了精湛技巧的发展，有时，由于家庭关系的限制，它最终会消失。特别是在现代教育制度下，工匠和艺术家家庭的子女在学校接受教育，并受到社会环境的影响，对父辈的技艺失去了热爱，大多数脱离了家庭式的传承，转而从事其他的行业。阿西土陶作为国家级非遗项目，传承人降初在稻城县旅游局的支持下，尝试着带徒弟，很多徒弟后来放弃了，因为陶器工艺又累又脏，陶工、石刻等工种工作难度大，工资待遇却不高，年轻人不愿干，认为其还不如挖虫草、修房子赚钱。

（二）政策不完善，缺乏有效的保护机制

对于康巴地区民间工艺而言，这些宝贵的民族文化与技艺是一笔非常可观的财富，单靠个人或一己之力很难对其进行发掘、抢救、保护、整理和恢复，还需要依靠政府、社会团体、各界人士的支持，尤其是政策和法律法规的保障，只有健全相关的条例规定，康巴地区民间工艺的保护发展才能得以顺利实施。目前以国务院 1997 年颁布实施的《传统工艺美术保护条

例》为准则，有关于当地传统工艺的保护与发展具体实施细则尚未正式出台，对传统工艺传承、创新者的奖励，创新产品和创新技术的奖励等政策缺乏，这对传统工艺的保护、抢救和发展十分不利。除了政策法规的不完善以外，很多企业和个体从业者缺乏知识产权保护的基本知识，对自我和他人的劳动成果不能进行有效的保护。康巴地区刺绣、藏式腰带从业者大都是来自农村的妇女，缺乏作品的保护意识。

（三）康巴地区民间工艺在产业文化中的地位不明确

随着全国对非物质遗产的保护浪潮越来越高，很多专家学者通过各种方式和途径来研究对民间工艺的保护与延续，这也为研究传统民间工艺的“再生产”奠定了基调，这种再生产将传统工艺纳入产业化或创意产业的体系行进延续和拓展，使其具备新的生命力，以达到对传统文化的资源转化。英国、芬兰、美国、新西兰、美国、日本等国家，传统工艺品及其设计已经逐渐被列为文化创意产业。在我国，工艺能否作为产业来对待，国内有学者认为要从特定的历史脉络中去探讨、界定、开发。传统民间工艺在不同的地域文化发展中所扮演的角色并不相同。

（四）对市场和消费特性定位不准确

消费水平、目的、方式等因为需求的差异而各不相同，一些康巴地区民间工艺之所以面临消亡的危险，主要原因还是市场需求的改变。消费行为和消费物品共同组成了人们日常生活的一部分，民间工艺植根于乡镇农村，它们源于百姓生活的需要。然而随着生产力的发展、多媒体技术的更新，很多民间工艺产品因为生产效率低、原材料欠缺导致成本提高、利润降低，必然面临被便利、廉价、耐用的工业产品所替代。华丹生活在一个小村庄里，他的木雕是地区特有的民间手工艺，主要雕刻佛经印版、佛塔、佛像等宗教用品。起源于 15 世纪的藏传佛教艺术流派包括堆绣、唐卡、泥塑、壁画、木雕等民间工艺。现在许多技艺都面临着培养“接班人”的问题。从事木雕工作近 50 年的华丹也对此感到担忧。华丹说：“木雕是一项既精细又累人的工作。我收了三四个徒弟，都走了。”华丹有一个女儿。他希望女儿能招一个喜欢木雕的女婿，自己能将技艺传授给他。除了子孙后代的问题，现代科学技术、机械化和电子制造技术的发展也冲击了木雕、唐卡绘画和金银加工的传统技术。根据传统技术制造的产品耗费大量时间和精力，面临市场上工厂装配线的“快速成品”挑战[1]。康巴地区民间工艺必须明确各自的消费定位，只有具备广阔的市场条件，才能拥有生产的可能性。

三、康巴地区民间工艺的发展途径

（一）明确创新与转化的作用

传统意义上的中国各民族艺术，都具有显著的地域特征，都经历了相对封闭、自适、自足等阶段，因此既具有鲜明的特色，又极富自然与人文的内涵。然而历史发展到今天，随着经济全球化、科技一体化、传媒大众化的趋势和交通与通信的发展，地域性逐渐被打破，各种信息的互递、渗透一方面改变了原有传统工艺的生存环境，另一方面改变了大众的审美趣味，这为文化艺术的交融与发展提供了十分广阔的空间，同时也要求康巴地区民间工艺要不断自我完善，自我发展，获得一种良性的、主动性的发展态势。尼西是香格里拉镇的一个藏族聚居村庄，这里的制陶技术已经代代相传了近千年。尼西乡副乡长顿珠茨仁说，陶器生产既是一种产业，也是一种文化。投资 800 多万元的当地陶器文化中心已经在建设中。在政府和文化界的扶持与策划下，形成了生产和销售一体化的专业运营模式，充分调动了乡村闲置资源，吸纳了大量从业人员，实现了经济增长。通过发展旅游业、吸引学术界对当地传统文化的关注，一方面，可以使传统工艺的优势得以充分展示，其艺术形象也将日益丰富与完善，另一方面，在对传统艺术与地域文化的回忆与构建过程中，强化了对于本地区群体的认同感和自豪感。

（二）树立品牌意识

品牌在今天的市场经济浪潮中扮演着重要的角色，它虽然是一个传统事物，但是随着媒体的发展，品牌成为消费文化中的坐标体系，成为推动消费者产生购买行为的强大力量。对于康巴地区民间工艺来说，它在当代社会早已超越了传统的生产模式，已经不仅仅是单一的制造环节，而是一个连续的整体性系统。只有在生产与市场之间建立有效的机制，才能保证康巴地区民间工艺产品生存和发展的空间，而品牌可以说是产品走向市场、拓展市场的关键战略。康巴地区民间工艺制造行业有许多的品牌，它们依靠精湛的工艺赢得了社会大众的认可和信赖，格萨尔彩绘石刻、藏族金属锻造技艺、德格藏文书法、噶玛嘎孜画派唐卡、阿西土陶烧制技艺、藏族牛羊毛编织技艺、甘孜州南派藏医药等都极具文化产品的特性和地域色彩，它们的市场在很大程度上还处于潜在状态，需要大力开发。但是现在，很多的品牌消失了，一方面因为产品质量的下降，另一方面就是人们对品牌的意识不足，或是有品牌意识，但是缺乏建立品牌的实际行动。近年来，康巴地区通过诸如在白玉县文化中心举行的四川省社科院康藏文化研究中心白玉研究基地授牌仪式及金属锻造技艺展馆开馆仪式等旅游节庆活动力争推出品牌产品，严把产品质量关，加大宣传力度，扩大了知名度，市场占有率得到提升。

（三）与高校艺术教育建立互动机制

培养人才是地区高校的首要职责。目前，学界对于非物质文化遗产特别是民间传统工艺进入高等教育的探讨多集中于具体的教学方法层面，鲜有深层次的理论总结和探讨。民间传统工艺是跨学科的专业，地区高校在进行民间传统工艺教学过程中，应力争让学生对其有比较全面的了解和认识，比如对材料的掌握和认识及处理，对工艺或者技艺的训练，对形态尤其是装饰图案和纹样等的深入理解和运用等，这就涉及学生的培养目标以及学时分配等具体问题。依托现行的教育模式，地区高校不仅要组织学生介入对民间传统工艺项目的记录、整理和研究工作中，还可以通过专业课、选修课、讲座、论坛、展览、工作坊等方式，推动民间传统工艺进课堂；更可以通过邀请传承人进课堂传授技艺，以双导师制等形式，着力培养年轻的传统工艺爱好者、欣赏者乃至从业者；在组织开展形式多样的学生社团活动和校园文化建设，提升民间传统工艺热度的基础上，还可以从设计创新和文化创意产业发展的角度出发，将民间传统工艺传承与大学生创业、创新教育相结合，让学生深切感受到从业的希望和出路。

四、结语

任何地域文化和艺术都不可能是纯粹静止的，它具有时间性。随着时间的流动，它的内涵和形式都处于变化更新之中，僵化、凝固的传统工艺只会逐渐衰败消亡，只有不断处于交流与互动之中，向多层面、多角度深入发展，才能让传统工艺焕发出勃勃生机。传承和发展民族传统文化不是简单的创作技术和艺术手法的还原，而是通过学习和拓展，了解民族千年文化的精髓，学习和继承我们祖先几千年的创作智慧和创作经验，将他们的精神内涵、审美规律和创作理念融入具体的创作实践，使康巴地区的民间技术与现代人的科技成果形成精神联系，从而引导人们的思想、观念和行为方式。

● 参考文献

[1] 张进林. 中国地区传统民间艺术在现代社会继续传承[EB/OL]. [2007-09-19]. http://www.qhnews.co.

康巴文化旅游与建设和谐社会分析

四川民族学院历史文化与旅游学院　曾秀玲

【摘　要】康巴文化旅游是促进康巴地区经济发展，实现民族地区富民安康、社会和谐的重要途径。研究认为，优美的自然景观、丰富多样的人文资源、浓郁的“香格里拉”文化等是康巴文化旅游的核心竞争力；和谐是康巴文化的内涵；并有针对性地提出发展文化旅游促进建设和谐家园以及打造康巴文化旅游品牌的措施。

【关键词】康巴文化；文化旅游；和谐；康巴地区

康巴亦称康区或康巴地区，康巴地区包括西藏自治区昌都大部分和林芝的部分，四川省甘孜州全境和凉山州、阿坝州的部分，青海省玉树的大部分区域和果洛州的部分，云南省迪庆州等地区。康巴文化是以藏族文明为实质，兼康巴藏文化、汉文化、西羌文化等多民族基因元素，具有神秘性、独特性、兼容性等特点。充分利用康巴独特的文化资源，发展全域旅游，促进地方经济发展，实现民族地区富民安康、社会和谐具有十分重要的现实意义。

一、康巴文化旅游的核心竞争力

（一）优美的自然景观

康巴地处横断山脉地区，澜沧江、金沙江、雅砻江、大渡河等江河从中穿过，形成独具特色的河谷景观。其自然景观有幽深茂密的森林、巍峨的雪峰、湛蓝的高原湖泊以及辽阔的草原，同时春夏秋冬四季为游客塑造了变换的自然景观。种类繁多的森林植被、雪山、湖泊、草原以及不同季节变换的自然景观，为不同年龄阶段、不同层次的游客提供了观赏、体验的资源条件。

（二）丰富多样的人文资源

康巴地区聚居着藏族、彝族、羌族、回族、纳西族等多个民族，是游牧文化、农耕文化结合地，被誉为民族走廊。该地区民族风俗习惯独特，是民族习俗文化研究、民族传统体验等理想的场所。同时，该地区形成了以藏传佛教为主与伊斯兰教、天主教、基督教不同宗教彼此兼容、求同存异的优良文化传统，丰富了康巴文化的内涵。

作者简介：曾秀玲（1975—），女，讲师。

（三）浓郁的“香格里拉”文化内涵

香格里拉，最早源于梵语“香巴拉”，其意为远离人性贪婪的最后一片净土，在这里，不存在人世间无休止的名利角逐，不存在金钱较量烦恼痛苦折磨，不存在为了人性的贪婪而对大自然无底线的破坏。大自然的草木万物与人类动物相得益彰，安宁祥和，人民生活在国泰民安的精神物质家园里。曾经，美国探险家约瑟夫·洛克来到康巴地区，被这里独特的文明所吸引，称之为香巴拉。20世纪30年代，英国著名小说家詹姆斯·希尔顿根据约瑟夫·洛克探险故事创作的叙事游记小说《消失的地平线》一书，提出“香格里拉”这个概念，香格里拉逐渐被人们熟悉、接纳、认可，被人们誉为人们憧憬向往的美丽精神家园。

（四）时代发展机遇

2016年，国务院颁布了《“十三五”旅游业发展规划》（以下简称《规划》），《规划》要求，要在未来十年，重点落实民族地区旅游业发展新驱动力、经济文化协调并进、可持续发展、开放包容合作、东西部地区资源共享共建协同发展等方面任务，为民族地区发展注入了更大的活力，包含巨大的政策支持、资金支持。《规划》提出：

一是要因地制宜，结合民族地区特有的文化、习俗、人文风情地域特点，积极发挥创新文化理念、科学技术创新、经营业态推陈出新，推出一批受游客喜爱的文化产品、工艺品、服饰、食品等成果，以地方美食、美景、美人留住游客。同时因势利导打造一批精品景区、休闲度假村，紧紧围绕民族村寨的乡村文化、红色文化、宗教文化、历史名人等文化题材，深挖文化内涵，发展家庭自驾旅游、温泉游、冰雪游、登山游、探险游等各具特色的旅游项目[1]。

二是全力做好旅游业总体布局，在全国范围内整体规划，重点省市重点倾斜，未来10年，要重点打造12个跨区域的旅游城市群，16个跨城市的特色旅游功能区，32个国家级精品旅游城市带，以及涵盖云贵川的乡村文化风景寨。

“香格里拉”是四川与云南联合打造的重点旅游区块之一，四川甘孜、阿坝等多地也在围绕“国家‘十三五’旅游规划”，制定本地的旅游发展规划，这为促进“香格里拉”品牌的发展壮大提供了巨大机遇。

二、和谐是康巴文化的内涵

康巴文化的精髓是香格里拉世外桃源精神的追求。香格里拉文化归纳起来的核心就是人与自然和谐、人与人和谐、不同文化间和谐的高度统一，最终达到“天人合一”。其实质是不仅追求人与自然的和谐交融，更追求人与人之间尊重、宽容、理解的和谐之美，以及跨区域不同文化间彼此的容忍、理解与和谐共生。

对大自然的崇拜，是藏族先民原始宗教观念的产物，在这种信仰背景下，康巴大地有众多的神山圣湖受到当地群众的精心呵护，人们铭记遵从种种不能冒犯自然神灵的禁忌规则，遵循敬畏客观自然、服从自然的发展规律[2]。

当前提倡的康巴文化旅游，其文化核心内蕴就是康巴地区人文、历史、社会、自然的多元共融和谐，传承康巴香格里拉家园精神，寻找精神世界的和谐，进而达到天人合一的崇高境界。

三、发展文化旅游，促进建设和谐家园

文化旅游能带动社会各个方面的发展，让人们重新认识自然，重新定位人与物的关系，增进对文化的认识，加深人与社会的理解。通过文化旅游业的发展，加大民族地区基础设施建设的投入，加快人际流动，既能提高民族地区的经济收入，也能提高民族地区居民的获得感、幸福感，增强民族认同感，同时也能带动各个民族间的互动交流，增强各族人民对中华文化的认同、国家的凝聚力。

（一）发展文化旅游，促进政治、经济、文化交融

差异化是交流的原动力。中国幅员辽阔，地区差异性大，对事物差异的好奇是引发人们参与旅游的动机之一。而旅游业的蓬勃发展，带动了社会的人口流动、消费的增加，增进了各种文化的交融、交织、磨合共生。

康巴文化中涵盖内容丰富，民俗文化精彩纷呈，既有风格各异的民居建筑、农家小院，又有气势巍峨的藏传佛教寺院，载歌载舞的锅庄舞蹈，丰富多彩的康巴服饰、头饰，还有风格各异的壁画、唐卡、琳琅满目的工艺品，地方民间艺术家们创造的精美艺术品既是康巴文化的表现形式，也是藏族文化艺术的珍品。

通过文化旅游的发展，促进政治、经济、文化交融。一是以文化旅游为载体，既可达到宣传、树立品牌的效应，还可以带动城际之间、地域间的沟通交流；二是旅游业的发展，可以给民族地区提供更多的就业机会，促进经济发展；三是传承和保护非物质遗产，使得一些珍贵的非物质文化遗产得到开发与保护，已被人们遗忘的传统习俗和文化活动得以开发和恢复，传统的手工艺品、音乐舞蹈也越来越受到重视和发掘。

（二）发展文化旅游，促进城乡共融

康巴地区是以藏族为主的多民族聚居区，不同民族的文化在杂居区多元共存。康巴地区因历史与地理原因而形成多个亚文化圈，如德格文化圈、嘉绒文化圈、木雅文化圈、汉藏商贸文化圈、彝文化圈等，从而使其文化呈现绚丽多彩的区域性特点，丰富了康巴文化的内涵。此外，一些保护、保存良好的古老文化形式，如“戈巴”文化、“走婚”文化、“太阳部落”等，这些古文明的文化遗产赋予了其新的传奇底蕴，披上了神秘色彩，增添了香格里拉内在的神灵韵味，满足了人们的好奇心。发展文化旅游，有利于打破二元结构，形成多元社会结构，促进城乡有序流动，人们在流动中交融共生，促进社会和谐发展[2]。

（三）发展文化旅游，促进人与自然和谐共融

康巴之神山圣水、地质地貌、各种植被生物都是经过千万年演变进化而成，具有极高的历史价值。康巴文化中孕育绚丽多彩的圣湖神山文化，使山水蕴含了神灵气息，增加了山水的神秘感。通过文化旅游开发，可以更好地聚焦一批具有市场发展潜力的地理资源，吸引更多的社会资本投资，在国家宏观政策的指导下，结合当地政府与市场的优势互补，更好地实现文化资源与开放市场的有机结合良性互动，发挥最大功效。同时能更好地聚焦人文历史的传承、生态环境的保护，有利于生态环境的有机平衡，实现人与自然和谐共融。

四、打造康巴文化旅游品牌的措施

（一）树立良好的文化民俗观

康巴既是重要的地域概念，又是重要的文化民俗概念，要充分挖掘其内在核心。

1. 建立文化核心

一是文化旅游开发者，要融入当地的民俗文化，明白当地的人民才是地域文化的真正创造者；深入理解这些民族长期积淀下来的内在的核心价值观、审美标准，发自内心地融入他们的精神世界。在开发过程中，最大程度地尊重当地民俗风情、文化传统，通过对民族文化加工、打磨，开发真正的文旅精品，打造一大批人们喜欢的民族特色文化产品，使文化开发具有持久性、长远性。

二是要充分发挥当地人的热情和智慧，保护、传承和提升特色文化，启示和激励当地劳动群众对本民族的文化自豪感、归属感[2]。巴金曾说过，世界上每一个民族、部落、族群、种族，都有基于自身民族、种族特性基础上的文化民俗的自由选择、平等发展的权利，不受任何其他人干预。

2. 保留民俗文化核心

民俗文化旅游开发的核心就是要充分挖掘康巴地区民俗文化中表现突出的、精彩的、优秀的，让人们能产生共鸣的精彩部分。要在旅游开发过程中扬其精华、去其糟粕。要在开发中，充分展示康巴民族民俗文化的独特魅力，把康巴文化的实用性和传统性融合起来，从而实现康巴文化更大的旅游价值。在挖掘康巴民俗文化旅游项目内涵时，要基于继承和弘扬民俗文化这一根本宗旨，取其精华，去其糟粕，深刻开发多样性的民族民俗文化资源。

3. 保持文化原生态

民族文化的开发要以优秀的地方文化和民间艺术为核心，文化的振兴又能牵引和带动其他产业的发展。康巴文化具有客观性、周期性、历史性、民族性、神秘性、传统性和参与性等特点，是原生态、科学内涵、趣味性、民俗化的高度融合统一。因此，在康巴文化旅游资源挖掘过程中，要坚持原生态原则，通过实地的旅游观赏，让游客受到民族传统民俗、宗教习俗、民俗风情等绚丽多姿的文化熏陶，让游客们与现实对话，捕捉多彩多姿的民俗习俗信息密码，与康巴区域风情习俗环境相感应，切实感受、体验地方文化的特有的魅力。

（二）精心打造文化旅游项目

1. 突出地方民族特点

康巴旅游资源的开发要坚持人无我有、人有我新、人新我特的开发思路，以康巴民族民俗独特的区域文化为载体，重点开发具有民族特色的民俗资源，把具有康巴民俗文化特色的服饰、饮食、藏戏、民俗、歌唱、舞蹈有机融为一体，使区域文化旅游既群星璀璨，又重点突出，打造出一批具有民族特色的名优品牌企业和规模化的产品。

2. 增加群众的参与度

文化民俗旅游就是康巴地区民间文化的风俗风情的展示台。旅游文化的特性就是群众参与性强、大众化程度高[2]。康巴文化具有极大的普及性和群众性。以文化为载体，把游客与娱乐项目有机结合，通过品特色藏餐、穿民族服饰、体验少数民族节庆等活动，增加项目的群众参与度，满足游客休闲、探奇、求知需求，加深对藏族民俗文化的深刻体验和认识理解。让游客从日常的紧张、高压力的精神状态中得以释放，缓解压力与烦恼。

（三）营造文化旅游的发展氛围

文化旅游的发展需要给游客营造良好的旅游环境，文化旅游产品开发重点要让游客有机地融入当地文化氛围。把民俗文化活动与当地居民日常生活有机结合起来，展现旅游生活化、生活诗意化的崇高境界。因此，旅游开发者要将康巴群众日常生活的喝酥油茶、吃糌粑、听藏戏、跳锅庄舞蹈与游客体验有机结合起来，让活动深入旅游行程中。同时结合当地群众的生活习俗、文化特色，开发出样式各异的民俗酒店、乡居、景点、各类食品，及各类文化活动，装饰品等。

● 参考文献

[1] 国务院关于印发“十三五”旅游业发展规划的通知[J]. 中华人民共和国国务院公报，2017（2）：14-34.

[2] 程勇. 发展康巴旅游与构建和谐社会[J]. 中共乐山市委党校学报，2007（4）：60-61+79.

乡村振兴背景下的大渡河流域乡村旅游发展研究

——以康定市麦崩乡“日央康养休闲民俗村”为例

四川民族学院农学院　李云松

【摘　要】党的十九大提出乡村振兴战略，乡村振兴战略得到了广泛的关注和实施，乡村旅游是实现乡村振兴的有效途径之一。乡村旅游是以乡村良好生态环境为基础，注重自然景观和人文景观的保护性开发，达到人与自然的和谐发展。本文以康定市麦崩乡“日央康养休闲民俗村”为例，对乡村旅游的现状、问题进行分析，并提出有针对性的建议，以期对大渡河流域乡村旅游起到一定的指导作用。

【关键词】乡村旅游；康养休闲民俗村；日央

实施乡村振兴战略，是党中央新时期解决“三农”问题的重大战略举措[1]。习近平总书记在党的十九大报告中提出实施乡村振兴战略，提出了建成“产业兴旺、生态宜居、乡风文明、治理有效、生活富裕”的美丽乡村。乡村旅游以乡村良好的生态环境为基础，以自然生态和人文生态的保护为前提，促进经济、社会、人与自然之间的和谐发展。因地制宜地发展乡村旅游，是实现农业强、农村美、农民富的有效途径和科学选择，是实现乡村振兴战略目标的最佳方式之一[2]。

近年来，甘孜州把发展旅游业上升到构建以全域旅游统领经济社会发展格局的战略层面，制定了《关于实施全域旅游统筹城乡发展的意见》；党的十九大提出乡村振兴战略，努力实施乡村振兴战略；2018 年 5 月，甘孜州正式启动大渡河流域乡村振兴示范区建设，在流域内全面实施精准脱贫攻坚、特色产业融合、生态宜居乡村建设、优秀文化传承、乡村社会善治、乡村人才聚集、全面奔康提升七项行动，全力打造 282 个乡村振兴示范村。康定市计划在五年内投入 34 亿元将示范区腹心地带的大渡河康养休闲谷打造成养生、康体、观光娱乐目的地和游客诗意栖息地。截至 2019 年 4 月，完成投资 1.4 亿元，完成首期项目工程量的 90%。

一、康定市乡村旅游发展现状

康定市位于四川省西部、甘孜藏族自治州东部，是甘孜州州府，具有悠久灿烂的历史文化，是川藏咽喉、茶马古道重镇、藏汉交汇中心。自古以来就是康巴地区政治、经济、文化、商贸、信息中心和交通枢纽。全市面积 1.16 万 km^2，是以藏族为主，汉、回、彝、羌等多民族聚居的城市。

作者简介：李云松（1974—），男，讲师。

康定市旅游资源丰富，拥有国家 AAAA 级旅游景区木格措、“摄影天堂”新都桥、跑马山、塔公草原等风景旅游地，吸引了很多游客前来旅游。康定市在不断完善现有景区建设和改造的基础上，以甘孜州乡村振兴战略为契机，大力发展乡村旅游，不断挖掘乡村文化内涵，全力推进姑咱康养休闲小镇“一核”鱼通坊；麦崩乡日央、为舍“官园”；时济、日角、若吉“果园”；色龙“玉园”一期工程重点项目建设。麦崩乡日央村紧紧围绕“成都后花园、康养加休闲”主题定位，以建设宜居宜养民俗村寨为目标，以大渡河流域乡村振兴示范区建设为契机，率先启动乡村振兴，发展品质乡村旅游，完成基础设施打造。麦崩乡日央康养休闲民俗村于 2019 年 5 月 1 日正式对外开放，主要以景区观赏和农家乐为主，开业以来，接待近万游客，给村民带来了一定的经济收入，但麦崩乡日央康养休闲民俗村的乡村生态旅游发展依然存在着亟待解决的问题。

二、日央康养休闲民俗村乡村旅游发展存在的问题

（一）地理位置制约了旅游的发展

麦崩乡日央康养休闲民俗村位于省道 211 线旁，离省道有 20 多 km 的山路，山路窄近似于单行路，不便于游客车辆通行。

（二）交通条件影响了游客的数量

随着雅康高速的开通，成都到康定的游客基本上都从泸定直接上高速到康定，从国道 318 线经过的很少，加之民俗村离国道 318 线还有 30 多 km 的路程，让游客望而却步，从而影响了游客的数量。

（三）旅游活动缺乏特色

民俗村以“官寨”文化为主题，以景点休闲和农家乐为主，让游客“吃农家饭、宿农家”，感受乡村的民俗风情。但缺乏创新性和技术含量，只停留在表面形式，缺乏对文化的深度加工，游客只闻其名，连官寨的影子都没有见到，加之对景区的娱乐性活动和旅游者参与程度项目的深层次挖掘力度不足，旅游缺乏特色，使得游客数量大大减少。

（四）经营管理模式粗放

景区主要以修建、改善农家住房为主，以农家乐经营模式为主，经营状态为低层次粗放式发展，只注重短期的经济效益，未进行全面的规划和长远的打算，是典型的家庭式经营风格，经营者以“量”取胜，不注重“质”的发展，管理效率低，没有体现个性化经营。

（五）经营者主体素质较低

景区经营者和服务人员主要是由当地农民转型而来，从业人员存在文化程度、经营理念和能力较低等问题，从而在服务水平上不能满足消费者需求，导致服务质量较差。

（六）旅游基础配套设施功能不全

景区中各项配套设施功能不全，设施不够完善，如厕所、垃圾处理场所、医疗急救等设施都没有配备，虽然有宾馆，但级别低、设施差，档次提升缓慢，配套服务处于低水平状态，服务和接待能力有限，不能满足旅客的消费需求。

三、日央康养休闲民俗村乡村旅游发展的措施及建议

（一）争取政策支持，改善环境条件

要实施乡村振兴战略与乡村生态旅游融合发展，离不开政府部门的大力支持。以甘孜州大力推进乡村振兴战略为契机，积极与政府部门联系，争取政府惠民政策，大力扶持乡村振兴战略及乡村生态旅游业，积极改善旅游环境条件。

（二）通过招商引资吸引企业参与，完善基础设施建设，提升服务能力

立足实际，秉承“走出去、请进来”的招商思路，用好用活东西部协作和广东省及省内对口援建平台，抓实招商引资工作，促进项目落地，结合本地资源优势，利用好企业的管理优势和技术优势，改善本地的旅游条件。

（三）加大品牌建设，打造地方特色

日央康养休闲民俗村主打的品牌是“官寨文化”，但目前在这一方面完全没有体现，官寨的维护和建设需要进一步加强，要充分体现出民俗文化和历史，作为吸引游客的点，这样才能让景区有序良好的发展。

（四）与地方高校、培训机构合作，培养专业服务人员

由于乡村经济落后，缺乏专业的旅游服务人才，导致乡村生态旅游业的服务意识薄弱，这对乡村生态旅游发展极其不利。因此，利用地方高校和培训机构，从村民中选取一批熟悉当地民俗文化和生态地貌，愿意从事乡村旅游的人员，加强文化素质、服务素质培训，提高服务人员的服务意识以及服务水平，提高乡村旅游业的质量，推进乡村经济的发展。

● 参考文献

[1] 陈力. 发展生态旅游推进实施乡村振兴战略[J]. 洛阳师范学院学报，2019（38）：26-28.
[2] 袁安贵，何兴汉. 生态旅游产业发展模式创新思路和基本措施探讨[J]. 开发研究，2007（5）：100-102.

旅游人类学视野下的民族旅游主客互动研究①

——以甘孜州为例

四川民族学院历史文化与旅游学院　于潇

【摘　要】在现代旅游活动中，以了解民族风情、体验异文化为目标的民族旅游，越来越成为一种有特别价值的项目和形式。甘孜州以其迷人的自然风光和多彩的民俗风情，吸引着络绎不绝的游客。在频繁的旅游活动中，游客与东道主之间发生接触、交流和互动。由于文化背景和经济水平的差异，在主客互动中，更多表现为东道主对游客诉求的响应。本文拟从对游客的民族刻板印象做出的响应和加速变迁的响应两方面来进行分析研究。

【关键词】旅游人类学视野；主客互动；响应；甘孜州

人类的不同群体之间通过旅游而产生的基础和交往，包括了旅游活动以及由此所产生的东道主与游客的临时性接触、交流和互动（即主客互动）关系。在旅游人类学视野下，对旅游的研究，关注的是游客与东道主之间的文化系统、社会认同、族群文化的多样性、东道主社会的发展、社会生产与再生产、社会权利、生态保持等方面，尤其关注旅游活动所产生的群体交流、互动以及这种交流、互动活动给东道主社会和生态环境带来的影响，把旅游置于促进不同民族和族群的相互理解、平等对待、文化交流等层面来认识。

甘孜藏族自治州是四川省三个自治州之一，也是四川最大的藏族聚居地，地处青藏高原东南缘，与西藏、青海、云南等省区为邻。境内有雪山、高原、峡谷、草原，自然风光秀丽迷人；有藏族、羌族、彝族、回族、蒙古族、纳西族等二十多个民族，人文风情多姿多彩。迷人的自然风光和多彩的民俗风情，吸引着络绎不绝的游客。在旅游活动中，外来的以汉族为主的内地游客与当地以藏族为主的旅游从业者之间发生接触，双方的文化也随之产生交流，在频繁的基于旅游的接触和交流中，当地的民族文化也在对旅游者做出响应。

一、旅游中的主客互动概述

众所周知，旅游活动最为普遍的情形，就是游客到自己不熟悉的地方和人群中去观光和体验，其中必然要发生文化接触和交流、互动。

在现代旅游活动中，民族旅游越来越成为一种有特别价值的项目和形式，因为游客不仅

---

① 项目基金：2014 年度四川省教育厅人文社科一般科研项目“民族文化对旅游者行为活动的响应研究——以甘孜州为例”（项目编号 14SB0270）阶段性成果之一，并得到四川民族学院川藏茶马古道研究中心的调研资助。
作者简介：于潇（1981—），女，硕士、讲师，主要从事跨文化研究。

可以欣赏到神奇的自然景观，达到休闲的目的，同时还可以了解、接触、欣赏、体验到其他民族的文化和风俗。因此，越来越多的游客选择以了解民族风情、体验异文化为目标的民族旅游活动。在不同民族与族群的接触与交流中，文化互动在所难免。

民族旅游包含着两个以上的族群之间的接触与交流。虽然由于时间和范围的限制，游客在旅游活动中与东道主的实际接触相对短暂，绝大多数也只浮于表面，但是，旅游中的族群认同以及相关的问题，无论是对游客还是东道主来说，都是不可避免的。

（一）旅游业带来的频繁主客互动

甘孜州有贡嘎山景区、海螺沟景区、稻城亚丁、木格措景区、新都桥景区、塔公景区等生态旅游资源，海螺沟是国家5A级风景名胜区，稻城亚丁被誉为“最后的香格里拉”“蓝色星球上的最后一片净土”，塔公草原让游人流连忘返；甘孜州文化积淀深厚，文化旅游资源富集，有着享誉世界的格萨尔文化、藏传佛教文化、茶马古道文化、锅庄文化、扎坝走婚文化、康定情歌文化、丹巴古碉文化、藏寨文化等一系列极富康巴特色的文化旅游资源，被世界旅游组织定位为“中国推向世界旅游市场的自然生态旅游和康巴藏族文化旅游的目的地”。

20世纪80年代中期，甘孜州开始探索发展旅游之路；20世纪90年代初，提出以旅游为龙头发展第三产业的思路；2000年后，甘孜州旅游业有了较快发展，全州游客接待量和旅游收入逐年攀升，旅游发展步入良性互动、有序发展的快车道；至“十三五”期间，实施全域旅游发展战略，大力拓展大香格里拉环线、康巴风情旅游线、国道317/318线中国最美景观大道、四川旅游西环线等精品旅游线路市场，旅游产业成为最具优势和最具带动作用的富民产业和主导产业。仅在2020年的中秋国庆黄金周里，全州63个A级景区，累计接待游客85.24万人次，实现门票收入2 390.58万元[①]。

（二）研究主客互动的意义

虽然甘孜州的旅游业发展形势看起来一片大好，但仔细分析不难发现，州内旅游的热点主要聚集在海螺沟、稻城亚丁、木格措、新都桥、塔公草原等自然风光上，而对民族文化旅游资源的开发却不尽如人意，未能将资源转化为产业优势和经济优势效益。自2011年以来，甘孜州屡屡通过文化旅游展馆、展演等系列推介形式大力宣传和推广文化旅游产品，但收效并不显著。

发展文化旅游，除了需要在外地宣传、推出自己的特色文化，吸引游客来州旅游外，更重要的是要掌握来州旅游者的行为活动特点，了解和分析来州旅游者对甘孜州文化旅游的兴趣点和期望值，并在此基础上让地方民族文化在旅游主客交互行为中做出合理响应，让旅游者意犹未尽、满意而归，进而选择再次重游或介绍亲朋好友前往。可见，研究民族文化对旅游者行为活动的响应既是传承和弘扬民族传统文化的需要，也是提高游客满意度、加快民族特色旅游发展的需要，通过对旅游者诉求的分析，了解旅游展示中的民族文化可以从哪些方面进行调适，即促进民族文化对主客互动中旅游者的诉求做出响应，在这种调适中完成民族

---

① 数据来源：https://www. sohu. com/a/423386230_244669 火爆！黄金周8天甘孜州63个A级景区接待游客85. 24万人次！2020-10-09 11：17

文化的自觉、传承与重构，对甘孜州特色文化旅游产品的形成具有重要意义。

二、对游客的民族刻板印象做出的响应

所谓民族刻板印象，是指人们基于某一民族成员的心理和行为特征而形成的对这一民族群体概括而固定的看法。作为一种特殊的社会态度，民族刻板印象的内容是特定的，它往往是对某一民族内在民族性格和外在行为特征稳定化的认识和描述，是人们对于该民族基本特质的主观的概括和总结。在旅游所引起的主客互动之中，民族刻板印象扮演着重要的角色。

民族旅游以民族的传统文化为底色，而民族传统文化是以族群认同（ethnic identity）为知识背景和逻辑依据的。一个民族文化认同的根本属性来自那个特定族群内部具有的、对自己文化和传统的“意识”，那些外在的服装、民居、歌舞等，都是这种民族意识的外在表现。普通的游客不会刨根问底地考证自己旅游中的所见所闻到底是不是真实的、原生态的，他们更关注的是要看到不同于自己的日常生活的东西。

（一）海螺沟的案例

海螺沟景区所在的泸定县，人口以汉族、彝族为主，景区内及景区周边的居民多为彝族，但是在景区内及景区周边从业的他们，多穿着藏装，以藏族形象展示于游客之前。为究其原因，笔者曾经随机访谈了几位景区内的旅游从业者，通过交谈得知，是因为从前他们穿着彝族服装或者普通日常服装时，经常被外地游客询问：“你们这里不是藏族地方么？你们不是藏族么？你们咋不穿藏装呢？”即在内地游客的民族刻板印象中，海螺沟地处甘孜藏族自治州内，居民理所当然就应该都是藏族人，都穿着款式各异的藏族服装，会讲藏话，贩卖具有鲜明藏族特色的手工艺品。因此当看到不符合他们民族刻板印象的从业者时，不免屡屡发问。被问得多了，这些景区内及景区周边的旅游从业者逐渐发生了变化，变得越来越符合外地游客的民族刻板印象——藏族聚居地区、藏族人、藏装，即在藏族聚居地区的景区内，到处都是穿着藏族服装的藏族人；景区内租借给游客拍照的民族服装，都是风格各异的藏装；旅游纪念品商店里的商品，也与州内其他县市的无异，摆满了各种具有鲜明藏族特色的工艺品。

（二）藏床的案例

另一个关于民族刻板印象的典型案例，当属藏床。笔者在田野工作中接触到的许多从事民居接待的人都曾提起过，从前，藏床只在关外（折多山以西）的农区或集镇中的一定范围内流行，因为游牧生活当中携带笨重的家具是不现实的，即便是定居生活的人们，夜间也多是围绕锅庄安睡，因此，藏床并不是康巴地区每个家庭必不可少的配备。但旅游业兴起后，一些人开起了农家乐、藏家乐、牧家乐，从事旅游接待。初时，他们选用的多是普通的床，后来因为有见过藏床的游客觉得他们用的不是藏床、不正宗，才为了体现藏族风情，特意从关外引进他们的日常生活中原本很少用到的藏床和与之搭配的藏柜，并且不但在房屋的客厅、卧室安放藏床、藏柜，甚至在帐篷里也同样摆放有藏床、藏柜了。

基于游客对东道主的刻板的他者形象的想象，在这一组的主客互动中，作为响应，一方面，东道主为了满足游客的他者想象而植入或创造出新的民族文化事象，当然，也可能是再

现或再造旧有的、但可能已逐渐被遗忘或舍弃的民族文化事象；另一方面，为了保持自己的吸引力，不断努力强化自己在游客心目中的他者特征。

三、加速变迁的响应

大力发展旅游业以来，旅游对目的地民族的传统文化产生了重要的影响。“游客/东道主”基于不同文化背景下的交流通常并不平等——对欠发达地区的东道主而言，游客的到来可以带来经济上的改善，这种潜在的、具有期待性的、不平衡的供需，在游客/东道主之间建立起一种不平等的关系，多表现为东道主对游客需求的响应。

（一）日常生活的交融

随着游客的大量涌入，东道主在一年中的大半时间都受到外来文化的冲击。从二者的经济水平来看，明显是游客较东道主更具优势，这就导致了相对强势的外来文化向弱势的旅游目的地的传输。

因此，国内各民族旅游目的地的现代化均具有较为明显的文化交融的特征。比如说，除了女性服饰在特定场合保持了传统样式外，越来越多的东道主，尤其是男性的日常穿着已基本现代化；新修的住房，为满足外来的游客对舒适度的要求（重点是卫浴设施），也逐渐放弃了传统建材和样式，而改为钢筋混凝土结构的、与外面的建筑差别越来越小的楼房；为了配合游客的口味，饭菜都是普通的川菜，只是用众所周知的牦牛肉等本地特有食材和酥油茶、青稞酒之类的传统食物表现其民族特色。

（二）产业化的集中展示

吸引大量游客纷至沓来的主要因素就是民族传统文化，为了迎合游客的旅游动机和心理需求，在短暂的旅游接触中给游客留下更为深刻的印象，吸引更多的游客前来，东道主会在民族传统文化的基础上人为地加以改造，从自己的原有日常之中，刻意分裂出一部分给游客“看”，造成加速变迁的现象。

1. 甘孜格萨尔王城

在藏族人民的心目中，格萨尔王拥有至高的地位、无上的荣誉。格萨尔文化，是我国藏民族文化的标杆和灵魂，在人们的学习、生活、工作中起着非常重要的作用。但由于传承模式的局限性，限制了格萨尔文化在异族人群中的传播，导致作为世界非物质文化遗产的格萨尔只为藏族同胞和少数研究者所了解，众多游客则只知有格萨尔其人，对其事迹与精神则所知甚少。

格萨尔王的足迹遍布整个涉藏工作地区，甘孜亦留下了许多关于格萨尔王的传说。流传广泛的一首弦子词里称“甘孜城坐落在霍尔遗址上”，这里所说的霍尔遗址，即昔日霍尔国的遗址，同时也是霍岭大战的遗址；奶龙神山上有格萨尔王的修行洞、赛马处、降妖处，有格萨尔的降生图案，有岩石自成的格萨尔的仓库和家犬、奶牛、拴马石等；在扎日拥康神山上，有格萨尔征战时留下的号角、战鼓。基于这些丰富的格萨尔文化资源，甘孜县斥巨资打造了格萨尔王城，设置了 1 000 余处格萨尔故事景观小品体验地，让游客可在此读格萨尔史诗、听格萨尔故事、看格萨尔藏戏、品藏王宴，集中领略甘孜本土特色文化，多角度了解和体验格萨尔文化的独特魅力。

2. 德格康巴文化博览园

德格是康巴文化中心、南派藏医药之源、格萨尔王故里，文化资源厚重。2018 年，德格县启动建设康巴文化博览园，拟建旅游集散中心、特产博览中心、商务中心、康巴风情步行街区、特色文化展馆区、藏房宾馆区、海螺演艺中心、文创中心、藏文化研训基地等 9 大功能区，旨在充分展示德格县独特、深厚的文化资源优势，以“文旅结合”的模式，为该县实施“乡村振兴”战略提供产业支撑。项目启动两年，目前已初具雏形。

在现已建成并开放的藏纸制作、唐卡绘画、雕版印刷三个体验中心里，除雕版印刷中心主要是进行古印版复刻工作外，藏纸和唐卡两个体验中心均在传承传统文化的基础上有所革新。藏纸制作除沿用传统原材料、制作供书写/印刷之用的传统藏纸外，还创新了加入各种花朵制成的彩色的、可做装饰画或灯罩的新藏纸，也尝试用羊毛等非传统材质制纸；年轻的唐卡艺人多用传统的唐卡技法和颜料，绘制花鸟虫鱼、人物故事、生活场景等新题材，其中正在绘制的一幅巨幅唐卡，仿近年来大火的青绿山水《千里江山图》局部，加绘三教人物图，令观者耳目一新。

在“文化搭台，经济唱戏”成了中国民族旅游发展的基本主题的今天，这些响应游客在短暂时间内集中了解、体验民族文化需求的文化产业园的大量出现，虽然有以“文化为借口，经济为目的”之嫌，但却不失为一种可以招揽大量游客的有效策略。虽然这对文化内部独立的传承机制而言未必是一件好事，但也不能因此拒绝变迁，期待地方社会和民族能够在现代旅游活动的主客互动中最大限度地获得利益，同时又不至于使传统的民族文化在变迁过程失去其赖以生存和延续的民族性。

民族旅游以了解民族风情、体验异文化为目标，了解和分析旅游者对甘孜州文化旅游的兴趣点和期望值，并在此基础上让地方民族文化在旅游主客交互行为中做出合理响应，是提高游客满意度、加快民族特色旅游发展的需要，在这种调适中，如何完成民族文化的自觉、传承与重构，更重要的是保持区域和民族特色，值得深入探讨。

● 参考文献

[1] 彭兆荣. 旅游人类学[M]. 北京：民族出版社，2004.

[2] 甘孜藏族自治州旅游志编纂领导小组. 甘孜藏族自治州旅游（1985—2005）[Z]. 2009.

6

第六篇

康巴农旅协同发展其他相关研究

乡村振兴视域下甘孜州东部地区可持续发展路径研究①

四川民族学院科研管理处　何玉梅

【摘　要】实现乡村全面振兴的根本途径是构建可持续发展的长效机制和实现路径。通过对甘孜州东部地区“大渡河流域乡村振兴示范区”进行实地调研，从乡村振兴视域分析其面临的可持续发展困境，探析其可持续发展的路径，即以能力提升和文化发展为核心、以区域经济与社会发展为基础、以福利政策和社会救助为保障、以政策连续与动态调整为手段、以科学研究和机制构建为支撑。

【关键词】乡村振兴；甘孜州东部地区；可持续发展路径

当前，我国的社会主要矛盾已经转化为人民日益增长的美好生活需要和不平衡不充分的发展之间的矛盾。实施精准扶贫战略和乡村振兴战略，是解决当前主要社会矛盾的必然需求和重要举措。近年来，民族地区基础设施、社会事业得到了极大发展。由于自然地理和历史等诸多因素的制约，作为民族地区的甘孜州东部地区的可持续发展依然面临诸多困境。

一、问题的提出

（一）文献回顾与理论框架

可持续发展的探索和实践源远流长，成果丰硕。学界主要对后扶贫时代的可持续发展长效机制进行了多维度探讨②。一是从制度层面分析构建反贫困后可持续发展长效机制的途径③，二是针对某一具体领域的可持续发展长效机制④，三是基于乡村振兴的可持续长效机制研究。⑤现

---

① 项目基金：四川民族学院 2019 年度自办项目“乡村振兴视域下甘孜州东部地区可持续发展研究”（编号：XYZB19015SB），2018 年度自办项目“后扶贫时代甘孜藏区可持续发展研究”（编号：XYZB18009SA），甘孜州社科联科研项目“大渡河流域乡村振兴示范区可持续发展路径研究”（编号：gzsk201903）。
作者简介：何玉梅（1989—），女，硕士，四川民族学院学报编辑，研究方向：基层社会治理。

② 张耀文，郭晓鸣. 中国反贫困成效可持续性的隐忧与长效机制构建[J]. 湖南农业大学学报（社会科学版），2019（1）：62-69

③ 朱路平，葛孚桥. 关于广东构建农村扶贫开发长效机制问题研究[J]. 南方农村，2013，29（12）：66-72；张跃平，徐梓青. 我国民族地区反贫困长效机制研究[J]. 湖北社会科学，2013（8）：41-44；陈文胜. 脱贫攻坚的战略机遇与长效机制[J]. 求索，2017（6）：90-95.

④ 陈敏. 光雾山景区旅游产业扶贫长效机制研究[J]. 牡丹江大学学报，2015，24（2）：29-32；文良旭. 构建县域金融支持精准扶贫工作长效机制研究——以甘肃省合水县为例[J]. 西部金融，2016（8）：58-62.

⑤ 郭佩霞，邓晓丽. 中国贫困治理历程、特征与路径创新——基于制度变迁视角[J]. 贵州社会科学，2014（3）：108-113；罗绒战堆，陈健生. 精准扶贫视阈下农村的脆弱性、贫困动态及其治理——基于西藏农村社区案例分析[J]. 财经科学，2017（1）：93-104.

有研究存在两方面的不足：一方面，仅基于反贫困过程中某一特定领域或具体问题展开分析，缺乏影响后扶贫时代扶贫区域性的顶层性系统设计。另一方面，未能基于贫困人口尤其是民族地区贫困人口的生产生活环境和生计特点提出具有可操作性的可持续发展长效机制。

从社会政策的角度看，可持续发展的长效机制就是以实现长期、稳定、可持续为目标的一系列政策行动的机制。具体来说，长期、稳定、可持续应是民族地区乡村振兴的目标和自觉追求，应建立一套完整的制度规范和运作机制加以运行，应培育长期、稳定、可持续发展的“动力源”。

因此，构建可持续发展的长效机制的根本在于解决“自觉性”“主动性”和“自动性”的问题。先天区位劣势、后天滞后发展的民族地区要借助国家大规模、全方位的资源投入，培育起民族地区可持续发展的内生动力机制，将外部投入与激发自我发展潜力有机结合，提升民众的持续发展能力，最终实现区域发展能力的可持续提升。

（二）研究的问题

针对甘孜州东部地区这一具体区域，项目组拟通过对具体案例分析探讨其可持续发展路径，回答如下问题：① 甘孜州东部地区反贫困成效如何？② 甘孜州东部地区可持续发展的探索和经验是什么？③ 甘孜州东部地区可持续发展面临哪些困境？通过对这些问题的探讨，探索甘孜州东部地区可持续发展路径。

二、样本选择和调查概况

（一）样本选择

甘孜州面积约 15.3 万 km^2，所辖 18 个县（市）都是省级重点贫困县，占全省的 20%；有贫困村 1 360 个，占全州的 50%；有建档立卡贫困人口 19.74 万人，占全州的 17%，是全国 14 个集中连片特困地区之一和全省脱贫攻坚“四大片区”的重要组成部分，目前已经全部脱贫摘帽。甘孜州坚持“折东搞示范、折西补短板”“产城相融、三产融合”的总导向，2017 年在折东地区率先开展“大渡河流域乡村振兴示范区”建设，努力打造 282 个“精品新村”，以期全面建成“产业兴旺、生活富裕、生态宜居、和谐稳定、团结进步”和“全域旅游”的示范区，为全州提供可借鉴和推广的经验。

甘孜州东部地区定位为“成渝后花园・康养加休闲”，包含康定、泸定、丹巴、道孚、九龙、雅江 6 县（市）。项目组着重调研了已经具有较为成熟旅游接待能力、有一定示范作用的“官园”“果园”“玉园”，对“大渡河流域乡村振兴示范区”进行典型性解剖，探讨其可持续发展路径，为甘孜州乃至其他民族地区可持续发展总结经验，以促进民族地区的可持续发展、社会稳定和长治久安。

（二）调查概况

2019 年 5 月至 2020 年 10 月，项目组成员先后 8 次深入甘孜州东部地区“大渡河流域乡村振兴示范区”的“官园”（日央村）、“果园”（时济、若吉两村）、“玉园”（色龙村）进行实地调研[①]。调研主要内容包含：① 了解和收集调研地点的基本情况、基础设施、公共配套设施建设情况及其相关资料；② 对当地的部分干部（16 人）、农民（64 人）、游客（138 人）进行了走访和访谈，走访内容主要为反贫困成效、可持续发展能力培养、可持续发展面临的困境以及可持续发展的未来思考。③ 主动参与和观察调研地点的活动，如“官园”“果园”的开园活动（2019 年 5 月 1 日），节假日游客接待等。

（三）甘孜州东部地区的反贫困成效和可持续发展探索

1. 基础设施和公共服务设施大幅改善，生产生活条件改善

通过精准扶贫战略和乡村振兴战略相关项目的支持，整合政府投入、对口支援、村民自筹、社会资本等资金[②]，建设、改善基础设施和配套公共服务设施，新建村内管网、河堤、公共厕所、污水处理站、垃圾中转站，整村亮化，改建村内道路。农民的收入普遍增加[③]，衣、食、住、行条件大幅度改善，医疗、教育保障水平不断提高，生产生活条件得到极大改善。

2. 产业发展初见成效，集体经济收入增加

甘孜州东部地区产业提升初见成效，坚持“1+3”[④]推进村级产业发展，促进农旅深度融合。以若吉村为例，通过农旅融合、文旅融合，打造“记得住乡愁，留得住乡音”的充满乡土文化特色，融合汉、藏、羌民族文化的美丽休闲旅游示范村，预计 2020 年全村集体经济收入将达到 10 万元。

3. 资源资本化，资源效益不断提升

甘孜州东部地区将原有的自然风光、民房、劳动力等资源资本化，使村庄变“景区”、民房变“民宿”、村民变“股民”，资源得到最大化利用，其效益不断提升。

村庄变“景区”。根据各村特色和资源禀赋，坚持一村一景，分为产业新村、旅游新村、文化新村、民族特色村、自然生态村和传统村落等 6 个类别，同时注重特色和组团发展相结合的模式。民房变“民宿”。鼓励村民利用闲置房屋和院落，因地制宜发展民宿经济。开发乡村休闲农庄、特色民宿、自驾露营、户外运动等乡村休闲度假产品，打造一批以“自然、舒适、农耕、体验”为特色的乡村民俗，保留了浓郁的民族文化和乡土气息。

村民变“股民”。探索建立农户利益共享机制，深化农村集体产权制度改革，厘清资产权属关系，明确分配机制，按照“统一宣传营销、统一分配客源、统一服务标准、统一内部管理”四个统一，通过“公司+合作社+农户”的运营模式，群众通过房屋出租、土地流转、资金等方式入股，实现了“不动产”变股份、变资本、变效益。把独特的地域文化、民族文化

---

① 若吉村位于大渡河左岸，距离康定 36 km，平均海拔 1 520 m。连接雅康高速、国道 318 线、省道 211 线，可通鱼通城区、康定市区。全村 92 户 301 人。低保户 7 户 19 人，党员 29 人，建档立卡贫困户 14 户 51 人。鱼通·土司官寨位于康定东部麦崩乡境内，地处大渡河流域半高山峡谷地带，以为舍村、日央村为中心。其中，日央村属于半高山村寨，距麦崩乡政府 3 km，耕地面积 404 亩，全村 77 户 272 人。色龙村位于孔玉乡境内，地处康定市东部，平均海拔 2 400 m，距离康定 110 km。全村 38 户 148 人。

② 色龙村项目总投资 7 600 万元，日央村项目总投资 8 962.7 万元，若吉村项目总投资 5 999.09 万元。

③ 色龙村年户均增收 2.6 万余元，日央村实现户均增收 2 万余元，若吉村实现户均收入 3 万余元。

④ 成立由村支部书记担任主要负责人的村集体经济组织，统筹推进“旅游+”“种植+”“养殖+”三大产业。

和民宿文化融入乡村旅游，吸纳当地村民为游客提供住宿餐饮、民族服饰、歌舞表演等服务。若吉村采取“贫困户 9 折入股”带动模式，在农户入股合作社时仅需投入 9 股的资金，即可按 10 股参与分红。农户将其闲置房屋按 5 000 元/年租给合作社进行民居接待，村民经过专业培训在各自负责的民宿院落服务游客，当上了民宿管家，既能守着家，又能挣着钱，实现“房屋租金+合作社分红+工资+农产品销售”多元化收益。

4. 基层组织建设不断加强

基层组织能力提升的关键在人。首先，加强村“两委”班子的领导能力。坚持“6+1”模式加强村部，即以“六个标准化”①统筹推进党支部建设，不断强化村党支部组织，充分发挥党员干部和党支部在推进乡村振兴中的先锋模范作用和战斗堡垒作用。其次，坚持“培引并举”的人才发展思路，一方面通过示范引领、夜校提能等举措，做好村级组织现有人才培养；另一方面通过“农民工回引”等工程，吸引村内农民工返乡创业，助力村级组织各项发展。再次，通过无职党员设岗定责、“八大员”②“三联机制”③“双述双评”④等方式积极动员各方力量，为基层组织的可持续发展提供源源不断的活力、动力和监督力。

三、甘孜州东部地区可持续发展面临的困境

（一）返贫风险仍然存在

一方面，有限的政策、资源投入与可持续发展支持之间存在一定张力。精准扶贫战略旨在通过短期的集中攻坚消灭绝对贫困，乡村振兴战略则希望通过一段时间的建设实现乡村的全面振兴。两个战略都有时间约束性，相关的政策和资源投入都有时间限制，难以长期无限度的支持可持续发展的投入。

另一方面，目前脱贫的主要是易脱贫的、容易量化的数据性质的脱贫，主要依赖于政府政策资金投入和扶贫单位、干部的支持，可持续发展能力培育不足，精神文化发展相对滞后。贫困户、贫困地区的发展资本、发展能力、思维方式等尚未有质的提升。一旦扶贫政策退出、扶贫干部撤走，甘孜州东部这样的民族地区返贫风险很大。宣传动员不够，专业人才缺乏，新风培塑偏弱，脱贫成效稳固难。同时，随着社会的进步，人民群众渐高的期望与现实也存在一定差距，需要进一步凝聚各方合力提升可持续发展能力。

（二）可持续发展能力不足

一方面，由于时间紧、任务重、压力大，当前的精准扶贫和乡村振兴主要着力于易于量化考核和容易出成绩的道路、水利、电、网络基础设施方面，对人的能力建设和提升重视不

---

① 指组织生活标准化、组织运行标准化、阵地建设标准化、创优争先标准化、内业管理标准化、考核问效标准化。

② 指村容村貌的保洁员、脱贫攻坚的指战员、社会稳定的维护员、民事代办的服务员、党恩政策的宣讲员、生态环境的环保员、集体财产的管理员、民风民俗的引导员。

③ 指村支部书记——村支委委员——村民三级联系机制。

④ 指年底组织村干部进行述职测评，向全体村民述职，接受群众测评；向乡镇党委述职，接受上级综评。按照评议结果执行“70%+30%”绩效补贴制。

足，人力资源的价值尚未深入挖掘，对内生动力激发着力不足，对于个人资本的持续增加作用有限。精神文化脱贫有待加强，个体和家庭的脱贫能力未能得到实质提升，赋权、增能也还有很长的路要走。

另一方面，从区域性发展能力的角度看，甘孜州东部地区的基础设施虽有所改善，但离当前互联网时代的“智慧社区”水平还有不小的差距。甘孜州东部地区区域经济发展程度不够，产业同质化、过度竞争，全产业链培育不足；产业项目的投入选择与可持续发展之间存在矛盾，未能完全做到因地制宜；产业开发层次较低，基础设施完善不够，本土人力资本、资源价值未充分体现。

“今年上半年我们几乎没有客人来，连保洁员的工资都发不出来……村庄的一部分日常管理、运营支出是实实在在存在的……”①“我们村去年将土地流转给承包人，原计划今年上半年种景观花草和水果……因为疫情缘故，景观花草和果蔬一直没能种上……没有客人来，对外服务的餐厅已经关闭了……我们将一部分流转出去但是还未种花草和果蔬的土地重新整理出来，暂时种点蔬菜，尽量省些买菜的钱……”②

甘孜州东部地区的个体可持续发展能力、区域发展能力的不足，直接导致其应对不确定风险的能力差。2020 年年初，突如其来的新冠肺炎疫情严重影响了当地群众的日常生活，防控目前已经进入常态化，防控的主要方式是限制出行切断传染途径。旅游业的暂停、限制和学生限制出校管理，对全国商业和旅游地来说都影响巨大，对主要依托全域旅游收入的甘孜州东部地区而言更是雪上加霜。

（三）区域发展平衡和基层社会良性运行隐忧

由于各地自然环境、基础条件差异巨大，加上制度安排和发展战略的侧重不同，原本发展很不平衡的甘孜州东部地区可能在区域竞争中处于更加不利的地位。同时，由于多重因素叠加，甘孜州东部地区投入的资金、资源较多，村干部有了大量的资源支配权，加上部分农户“等、靠、要”思想严重，出现实际上的“扶懒罚勤”现象，村干部的廉洁风险增加，村民的信任可能动摇和分散，进一步加大了基层社会治理和良性运行的难度。

四、甘孜州东部地区可持续发展路径探析

甘孜州东部地区可持续发展路径核心是个人可持续发展能力、区域发展能力培育，重点应围绕能力提升和文化发展、福利政策和社会救助保障、政策连续性与动态调整、区域发展和社会发展、科学研究和机制构建展开。

（一）以能力提升和文化发展为核心

可持续发展，其要义是使贫困者、贫困地区拥有可持续的自我发展能力，有尊严和获得感的“自我造血”、持续发展，需要在教育、医疗卫生、社会组织、文化发展等方面有大量投入。大力引进和培养医疗卫生人才，引进医疗设备，切实提高医疗卫生保障水平。持续推进

---

① 若吉村一村干部，2020 年 5 月 25 日。
② 色龙村一村民，2020 年 6 月 26 日。

防辍保学、十二年义务教育、“9+3”教育、公费师范生教育、本土人才培养计划等多种形式的教育以阻断贫困的代际遗传，增强个人的可持续发展能力。最大限度地动员民众参与乡村振兴的全过程，最大限度地发挥教育、科学技术、金融、“互联网+”等的作用，最大限度落实现代职业能力的培训。加强技术教育、畅通信息流通渠道，培养懂技术、有技能、有意识、有能力的知识型农民。提升贫困者适应现代生活的能力、参与市场竞争的能力，提升人们发展水平和生活质量。加强政策学习，丰富文化生活，推动可持续发展的“好风气”“好习惯”的养成氛围，把贫困人口的经济脱贫与文化脱贫相结合，阻断贫困的代际遗传和贫困的再生产。与此相适应，政府也需要不断优化干部队伍结构与功能，重视本土干部的培养；提升干部个人业务能力、行政能力和服务水平；优化政绩考评体系，保持干部队伍的相对稳定和发展，为甘孜州东部地区的可持续发展提供可持续的组织保障。

（二）以福利政策和社会救助为保障

探索福利政策和社会救助“全覆盖、可持续”的模式，既保障相对贫困者的合法合理权益，又鼓励百姓勤劳致富、主动发展的积极性，使社会效益和社会公平共赢。延伸社会公共服务，因地制宜、方式灵活、层次立体、多元参与、绿色生态，缩小城乡差距和区域差距，使全民共享社会发展成果，推动社会全面进步。改善居住环境，提高农村生产生活水平。实施低保兜底、特困供养、临时救助、残疾人扶持、养老保险代缴等全覆盖。健全基本医疗卫生服务体系，提升基层医疗技术水平，推广合作医疗、大病救助、特殊门诊补偿、住院免起付线、先诊疗后结算等，实现医疗保障全覆盖。完善教育扶持体系，提高教育质量和水平，实现基本教育保障全覆盖。整合闲置资源，多方合力，完善养老服务体系。积极发展社会志愿服务，鼓励百姓互助合作。特别扶持事实孤儿、智障、无户籍人口等特殊群体，推进兜底保障全覆盖。通过福利政策和社会救助为甘孜州东部地区提供兜底保障。

（三）以政策连续与动态调整为手段

为保持政策相对稳定性和延续性，精准扶贫解决绝对贫困后，乡村振兴更进一步着力于乡村的全面振兴。持续提升发展能力，缓解相对贫困，这需要将贫困监控的范围扩大至全体人民。把政府的扶持政策与人口的自我可持续发展努力相结合，因地制宜整合资源创新机制体制。充分发挥基层政府和基层组织的积极作用，既要注意政策的连续稳定，又要因地制宜地动态调整。研判和预判可持续发展的趋势和变化，为可持续发展政策的连续和动态调整提供依据和支撑。

（四）以区域经济与社会发展为基础

区域可持续发展能力是以促进区域可持续发展为路径的更高阶段和水平的反贫困行动。甘孜州东部地区，要通过政府、市场和社会的合作，实现跨越式的发展，着力解决发展不平衡和不充分的问题。合理分配三大产业的比重，合理调整产业结构，科学地进行产业布局，着力打造特色产业，延长产业链，加强宣传、打造品牌，通过减免税收等优惠政策吸引国有企业和民间资本的投入，营造良好的产业发展环境，推进地区经济发展。通过政府的投入和社会的努力，提高就业质量和水平，制定社会事业发展规划，加快社会服务发展，使其在增强能力、激励动机、协调关系、促进融合、活跃文化和调节心理等方面发挥重要的作用。既要加强基层党组织和村委会组织的能力，也要促进各种社会组织的发展，包括农业合作社等经济型组织。

（五）以科学研究和机制构建为支撑

甘孜州东部地区的可持续发展，需要坚持需求导向、人民优先、区域协调，对效率与社会公平、基层治理等进行科学的、充分的研究，有的放矢，为前瞻规划、科学决策和可持续发展奠定坚实基础。

甘孜州东部地区的可持续发展，仍要“输血”和“造血”并举，将国家的政策支持和对口支援发挥出最大效益，将培养具有自我可持续发展能力的人与区域可持续发展能力深度融合，厘清政府、市场与社会边界，各司其职，解决可持续发展中存在的难题，形成多元参与、协力解决的局面。

甘孜州东部地区的可持续发展需要完善可持续发展长效机制的制度体系。搭建比较规范、稳定、配套的长效机制的制度体系，注重协调长期项目与短期项目、基础设施建设与经济发展后劲，建立健全政策的论证评估机制和完善长效保障机制，如低保兜底机制、医疗救助机制、农房保险、救灾政策打捆抵御灾害矛盾，纠纷协调机制。培育推动可持续发展长效机制正常运行的“动力源”，即将个人可持续发展和区域可持续发展紧密结合起来，将乡村振兴和基层社会治理结合起来。注重社区自身发展，重视基层组织的作用，重视乡村价值发现和本土资源利用，培育社区内部人才、组织、集体经济等。

● 参考文献

[1] 张耀文，郭晓鸣. 中国反贫困成效可持续性的隐忧与长效机制构建[J]. 湖南农业大学学报（社会科学版），2019（1）：62-69.

[2] 朱路平，葛孚桥. 关于广东构建农村扶贫开发长效机制问题研究[J]. 南方农村，2013，29（12）：66-72.

[3] 张跃平，徐梓青. 我国民族地区反贫困长效机制研究[J]. 湖北社会科学，2013（8）：41-44.

[4] 陈文胜. 脱贫攻坚的战略机遇与长效机制[J]. 求索，2017（6）：90-95.

[5] 陈敏. 光雾山景区旅游产业扶贫长效机制研究[J]. 牡丹江大学学报，2015，24（2）：29-32.

[6] 文良旭. 构建县域金融支持精准扶贫工作长效机制研究——以甘肃省合水县为例[J]. 西部金融，2016（8）：58-62.

[7] 郭佩霞，邓晓丽. 中国贫困治理历程、特征与路径创新——基于制度变迁视角[J].贵州社会科学，2014（3）：108-113.

[8] 罗绒战堆，陈健生. 精准扶贫视阈下农村的脆弱性、贫困动态及其治理——基于西藏农村社区案例分析[J]. 财经科学，2017（1）：93-104.

四川藏族羌族聚居区乡村振兴之易地扶贫搬迁调查研究①

四川民族学院科研管理处　陈光军

【摘　要】四川省涉藏工作地区乡村振兴首先要解决好脱贫问题，易地扶贫搬迁不失为四川省涉藏工作地区乡村振兴的有效途径，为此对四川省涉藏工作地区某地易地扶贫搬迁情况开展了调研，认真梳理其做法成效，对存在的问题、不足及原因进行分析并提出对策建议。

【关键词】四川省涉藏工作地区；乡村振兴；易地扶贫搬迁

为确保实现全面建成小康社会的成果得到人民认可、经得起历史检验，党的十九大报告明确指出要"全面实施乡村振兴战略"，近期，党和国家又具体提出了深度贫困地区攻坚战略，四川省涉藏工作地区成为下一步实施乡村振兴和深度贫困区扶贫攻坚两重国家战略实施的重点重叠区[1]。因此，如何响应国家新战略、如何根据国家战略导向寻求具有地方适宜性的发展思路及具体推进的对策建议，已经成为各级政府亟待深入探索的重大问题。对于这些重点重叠区，乡村振兴首先要解决好脱贫问题，作为乡村振兴的有效途径，易地扶贫搬迁既是脱贫攻坚的重点和难点，也是补齐贫困地区发展短板的重要抓手，更是解决"一方水土养活不了一方人"问题的根本之策，关系到困难群众的切身利益。为确保这项系统性民生工程能够落实好、建设好，发挥应有的成效，我们深入部分县（市）、乡镇、村（社区）易地扶贫搬迁项目实施地，综合运用集中座谈、个别走访、实地察看等方式，对四川省涉藏工作地区某地易地扶贫搬迁情况开展了调研。

一、主要做法及成效

四川省涉藏工作地区是全国藏族羌族主要聚居区，属深度贫困地区，截至 2017 年年底，四川省涉藏工作地区某州仍有 13 个深度贫困县（市）、606 个贫困村（含 126 个深度贫困村）。近年来，政府坚持聚焦深度贫困群体，将易地扶贫搬迁作为脱贫攻坚的"头号工程"来抓，按照"集中安置和分散安置"相结合的方式，科学采用县、乡、村"三级梯度"安置模式，计划搬迁建档立卡贫困人口 9 355 人。截至 2018 年 11 月，已完成搬迁 2 016 户 7 046 人（其中：2016 年搬迁 711 户 2 320 人，2017 年搬迁 802 户 2 956 人，2018 年 503 户 1 770 人），占计划搬迁总量的 75%。搬迁后群众生产生活条件明显改善，公共服务兜底水平显著提升[2]，有

① 基金项目：四川民族学院自办科研项目（重点）"四川涉藏工作地区乡村振兴战略实施的必要性、面临的问题及对策"（项目编号：XYZB18010SA）。

作者简介：陈光军（1969—），男，教授，研究方向：思想政治教育。

力助推了四川省涉藏工作地区贫困群众从 103 643 人减少至 21 912 人，贫困发生率从 14.5% 减少到 3.06%，进一步加快了四川省涉藏工作地区脱贫攻坚步伐，易地扶贫搬迁已成为贫困群众“住上好房子、过上好日子”的重要途径。认真梳理四川省涉藏工作地区易地扶贫搬迁工作，主要有以下几点做法：

（一）突出“三个关键”，让搬迁群众搬得出

组织开展乡村普查、入户调查和全面摸底摸排，对贫困人口信息进行复核、比对、校正，进一步摸准核实情况，将年度搬迁计划落实到户到人，确保搬迁对象与精准扶贫大数据管理平台信息保持一致，做到户有卡、村有档、县乡有信息库，确保有意愿的一户不落、不符合条件的一户不进。严格落实易地扶贫搬迁地质灾害危险性评估制度，实行地方党委政府选址终身问责制。统筹考虑搬迁群众生产、生活和就业需要等因素，推行“三靠三进”搬迁安置[即：靠近县城、靠近集镇、靠近产业园区（产业带）规划建设安置区][3]，科学合理地确定搬迁点，确保不留“后遗症”。严格遵守易地扶贫搬迁“三个严禁”（即：严禁超面积建设、严禁因建房增贫、严禁一搬了之）和户均自筹不超过 1 万元的要求，严格执行住房建设面积人均不超过 25 m^2 的政策标准，严禁超面积建房和过度装修，防止了因建房举债致贫。

（二）突出“三个结合”，让搬迁群众安得下

坚持“产业为基、就业为本、生计为先”，立足安置区资源和产业优势[4]，按照“五个一批”的要求，积极发展致富产业，拓宽增收渠道，探索实施了“乡村旅游+特色产业”“就业培训+公益岗位”“土地流转+劳务输出”等扶持方式，千方百计增加搬迁群众收入，确保搬迁群众能发展、可致富。坚持把城镇安置作为易地扶贫搬迁的首选模式，通过实施易地扶贫搬迁工程，使大部分贫困群众搬出大山，过上了城镇化的生活。人口不断向中心区聚集，提升了安置地城镇人气，同时通过贫困村产业扶持和集体经济的发展，使部分贫困群众从传统的农耕生产中脱离出来，促进了产业多元化发展，有力推动了易地扶贫搬迁与城镇建设互促互进。坚持绿色发展理念，把易地搬迁与美丽乡村建设相结合，统筹推进易地扶贫搬迁、地灾避险搬迁、危房改造等项目[5]，在安置区建筑风格和颜色设计上体现地方和民族特色，同步配套道路、水电、通信等基础设施，完善教育、文化、卫生等公共服务，努力实现新房、新村、新景。

（三）突出“三个环节”，让搬迁群众稳得住

按照“政府主导、群众自愿”的原则，做到“一自主三统一”（即村民自主选择户型；政府统一规划设计、统一补助资金、统一基础设施配套），着力完善教育、文化、医疗卫生、村级组织活动场所等公共服务设施建设，积极配套水、电、路、通讯、排水等基础设施，构建“功能完备、舒适宜居”的新家园。严格落实工程质量监管制度，严把质量安全和竣工验收关，提高工程建设档案痕迹化管理水平，确保项目管理、工程造价、工程监理、施工管理、项目验收等程序规范到位；强化项目资金监管，确保资金及时足额到位，督导各县（市）统筹资金调度，规范资金使用，强化资金监管，确保资金封闭运行、专款专用。加强安置点管理服务工作，条件允许的，可在集中安置点建立党支部，将基层党组织覆盖到安置点。健全“网

格化”社会治理体系，制定村规民约，实现党员管理、群众自治的常态化、制度化体系。

二、存在的问题、不足及原因分析

在中央、省、州的高度关注和强力推动下，四川省涉藏工作地区易地扶贫搬迁工作取得了阶段性进展，但通过对标乡村振兴发展和满足人民日益增长的美好生活需要，易地扶贫搬迁还有一些问题亟待解决。

（一）安置用地紧缺，集中搬迁选址困难

四川省涉藏工作地区地处高原地区，多数县（市）山高谷深、土地贫瘠是最大实际，加之土地呈现“碎片化”特点。调研组从某群众搬迁意愿较强的村了解到，该村范围内没有一片“成块”的土地面积超过 60 m^2，集中安置选址十分困难，多数地方集中安置需要跨乡镇协调土地，协调难度极大，且前期工作费用较高。四川省涉藏工作地区采取“集中安置”搬迁的，主要是地域相对辽阔的若尔盖、红原和壤塘县，其余县（市）主要采取“分散安置”的搬迁方式，分散安置比例高于全省平均水平。

（二）个别政策标准与搬迁户需求不相适应

根据调研组实地走访，易地扶贫搬迁政策能够满足绝大多数搬迁群众需求，但结合涉藏工作地区实际，与部分搬迁户需要存在两个方面不适应的情况：根据搬迁政策要求，搬迁建房必须采取“砖混结构”或“框架结构”，但由于四川省涉藏工作地区地处川西北高原，年平均气温较低、昼夜温差较大，砖混和框架结构房屋冬季抗寒能力相对较差，因此多数县（市）海拔较高的搬迁户，更热衷于修建“石木结构”房屋。根据易地扶贫搬迁政策要求，人均建房面积不超过 25 m^2，按照这一标准，对于 1 户 1 人方式安置的，又必须包含卫生间、厨房、卧室、客厅功能，这给建房设计带来了很大困难。2017 年开始，全省取消了建设生产用房，但根据少数民族地方特殊生产生活习惯，圈舍和堆放柴火等燃料的地方是必不可少的，否则无法满足群众居住需求；四川省“十三五”易地扶贫搬迁规划明确“按照一户一宅方式安置的，可以在宅基地预留续建空间，稳定脱贫后可自行扩建”。因未明确稳定脱贫时限，四川省涉藏工作地区各县（市）已脱贫搬迁户有部分已擅自进行了扩建，还有部分正在观望，扩建愿望迫切，严重影响了今后的督查验收工作。

（三）搬迁户新增人口无补助政策

各县（市）搬迁计划一般在上一年年底申报确定，下一年实施搬迁人口数量和资金下达量，均按照上一年申报计划兑现补助并验收，但在具体实施过程中，搬迁对象家庭成员自然增减现象时有发生，计划相应搬迁户数中的实际人数与原安排资金数和设计面积不一致，在补助金发放和验收时均按照“原审定计划”对待，搞“一刀切”，导致项目实施期间的新增人口不能享受补助政策，影响了搬迁积极性。某户 2017 年年底家中 4 人，被定为扶贫搬迁户，住房建设标准为 100 m^2，而 2018 年项目验收前此户又添 1 口人，变成了 5 口之家，但搬迁房面积及配套资金已经下达，造成新增的 1 人既不能增加住房面积，也不能享受资金补贴。

（四）产业支撑不足，持续增收乏力

搬迁户通过易地扶贫搬迁，将居住地从高半山、边远地区搬迁到安置地，但生产资料依然在原居住地，这让搬迁户不得不放弃赖以生存的土地，即使继续从事原有农耕生产，生产成本也将大幅增加；加之部分集中安置区域产业结构不优，经营主体带动能力不强，缺乏产业支撑，搬迁后难以实现就地就近就业，造成搬迁后缺乏收入增长点，持续增收困难。搬迁户在原住地有 6 亩耕地，按照种植传统农作物来计算，每亩年收入约 2 000 元，共计 1.2 万元，搬迁后，原住房已按政策要求拆除，无临时生产住所，每年农耕期间需在搬迁地和农田之间，至少往返 12 次，生产成本至少增加 2 000 元，原本不高的收益再次降低 17%，且农户将在两地间疲于奔波。

（五）安置区域人员结构复杂，社会管理难度大

实施易地扶贫搬迁后，使原本相隔较远、不相往来的群众，因搬迁集聚成为“邻里”，安置区人员结构较为复杂，受区域文化差异、风俗习惯不同等因素影响，加之部分“本地人”对外来入驻搬迁户心怀“优越感”，极易导致邻里之间因小事发生矛盾纠纷，增加了社会管理难度。

三、对策建议

针对问题实际，调研组通过翻阅资料、实地走访等形式，认真借鉴贵州、宁夏、巴中等地先进经验，结合四川省涉藏工作地区易地扶贫搬迁工作特点，提出以下对策建议，确保“挪穷窝”与“换穷业”并举、“安居”与“乐业”并重、搬迁与脱贫并进，为高质量推进易地扶贫搬迁提供参考。

（一）适当提高集中安置比例

鼓励集中安置搬迁，促进资源要素集中，便于统一配套基础设施，优化公共服务设施，既有利于推动城镇化建设进程，也将助力乡村振兴发展。建议：引导群众树立“大聚合、大发展”理念，从观念上接纳搬迁户，增加本地人口数量，激发商贸、物流、农旅产业活力，促进本地区发展。

（二）因需施策

涉藏工作地区“石木结构”住房具有墙体厚、能泄承重力的特点，“冬暖夏凉”的特性也适宜高寒地区居住需要，建议住房建设验收标准在砖混、框架结构的基础上，增加石木结构验收标准，综合考虑少数民族地区实际，验收时以测量室内建设面积为准。立足 1 人户 25 m^2 住房建设标准，不足以规划建设功能相对完善的住宅，建议整合厕所政策，允许独立建设卫生间。根据少数民族地方特殊生产生活习惯，以国家支持“三区三州”相关政策为契机，能否准许修建户均 30 m^2 以内的生产用房，用于圈养牲畜和堆放柴火等燃料。为便于工作开展，需要尽快明确搬迁户稳定脱贫时限和扩建、加盖住房相关要求。

（三）制定新增人口政策补助措施

针对搬迁计划期、验收期之间新增的家庭人口，无法享受补助政策的情况，可在下一年按新增人口数进行申报享受易地扶贫搬迁政策，对下一年全县（市）已完成搬迁任务的，可向上争取新增搬迁规模，如规模无法增加的，由各县（市）人民政府统筹整合扶贫资金按照搬迁人均补助标准补助给新增家庭人口，切实满足搬迁户建房需要，增加搬迁积极性。

（四）实施搬迁致富工程，助力群众稳定增收

牢固树立“搬迁只是手段，脱贫才是目的”的理念，按照“以产带迁、以业促迁”的思路制定搬迁方案，加大后续帮扶力度，下深下足“绣花”工夫，绝不为搬而搬、一搬了之，确保搬迁群众稳得住、能致富。抢抓供给侧结构性改革契机，依托四川省涉藏工作地区生态资源禀赋，按照“宜农则农、宜旅则旅”的原则，充分发挥产业扶贫基金作用，因地制宜培育稳定增收产业，制定出台农业、旅游产业经营“以奖代补”政策，鼓励社会资本参与，通过积极引进龙头企业和创办专业合作社、产业园区，带动贫困户发展种养业、旅游接待服务，扶持电商加快发展，带动搬迁户增加生产经营性；鼓励搬迁户采取“作价入股、租赁”等方式，流转林地、土地、草地经营权，盘活撂荒地，让“远离”的生产资料“挣钱”，增加财产性收入。进一步加强就业技能培训，提升就业技能水平，引导群众合理就业心理预期，逐步扭转“高不成、低不就”现状。紧抓浙江对口支援、东西部扶贫协作契机，加快推进劳务协作，积极搭建就业平台，有序组织搬迁群众到企业务工。在合理开发公益性岗位的基础上，积极推广生态扶贫经验，科学设置生态管护岗位，安排照顾特别困难的搬迁家庭，增加搬迁户群众工资性收入。搬出地和迁入地之间，要加强对接沟通，及时掌握搬迁户户口迁移状况，按要求及时发放低保金、五保金和退耕还林、还草等政策性补助，兑现教育、医疗、社保等普惠性政策补助，增加搬迁户转移性收入。

（五）创新社会管理，树立新风正气

立足“保留乡愁”，把原住地邻居、熟人集中安置在一起，实行“亲情”安置，便于搬迁群众维系原有亲邻关系。聚焦搬迁后 1～2 年适应期，乡村两级干部要加大搬迁户入户走访力度，访难问苦、谈心交流，帮助搬迁户尽快融入新居住地。在集中安置点广泛宣传习近平总书记新时期扶贫开发重要思想，宣传中央、省、州脱贫攻坚各项政策措施，宣传脱贫致富先进典型和经验[6]，不断激发内生动力。结合“乡村善治”“四好村”创建，完善村规民约，深化基层法治示范创建，大力开展移风易俗、破旧立新[6]，引导搬迁群众自觉摒除陋习，弘扬社会主义核心价值观，倡导新风正气，推动乡村振兴发展。

● 参考文献

[1] 陈光军. 甘孜藏区矿产资源开发和收益共享新模式研究[J]. 四川民族学院学报，2018（3）：65.

[2] 周鑫，高洁. 贵州省都匀市易地扶贫搬迁的实践与启示[J]. 汉江师范学院学报，2018（4）：81.
[3] 岳旭东. 从求生存到谋发展的跨越[N]. 巴中日报，2016-07-07（1）.
[4] 郭松青. 坚持四措并举 加快易地扶贫搬迁[J]. 衡阳通讯，2016（8）：21.
[5] 安铎. 因地制宜 创新模式 全力加快易地扶贫搬迁助推脱贫攻坚进程[N]. 定西日报，2015-12-19（1）.
[6] 张谷. 奋力谱写治蜀兴川脱贫攻坚新篇章[N]. 四川日报，2017-07-05（5）.

全域旅游背景下川藏茶马古道甘孜段历史文化资源的开发①

四川民族学院历史文化与旅游学院　吴婷
四川省康定市文化广播电视和旅游局　唐莲芳

【摘　要】川藏茶马古道是茶马古道大遗址的重要组成部分，是甘孜州乃至康巴地区重要的历史文化资源和旅游开发资源。作为线性文化遗产，川藏茶马古道横贯甘孜州南北的两条线路，具有丰富的历史文化资源，蕴含旅游资源开发价值。依托沿线的自然条件，在甘孜州大力发展全域旅游、旅游大环线的背景下，川藏茶马古道的历史文化资源极具旅游开发的潜力，有待进一步的挖掘。

【关键词】茶马古道；川藏；甘孜州；旅游

一、川藏茶马古道的历史文化资源

茶马古道最早源于唐朝时期中央政府与西部牧区买马的贸易，此后在宋、元、明至清初逐渐发展为茶马互市之道，清中期到近代主要是茶土贸易之道。茶马古道除了是商业贸易通道，也是中国西南地区各民族交流的重要文化通道。茶马古道从唐开元二十六年（738）使用延续到了20世纪50年代[1]，在此期间往来的商人、马帮穿梭其间，不仅发展了商贸，还积累了丰富的历史文化资源。

（一）川藏茶马古道的形成

茶马古道是由中央政府向西部的游牧部落购买马匹逐渐发展起来的。在宋代由于北方游牧民族强大，无论是北宋时期还是南宋时期，偏安江南，丧失了交换甘青地区马匹的西北地区的统治权，只能转向在今四川省涉藏工作地区交换边马用作战马，由此川藏茶马古道在这一时期成为茶马互市的主要通道。元朝由于其本来就是由游牧的蒙古族所建立起的大帝国，掌握着北方丰富的战马资源，不存在需要用茶叶交换战马的问题，因而这一时期的茶叶更多的是作为必需品，输入已离不开茶叶的涉藏工作地区。明代延续了宋代茶马互市的政策，重心还是以北部的青藏道为主。清朝疆域辽阔，本身就掌握着丰富的马匹资源，因而作为传统的茶马互市的贸易来往衰落了。由于自唐以来涉藏工作地区逐渐形成的饮茶习俗，传统茶马

① 基金项目：四川民族学院社科项目《川藏茶马古道上的红色文化研究》（项目编号：XYZB19031SB）的阶段性研究成果；2020年四川民族学院川藏茶马古道研究中心研究项目的阶段性成果；四川民族学院康巴历史与旅游研究所研究项目的阶段性成果。

作者简介：作者简介：吴婷（1985—），女，硕士、助教，主要从事藏族历史与文化研究。唐莲芳（1986—），中级群文馆员，四川省康定市文化广播电视和旅游局，研究方向：鱼通文化、茶马古道。

贸易的终结并没有影响到这一地区对茶叶的需求。茶马古道南部的线路，即所谓的川藏茶马古道并没有衰落下去，茶叶贸易日益发展，形成了边茶制度。川藏茶马古道成为清朝中央政府维持与涉藏工作地区联系的重要通道，其使用一直延续到 1950 年川藏公路建成。因此，川藏茶马古道成为使用时间最长、相关记录保存最多的一条茶马古道。

作为线性文化遗产，茶马古道在西南、西北地区的分布广，线路复杂，主要涉及四川、云南、西藏、贵州、青海、甘肃、陕西七个省和自治区。经过近一千三百年的发展和演变，茶马古道最终形成了川藏道、青藏道、滇藏道三条主干线路[1]。其中川藏茶马古道横贯甘孜州东西，形成了两条重要的线路。川藏茶马古道从雅州（今雅安）出发，在到达打箭炉（今康定）后，线路分为了南北两支，北线经道孚、炉霍、甘孜、德格，到达今西藏江达，之后由昌都转往卫藏地区；南线经雅江、理塘、巴塘，到达今西藏芒康、左贡，之后再由昌都转往卫藏地区。

2013 年，茶马古道被国家文物局列入《大遗址“十二五”专项规划》，给茶马古道文化遗址的保护、研究、开发带来了新的契机。同年，作为川藏茶马古道重镇的雅安召开了茶马古道文化遗产保护（雅安）研讨会，成为川藏茶马古道文化遗产保护研究的先声。

（二）川藏茶马古道甘孜段的历史文化资源

茶马古道作为与丝绸之路、大运河、秦直道等线性文化遗址相同的文化遗存，“它包括古茶园（树）、古茶号、老茶厂驿站和集市；古道路、古桥梁；古寺院、古遗址；水井、摩崖石刻等其他遗存。”[1]除此之外，茶马古道沿线的古城镇也应当纳入文化遗存中。

川藏茶马古道历史悠久，是在特定的社会环境和独特的自然环境下形成的。川藏茶马古道甘孜段，是茶叶进入西藏的主要通道，并不是产茶区，所以这一段涉及的文化遗存主要以古城镇、古道路、古桥梁、古寺院、驿站、集市、摩崖石刻等为主。古城镇主要有：岚安（岩州）、化林坪、康定、甘孜、德格、雅江、理塘等；古寺院有：南无寺、甘孜寺、更庆寺等；摩崖石刻主要有今巴塘县境内的鹦哥嘴石刻群、泸定县境内的万历石刻等。

二、全域旅游背景下的甘孜州旅游业

2011 年，甘孜州提出全域旅游发展理念。2012 年，甘孜州率先在全国实施“全域旅游”发展战略，由此给全州旅游业的发展注入了强大的动力。2016 年，甘孜州被国家旅游局列入“首批国家全域旅游示范区创建单位”，更是加快了甘孜州全域旅游规划、全域旅游地方立法、旅游服务能力提升等各方面的发展。2019 年，甘孜州旅游接待人数达到 3 300 万余人，综合收入为 363 亿元①，旅游业已经成为推动甘孜州经济社会发展的重要产业。

发展全域旅游，其目的在于通过将一定区域作为一个完整旅游目的地，以旅游业作为优势产业，统一规划布局，优化公共服务、推进产业融合，从而不断优化和提升旅游业的现代化、品质化、集约化水平，为消费者提供更好的旅游服务，满足其消费需求②。

---

① 甘孜州文化旅游业发展情况，http：//www. gzz. gov. cn/gz-xxgk/xxgk/info. do?id=20200904173129-471051-00-000。

②《国务院办公厅关于促进全域旅游发展的指导意见》，http://www.gov.cn/zhengce/content/2018-03/22/content_5276447. htm。

甘孜州立足于优越的自然地理条件，以全域旅游为主线，构建起“三环一带两湿地”的全域旅游布局，即环贡嘎山旅游圈、环稻城亚丁旅游圈、环格聂山旅游圈、格萨尔文化旅游带、中国最美高原湿地、最美草原湿地。其中以自然资源作为全域旅游规划开发的主要内容，基于历史文化资源开发的仅有格萨尔文化旅游带。甘孜州丰富的历史文化资源还有待于进一步的挖掘和开发。无论是以德格印经院为核心的康巴藏文化、康定情歌节、嘉绒文化中心，还是川藏茶马古道留下的文化遗产，作为甘孜州重要的文化资源和品牌，都应将其融入全域旅游开发中。在甘孜州全域旅游发展的大背景下文化旅游资源与自然资源一样，具有深挖的潜力，不应缺位。

川藏茶马古道作为茶马古道文化遗产的重要组成部分，在历史上作为沟通中央和西藏的重要通道，作为藏汉之间茶马互市、民间贸易往来的商路，其沿途具有丰富的历史文化资源，反映了历史上西南边疆与内地在商业乃至文化上的交往、融合。相关的历史遗存能体现沿线不同民族的文化形态、生产生活方式、宗教信仰等文化信息，具有重要的历史文化价值。

三、川藏茶马古道旅游资源开发的前景

（一）自然景观和文化遗存的共同开发

全域旅游的发展理念，为川藏茶马古道历史文化资源的开发提供了契机。川藏茶马古道甘孜段的南北两线所经过的区域，地形、地貌复杂多变，有高山、峡谷、草原、雪山，它不仅是一条藏汉文化交流的文化通道、西藏与内地贸易往来的商业通道、人员流动的交通要道，更是一条自然景观大道。目前甘孜州全域旅游的打造主要集中在自然资源的开发利用上，若能够将川藏茶马古道的自然景观与其文化遗产结合起来，以自然景观的旅游开发带动历史文化资源的共同开发，其将具有很大的潜力和空间。

（二）川藏茶马古道段历史文化资源开发现状

川藏茶马古道是整个茶马古道中使用时间最长的一条通道，因而留下了丰富的历史文化遗存。位于泸定县境内的岚安（岩州）曾经是川藏茶马古道上的重要城镇，自唐以来就以罗岩州、岩州、岚州之不同名称在各个历史时期的文献中有记载。清朝康熙年间泸定桥建成，过去经过岚安的茶马古道改道，经今泸桥镇、烹坝到达康定。岚安逐渐退出了茶马古道的历史舞台，由此也留下了不少的历史文化遗存。

民国时期交通建设时选择的是雅安至康定段的北道，作为主干道的南道得以保存。所以这一沿线遗留的文化遗存相对较多，时间也近，相较于已经修筑了公路的茶马古道线路更具有保护价值，应当予足够的重视，加强保护。泸定县境内的化林坪就位于这条古道上，有数量不少的茶马古道相关文化遗存，如清化林营遗址、金花庙、石块上遗留下的“拐子窝”，万历时期的石刻、重修桥记造像碑等，成为泸定县培育的旅游热点。

川藏茶马古道甘孜州境内南线与现今的川藏线高度重合，现代交通的发展一方面导致了对原有古道的破坏和占用，另一方面也使沿线的部分文化遗存得以进入人们的视线，而不是随着古道的衰落被荒草所湮没。位于巴塘县的鹦哥嘴石刻群反映了清中期直至民国时期巴塘的一些历史事件如《孔通大道》《凤都护殉节处》《筑路记》等，具有很高的历史文化价值。

（三）川藏茶马古道旅游开发的措施

对川藏茶马古道的历史文化资源进行旅游开发应当在保护的基础上进行适当的开发。对川藏茶马古道甘孜段的线路、相关遗迹、文化遗存进行一次普查，结合田野调查和民族志研究成果，进一步厘清川藏茶马古道的线路、驿站、集市等的历史沿革，保护好现有的历史文化遗存，对各类文化遗产进行准确的数据测量、勘察、测绘等工作，在此基础上完成相关的标记标识和申请文保单位的工作。在对川藏茶马古道历史文化资源全面深入了解的基础上制定保护规划、相关地方法律法规及旅游开发规划。

川藏茶马古道贯通甘孜州东西，无论是北线还是南线，其线路都涉及不同的县域。在当前全域旅游发展的大背景下，各县旅游主管部门应当共同合作，联手进行古道文化遗产的普查工作。本着共同保护、合作开发的原则相信能避免对川藏茶马古道相关历史文化遗存进行无序开发，或抢注文化品牌事件的发生。

作为线性文化遗存，川藏茶马古道的旅游资源开发中会涉及一些路线开发的问题，这种线性文化遗存在旅游开发中更容易进行徒步旅行线路的开发。川藏茶马古道由于其独特的地理自然环境和承载的文化交往的内涵，使其成为自然景观与人文精神合一的文化景观。泸定县正在推进的化林坪—娘娘山—飞越岭、岚安—兴巴五普的旅游步道建设，正是川藏茶马古道旅游开发的有益尝试。

四、结论

在甘孜州大力推行全域旅游的背景下，川藏茶马古道作为甘孜州一项重要的历史文化资源，极具旅游开发价值和潜力。当然这种开发的基础是需要对甘孜州境内川藏茶马古道进行全面细致的调查和普查，在此基础上制定相关的保护措施，再进行旅游开发。旅游开发过程当中应当遵循保护为主、以开发促保护的原则。

● 参考文献

[1] 雅安市人民政府，四川省文物管理局. 边茶藏马：茶马古道文化遗产保护（雅安）研讨会论文集[C]. 北京：文物出版社，2012：19；3.

川藏茶马古道地区的红色文化资源保护性开发的研究

——以泸定县为例①

四川民族学院历史文化与旅游学院　郭学成
通江县实验中学　赵昆鹏

【摘　要】泸定县素有“康巴东大门”之称，是古代“茶马古道”和近代红军长征的必经之地。在这里留下了大量的遗物、遗迹和红军战士不畏艰险、勇往直前的革命精神。本文就目前泸定开发这些红色文化资源时存在的问题进行探讨，希望通过保护性开发红色文化资源，以达到可持续的旅游经济发展。
【关键字】川康茶马古道；红色文化资源；保护性开发；泸定

泸定县素有“康巴东大门”之称，是古代“茶马古道”的重要驿点，也是红军长征的必经之地。红军在此地留下了大量的遗物、遗迹和载入史册的英雄故事，也留下了红军战士不畏艰险、勇往直前的革命精神。红色文化资源是历史沉淀下的财富，宝贵而不能再生，目前泸定开发这一宝贵的资源时还存在诸多的问题，因此对泸定红色文化资源的保护性开发研究十分必要。

一、泸定地区红色文化资源简介

（一）红色文化遗址

红军长征在泸定县先后经过磨西、泸定县城、岚安乡、化林坪等地，所到之处均留下了红色文化遗址。

1. 磨西古镇

1935 年 5 月，毛泽东同志三天急行军抵达磨西，留宿在当时的磨西天主教堂的神甫房，当天晚上便召开“磨西会议”，参加会议的还有朱德、周恩来、王稼祥、张闻天、邓小平等同志。会议主要对接下来的长征线路、军队补给、恢复上海党组织和向共产国际汇报中国革命情况等问题进行讨论。作为红军长征征程上的见证者，泸定县将磨西天主教堂打造成红色文

① 项目基金：四川民族学院社科项目“川藏茶马古道上的红色文化研究”（项目编号：XYZB19031SB）；2020 年四川民族学院川藏茶马古道研究中心研究项目阶段性成果；四川民族学院康巴历史与旅游研究所研究项目阶段性成果。
作者简介：郭学成（1988—），男，硕士，讲师，主要从事民族史（康巴史）研究。赵昆鹏（1993—），男，本科学历，中学教师。

化旅游地，在教堂内建有“磨西会议”陈列馆、“毛泽东同志住地”等遗址，通过旧址内展示红军曾用过的物件、毛泽东同志住过的小屋和“磨西会议”内容等还原当时教堂内发生的一幕幕情景。

当时红军共两万多人通过磨西，前后时间共 7 天 7 夜。大量红军涌入小镇磨西，使沉寂的小镇一下子热闹起来。但当时的磨西并没有大量可住宿的房屋，又因红军纪律严明，不准抢占当地房屋，不准拿老百姓东西，大部分红军战士露宿街头和衣而睡。正是这种精神感染了磨西百姓，也让磨西老街见证了当年红军战士爱护百姓的一幕，为取得长征胜利做出了贡献。

2. 泸定县城

泸定城内保存着“朱德留宿小屋”“飞夺泸定桥战前会议”遗址、泸定桥等遗址。

“朱德留宿小屋”旧址位于城东北之东灵山麓，旧称江村堡子，原系李子勋住宅，红军飞夺泸定桥后，朱德同志曾宿于此，现为县文保单位，内有红军标语 13 幅。因年代久远、资金不足，该房屋现已成为危房，亟待维护修理。

“红军飞夺泸定桥战前会议”遗址位于沙坝村天主教堂。如今天主教堂修缮一新，将作为爱国主义教育基地和天主教徒们祷告的场所。为了纪念“红军飞夺泸定桥”的胜利，当地在天主教堂旁建起了一座留芳亭以示对先烈们的敬重和缅怀。

泸定桥位于城西大渡河上，因红军飞夺泸定桥的英雄事迹而闻名中外。1963 年，“泸定桥”被评为全国重点文物保护单位。1935 年 5 月 29 日下午，中国工农红军第一方面军先头部队抵达泸定桥西桥头，为突破大渡河天险，达到北上抗日的目的，于泸定桥西桥头发起了震惊中外的飞夺泸定桥激战。中华人民共和国成立后曾进行多次维护修理，1977 年更换了损坏较为严重的 6 根底链，恢复了泸定桥东西桥头亭的历史原貌。桥西观音阁按原貌重建，桥东建成“泸定桥战斗纪念碑”。从此泸定桥成为爱国主义教育基地和红色旅游胜地。

3. 岚安

岚安红军“医院、司令部、区苏维埃政府”旧址位于岚安脚乌村，其中“红军司令部”旧址内有红军标语 3 幅。1935 年 11 月 3 日，红四方面军南下，经丹巴、金汤、鱼通、岚安攻打天全。在岚安驻扎了 53 天，建立了岚安苏维埃人民政府、游击大队、少先队、妇女会、儿童团等[1]。岚安苏维埃人民政府是康区第一个红色苏维埃政府，当时在岚安留下众多标语、口号、施政纲领等，使岚安乡成为泸定红色遗迹资源最丰富、集中的地区。1985 年，岚安乡被批准为甘孜州的革命老区。

“红军墓”位于岚安脚屋村一片玉米地中，英勇的红军战士们长眠在乱石砌成的一座座坟墓中。众多红军墓中，唯一一个知道逝世者身份以及生平事迹的墓，是红三十二军营长杨富才的墓地。红军墓坐落在一座呈椅子形的山丘上，坐北朝南正面向当年红军炮兵驻地乌泥岗，斜侧面是令冰槽——23 位勇士跳崖壮烈牺牲的地方。

（二）革命精神

革命精神的内容十分广泛，不同的历史时期有不同的内涵，例如井冈山精神中最核心、最突出的是革命首创精神；长征精神的突出特征是革命英雄主义；延安精神最突出的特是实事求是[2]。泸定是红军长征过程中的重要一站，在这里红军进行了艰苦的战斗，留下了众多脍炙人口的红军故事和丰富的革命精神。

红军过磨西，战士坚守不扰民、不拿百姓一针一线的纪律，大部队和衣而睡露宿磨西老街，部分红军借用百姓房屋，离开时将房子打扫干净，又用一张纸包裹一块银元留给老乡作为报酬，这体现了红军爱护百姓，廉洁自律的精神。

红军到达泸定桥西桥头，组织 22 名勇士飞夺泸定桥，一举突破天险大渡河表现了红军战士勇往直前、坚韧不拔、不怕牺牲、前赴后继的精神。红军在岚安乡建立长征路上第一个苏维埃政权，分田地、打土豪，保障百姓利益，表现出中国共产党作为无产阶级的先锋队，代表着人民群众的利益，全心全意为人民服务的奉献精神[3]。此外，红军战士在泸定经过和建立政权中相互扶持，共同战斗，关心战友，共度难关时表现的团结互助、克服困难、百折不挠、勇敢无畏的精神也是红色精神文化的具体内涵。

二、泸定红色文化资源保护性开发现状

（一）保护性开发中的成果

1. 对毁坏严重的遗迹遗址，进行抢救性保护

泸定红色文化遗址因其年代久远，部分建筑已经残破不堪。为保护珍贵的遗迹资源，当地政府制定了保护规划。例如“2014 年 9 月，‘泸定县文化旅游和广播影视体育局’提出对泸定县化林坪红色遗址保护的项目建议书。该项总投资 400 万元，其中 150 万元用于毛泽东同志在红军长征时期途经化林坪住地旧址保护性修缮；250 万元用于飞越岭战斗遗址维修整治”。[4]委托有相应资质的勘察设计单位对“毛泽东化林坪住地旧址”的残损情况做详细调查，制定科学的修缮方案。解决房屋柱子劈裂、墙体裂缝、屋面漏雨、木构件糟朽以及白蚁病害、场地排水不畅等问题。对飞越岭战斗遗址和 7 km 茶马古道进行保护性维修整治。其次对各红色文化陈列馆拨出专项资金重新修缮，增添现代声、光、电相结合的创新展览方式，给参观者留下更好的视听感受。

2. 以旅游开发为主，制定保护规划

为发掘红色文化资源的价值，目前泸定县以旅游开发为主，制定了完备的红色旅游保护规划。结合泸定桥景区建设实际，进一步完善了《泸定桥长征文化景区建设规划》《泸定桥红色旅游景区建设方案》《泸定桥保护规划》和《河西街修建性详细规划及建筑风貌整治规划》，启动《泸定桥“4A”旅游景区规划设计》的编制工作[5]。在遗迹保护方面，申报了一批具有历史研究价值的红色文物作为省、州级文物保护单位，完成了红军飞夺泸定桥纪念碑、岚安区苏维埃政府旧址申报第八批省级文物保护单位的资料上报，力争对县境内的重要红色文化遗迹做更好的保护。

（二）保护性开发中存在的问题

1. 对红色文化资源的保护滞后

目前泸定县已经制定了《泸定县旅游发展总体规划（修编）》2011—2025 年的中长期旅游发展计划，把旅游开发红色文化资源作为其规划的重要一部分。同时也制定了一系列的红色

旅游保护规划，但在具体的实施上却相对滞后，一些红色文物、遗迹亟待保护，一些红色纪念碑、纪念物周围没有设置护栏，也缺少提示牌，游客拍照时容易损坏文物；现代节能灯出现在会议室遗迹的显著位置，破坏了遗迹原貌；岚安的红军医院遗址、苏维埃政府遗址地周围杂草丛生，院内脏乱不堪，房屋内垃圾遍地。红色文化遗迹周边环境脏、乱、差，不仅加大了文物被破坏的风险，也影响红色文化遗迹的形象。

2. 保护性开发宣传不够

为提高泸定县红色文化遗产的名气，“2011 年泸定县共投入红色旅游宣传和相关规划编制费用共计 300 余万元。深度挖掘红色旅游资源，积极参加了国家、省、州组织的红色旅游宣传促销、西部博览会等活动，制作并发放了《泸定桥旅游手册》、‘红色泸定’旅游宣传折页、‘红色泸定—贡嘎东坡的遗世美景’旅游宣传画册、‘红色名城，英雄泸定’‘红军飞夺泸定桥’‘红之城’‘神韵之巅’光碟等各类旅游宣传资料 12 000 余份，为进一步提高泸定县的红色旅游知名度作出了积极努力”[5]。因此泸定县对红色文化遗产的旅游宣传投入众多，但其中仍存在一些问题，例如对红色旅游的宣传分布不平衡，大多侧重对泸定县城附近的红色文化遗迹宣传，对泸定桥及其所承载的文化内涵进行了浓墨重彩的宣传，对其他地区的宣传较少。来泸游客大多知泸定桥却不知有岚安，说明外来游客对岚安红色文化遗产并不是很了解。另外，宣传的重点是对来泸游客做红色旅游宣传，忽视了对红色文物遗迹保护的善意提醒，常出现游客靠近文物遗迹拍照，给遗迹带来损伤的危险。缺少对红色文化遗迹周边居民的遗迹保护宣传，没有讲明保护红色文化资源可能给当地带来的效益，导致遗迹保护的群众热情不高，甚至出现被红色遗迹周边居民损害的现象。

3. 遗迹所有权存在争议

红军长征过程中所借用的民房民物，红军走后仍属于原主所有。随着时间的推移，这些事物现在已经成为红色文化遗产，近年来红色旅游开发方兴未艾，政府以开发红色旅游为名征收此类“争议房屋”，作为红色旅游开发的景点，势必会与“原主”发生争执，影响保护开发的进度。例如泸定县城内的朱德同志住宿遗址，现已经成为文保单位，准备开发为一红色旅游景点。如今原房屋所有人后代与相关部门就房屋所有权有争议，给开发保护工作造成影响。

红色文化作为一种资源，开发利用得当可给当地带来一定的经济价值和良好的社会效益。但泸定县内的红色文化资源，年代久远，大规模开发利用前缺少保护，部分红色遗址残损。因此，开发前对相关资源的保护十分必要。

三、保护性开发的必要性

（一）红色文化资源的非可再生性

红色文化是特定历史的产物，泸定红色文化资源从时间上看，主要是涉及 1935 年 5 月毛泽东率领的红一方面军大部经过泸定区域，1935 年年底，红四方面军南下在今泸定县岚安乡活动的时期。在此期间召开“磨西会议”、飞夺泸定桥、建立苏维埃政权等一系列的革命活动，留下了战斗遗迹、会议旧址、毛泽东和朱德同志住宿旧址、红军司令部旧址、红军医院、红军用过的物品等红色资源。红军长征在泸定所表现出来的“长征精神”和后来为纪念红军在泸定的英雄事迹而兴建的纪念碑、陈列馆也成为泸定红色文化资源的一部分。这些资源都是红色历史积淀的产物，不可再生。遗迹易损具有脆弱性，蕴含其中的红色精神，需要以物质为载体，失去载体的红色精神也会光彩大减。

（二）发挥红色文化资源多种功能的基础

红色文化资源功能多样，既可以作为爱国主义教育的重要素材，也可以发挥它的经济价值造福一方百姓。发挥红色文化资源的价值不能计较一时的利益得失，要有长远的发展战略。目前红色文化资源开发利用最普遍的方式之一是旅游开发，泸定已经制定出《泸定桥旅游区总体规划暨重点项目控制性详细规划》《泸定桥长征文化旅游区开发建设规划》等项目规划，为红色资源利用做好了前期设计。同时“旅游业要持续发展必须具备三大条件：良好的资源基础、发展潜力和市场基础，其中要点就是资源。旅游对资源的依赖性是毋庸置疑的”[6]。因此，资源质量是旅游开发利用的基础，也是挖掘资源其他方面价值的关键。

（三）保持红色文化资源“原生态”的重要步骤

红色文化因其历史性，不可再生。“它是革命战争年代特定的历史环境下形成的，因形成时间、地点、不同又各具特色”[7]。泸定红色文化着重体现了红军在长征时期“不畏艰险，勇往直前的英雄主义长征精神”又带有泸定地区的特点，其开发要展现自身的特色，还原历史真实。而要还原泸定红色文化资源的“原生态”抢救性保护是第一步。

（四）独特的社会效益

红色文化资源的保护性开发不可忽视其社会效益。“红色文化资源的开发与保护对于加强革命传统教育，弘扬和培养民族精神，带动革命老区经济社会协调发展，具有重要的现实意义。”[8]泸定县又是甘孜州红色文化资源丰富的地区之一，抓住红色文化遗产资源，发展泸定红色旅游对于促进民族团结、维护国家的和平统一都有着巨大意义。因此要发挥泸定当地红色文化资源的独特社会价值，就离不开对其的切实保护。

四、保护性开发建议

红色文化资源具有“不可再生、脆弱”等性质，不但要做好保护工作，更要发挥它应有的价值。但是在泸定县对红色文化资源保护与开发的过程中却存在着不少问题，而解决泸定县内的红色文化遗产的保护与开发问题则需要根据实际情况来解决，实事求是。

（一）合理开发，及时保护

泸定的红色文化资源，是本地区革命历史见证。坚持红色文化资源保护优先原则，适度进行保护性开发遗迹资源。对开发难度大的红色资源，先合理保护等时机合适再开发。一些资源品质不高，应避免开发，而要加强保护。红色文化资源是泸定不可替代的文化、政治、经济资源，保护性开发这些资源，需要制定完善的措施，保护第一。具体措施如下：

1. 制定文物保护规划

红色文化资源保护，以制定相应文物保护规划为先，遵循文化遗产保护的“保护为主，抢救第一”的基本方针，对于还不具备开发技术和条件的应当先保护起来，暂缓开发，防止盲目性的开发带来不可修复的损坏。例如泸定岚安乡的红色文化资源，目前因交通不便、资金和人员不足，还难以进行有效的开发，可以先保护，等时机成熟再开发。对于文物加大归类整理，户外的文物进行定时察看，避免文物偷盗行为的再次出现，抢救因自然和时间问题而造成损坏的文物。

2. 因地制宜

“红色文化遗产的开发首先是一种区域性的开发，因为它的存在是以一定的区域为依托，并反映一定区域的基本特点。”[9]红色文化遗产的开发利用，要求结合区域特点增强其吸引力。在开发过程中要重视地方的传统文化及其内涵同红色文化的有机结合。泸定县红色文化遗产丰富，对红色文化资源进行旅游开发时要充分认清各区域的资源优势，避免近距离的重复竞争。例如磨西镇红色文化资源相对较少，岚安古镇红军曾建立过地方红色政权、红色遗迹文物比比皆是。岚安乡红色文化资源丰富，可打造岚安红色文化名牌以“红带绿”，摩西镇海螺沟自然风景独树一帜可实现以“绿带红”。此外岚安有几大特殊文化内涵：岚安锅庄、刺绣、贵琼文化、古镇文化、自然风光、建筑文化和红色文化。可以把它们结合在一起，作为亮点加以打造。

3. 适当平衡宣传投入

有层次有重点地进行宣传，避免重复投入。例如，对已被人们熟知的泸定桥适当减少宣传投入，对于不被人们了解的红色文化遗产分布较集中的岚安乡应加强宣传力度。同时文物保护主管部门和新闻出版、广播电视等主管部门，要及时宣传红色文化资源保护的重要意义。

（二）发挥政府主导作用

为更好地保护红色文化资源，当地政府可根据实际情况制定相应的文物遗迹保护规章。明确开发经营者和游客等人的具体行为对旅游资源、生态环境等造成破坏后所应承担的法律责任，做到有章可循。相应的政府部门要切实加强文物遗迹保护规章的检查、监督和落实，做到“依章办事”。加强执法力度，对违章行为进行惩处，保证文保工作顺利进行。

（三）群众参与

泸定地处四川西部横断山区，众多的红色遗迹分布在经济落后、交通不便、人口稀少的山区，例如红色文化遗迹资源集中地之一岚安乡，经济普遍落后，当地青壮年多外出务工，开发红色文化遗产所需的人力不足。因此在泸定岚安乡难以组织一个有效运作的红色文化资源开发与文物保护队伍，整个村镇里专门从事文物收集与保护工作的人极少，各文物遗址地巡查频率很低，对文物遗迹的具体情况不能及时掌握，甚至出现遗迹内的物品被当地居民偷盗的情况。仅靠极少的文物保护者，并不能为红色文化遗迹提供及时、周全的保护，因此解决红色遗迹保护人手不足的问题，可以通过文物遗迹周边的居民共同参与的方式解决。

首先，通过让群众参与红色旅游发展这种手段，让当地居民有更多的就业机会，享受到红色文化资源带来的利益分配[9]，从而激发居民参与文物遗迹保护的积极性。其次，调动周边学校学生的积极性，提高他们参与保护红色资源的意识，让他们参与到红色文化资源保护的工作中来，既可以节省人力，又能利用红色文化遗产对其进行政治教育，使学生领悟爱国主义和革命英雄主义精神，从小树立起独立自主、自力更生、艰苦奋斗的民族精神，学习历史人物的历史作用、学习他们的卓越的执行能力和全方位的社会才能。例如泸定岚安乡，一所小学坐落村中。小学离附近的红色遗迹也较近，可通过组织学生打扫红军墓地、拔除遗迹旁的杂草等方式使其参与到遗迹保护中去。

（四）提高保护意识

提高群众的保护意识，第一要在群众中加强宣传保护红色文化遗产带给他们的切身利益，引导人们从思想上发生改变。作为红色旅游资源开发的主要参与人员，要通过培训增强当地居民的参与意识和保护意识；第二在景区内采取奖惩机制，以此来提高群众的保护意识，给举报破坏文物和乱扔垃圾的游客进行奖励，同时对乱扔垃圾破坏文物的群众进行罚款和追责。奖惩并用，使得景区更好地发展。

结语

红色文化遗产是革命先烈留给我们的宝贵财富，具有较高的教育、经济和文化价值。随着社会的进步，红色文化遗产的价值也在不断增加，泸定县丰富的红色文化资源是留给全国人民的宝贵精神财富。对红色文资源的合理开发和利用，要坚持保护性开发的理念。应当充分了解泸定县红色文化资源的利用现状及存在的问题并不断解决问题，让泸定县红色文化资源发挥它最大的价值。

● 参考文献

[1] 王永模．热血铸忠魂浩气存岚安[N]．甘孜日报（汉文），2011-08-07（1）．

[2] 张建龙，韩阳．论红色精神与中国传统文化的关系[J]．辽宁工业大学学报（社会科学版），2009，11（5）：68.

[3] 张英琦．从井冈山精神到西柏坡精神—试论中国共产党战争年代的革命精神[J]．西安石油学院学报（社会科学版），2003（8）：43.

[4] 泸定县文化旅游和广播影视体育局．泸定县化林坪红色遗址保护项目建议书[Z]. 2014.

[5] 泸定县文化旅游和广播影视体育局．2011 年红色旅游工作总结和 2012 年工作安排[Z]. 2011.

[6] 刘琼艳．红色旅游资源可持续开发研究[D]．湘潭：湘潭大学，2008：15.

[7] 徐明忠．西部老区红色文化资源的保护性开发[J]．中共铜仁地委党校学报，2010（3）：67.

[8] 朱继东．什么是真正的红色文化[J]．中国老区建设，2012（3）：17.

[9] 欢芳．社区参与是推进我国红色旅游发展的有效途径[J]．企业家天地，2010（11）：116-117.

川藏茶马古道的发展及意义初探①

——以今雅安段为例

四川民族学院历史文化与旅游学院　杜娟

【摘　要】今雅安段的茶马古道因特殊地理位置和自然环境成为川藏茶马古道起始地，在川藏茶马古道中有着重要地位，不仅留下宝贵的文化和精神财富，也为拓展地方史研究提供依据，文章试图多角度梳理雅安段茶马古道的发展过程，探索其历史及现实意义。

【关键词】雅安；川藏茶马古道；管理政策

茶马古道主要以滇、藏、川这个大三角为核心，由滇藏道及川藏道这两条主路线及众多支线相辅相成，形成一张复杂道路网络，是几千年来汉藏交流的古老道路，更是当前世界上已知地势最高、最危险的汉藏交易商道。雅安地区因地理和交通的优越条件，渐渐发展为川藏茶马古道上的起点和重要贸易枢纽，在藏汉交流方面有着不可比拟的地位。

一、川藏茶马古道形成的条件

雅安古时称青衣羌国，秦朝立严道县，东汉改为汉嘉郡，西魏设为始阳县，隋朝设为雅州。“清初仍为雅州，雍正七年（1729）升州为府。”[1]“民国初年废州、府设道、县。”[1]1939年划归西康省，1955年西康省撤销后设置雅安，划归四川至今。今雅安市总面积15 314 km^2，管辖雨城、名山两区及荥经、汉源、石棉、天全、芦山、宝兴等县。雅安地处四川中西部，东接成都，西临甘孜，南依凉山，北邻阿坝，是川、滇、藏的咽喉，被称为“西藏的门户”。

（一）雅安适宜种茶的自然条件

雅安地处四川盆地边缘，多为山地地形，地质属古生代岩层，绝大部分地区是页岩、沙砾岩和石灰岩，“故其土壤多为含较多有机物的砂质壤土或砂砾质粘土，表土层深厚，组织松软，养分丰富，宜于排水，有宜于茶树生长。”[2]雅安雨城区雨水丰沛，空气湿润，年降水量达1 700 mm以上且日照只有100 d左右，阴雨气候成为雅安天气特点，这为茶树的生长提供了自然条件。

---

① 项目基金：四川民族学院人文社科一般项目《文化人类学视角下甘孜藏区茶马古道历史地位研究》（项目编号：XYZB17011）、《川藏茶马古道上的红色文化研究》（项目编号：XYZB19031SB）研究成果。
作者简介：杜娟（1987—），女，硕士，讲师，主要从事民族文化史研究。

西汉甘露年间（公元前 53 年到 50 年），吴理真在雅安蒙山种了七颗茶树，开创了人工种茶的先例，茶叶种植迅速发展起来，雅安地区凭借其优越的自然地理条件逐渐成为四川主要茶业产区，这为雅安成为川藏茶马古道的起点奠定了物质基础。

（二）涉藏工作地区生活要求及内地马匹的需要

“边茶的兴起，由于藏族人民生活需要。”[3]藏族人民大部分生活气候严寒的高原上，自然条件相对恶劣，加之藏族人民不定期迁移，长期以牛羊肉、奶类、糌粑等高脂肪、高热量食物为主食，“过多的脂肪在人体内不易分解，而茶叶既能够分解脂肪，又防止燥热。”[4]对藏族人民来说茶是必不可少的，他们还把熬过的茶叶喂给牛马吃，牛食后增添产奶量，马食后长膘速度迅速。由于涉藏工作地区（青藏高原地区）不能产茶且因邻近雅安产茶区，所以涉藏工作地区人民对雅安的茶叶有深深的依赖。另一方面，涉藏工作地区盛产良马，内地农区较多，产马极少，所以内地对涉藏工作地区马匹的需求也是必不可少的。于是以茶换马及用马换茶及其他生活用品这样的互补贸易便推动了川藏茶马古道的形成，也加强了涉藏工作地区和雅安两个地区之间的来往，这一交往便是千年的历程。

二、川藏茶马古道的发展及茶马贸易状况

“茶马古道之名由茶马互市而起，它是一个有着特定含义的历史概念，特指唐宋以来至民国时期汉、藏之间进行茶马交换而形成的一条交通要道。”[5]川茶马古道随茶马交易的发展而发展，茶马贸易的发展又离不开政府的经营与管理。

（一）唐代茶马贸易的兴起

茶叶于唐代正式入藏，约公元 632 年—704 年。初期，唐朝和吐蕃因领土常常发生争执和战乱，两方贸易关系未能正常发展，限制了茶叶的输入。茶叶虽然很早就进入吐蕃，但是输入量很少，只能供给贵族、僧侣，他们把茶视为一种保健品。

《封氏见闻录》记载：唐代僧侣坐禅时候，不吃晚饭又少睡眠，只有饮茶才能让身心愉悦，于是到处争相效仿。这一时期的吐蕃受唐朝文化影响较深，所以茶叶传入吐蕃之初，饮茶之风便在僧侣中迅速流行。一直到赞普朗达玛“灭佛”事件发生，许多僧侣无奈还俗后把饮茶带到民间并快速传播开来，此后饮茶成为藏民族的一种社会风俗，雅安茶叶也应需扩大了种植规模，输入吐蕃的茶叶量也日益增多。赤松德赞掌权期间，西藏开始用大量的马畜与汉区交换茶叶，茶马贸易兴起。

为了加强茶贸经营管理，唐拟定经管茶马交易政策。一是设置“茶马互市”。731 年，唐玄宗下令允许在赤岭进行茶马交易。二是实行茶税。“茶税开始于唐德宗建中三年（782）九月，与漆、木、竹、商钱并税”[8]。三是制定“榷茶制”①防止私茶发展，垄断茶叶贸易。这些管理政策的实施为雅安茶叶的发展提供了保障条件。

唐末，大唐与吐蕃关系和缓，进入相对敦睦时期，官道商道畅通无阻，川藏茶马古道真

---

① 榷茶制：是国家对茶叶实行专卖的茶叶垄断制度。

正形成了。“其路线是：由成都、临邛（邛崃）出发，经雅安、严道（荥经），逾大相岭，经旄牛县（汉源），过飞越岭、化林坪至沈村（即荐都，为西汉沈黎郡治地），渡大渡河，经磨西，至木雅草原（今康定市新都桥、塔公一带）的旄牛王部中心。”[6]

（二）宋元时期茶马贸易的初步发展

宋代，内地茶叶生产迅速发展，宋神宗元丰七年（1084），仅在四川就已经产茶约 3 000 万斤，北宋政府高度重视茶马贸易，西藏与内地真正建立起茶马贸易制度。

北宋建立后，与之对峙政权（辽、金、西夏）相继崛起，在这样的军事危机下，宋朝需要大量的战马、军费。《宋史·兵志十二》记载：“市马分而为二，其一曰战马，生于西邮，良健可备行阵，今宕昌、峰贴峡、文州所产是也；其二为羁縻马，产西南诸蛮，短小不及格，今黎、叙等五州所产是也。”[9]表明当时茶马交易场所主要以西北地区为主。茶叶赋税是宋朝政府的财政收入和军费的主要来源之一，朝廷非常重视茶马交易经管。宋朝继承发扬了唐朝的“榷茶制”，实行严格的茶叶垄断制度，不得随意买卖，规定从西藏出来的藏商到了碉门或黎州就不得越过此界再向东到雅安、名山一带的产茶区了，而汉商也不得过界以西。964 年，政府在各地设置茶叶专买专卖的管理机构，负责茶叶买办和制定惩罚非法买卖的条律。川西地区虽然不是茶马贸易的主要场地，但因其茶叶生产大大发展，所以在黎、雅都设了茶马互市口岸，以便于专门供需康区茶叶和获取巨大利润。

西夏崛起后，与北宋战争不断，北宋失去西北马源，急需战马，政府将互市重心转移至西南地区。朝廷在成都府路管区眉、彭、绵、汉、雅等地设了二十个买马场，其中，雅州地区因处于产茶区，其境内三个买马场（雅州买马场、灵关镇买马场、碉门寨买马场）的地位很高。因雅、黎是川藏交通要道，又是川西的茶贸中心，于是朝廷规定：交换马匹所用的茶叶只能用名山的茶，在名山上设置“茶马司”，经管此地茶马交易。

由于“榷茶制”下政府将茶叶低买高卖，严重损害茶农生产积极性和茶商的利益。南宋时期，成都府路转运使判官赵开列举出榷茶制的五大要害并上奏朝廷，提出废除“榷茶制”实行“引茶制”①。

元代的马政制度，以茶换马的要求有所降低，茶叶基本上就地销售。因茶叶贸易伴有高额的茶税，元朝政府仍然重视向西藏输入茶叶，朝廷在碉门等地设立“西番茶提举司”进行互市，不再局限简单的茶马交换。与此同时，朝廷将茶马贸易的主要路线定为进藏的官道，并开始大力开辟，广修驿站，使得川藏茶马古道的范围在原来的基础上大大延伸。

（三）明代茶马贸易的繁荣

茶马贸易到明朝已经发展到繁荣阶段，不论在制度上还是内容、方式上都产生了重大变化。

明太祖看到“以其地皆肉食，倚中国茶为命，故设茶课司于天全六番，令以市马，而入贡者又优以茶布，诸番恋贡市之利，且欲保世官，不敢为变”[1]。便将此作为治藏的策略，借茶马贸易的发展加强对当地的管理。

---

① 引茶制：商人向政府取得一种引券凭证，支取或收购茶盐等专卖商品进行贩销的制度。

明朝在南宋茶引制度的基础上根据现实的情况又有所发展。洪武二十六年（1393），为了防止驻守边疆官员假公济私，朝廷制定了“金牌信符”①。为保证茶引制有效进行，洪武四年（1371）在秦、洮、河、雅四州设立了“茶马司”来专门经管茶马交易，执行法令和政策，并且管理茶场及相关的机构，后又在黎州和碉门两个地方增设了买马场，负责与康、藏的茶马贸易。

明代，碉门（天全）成为茶马贸易的重要通商口岸，以雅安为起点的茶马古道得以正式开通，从雅州至打箭炉段分为两路：“一路由雅安经荥经，途大相岭至黎州。经泸定沈村、磨西，越雅加埂至打箭炉，因其是自秦汉以来就已存在的大道，故名为‘大路茶’；一路自雅安经天全两河口，越马鞍山（二郎山），经昂州，过大渡河，至打箭炉，因系山间小道，故称为‘小路茶’。”[7]“小茶路”加强了对周边地区的联系，缩短了茶路距离，确保了茶路通畅，茶马贸易出现了空前繁荣的局面。其中，汉源、雅安、天全成了川西地区最大的茶马贸易市场。“据统计，从 1409—1601 年的 192 年中，仅四川、陕西等地行销甘、清、藏的茶叶分别为 30 万至 80 万斤。”[11]这表明当时的茶马贸易繁荣昌隆。

（四）清朝和民国茶马贸易的衰败

清王朝入关后，先后在北方各地建立了马场和牧场，清朝的马匹供需有了保障。随着战事减少，对马匹的需求也相应下降，朝廷不重视茶马互市。随着西北地区经济发展，西藏对棉、绢、布、粮和日用百货的需求日益增加，茶叶市场也随之扩大，纯粹的茶马市场也慢慢在藏族等少数民族地区丧失原来的地位。乾隆时期，官营“茶马贸易”将近停止。

为了获得巨额的茶贸税收，朝廷将四川茶马交易经管制度进行改革。乾隆时期，将“引茶制”改为官商共同经营的“引岸制”②，变官茶为商茶，取消对西藏茶叶输入量的限制，将四川出产的茶叶划分三个口岸，其一将雅安地区茶叶经康定销往西藏，因以雅安为中心的产茶区位于川南部，又称为“南路边茶”；二是把灌县、崇州、大邑生产的茶叶输往松潘等地，为“西路边茶”；三是将剩余地区生产的茶叶销往内地，是为“引腹”。南路边茶就这样连续不绝地运向西藏。

虽然官营“茶马贸易”停止，但是汉区和西藏之间的商业贸易却得到了极大的发展。民间商贸的繁荣打破了原来纯粹的茶马贸易，使得“以茶易马”向更广的领域拓展。内地将大批的茶叶和生活用品、布匹、绸缎、瓷器等商品输入西藏换取皮革、名贵药材、黄金等。“据 1934 年统计，由康定入关输向内地的有麝香 4 000 斤、虫草 30 000 斤、羊毛 5 500 000 斤、毪子 60 000 多根等，共值 400 余万两。”[12]频繁的商贸来往让汉藏两地形成了紧密的联系和互为依赖、互为支持的关系，两边互换的商品数量也超越了之前的水平和规模，这使得汉藏两地的经济交往更加牢固。

民国时期，军阀混战和川藏纠纷不断，政府不得不渐渐淡出藏汉的茶马贸易，贸易的规模也有所萎缩。茶马贸易在民间仍然保持着活跃，南路的茶号还有五六十家，年产量仍保持在 800 万斤左右。

---

① 金牌信符：由明政府颁发给纳马藏族部落的当作该地向朝廷缴纳马匹的铜质牌状凭证。
② 引岸制：不仅要有特别通行凭证，而且还要定点生产和销售。

从唐至民国时期，随着历代政府政策的变化和茶贸管理的完善，茶马贸易由兴起、发展、繁荣再到衰落，川藏茶马古道的路线也得以发展和完竣。

三、川藏茶马古道的意义

历经千年的茶马古道对推动汉藏贸易的发展、加强两地及沿线民族的团结等各方面都发挥着巨大的作用。时光飞逝，“茶马古道不断被车道、公路代替，茶马古道的网络正在被分割成局域网络。”[13]这条沟通汉藏的旧道虽然已经失去了往日的地位与功能，但留下了熠熠生辉的历史文化遗产和日益凸显的现实意义和价值。

（一）川藏茶马古道的历史意义

作为川藏茶马古道起点的茶马古道（雅安段）的重要性不容小觑。“茶马古道这一古老的传播方式，曾给它所经过的村落和城市带来过经济的繁荣和文化的互渗及交融。”[14]正是这条历经千年的古道催产了雅安的历史和文明。

1. 促进雅安社会经济的发展和城镇的兴起

川藏茶马古道的形成与发展不仅密切了内地与西藏的交流，带动了沿线地方经济的发展，更是推动沿线城镇的兴起。

川藏茶马古道是一条商贸之道，历史上，雅安段内有许多重要的互市口岸，如碉门、黎州等地，它们作为茶、马和其他货品的储存、调配和贸易中心。雅安茶马市场的繁荣不仅带动经济的发展，还推动了境内城镇的发展。雅安段内马岭、上里、望鱼、始阳、严道、清溪、九襄、宜东等古镇作为茶马商贸市场、商人、背夫的集散点，这些都随着茶马贸易的活跃兴起、发展，渐渐地演变成了繁荣的商品重镇。

2. 促进地方文化的繁荣

茶马贸易不但增进了汉藏两族的交流，还紧密了沿线其他民族与藏汉两族文化联系。茶马贸易的发展使各个民族相互来往，藏商、贡使将西藏物资运到内地，也将藏文化带入内地；同时，蒙、回等其他民族的工匠、商旅也进入西藏，并带去各自的文化。长此以往，便构成了彼此兼容的文化新局面。

历史上的雅安一直是民族聚集地，至明初“湖广填四川”到清朝中期才渐渐转化为汉族为主。历史长河中，这里曾生活过羌族、藏族、满族、蒙古族、彝族、汉族等多个民族，各民族在茶马贸易的影响下彼此交流，促进了文化的潜移默化、熏陶融合。如在宗教信仰方面，雅安境内佛教、道教等宗教并行，有佛寺、道观、关帝庙、川主土地庙等庙宇建筑；不同饮食文化彼此吸收、不同的风俗文化互兼并尊，文化的紧密联系还促进了各个民族的缔姻，血缘和亲在这里大大发展。

3. 留下百折不挠的民族精神颂歌

“作为历史遗存，茶马古道既不是纯粹的古代商贸印迹，也不是单纯的文化符号，它有着博大精深的人文内涵，体现着中华民族的历史精神。”[15]它本就是一条人文精神的超越之路。

雅安地区处于盆地边缘，“境内山峦起伏，溪河纵横，山地占 91%，阶地平坝占 9%。海拔最高点马耳山 2 629.4 m，最低点龟渚府 515.97 m，相对高差 2 113.43 m。”[16]如此险要之地的交通运输可谓困难重重，背夫是汉藏茶马贸易中不能缺少的一环，是将汉区边茶运往西藏的主要劳动力，背茶是最苦的营生方法，上至 60 岁的老人，下至 13 岁的小孩，无论男女都有加入背夫行列的。背夫们以接力的方式将茶叶运输到康定，马帮再将茶叶从康定运往西藏。

背茶非常辛苦，背夫们路上就靠盐水和馍馍充饥，晚上只能用玉米叶子、干稻草铺在地上当作床铺。背夫们终年在川藏茶马古道上往返，跋山涉水，吊桥栈道，风吹日晒，严霜酷寒。因为路险途长，背夫们会准备一支专门用于背茶的丁字形铁制拐杖，便于在中途杵在石头上休息。随着时间的积累，这些石头慢慢地被铁拐杵成一个个大大小小的坑洼。他们之中受累受病而死的，摔下山崖死的或是遇匪而死的数不胜数。他们的艰苦，现今的人们实在无法想象。“因此，藏民说茶叶翻过的山越多就越珍贵。”[15]

这条路上那些大小不一的坑洼，那些悬崖下面的寒骨是吃苦耐劳、辛勤付出的先辈们用他们生命之重刻下的痕迹，也是先辈们顽强的生命毅力的象征，显示出他们为了生存而进行的坚苦卓绝的开创与拓展。“在这条古道上，行走着的是求生的人，但凝聚着的，是中华民族吃苦耐劳、百折不挠的魂。”[15]也是中华民族发展历史上的一座不朽丰碑。

（二）川藏茶马古道的现实意义

川藏茶马古道相对于现代而言是极其不便的，正是因为闭塞的地理位置使得许多珍贵的文化遗产得以保存下来。尽管川藏茶马古道的绝大多数路段都已旷废，但今天川藏茶马古道（雅安段）所遗存的历史文化宝藏仍旧很丰富，不但为其开发奠定了基础，同时也提供了广阔的前景，仍拥有巨大的旅游开发利用价值。

“在这条漫长的茶马古道上，有不少独具特色的文化艺术、建筑遗存，我们应联合川内各种力量收集、整理，使之成为历史珍贵的遗产遗物和旅游资源家底，有些文化艺术资源，在开发中可以得到保护，把保护和利用结合起来，使之既为社会主义全面建设发展提供依据，又可以使边远地区经济得到发展。”[17]雅安境内，现有许多川藏茶马古道建筑遗址，如蒙顶山古建筑群遗迹就较为丰富，包括永兴寺、千佛寺、皇家茶园、智矩寺等都列为省级文物保护单位；另有坐落于名山区的茶马司遗迹也基本保留无缺；始阳镇新中村现今保存着的清代贮藏边茶的茶仓梁柱，在构造方面仍可见昔时的恢宏气概。此外，严道古城遗迹、富林文化遗迹、上里古镇、望鱼古镇、蒙山风景区也可构成一系列文化旅游景点。雅安可以借助这些宝贵的文化遗产打造属于自己的代表性旅游品牌和旅游路线。

雅安境内旅游资源虽然丰富，但是其旅游业开发时间较迟，目前还处在资源开发利用的最初阶段。1983 年才开始管理旅游业，主管部门在工作新、人员少、任务重的处境下做了大量工作，以蒙山旅游区的开发作为重点任务。3 年的努力将景区面积加宽，新建了蒙山茶史博物馆和亭廊等景点并将把区内所有寺庙都翻修。招待游客的数目从 1984 年的 4 万人次到如今的 26 万人次。此外，境内其他与川藏茶马古道相关的旅游景区也在相继开发利用，如汉源境内的清溪古镇内，每年慕茶马古道之名而来的游客也是络绎不绝。

此外，为了响应“一带一路”倡议的号召，中国包括四川在内的三十多个沿线城市于 2015 年联合组建了“一带一路”城市旅游联盟，给古丝绸之路注入新的生机。雅安可以抓住此次机会利用川藏茶马古道的联结点开展经济活动。雅安是川、滇、藏这个大三角的锐角，“以雅安为起点，南通滇缅，西达藏印，现代交通可以发挥作用。”[17]雅安也是雅、甘、凉小三角的联结点，从古至今都是商贸集散地，应充分利用这点来开展旅游活动。可以先从小三角出发，进行旅游开发，初见成效后，渐渐向大三角扩展，结合经济贸易，使其在内容上不断完善。

结语

文章就川藏茶马古道的形成条件、政府的管理政策及历史意义和现实意义进行了简要的探析。由于资料有限，文章有些部分材料依据较薄弱，如果将雅安地区川藏茶马古道的发展概况和意义这两方面再继续深入探析，对拓展雅安地方史和今后雅安地区打造旅游文化路线有积极的意义。

● 参考文献

[1] 雅州通览编写组. 雅州通览[M]. 成都：四川大学出版社，1988：2.
[2] 杨绍淮. 雅安边茶与川藏茶马古道[J]. 中华文化论坛，2005（2）：52-58.
[3] 江玉祥. 雅安与茶马古道[J]. 四川文物，2012（2）：73-82.
[4] 木永顺. 论“茶马古道”的形成、发展及其历史地位[J]. 楚雄师范学院学报，2004（4）：50-52.
[5] 肖荣，等. 四川省志·对外经济贸易志·茶叶资料长编[M]. 北京：方志出版社，1994：327.
[6] 任新建. 茶马古道的历史变迁与现代功能[J]. 中华文化论坛，2008（S2）：53-55.
[7] 汪海鹰. 南路边茶及“川藏茶马古道”（雅安—昌都部分）茶俗文化研究[D]. 重庆：西南农业大学，2005.
[8] 吕思勉. 隋唐五代史·赋税下[M]. 上海：上海古籍出版社，1984：1196.
[9] 元·脱脱. 宋史·兵志十二·马政（卷一百九十九）[M]. 北京：中华书局，1985：5800.
[10] 张廷玉. 明史. 列传第二百十九. 西域三[M]. 北京：中华书局，1974：8719.
[11] 陈光国. 青海藏族史[M]. 西宁：青海民族出版社，1997：325.
[12] 郝斌. 汉源与川藏茶马古道探析[J]. 西部教育，2010（3）：95-103.
[13] 陈保亚. 论茶马古道的起源[J]. 思想战线，2004（4）：44-50.
[14] 彭玉娟，尹雯. 茶马古道：文化线路的经典案例[J]. 云南社会科学，2012（2）：156-160.
[15] 刘玲娣. 论茶马古道的历史意义与民族精神[J]. 保定学院学报，2014（27）：83-87.
[16] 雅安市志编纂委员会. 雅安市志续编（1986—2000）[M]. 成都：四川人民出版社，2002：1.
[17] 欧阳崇，陈怡. 茶马古道与雅安[J]. 巴蜀史志，2015（2）：22-24.

新国标背景下康巴地区旅游英语人才培养探究①

——以四川民族学院外国语学院为例

四川民族学院外国语学院；康巴民族文化译介研究所　何学静　代春

【摘　要】2018 年，教育部发布了《普通高等学校本科专业类教学质量国家标准》(以下简称新国标)。新国标对英语人才的培养提出了更高、更具体的要求。在新国标的指导下，本文以四川民族学院外国语学院为例，分析康巴地区旅游英语人才培养的必要性，剖析旅游英语教学存在的问题，研究康巴地区旅游英语人才培养的对策，以帮助英语教学适应康巴地区旅游发展形势的新要求。

【关键词】新国标；康巴；旅游英语；人才培养

伴随经济全球化的进展，全球商业贸易日益频繁，中国和世界各国在经济、文化等方面的交流颇多，中国旅游业呈现出国际化趋势，涉外旅游得到迅猛发展。中国旅游业对英语人才的需求在数量和质量上都有更高的要求。为适应国家与社会发展的需求，2018 年，教育部发布了《普通高等学校本科专业类教学质量国家标准》(以下简称新国标)。新国标对建设中国特色、世界水平的高等教育质量标准体系具有重要的标志性意义。在新国标的指导下，结合外国语学院旅游英语的教学现状，分析康巴地区旅游英语人才培养的必要性及存在的问题，探究康巴地区旅游英语人才培养对策，既是四川民族学院应用型改革研究的一部分，也是康巴地区旅游英语人才培养的重要课题。

一、康巴地区旅游英语人才培养的必要性

(一) 康巴地区旅游市场的需求

《中国入境旅游发展年度报告 2018》显示我国入境旅游市场持续稳步增长，2017 年入境旅游人数为 1.39 亿人次，同比增长 0.8%，其中外国人入境市场同比增长 3.6%[1]。入境旅游市场持续稳步增长对旅游英语人才在数量方面的需求相应增加，在质量方面的要求也相应提高。伴随入境游人数的不断增加，旅游英语人才的紧缺将成为制约我国旅游业发展的关键问题[2]。近几年来，四川甘孜康巴地区的发展越来越吸引海外观光游客的注意，迎来了众多海外游客的到访。伴随四川甘孜康巴地区地方经济的发展，对在民族地区从事涉外旅游等领域的应用

① 基金项目：本文系四川民族学院 2018-2020 年高等教育人才培养质量和教学改革项目《康巴藏区旅游翻译人才培养研究》(川民院发〔2019〕9 号) 的研究成果。

作者简介：何学静 (1981—)，女，讲师，主要研究方向：旅游英语教学。代春 (1977—)，女，四川江安人，讲师，研究方向：英语教学法。

型英语人才的需求逐年提高，如英语导游，不仅要具备高度的责任心、健全的心理、伶俐的口齿、良好的沟通、迅捷的反应，还应该具备熟练的中英双语语言应用能力和较强的跨文化交际能力。

外国语学院在四川甘孜民族地区教育教学质量方面发挥着举足轻重的作用。旅游英语教学是四川甘孜康巴地区所需的应用型英语人才培养的突破口。外国语学院以培养具有国际旅游视野、掌握一门外语的高素质人才，以旅游教育本土化为理念，贯彻理论联系实际的原则，为学生从事甘孜州旅游工作奠定良好的专业基础。通过旅游英语教学，营造一个以学生为中心，学生主动学习、自主学习的环境，有利于学生综合能力、科学思维、创新意识和自信心的培养，同时使学生能通过旅游英语学习认识世界的多样性，并以积极开放的态度对待中西文化现象，能敏锐觉察并能合理解释和分析中西文化差异，能帮助中西不同文化背景的人士进行有效的跨文化沟通。旅游英语教学是实现四川甘孜康巴地区旅游发展的强有力的智力支持。

（二）新国标的要求

新国标规定外语类专业学生应具备外语应用能力、跨文化能力、实践能力等多项能力，其中跨文化能力是指尊重世界文化多样性，具有批判性文化意识；掌握基本的跨文化研究理论知识和分析方法，理解中外文化的基本特点和异同；能对不同文化现象、文本和制品进行阐释与评价；能有效和恰当地进行跨文化沟通；能帮助不同文化背景的人士进行有效的跨文化沟通[3]。仅掌握英语语言知识，而不了解西方历史与文化，不具备交际能力，就会产生交际障碍，从而导致交际失败。跨文化能力培养的目的在于通过两种不同文化间的差异进行相互理解的交流。基于跨文化交际视角对康巴地区旅游英语人才培养进行探索与改革，对培养具有康巴情怀和国际视野的应用型英语人才具有很强的指导意义和现实意义。

民族地区应用型本科院校既不同于研究型本科院校，又有别于高职高专院校，对英语专业人才的培养需具备特色发展的新要求，培养具备跨文化交际能力的应用型人才。旅游英语是四川甘孜州具有文化包容力及国际视野的应用型英语人才培养的重要环节，是外国语学院英语专业学生拓展专业知识和就业范围的有效途径，是提高学生实践技能与跨文化交际能力的重要途径。为能更好地促进甘孜地区的经济发展，构建民族团结的和谐社会，必须重视跨文化交际教学的研究。

二、康巴地区旅游英语人才培养存在的问题

目前外国语学院在康巴地区旅游英语人才的培养上存在着不少问题，不能很好地满足康巴地区旅游发展的需求。

（一）旅游英语课程设置的学期不合理、实践课时过少

旅游英语课程作为专业任选课程开设一个学期，通过旅游英语课程的学习，学生能比较全面的了解旅游行业对从业人员必须具备的旅游专业素质和跨文化交际能力，能掌握相关旅游专业术语及相关英语表达，具备旅游业整体知识文化水准和相应的业务素质，具备基本的运用英语进行交际的综合能力，达到从事一般旅游业所需的英语水平，并具备基本的旅游专

业知识。考取导游资格证既是实现旅游英语人才培养目标的重要环节，也是学生成为旅游从业人员的第一步。根据《中华人民共和国旅游法》第三十七条规定，参加导游资格考试成绩合格，与旅行社订立劳动合同或者在相关旅游行业组织注册的人员，可以申请取得导游证[4]。导游资格证的考取是取得导游证的基础。

全国导游人员资格考试于每年的 11 月举行，而旅游英语课程开设在秋季的第 5 学期，课程的开设时间是导游资格考试的备考期间。外国语学院大学三年级学生在刚接触旅游英语学习的阶段很难达到导游资格考试所要求的水平。此外，旅游英语课程的总学时为 36，其中课内学时 27、实践课时 9。开设对象为大学三年级学生，开设人数一般为 50 ~ 60 人。实践课时所占比例较小不利于学生积极性的调动，超过 30 人的大班教学很难将所学知识灵活运用于实践，不利于全体学生参与实践教学活动。学习时间不长、实践课时不足，学生参考意愿极低，不利于学生考取导游资格证。到目前为止，外国语学院只有 2015 级 1 名学生考取了导游资格证。旅游英语课程在开设学期、实践教学比例、开班人数等方面还有待完善。

（二）旅游英语教师欠缺行业知识

在中国各大高校中，专门培养旅游英语人才的高等院校为数甚少，具有硕士、博士高等学历的旅游英语专业人才就更为匮乏。旅游英语要求教师有流畅的英语交流能力、表达能力和交际能力。从事旅游教学的多是旅游专业毕业的本科大学生，有部分学生的英语水平相对较高，但其口语水平始终不及英语专业本科毕业生，不足以担任旅游英语教学。

目前外国语学院有两名教师担任旅游英语教学。她们都是英语科班出身，具有丰富的英语语言学、英语翻译专业素养，但是缺乏旅游专业基础知识，欠缺旅行社服务、饭店服务、导游服务和景区讲解服务等方面的知识，欠缺企业实践经历，欠缺目的地语国家的学习经历，欠缺康巴地区旅游方面的相关知识，也就是说教授旅游英语课的教师旅游专业知识储备不够。英语教师在授课时通常把教学重点放在单词、句子、语法、翻译等内容上，学生无法在旅游英语课上汲取旅游专业知识，更难以实施旅游实践教学。目前旅游英语教师数量不足、梯队结构不合理、欠缺行业知识和经验，这些因素成为制约旅游英语教学发展及人才培养的瓶颈。根据旅游英语人才培养的要求，外国语学院亟待打造出一支“双师型”教师队伍，同时具备较强的英语语言文学素养及深厚的旅游专业系统知识和实践经验。

（三）旅游英语教材缺乏康巴元素

旅游英语教材门类繁多、内容纷杂，主要有介绍中西方文化、旅游行业基本知识、旅游情景对话、酒店基础知识等，这类教材要么偏重基础知识，要么只局限于英语语言的学习。旅游英语课程旨在知识、语言和能力等方面为学生导游资格证的考取做准备。本课程在教材的选用上倾向于英语导游方面，《四川英语导游》《模拟导游教程》《英语导游实务教程》等教材大多涵盖了导游服务程序、导游应变能力、导游带团技巧、导游讲解艺术、旅游应用文写作、导游业务、景点讲解等基础知识，基本涵盖导游人员所需基本知识和能力方面的内容，基本满足具备跨文化交际的英语导游人才培养的需求。

目前使用的旅游英语教材缺乏康巴元素，没有甘孜概况、宗教习俗、民俗风情、旅游购物等内容的介绍。康巴地区旅游资源丰富，有以藏传佛教寺院、藏传佛教艺术、藏传佛教仪式等为代表的佛教文化旅游资源；有以康巴节日庆典、神话传说、民间故事等为代表的民俗类旅游资源；有以松茸、牦牛肉、虫草、苹果、樱桃等高原地方特产为代表的购物类旅游资源；有以高原温泉为代表的休养类旅游资源；有以泸定、岚安等为代表的红色旅游资源。康巴地区旅游资源十分丰富，但没有融入旅游英语教材中，亟待将这些独具魅力和吸引力的甘孜旅游文化融入教材。

三、康巴地区旅游英语人才培养的对策

旅游英语教学水平的提高是康巴民族地区英语教学水平质量的重要保证。修改课程设置、培养“双师型”教师、编撰独具康巴特色的旅游教材将有助于上述问题的解决。

（一）修改旅游英语课程设置

培养康巴旅游英语人才，旅游英语课程设置可从三个方面进行调整。

一是课程开设学期。将旅游英语课程开设在春季的第 6 学期，学生可以在全面学习旅游英语课程，对旅游专业知识有了初步认识后，在秋季的第 7 学期全身心备考。

二是增加实践课时。课内教学是课外实践教学的基础和理论指导，课外实践教学是课内教学的延伸[5]。将课内与课外的比例设置为 1∶1，也就是课内教学 18 课时，实践教学 18 课时。在旅游英语教学过程中，教师充分利用校内校外的教学资源，做到课内教学与课外实践相结合。一方面，合理利用校内资源。教师可利用校园进行导游模拟训练。教师组织学生进行四川民族学院 A 区校园景点讲解，规划大校门—康巴儿女—外国语学院—图书馆—花园水池—学生食堂的旅游路线，让学生切实体会导游讲解的工作流程。另一方面，外国语学院与农旅学院进行教学实训资源共享。教师可借用 B 区实训室、3D 教室，为学生提供餐饮、导游等方面的实践场地，创设校内涉外场景的实训，为学生提供实践的场所和平台。

三是小班化教学。课程开设将班级人数限定为 30 人。小班教学能更好地兼顾课内理论教学与课外实践教学，理论与实践的结合有助于学生亲历餐饮服务、行程安排、跟团讲解等，能充分发挥学生积极性、参与性、创造性、合作性和互动性，对学生跨文化交际能力的培养具有重要价值。

（二）培养“双师型”教师队伍

师资是理论教学与实践教学的保证。为保障具有跨文化交际能力旅游英语人才培养的贯彻实施，为突出旅游英语实践教学的特色，培养一批适应康巴地区旅游发展需要的高素质应用型人才，在教学中把握实训、实践、实习等关键要素，双师素质、双语素质尤其珍贵[6]。外国语学院需完善师资培训制度，积极培养“双师型”英语教师，兼具英语专业知识与旅游行业知识和经验。

顶岗实践、引进人才、出国学习是实现“双师型”教师培养的有效途径。一是定岗实践。外国语学院选派青年教师、教学骨干到康巴地区的旅行社及酒店进行挂职锻炼，定期进行企业培训，积极鼓励教师考取相应的职业资格证书。二是引进人才。四川民族学院可以在康巴地区的旅行社或酒店招聘英语素养较好，且有志于从事旅游英语教学的旅游人才，为师资注

入鲜活力量。此外，可以聘请康巴地区旅游行业专家为四川民族学院的客座教授，为师生进行旅游行业理论及实践的传授，做到教—学—研的良性循环。三是出国学习。培养跨文化交际能力是为了提高第二语言习得者在与其他文化背景的人进行交际的有效性和得体性，涉及认知、情感和行为三个方面[7]。旅游英语教学必然要求英语教师对中西文化内涵的差异、中西价值取向的差异、中西社会习俗的差异所导致的肢体语言表达方式、英语所传递的意思、英语口语表达等给予特殊注意。旅游目的国的学习与生活能为教师提供更为真切的旅游体验，由此达到英语与旅游知识的融会贯通，教师授课时能很好地做到理论知识和实践知识的融合，从而提高教学质量。

（三）将康巴旅游资源融入教材

教学以教材为载体，具有康巴元素的英语教材是记录和传承康巴文化的媒介，是四川甘孜涉外旅游事业发展的基础。康巴地区旅游英语教学实施的前提在于选用彰显康巴特色的旅游英语教材。外国语学院陈家晃老师主编的《康巴胜地 旅游天堂》，填补了康巴地区旅游英语方面的空缺，为旅游英语教学奠定了坚实的基础。该教材是一部关于康巴地区旅游景点英语翻译的教材，涵盖了甘孜州概况、康定市、泸定县、丹巴县、稻城县、德格县等各县（市）概况及著名旅游景点，如泸定桥、海螺沟冰川、跑马山以及木格措、塔公草原、甲居藏寨、丹巴古碉、稻城亚丁、德格印经院等。教材每章包括五个部分，有景点的汉语介绍、景点对应的英语翻译、词汇和名称短语的解释、重要词汇注释、翻译练习。该教材能作为热爱康巴地区、热爱旅游人士的学习资料，也能为立志于服务甘孜旅游的毕业生提供康巴地区旅游景点及翻译技巧。任课教师可以将此教材与其他旅游英语、导游英语教材相结合，既能满足旅游行业基础知识的讲授，也能实现康巴文化的传播，实现康巴文化的对外宣传。

四、结语

随着中国的国际影响力与国际地位的提升、社会需求的变化、改革开放的深入，我国与世界的联系日趋密切。中西文化交流与传播日趋频繁，英语作为语言的工具在发挥作用的同时，中西国家间的交流迈向了具有人文性的中西文化交际。跨文化交际能力的塑造需依托跨文化意识的培养，怎样在尊重中西文化多样性，维持中西和平相处关系，保持中西文化丰富性的同时，正确理解中西文化的异同，阐释中西文化现象，恰当地进行中西跨文化交际是当前外国语学院英语教师亟待解决的问题。新国标背景下的旅游英语教学，以新视野、新理念、新知识、新方法促进学生综合素质与跨文化能力的提高，是英语专业跨文化交际人才培养的重要保证。在旅游英语人才培养的过程中坚持以跨文化交际为导向，注重将理论与实践相结合，强化中西文化的对比及康巴文化知识的渗透，是康巴地区旅游业高素质应用型英语人才培养的关键所在。

● 参考文献

[1] 中国旅游研究院. 中国入境旅游发展年度报告 2018[R]. 北京：旅游教育出版社，2018：12.

[2] 金玉. 探析旅游英语人才培养与中华传统文化教育[J]. 现代教育，2017（8）：36.
[3] 教育部高等学校教学指导委员会. 普通高等学校本科专业类教学质量国家标准（上下册）[S]. 北京：高等教育出版社，2018，92-95.
[4] 中国政府网. 导游人员从业资格证书核发[EB/OL]. http://www.gov.cn/fuwu/2015-11/18/content_5014071.htm
[5] 康菁. 高等院校旅游英语人才培养模式分析[J]. 安阳师范学院学报，2018（6）：93.
[6] 任翠瑜. 高校旅游英语专业人才培养模式重构的探究[J]. 西安电子科技大学学报（社会科学版），2012，22（1）：117.

泸定县“三色资源”开发与利用思考①

四川民族学院图书馆　黄惠烽

【摘　要】“三色资源”是指古色资源、红色资源和绿色资源。泸定县的“三色资源”非常丰富，如岚安、化林坪、磨西等地都是典型的“三色资源”地区。在“三色资源”的开发与利用策略方面，首先要注重交通基础设施的建设，在开发古色资源时要坚持开发与保护并存的原则，在开发红色资源时要做好发展规划，要把“三色资源”有机结合起来，优化资源组合，突出重点。

【关键词】泸定；三色资源；开发；利用

一、泸定县情

泸定县地处四川省中西部，甘孜藏族自治州东缘，是进藏出川之要地。泸定县有汉族、藏族、彝族等 17 个民族。泸定县在周、秦时期为笮国地，东汉属汉嘉郡旄牛县，唐武德元年（618）为嘉良县，清代为土司属地，此后设泸定桥巡检，隶属打箭炉厅，清宣统三年（1911）置泸定桥设治委员，1913 年，改设泸定县，得名于泸河，又取安定之意②。

泸定县地形复杂，境内有高山、峡谷、冰川、平原，群山起伏、沟壑纵横，地质结构复杂，土地资源、生物资源、水力资源及矿产资源丰富多样。经济方面，2018 年，泸定县生产总值实现了 19.11 亿元，全社会固定资产投资 30 亿元，地方公共财政预算收入 17 238 万元，城镇居民人均可支配收入 27 918 元，农民人均可支配收入 12 316 元。教育方面，截至 2018 年，全县有幼儿园 16 所，小学 15 所，中学 8 所，职业技术学校 1 所。自然资源方面，境内矿产资源、水利资源、动植物资源等方面都非常丰富。2018 年 8 月，经省政府批准，泸定正式退出贫困县序列。

二、“三色资源”概念

“三色资源”是指古色资源、红色资源和绿色资源三种。古色资源也指历史文化资源，它包括历史遗迹、古建筑、古代陵墓、历史文化名城等；红色资源是中国共产党在革命、建设

---

① 项目基金：四川民族学院重点项目“藏文《大藏经》及其藏文化折射研究”（项目编号：XYZB18007SA）；四川民族学院重点项目“泸定历史文化资源保护与开发利用研究”（项目编号：XYZB18005SA）。
作者简介：黄惠烽（1980—），男，副研究馆员，研究方向：藏文献、藏文化。

② 任乃强. 民国川边游综之《泸定考察记》[M]. 北京：中国藏学出版社，2009：39-51.

实践中留下的革命遗址、革命文物、革命人物的精神等珍贵资源[①]；绿色资源是指该地区丰富的绿色植被资源、特色地理地貌、优越的生态环境以及由此沉淀、积累形成的旅游资源。

三、泸定县“三色资源”情况

（一）泸定县古色资源

泸定境内多地曾经是茶马古道的必经之道，如化林坪、沈村、冷碛、岚安、磨西等。在中国境内，茶马古道主要有青藏线、滇藏线和川藏线，茶马古道是汉藏民族间因“茶马互市”而产生的古道，其主要内容是以茶换马，或以马换茶[②]。在不同朝代，川藏茶马古道经过泸定这段有不同的走向，川康古道在宋、元前后民间称为茶路，“大茶路”从雅安到康定是 8 个驿站，其中从雅安地区的汉源泥头到康定有 4 站，泥头驿站翻飞越岭经过泸定化林坪、沈村、烹坝、日地达康定，清雍正时，于这几处设驿站，从泥头、三交坪、三道桥、伏龙奇，然后翻飞越岭到泸定的化林坪为第一驿站。从化林坪起经龙巴堡、佛耳岩、冷碛、安乐坝到达泸定是第二驿站。到唐朝，由于西南边区的少数民族对茶叶需求量日益增加，这时中央政府开始施行榷茶制，川茶经雅安、天全后，到达岩州，这条古道被称为“小茶路”。川藏间的重镇常因茶路的变化而变化，汉朝是沈村，唐朝是黎州、雅州。泸定的化林坪、沈村、冷碛、岚安、磨西等地都是川藏茶马古道在不同时期的必经要道，也是“西蕃”通往内地的必经之地，为屯兵戍守的重镇。

1. 化林坪

现今的化林坪地处山腹中的一小平原，鲜为人知，但在一千多年前，这里已经是西陲要地，中央政府屯兵设汛于此。明清时期，中央政府在沈村设置“沈边长官司驻牧处”。清朝初年，清政府设汛于化林坪，康熙二年（1663），改汛为营，设守备一员，标兵一营，康熙四十三年（1704）改营为协。化林坪原关帝庙有一铁钟记叙：“分守四川化林等处地方，管辖汉土官兵，控制蕃夷，副总管杜汝琨。”杜汝琨在沈村在职 14 年，其中 4 年为参将，10 年为副将，开发农垦工商各业。当时营兵可携妻子，有家室，世袭相传，兼营农桑，亦事商贾，财用饶足，富甲一方。化林极盛之时，有六七百户人家，百姓丰衣足食，物产仰给外发。据考证，化林城古城垣有六街四巷，营房环城而建，城内有都司署、安抚使署、千总署等办事机构，城内外建有各种庙宇，诸如关帝庙、城隍庙、土地祠等，百业兴盛，贸易发达，很有一番繁华景象[③]。

2. 岚安

岚安历史悠久，它开拓于新石器时代，追溯其根源，岚安人为羌人的一支。岚安曾经一度繁华兴盛，是茶马贸易的中心。现今的岚安，其名字在不同朝代均有变迁，唐朝时名为罗

---

① 谈巍花. 党史资源在党性教育中的价值探析[J]. 攀登，2019（4）：40-44.

② 凌立，黄惠烽. 川藏茶马古道对泸定岚安兴衰的影响[J]. 四川民族学院学报，2019（1）：1-5.

③ 朱茂青. 区域与历史中的康区——以任乃强笔下的四川泸定华林坪为例[J]. 阿坝师范高等专科学校学，2012（2）：45-47.

岩州，宋朝时名为岩州，清朝时名为岚州，民国时期才改为岚安。岚安在明朝时被称为岩州，已发展成为川藏间繁荣的重镇，达到了历史鼎盛时期，它的地位可与重庆、泸州、叙州、西昌等地相提并论。其环形的小平川已开垦万亩土地，它作为边区的军事、经济要道，城内机构齐全，官府、较场、衙门、刑场等遗址今天依然可见。从现存的宋代石棺葬墓群、古茶店遗址、四呷坝汉唐遗址、呷北汉遗址，我们依稀可以看到当年岚安的繁荣程度[①]。

3. 冷碛

冷碛在泸定桥尚未修建之前，其市街繁盛，为全县之首，是西陲商业发育的胚胎地，也是飞越岭以西最大的市场。康熙四十年（1701）以前，打箭炉尚未开市，冷碛的繁华程度与当时的甘孜、巴塘相似。自泸定桥建成后，冷碛地位忽然下降，只剩下本地人赶集，已经没有昔日的大商业往来。任乃强在其《民国川边游踪之〈泸定考察记〉》中记载："民国二十七年（1938）市遭大火，焚毁甚广，现尚未能恢复。火场中，此等店肆大院，较之平时更为暴露，可历历指验。"从记载可知，冷碛除受打箭炉开市的影响外，还遭受过大火，从此冷碛更是逐步走向衰落。

4. 沈村

沈村属于川边开辟最早之古镇，在唐为大度县，废县后为三王部落，明清为沈边长官司驻牧处。在永乐以前，到雅安互市需过磨西然后经沈村，过化林坪后翻越飞越岭，此时的要道并不经冷碛。沈村外面就是大渡河，有渡口叫"泥若"，这是县内三大古渡（沈村、紫牛、烹坝）之一。任乃强记载："约当同、光以前，川藏往来，皆经沈村。自沈村而东过石桥，穿稻田而直上佛耳崖至冷碛，乃为通衢。于时沈村有市集，繁盛与冷碛相当，再上溯至乾、嘉之世，则沈村繁盛，更在冷碛之上。"由此看出，沈村在清朝时已是相当的繁荣。

（二）泸定县红色资源

1. 泸定桥

泸定桥是一座位于大渡河上，由清朝康熙帝御批建造的铁索桥。1935 年，中国工农红军长征途中"飞夺泸定桥"，红二师四团官兵冒着大雨在崎岖陡峭的山路上跑步前进，一昼夜奔袭达 120 km，并在 5 月 29 日凌晨 6 时按时到达泸定桥西岸，创造了人类行军史的记录，使之成为中国共产党重要的历史纪念地。1956 年，泸定桥被列为四川省第一批历史及革命文物保护单位，1961 年被列为第一批全国重点文物保护单位。为纪念飞夺泸定桥英勇牺牲的壮士，泸定桥西岸还建有红军飞夺泸定桥纪念碑、纪念馆。

2. 岚安

1935 年 11 月，红军 32 军和红 4 军在罗炳辉、许世友的带领下，沿丹巴、孔玉、金汤、麦岗到达岚安，迅速开展了多种形式的宣传工作，并成立了岚安区苏维埃政府。红军在岚安工作了 49 天，同国民党军队发生了大小 7 次战斗，牺牲了 607 人，最终创建了康巴地区第一个

① 黄惠烽，凌立. 泸定岚安贵琼人的历史与文化探讨[J]. 四川民族学院学报，2018（5）：7-10.

红色苏维埃政府。现今岚安建有红军烈士纪念碑、红军烈士陵园、苏维埃政府旧址、红军医院旧址，红军当年留下的众多标语、口号和遗物依然可见，从中可以体会到当时激烈的革命斗争。

3. 化林坪

化林坪是红军长征的要道，是重要战争的节点。1935 年，毛泽东同志率领红军飞夺泸定桥后，泸定会议确定毛泽东同志率领中央一、三、五军团取道化林坪，翻越飞越岭，夺取汉源，阻挡可能从富林方向来追击红军的王泽浚旅。因中央和军委机关到达化林坪时，飞越岭尚未被红军夺取，红一师和红二师四团与飞越岭受敌尚在激战中，且飞越岭到汉源县城沿线还有川军部队，故军委决定林彪率领红一军团在夺取飞越岭后继续前进，夺取清溪，然后转道石坪，翻越泥巴山向天全前进。这期间，与刘文辉所率的川军相遇，发生了大渡河之役中最为激烈的战斗，战斗激烈到双方白刃相搏。据泸定县史料记载，为保卫毛泽东同志，他的警卫也在此战役中英勇牺牲，并就地埋葬了。第二天一早，红军即翻过飞越岭，往天全地界而去，并由此北上夺取天全、芦山、宝兴，之后翻越夹金山与红四方面军会合。一道山岭连接了藏汉两个民族，送走了长征的红军，但红军长征不怕困难、不怕牺牲、艰苦奋斗、坚忍不拔、勇往直前的精神仍然激励着这里的人们。

4. 磨西会议遗址

磨西天主教堂于 1918 年至 1922 年修建住房及教堂，1926 年完成钟楼，至今该教堂仍然作为天主教徒祷告场所和磨西会议旧址。1935 年 5 月 25 日，红军强渡石棉县安顺场渡口后，在严峻的形势下，毛泽东果断决定分兵飞夺泸定桥。毛泽东于 1935 年 5 月 28 日离开安顺场向泸定桥出发，29 日下午抵达磨西，毛泽东当天在磨西的天主教堂宿营，当夜召集周恩来、朱德等同志召开会议，这次会议史称“磨西会议”，它为飞夺泸定桥奠定了基础，起到了预备作用①。

（三）泸定县绿色资源

泸定的绿色旅游资源不仅数量多、类型丰富，而且资源级别高，在观赏性上具有较强吸引力。其中有一些是已经开发了的经典，如海螺沟，它以低海拔现代冰川著称于世。沟内蕴藏有大流量沸热温冷矿泉，大面积原始森林和特高的冰蚀山峰，大量的珍稀动植物资源，金山、银山交相辉映，蔚为壮观，是国家 5A 级旅游景区。又如位于雅家埂两河口地带的红石公园，那里每一块石头都被乔利橘色藻披上一件美丽的红色外衣，堆积在山谷中、河流旁，宛如跳跃流动的音符，在雪山的映衬下，规模宏大，气贯长虹，瑰丽壮美，堪称“世界的红色公园”。这里不仅红石称奇，而且动植物荟萃，有康定木兰、杜鹃、三尾凤蝶、小熊猫等珍稀动植物 4 800 余种，是名副其实的天然动植物园和宝贵的生物基因库，备受国际学术界的重视，素有“中国高山植物园”之称，极具科考价值。

除了已开发的景点、景区外，泸定县还有一些未被开发的绿色资源，如化林坪，化林坪的自然风光包括田野风光、红军花海和姑娘山景观。每到阳春三月，化林坪整个村庄绿荫掩映，阡陌纵横，鸡犬相闻，好一派自然和谐相处的世外桃源景象。在泸定、汉源交界的化林

① 白英. 大渡桥横铁索寒[J]. 中国文物报，2016（7）：54-59.

村松林口，每到春天，几百亩呈宝塔状的野生红军花，花开红艳艳，看着这映山红，山里人都说映山红不是富人的花，那五角星一样的花形，很像红军的帽徽，它的花、茎、根就象征着红军的精、气、神，花开百亩，就像红军的事业千秋永恒。沿着化林坪后山向西而行，大约往上 15 km 左右便是娘娘山。娘娘山海拔 3 690 m，因修有娘娘殿而得名，殿内正殿有三尊女像，女像保存完整且较为精致，从风格上看，与关帝庙像略同，因此猜测其也是杜汝琨时建。娘娘山风景别样耀眼，在山顶可以远眺贡嘎雪山，也可以看见牛背山全景，如梦似锦的云海美不胜收，云海似绵绵涛水。日出之时，霞光万丈，犹如置身于金色大地。群山相依让人有一种一览众山小的感觉，整个大地都臣服在人们脚下一样。

在泸定，与化林坪类似的绿色资源还有海子山、松林坪、岚安、杵泥等，这些绿色资源都亟待开发。

四、“三色资源”开发和利用对策

泸定县在挖掘旅游资源时，首先要注重交通基础设施的建设，其次是把各种资源有机结合，既要重视古色和红色资源的开发，又要搞好绿色生态产业的发展，深入实施创新驱动发展战略，大力发展高原经济，推动绿色生态可持续发展。三种特色资源的开发过程既要注重古街区和文物保护，又要把绿色、生态和可持续发展理念灌输其中。

（一）完善交通基础设施建设

交通不畅，旅游不旺。交通配套设施是加快旅游业发展的先决条件，必须加大交通基础设施建设力度，打通县内各个旅游节点，让游客进得来、出得去、散得开。泸定县的旅游资源十分丰富，但由于地处山区，受交通制约，旅游产业发展步伐较慢，在很长一段时间，泸定的老百姓一直被交通不便、乘车安全等问题困扰着，泸定县生产生活物资购进和农畜产品外销十分不便。更重要的是，多年前泸定县几乎没有四通八达的交通运输网络，县域经济发展的活力严重缺乏。近年来，泸定县的交通建设有了较大发展，随着国省道和农村公路的快速延伸，一个以城市为中心、乡镇为节点，辐射广大城乡、干支相连、四通八达的道路运输网络已在泸定基本形成。因此，今后泸定县要提高积极性和主动性，进一步搞好交通网络建设，修建并完善通往各旅游景区的交通路网。

（二）开发古色资源要坚持开发与保护并存的原则

由于各种因素影响，人们面对古色资源、传统文化资源的开发利用时，缺乏保护意识，在一些古街开发时，导致现存建筑与本来面貌发生了较大改变。如笔者对泸定化林坪调查时发现，原古街周围陆续建起了新民居，一些古老民居由于长久没人居住，加之年久失修，有些古宅只剩残垣断壁，有些甚至被屋主拆除或改建。在走访调查中发现，很多当地居民觉得老民居在光线、布局等方面都不符合现代人观念，一些屋主为改善居住条件，在原址进行了改建，严重破坏了古建筑和古村落的整体性，因此，政府、有关部门和村民都要树立保护古民居的意识。开发古色资源时要首先打造“古色”这张品牌，要按照古街的原貌进行重建，既要恢复原貌，又要注重文物保护，建筑风貌应坚持“新如旧、旧如旧”的风格。

（三）开发红色资源需做好发展规划

红色旅游资源与其他的一般旅游资源有所不同，它蕴含着特殊的革命精神和独特内涵。红色旅游资源在规划时需要忠实史料，不能只局限在革命传统教育方面，更要注重挖掘“红色”所蕴含的深刻内涵，要立足民族性，反映人民性，体现时代性。要抓好规划引领，建设功能齐备的红色旅游配套基础设施，着力引导开发红色文化旅游特色产品，形成规模，做实市场营销，助推当地百姓脱贫致富，发掘红色文化内涵，抓宣传、造氛围[①]。泸定县的红色资源主要以红军飞夺泸定桥、红军飞夺泸定桥纪念馆、甘孜州红军长征纪念馆、二郎山川藏公路纪念馆、岚安红军烈士纪念碑、岚安红军烈士陵园等为主，要做好资源发展规划，充分发挥爱国主义教育基地的职能，利用传统佳节、重要纪念日与党、政、军、学校以及相关单位共同开展形式多样的以爱国主义为主题的共建活动。通过举行各种教育活动，利用先进的展示手段向参观者宣传革命历史，增强红色资源的吸引力和感染力。红色资源景区要不断完善设施水平，提升服务质量，很长一段时期内，泸定县的纪念馆展陈技术和手法都较为落后，不能很好地营造不同类别的陈列氛围。2015 年，泸定县对红军飞夺泸定桥纪念馆和二郎山川藏公路纪念馆进行了提升改造，完善了相应的展陈技术，并利用“红军飞夺泸定桥大型情景剧”等艺术形式再现当年红军将士飞夺泸定桥的情景。因此，泸定县的红色资源要做好统筹规划，既要做好现有红色资源的展陈提升，又要挖掘诸如岚安、华林坪等地的潜在红色资源。

（四）要把“三色资源”有机结合

古色、红色和绿色是泸定县旅游资源的基本特点，要做好旅游资源这篇文章，就必须把这三个特点有机结合起来。一个旅游城市，如果只有风光，没有文化底蕴，则会缺少灵魂，显得枯燥乏味，因此泸定县在开发旅游资源时，要深入挖掘地方的文化资源，丰富地方文化内涵，才能提升旅游的吸引力。泸定的岚安、化林坪、磨西三地均同时具备“三色资源”，政府和职能部门要充分挖掘历史文化资源、生态资源和山水风景资源潜力，同时要大力宣扬以“中国革命”为主题的红色资源，发展红色旅游的宝贵财富，既让游客了解泸定悠久的历史文化，欣赏到古朴秀丽的自然生态景观，同时，又要把泸定的红色文化资源宣传和推广出去，使游客在旅游中受到红军长征的精神的洗礼，让游客穿上红军服，吃红军饭，走红军路，在参与中了解历史，切实体会红军长征时的生活。

（五）优化资源组合，突出重点

泸定县可以对现有旅游资源进行优化，以红色文化为主，通过泸定桥景区、红军飞夺泸定桥纪念馆、磨西镇红军长征陈列馆等红色景点为依托，突出“红色名城”这一主题，同时注重挖掘泸定深厚的文化内涵，大力开发化林坪、冷碛、岚安等茶马古道重镇，高起点、高品位、大手笔地进行资源整合，把姑娘山、牛背山、海子山等地区纳入绿色生态旅游区建设，联动以红色文化为龙头，以历史文化为纽带，彰显优美自然风光魅力，争取打造出本地区系列化、精品化、特色化的旅游产品与线路[②]。

---

① 马逸凡. 长征前后红军各部的融合与政治建设[J]. 国家电网，2019（8）：81-84.

② 胡晟. 昌吉赣铁路对吉安电网建设及城市发展的影响研究[J]. 江西电力，2019（8）：33-35.

● 参考文献

[1] 任乃强. 民国川边游综之《泸定考察记》[M]. 北京：中国藏学出版社，2009.

[2] 谈巍花. 党史资源在党性教育中的价值探析[J]. 攀登，2019（4）：40-44.

[3] 凌立，黄惠烽. 川藏茶马古道对泸定岚安兴衰的影响[J]. 四川民族学院学报，2019（1）：1-5.

[4] 朱茂青. 区域与历史中的康区——以任乃强笔下的四川泸定华林坪为例[J]. 阿坝师范高等专科学校学，2012（2）：45-47.

[5] 黄惠烽，凌立. 泸定岚安贵琼人的历史与文化探讨[J]. 四川民族学院学报，2018（5）：7-10.

[6] 白英. 大渡桥横铁索寒[J]. 中国文物报，2016（7）：54-59.

[7] 马逸凡. 长征前后红军各部的融合与政治建设[J]. 国家电网，2019（8）：81-84.

[8] 胡晟. 昌吉赣铁路对吉安电网建设及城市发展的影响研究[J]. 江西电力，2019（8）：33-35.

多元文化视阈下康定市藏汉英旅游公示语译名现状及规范化策略①

四川民族学院　姜蓉　昂翁卓玛　李晓燕　沈群英

【摘　要】康定市是一个多民族聚居的城市，不同民族、不同文化、不同语言要"交而通"。在发展全域旅游的今天，公示语译名的好坏直接影响本地区的对外文化宣传。通过对康定市主要景点、路标和公共场所设置的藏汉英公示语标牌的现状调查，本文从多元文化视阈下分析藏汉英三语公示语误译现象及翻译的语用失误因素，并提出相应的策略建议。

【关键词】公示语；译名；藏汉英翻译；规范化

现今多元文化在全球背景下，它既不是西方文化，也不是东方文化，它是由各个民族文化中的优秀部分融合而成的一种全新世界文化，其使用不同的语言和文化形式来传播人类社会中的真、善、美，鞭挞人性和社会中的假、丑、恶[1]。下面笔者就以康定市部分公示语在藏汉英三种不同文化的表达方式中去探讨它存在的意义。今天，旅游业在数据网络文化和交通业的快速发展下，已经促使世界旅游经济进入了高速发展的飞跃时代。康定市从古至今就是川、藏、青、滇商贸经济和政治文化往来中心。也是以藏族为主，汉、回、彝、羌等多民族聚居的城市。城镇街道、乡村民居构建到处都体现着多民族文化的融合。一座看遍中国半壁风景的小城，被誉为世界名曲"康定情歌"之乡、与丝绸之路媲美的茶马古道、汉藏文化交汇中心，正以藏民族地域的万种风情吸引了不同民族、不同国界的友人来到康定学习、投资和旅游。随着 2019 年雅康高速路的贯通，康定市旅游经济得到了全面的提升。为了营造良好环境，树立旅游城市文化形象的名片，康定公共场所也设置了部分的藏汉英公示语标牌。这些藏汉英公示语译名则是城市形象的灵魂和文化内涵的传播。藏汉英公示语译名的出现既有效地对外宣传了城市形象、扩大了对外文化的交流，也对康定地区多元文化的传播起着重要的历史意义。但是，笔者通过对康定城区商铺饭店、木格措、塔公等景点部分藏汉英译名公示语标牌进行摸排调查，总能找到部分公示语译名的误译，令人啼笑皆非。在多元文化视阈下对藏汉英公示语的任何歧义、误解、滥用都会导致不良的社会影响[2]。针对目前康定市交通

① 基金项目：四川省多元文化中心："多元文化视阈下康定地区公示语藏汉英译文化内涵对比研究"（DYWH1809）；"藏英谚语语言文化图景跨越对研究"（18DFWH-058）阶段性成果。

作者简介：姜蓉（1972—），女，藏族，四川丹巴人，四川民族学院预科教育学院英语教育副教授，硕士，研究方向：外国应用语言学，民族语言文化。昂翁卓玛（1972—），女，藏族，四川石渠人，四川民族学院法学院藏语言文学教授，研究方向：藏语言文化。李晓燕（1982—），女，汉族，四川汉源人，四川民族学院外国语学院讲师，教育硕士，研究方向：对比文学。沈群英（1969—），女，汉族，四川仁寿人，四川民族学院预科教育学院英语语言文学教授，研究方向：翻译，应用语言学。

旅游景点、城市街道，公共场所的藏汉英公示语译文的混乱状况，考虑其风俗，了解到康定市藏汉英三语公示语翻译的现状堪忧，加强公示语翻译的调查研究，采取切实可行的策略来治理和改善藏汉英公示语翻译的质量势在必行。

一、康定市藏汉英公示语译名现状

（一）公示语“藏式汉语”和“中式英语”的译名

“藏式汉语”主要体现在藏译汉版本不符合汉语表达方式，导致汉族公众感到晦涩难懂，不易理解，使其翻译意图被歪曲。如康定“木格措”风景旅游区就是典型的“藏译汉”版本公示语，汉族受众者并不知道这个景区主要是以“野人海”而著称的。藏语“措”表达高山湖泊的意思，吸引游客的不仅是高山湖泊的美丽雪山和风景，而且还有当地文化赋予它的浪漫爱情故事。康定北门城墙上的大标语“扎西德勒”就是典型的藏式汉语，汉族人从字面意思无法理解其真正表达的文化内涵，更不知道它就是见面打招呼时，“祝福吉祥”“吉祥如意”的意思。“中式英语”主要是译者受原文的影响，未考虑接受者的语言表达习惯，直接“字词对译”，导致受众者感到诙谐幽默无法理解，造成翻译意图被歪曲。沿康定折多河畔阿里布戈步游道某处的一块公示语牌子上写着“小心滑落”，警示游客这里的河水很深、危险，防止掉入水中，其标牌上的英文为“Fall into water carefully”。对于不懂中文的外国人，其理解就是“要认认真真地掉入水中”，这意味着无任何警告，后果不堪设想。其实翻译本身并不难，只是译者用了字字对译，“小心”译作“carefully”，“落水”译作“Fall into water”。其实英语国家的公示语标牌上就会寥寥数词“Caution deep water”。在塔公草原，某停车场的出入口的译名为“export&import”，硬生生译成了对外贸易的“出入口”而不是车进出的“WAY OUT or WAY IN”，如跑马山“索道入口”英语译名为“Rope way station”这就是典型的字字对译。rope 绳索、way 道路、station 站口，故得此译名，正确的译名应该为“Cable Way Entrance”。

（二）公示语“倒倒话”的译名

“倒倒话”就是藏文和英文表达代替汉文的误用。在康定新都桥镇的一户藏家门前的藏式公示语标牌上的汉文是“这里糌粑卖得有”，其汉文译名不符合汉语表达顺序，是英文、藏文翻译成汉文的共有特点的典型倒话。“前方坡陡，请慢行”按照汉文表达习惯直接译成“Steep slope is in the frontage，please walk slowly”，建议以英文表达习惯为“Watch your steps！ Steep slope ahead！”这两则公示语就表明了英文和藏文目标语在前。翻译成汉文就会说成“倒倒话”。

（三）具有文化差异的公示语译名

藏汉英不同地域文化的思维方式的差异决定了语言的差异。笔者在木格措景区看见了“河堤边危险，请游人勿进”被译成“Dangerous at the bank please keep the danger away”。这则公示语就是典型的汉语思维，应译成“Tourists keep away from the lake bank”才符合外国人的思维习惯。景点名称的藏英汉翻译，应贴近当地人文地理文化内涵的精髓。如藏文“塔公寺庙”

翻译成汉文“塔公庙”，再译成英文“Tagong Temple”，使西方人以为这个寺庙里供奉着一位叫塔公的传奇人物，并不能真正明白其佛教文化之含义。因此译者需要了解地方民族文化，谨慎选择西方人能看得懂、可接受的译文，以达到其交际功能。塔公是藏音译。相传文成公主进藏时，途经此地，随身携带的释迦牟尼佛像突然开口，佛说愿留在此地。于是随文成公主一路进藏的技师立即在此地按照佛像原貌复制一尊留下。从此，高原上有了被称为“小大昭寺”的塔公寺。因此塔公也就此而得名。笔者建议译名为“Buddha In Temple”。汉语拼音“Tagong”对于外国人在了解景点上没有任何意义，所以在充分考虑西方人具有的抽象思维以外，也要考虑中国人的形象思维造成的差异性。

（四）书写不规范和单词拼写错误的译名

英语公示牌中需要特别强调的警示性、提示性的词句英语字母可全部大写，短语或短句中第一个单词和所有实词的首字母大写，如：康定北土坎一家酒吧公示语为“ZHUOMA’S FAMIly Bar”就是错误的标牌，应改为“ZHUOMA’S FAMILY BAR”“Zhuoma’s Family Bar”。拼写错误包括字母替换、字母掉落和断字。拼写错误如：北门菜市场一处“当心触电”译为“Caution Eleetric Shock”正确拼写应为 Electric；格式错误如：“Welcome to Mount PaomaofKangding.” Paoma、of、Kangding 之间应该有空格。溜溜城一家藏餐店内的“扎西德勒”标示牌错误地写为“བཤིསབདེལེགས”，正确的写法应为“བཀྲ་ཤིས་བདེ་ལེགས”；塔公藏寨的一家“蔬菜店”藏语标识牌为“ཚོ་ཉོ་ས།”，应改为正确的“སྔོ་ཚལ་ཚོང་ཁང་།”；以及标识牌上的“联系电话”被错误拼写为“འདི་ཐུག་ཁ་པར།”，正确的应为“འབྲེལ་གཏུག་ཁ་པར།”。

二、公示语藏汉英译名错误存在的因素

（一）文化差异

在文化差异、受众差异上，其译文应注重再现原文要旨，以译文接受者为中心，使之符合目的语接受者的文化习俗和语言表达习惯。切不可字字对译、硬译或直接套用网络软件翻译的结果。译文实际上是一种再创作。要达到其交际功能，或信息传递功能，译者一定要考虑英语标牌标语的接受对象，考虑其风俗、审美情趣等，否则就会降低实效或零交际[3]。

（二）译者的基本专业素养、职业态度问题

译者在译文工作中，其专业素养基础的不牢固主要体现在藏语和英语拼写、格式、语法等方面。如上例中提到的英文 Electric 的拼写错误，藏语译文扎西德勒的错别字等。翻译是两种语言文化之间的沟通交流，若译者对汉语或藏语原文的意思理解不够透彻，处理不当，译文就容易出现对原文信息任意篡改即增加或减少交际信息，出现母语负迁移导致译文表达不确切甚至有误，这是公示语翻译中的主要问题之一[4]。

（三）政府、学校和媒体对公示语的关注不够

康定市只是一个普通的县级小城市，政府和媒体对公示语的监管力度欠缺，往往只有四

川民族学院外国语学院的大学生和教师才会偶尔关注公示语，要依托康定民众的力量去纠错，谈何容易。

三、多元文化视阈下规范藏汉英文化特色的公示语翻译策略

（一）提高公示语译者的语言素质

误译公示语的因素有方方面面，要改进当今公示语翻译的现状，就要着手对公示语译者专业素质进行培养，教育其学会利用藏、汉、英语言对等的字、词、句，以及各民族的文化习得，懂得母语迁徙；培养其较高的职业素养，要拥有社会责任心，树立担当意识。

（二）设置公示语藏汉英翻译监管办公室，督导规范公示语要符合地方标准

康定市景点、街道和店铺已经用了藏文译名，却还要依照藏语发音，用汉语拼音来表示，这样的伪英语译文也不能表达其真正的含义，实属画蛇添足。建议公示语研讨机构参照公示语翻译的国家标准，规范公示语的表达，出台具有地方民族特色的标准译法。对于这些多语言的译本问题，少数民族自治区、州、县旅游文化部门应牵头联合当地文教、传媒、交通、商贸等机构共同商讨统一公示语藏、汉、英译文的译法标准。

（三）采取“拿来主义”

翻译的核心就是“还原事物的本来面目”[5]。用另一种语言去翻译原文，就是要让受众明白其原文所描述的景点、文物等，从而真正了解其地域特色文化之精华。除了一些带有本土文化特色的景点介绍、文明口号和标语外，公示语的翻译都可以采取“拿来主义”，直接引用外国的公示语，在英语中找到有着相同意义和功能的公示语[6]。尤其是交通公示语可直接采用西方国家标识语与本地图形符号共同使用，效果尤其明显。如，国道 318 线上的康定折多山多处事故点都有一部“事故车”作为警示。

（四）公示语标牌误用的及时更换

如果发现公示语标牌译名有不恰当处，要及时更换。让公示语标牌起到引领、指令作用。

建议四川民族学院藏学学院中国少数民族语言文学藏汉翻译专业和外国语学院英汉翻译专业，联合设立藏、汉、英三语公示语科学研究，编撰具有本土特色语言文化标准的《藏汉英三语公示语辞典》，供译者借鉴，防止误译、漏译。

四、结语

三语公示语的规范化建设可体现康定市的文明程度。好的公示语可以传递更多的信息和文化，使使用不同语言的人民更了解这个城市，同时也提升了这个城市的整体旅游形象。从而推动具有康定市本土特色文化的传播和旅游资源的发展。因此，改善和提高康定市公示语的翻译质量是目前康定市发展旅游刻不容缓的任务。

● 参考文献

[1] 刘金慧. 多元文化背景中的高校主流文化建设[D]. 牡丹江：牡丹江师范学院，2014.

[2] 吕和发. 公示语的功能特点与汉英翻译研究[J]. 术语标准化与信息技术，2005（2）：21-26+35.

[3] 姚宝荣，潘惠霞. 标语标牌英译错误分析[J]. 西安外国语学院学报，1999，2：90-93.

[4] 谭益兰. 浅谈西藏公示语汉英翻译存在的问题及对策——以拉萨为例[J]. 西藏科技，2012（6）：20-25.

[5] 北竹，单爱民. 谈英语公示用语的语言特点与汉英翻译[J]. 北京第二外国语学院学报，2002（5）：76-79.

[6] 祖利军. 公示语翻译：语际沟通的桥梁——评《公示语汉英翻译》[J]. 湘潭大学学报（哲学社会科学版），2008. 32（2）：157-158.

“互联网+”时代语言服务助力甘孜旅游发展微议①

四川民族学院预科教育学院　沈群英

【摘　要】全球化、信息化时代是语言服务需求更迫切的时期，地域旅游经济的发展离不开常态化、系统化的语言服务。借助互联网、媒体推广平台，坚持“请进来、走出去”的发展理念，充分发挥“互联网、飞机”作用，通过语言人才、语言产品、语言应用共同发力，确保甘孜州文旅、商旅、牧旅、农旅、林旅、体旅、康旅等资源优势在国内外成功推介，吸引越来越多的境外游客走进甘孜，让甘孜成为世界旅游目的地。

【关键词】语言需求；VR 全景；翻译；网络旅游

因一曲《康定情歌》而名扬海内外的甘孜藏族自治州（简称甘孜州）一直是中外游客向往的旅游胜地，被世人称为“神奇、神秘、神圣”的康巴秘境。自古以来此地连接西北、西南，是历史上“茶马互市”的中心，是早期民族频繁迁徙的“民族走廊”腹心带，是藏汉贸易的主要集散地。在全球化、信息化、媒体化时代，甘孜旅游已进入大旅游营销的时代，语言与个人的发展、社会的繁荣昌盛休戚相关，旅游业进入发展的新阶段，发挥语言服务功能，以宣传营销为引领，创新营销理念，不断地拓展和延伸旅游宣传营销的功能和作用，充分发挥好互联网的功能，进行智慧旅游营销，发挥双（多）语运用与服务来提升旅游人才队伍语言文化素质和营造多语语言景观，使旅游语言景观从藏或汉单语向藏汉、汉英、藏汉英双语或多语方向发展、完善，打造一批极具影响力的旅游目的地形象，促成甘孜州旅游资源外宣，实现旅游品牌效应增强、甘孜旅游知名度提高、旅游接待倾向境外游客扩展，力揽外汇收入，旅游促民增收致富，促进地方旅游和经济的发展。

一、甘孜州旅游业发展现状

（一）丰富的旅游资源

神奇的自然造化，赋予了甘孜大地众多奇特的自然景观。甘孜州拥有得天独厚的自然旅游资源，是美景集结地。雄奇伟岸的雪山冰川、奔腾不息的大江大河、纵横交错的高山峡谷、宁静湛蓝的高原湖泊、数量繁多的优质温泉、辽阔连绵的大草原、绚丽多姿的高山花卉、品

① 基金项目：四川省多元文化中心“多元文化视阈下康定地区共识与藏汉英译文化内涵对比研究”（项目编号：DYWH1809）。
作者简介：沈群英（1969—），女，教授，主要研究方向：应用语言学与翻译。

种繁多的稀有野生动植物，天麻、虫草、贝母、当归、黄芪等名贵中药材……美丽的甘孜是世界上自然生态最完整、气候垂直带谱系与动植物资源垂直分布最多的地区之一，是生物多样性的宝库和特有资源中心，是世界高原野生动（植）物摄影、考察、研学的最佳基地。

历史悠久，文化灿烂。此地一直是各民族繁衍生息的地方，长期多语言、多文化触碰，“千百年来这里形成了以藏族文化为主体，兼容其他民族如汉、彝、羌、纳西、蒙古等 14 个少数民族文化，具有多元性、复合性特色的地域文化。”[1]在漫长的历史长河中，演化出了多彩的康巴文化——全州各地民间蕴涵着丰富多彩的民歌、山歌、牧歌、酒歌以及锅庄、弦子、踢踏、热巴、藏戏等舞剧，被称为“歌舞的海洋”；藏族文学源远流长，诗歌、神话、史诗和传说故事等广为流传、遍布城乡，丰富的藏传佛教文化旅游资源，“包括藏传佛教的思想、教义、观念等非物质要素和藏传佛教圣地（圣山圣湖）、藏传佛教寺院寺庙建筑、藏传佛教节庆等物质要素”[2]蕴囊其中，色达五明佛学院以及德格印经院等名扬中外。目前，“格萨尔”“雕版印刷技艺”“藏戏”被列入了“人类非物质文化遗产代表性名录”，数量庞大的各级别非遗项目以及藏食文化、民间工艺和文艺、服饰文化、依山傍水的藏寨、逐水草而居的牧村、康巴汉子村、中国最美乡村古镇丹巴美人谷、情歌的故里康定、摄影天堂新都桥和格萨尔王城等[3]；近年来甘孜州以“成都后花园 · 康养加休闲”为主题，以“春赏花、夏避暑、秋观叶、冬沐阳”为特色，实施大渡河流域乡村振兴战略，开发出一大批特色浓郁的乡村游：世外桃源色龙、鱼通土司官寨、藏家渔村若吉等本土文化资源吸引众多游客前来。

（二）旅游成就与问题

甘孜州旅游产业在“十三五”期间的四年比“十二五”期间五年的外汇旅游收入高出 3 924.34 万美元，增长 36.16%，接待入境游客增加 32.86 万人次，增长 46.41%。旅游业是甘孜州“最能使人与自然和谐发展的产业，也是最具前景的可持续发展产业”[4]。虽然近年来境外游客增加迅猛，但总体规模不大，甘孜州最主要的旅游客源市场在国内游客身上，导致如今现状的深层次原因归于旅游宣传营销的面、点缺乏针对性，方式、方法缺乏时效性，功能、作用缺乏一体多用的复合性，即针对不同的市场、群体、季节、受众实施精准宣传营销的少，同一个旅游宣传片从年头放到年尾、从东南放到西北的工作情况并不鲜见。旅游宣传营销被动安排、接受的多，主动作为、创新的少；碎片化的多，整体性的少；短期考虑的多，长远考虑的少等。旅游宣传营销主要以图片、文字为主，视频宣传较少，高科技宣传手段运用不足，宣传营销渠道较为单一，过度依赖展览展销的现象较为明显，对事件营销、节会营销、整合营销、借势营销以及新媒体营销，考虑不够，方法不多。旅游语言景观主要以藏文或汉文单语为主，辅以藏汉双语公共标识，藏汉英多语的旅游宣传资料（文本、纪录片、影视、公共标示）少之又少；此地无论是可用的语言人才，还是语言产品及相关的语言服务，都离入境旅游发展必不可少的语言需求还有相当的差距，人们普遍的语言服务意识不足，社会语言服务体系尚未建立，个人和社会的语言服务能力还比较薄弱，接待境外游客的语言关注不多，准备不足；在政府职能部门和服务性窗口行业有待进一步呈现良好的语言服务环境，建立行业语言服务标准，提升政府及各行业涉外服务水平，优化对外开放的语言环境，公共场所英语标识有待规范，英语的使用范围有待扩大。

二、语言服务助推旅游发展

旅游业的兴旺发达需要语言保障，语言人才、语言产品、语言应用必不可少，要靠语言来宣传，要以语言来服务、沟通交流。全球化、信息化时代是语言服务需求更迫切的时期，地域旅游经济的发展离不开常态化、系统化的语言服务体系，旅游宣传纪录片、文本、视频、公共标示语、产品介绍与说明等需要应用语言服务以及随时随地的个性化翻译服务，提供各种语言策划、语言文化设计及产品命名和翻译等语言咨询服务等[5]。甘孜州地处边远，最需要的就是充分发挥“互联网、飞机”作用，“走出去、请进来”，不断拓展国内外市场，这得依靠多语人才抓好宣传营销，向全中国、全世界推介甘孜州旅游资源，把旅游产品展示出去，促进康巴文化对外交流和传播，扩大甘孜州的国际影响力，拓展旅游宣传营销的广度和深度。

（一）语言服务于良好形象

1. 旅游从业人员的语言素养

甘孜州全域旅游的全面推进必将带来不同层面的多样语言需求。从甘孜州旅游近十年发展可知：客源多为国内游人，主要需要本土旅游从业人员的汉、藏语服务，汉藏文化的传播；同时来州旅游的外国游客逐年增加，这部分游客更需要外语服务，需要藏英双语、藏汉英多语文化的吸纳。增强旅游从业人员和社会的语言服务意识，提升其语言服务能力，已迫在眉睫。

一般窗口从业人员。这类人的语言素养和语言能力是呈现个人、景区、行业社会良好形象最直接的窥点，此类人员应该职前接受语言培训，汉语普通话标准、流利，还应掌握生活、工作交际的常用外语，持有良好的职业素养，无论是游客购票、投诉，还是咨询、求助，都要满怀热情，礼貌谦让、微笑以对、耐心细致，做到文明用语，有问必答，切忌语言沟通障碍、语言冲突。

满足游客吃、住、行、游、购、娱、健、闲、体等需求的商店、饭店、宾馆接待服务人员，能满足日常工作和生活常态化、系统化的基本语言服务，如对境外游客实行英语讲解、英语导购、英语导览等全方位优质英语服务，令外国游客产生归属感和独特的甘孜依恋；鼓励境外游客延长逗留时间，确保其在甘孜州获得高质量的旅游体验，而且帮助甘孜旅游从业人员从接待外国游客的业务中获得更大利益，实现甘孜州旅游的可持续发展。

专门语言人才。这类人不仅需要精通甘孜的主体语言藏语和相关地区方言、部族“地脚话”，熟悉当地文化、风土人情，而且熟练掌握汉语普通话，还要具有国际视野和跨文化交际能力，以满足各种复杂的语言需求，如翻译、景区语言景观策划、外宣语言规划、创建旅游从业人员语言标准等。其中“外语+专业”的复合型人才不仅需要过硬的专业知识和业务能力，而且通晓至少两国语言、文化，需要掌握客源国家和地区的语言，服务于专业访问类的专项旅游：商务旅游、公务旅游、会议旅游、修学旅游、考察旅游，需要“外语+专业”涉外导游、复合型专业人才提供语言资源与平台服务、语言咨询服务、语言技术服务等。

多语人才是当今最具竞争力的人才之一。一个地方的旅游从业人员的语言素养及语言能力表现本身就是那个地方的形象展示。2015 年，《甘孜藏族自治州藏族语言文字条例》规定：“自治州各级地方国家机关应当配备专（兼）职翻译、双语文秘人员，负责本部门公文和口头翻译任务。自治州应当加强翻译工作，积极培养双语兼通的专业翻译人才。”其后全州已建立旅游从业人员库，便于随时掌握和调度相关适合的语言人才满足不同层面游客的多样语言需求。

2. 多感官旅游宣传营销

传统旅游宣传重在可视性语言景观打造。可喜的是甘孜藏族自治州人民政府门户网以藏汉英三文标示和《格萨尔千幅唐卡》呈现藏汉英文字脚注，努力营造相应语言文化氛围，参照 2014 年的《公共服务领域英文译写规范》，充分利用各级新闻媒体、微信微博、户外广告等方式展开立体、广泛营销，主要呈现于公共标示牌用语与规范设计以及城乡、道路和窗口行业的语言环境建设，如交通路牌、广告牌、街道名、地名、商铺招牌以及政府机构的标牌语言，景点门票、宣传书刊或视频光碟、邮票、车票、产品介绍或品牌名、招贴以及传单等语言应用，还有利用网络、电视报刊媒体、微信微博通信等用语，吉尼斯世界之最长石渠巴格嘛呢石经墙等异语解读……以大活动、大宣传、大营销打造新品牌，拓展新市场，促进甘孜州与国内、国际交往、交流、交融，进一步提高甘孜州的知名度和影响力。

现代旅游宣传着力于多感官语言服务宣传，如网上的圣洁甘孜 2015 宣传片、2016 四川甘孜山地旅游节在风景秀丽的甘孜州海螺沟景区开幕的全汉语腾讯视频、2017 四川甘孜山地旅游节藏语伴有汉英字幕的宣传片《这是我的世界》、2018 形象宣传片《圣洁甘孜》、2009 年得荣县全汉语宣传片、巴塘措普沟风景以及“谁与炉霍有个约定”，这些视频宣传资料几乎以汉语转述，现存的有关甘孜州视频旅游宣传片不多，制作质量参差不齐，推广范围窄。建议有统一的旅游宣传片制作机构，统一策划、录制、语言配音，尤其制作藏、汉、英多版本的甘孜全域旅游大型宣传片系列下的各县以及各景点的中、小型纪录片，避免重复，立足各有各的新颖点，统一由某平台在国内外播放宣传。通过调整营销战略以及优化资源整合，力求用聚焦虚拟现实的前沿技术为甘孜州旅游宣传营销赋能，创新甘孜“VR（Virtual Reality 虚拟现实）+”旅游外宣 3D 或 4D 产品以及利用网络技术开发网络旅游，如：720 度实景 3D 或 4D 的 VR 新型旅游展示和外宣品，通过与虚拟现实的结合，还原文化、人物、事件、场景，成为对外传播甘孜各种旅游资源的工具，积极满足游客克服实地旅游的高原反应、时空局限，能即时获取旅游信息、旅游体验等服务，人们只需带上 VR 眼镜，通过拥有精准传感系统的 VR 设备，便可带人进入虚拟现实的景点，还可将听觉、触觉、触觉、嗅觉等感觉完美传达给人，无需耗费太多的时间和精力就可以身临其境地游览到奇观异景。可以根据某一景点、景观，如甘孜州民族博物馆 VR 3D 或 4D 影视，也可以囊括全州人文、自然旅游资源的 VR 宣传或利用 3D 或 4D 全景展示，实景互动漫游，引入真实体验式感受，更能激发游客旅游兴趣，将引发旅游新的发展。

结合甘孜州的旅游景区可视性藏汉英语言文字全景牌建设，进一步完善景区语音、文字导览等语言服务功能，为中外游客提供便利，更大范围满足入境游客的游览需求，提升景区服务档次和国际化水平，优化中外游客的游览环境，这需要相应的多语服务人才进行统一翻译和校对；还有旅游网站建设中多语言文字介绍、导引、信息监管等也需要相应语言人才支撑。

（二）语言服务于旅游产品宣传营销

1. 文旅宣传营销

创新语言服务于藏族文艺宣传营销。编制融入本土民俗、音乐、舞蹈、建筑、绘画等元素的外宣歌舞演艺：月琴弹奏、口弦独奏、山歌对唱、男子群舞《唐藏锅庄》、民族舞剧《唐卡》、藏戏等非遗串演观赏，藏药浴体验、黑陶制作体验、牛绒毛编织体验、雕版印刷体验等丰富多彩的游人参与的体验性活动民间文艺作品和文人创作：《格萨尔王传》《民间故事集成》《歌谣集成》《谚语集成》《民歌集成》《民间舞蹈集成》《民间器乐曲集成》《西藏戏曲志》《西藏曲艺志》等大型藏族传统文化丛书的译制和演绎，《英雄格萨尔》的动画片、电影或大型实景舞台剧、说唱表演纪录片等，通过多种语言的创译使甘孜州的文艺品和已列入世界文化遗产的名目传遍全球，放射出智慧和光芒。

加强语言服务于藏学的国际国内学术交流。尽管法、意、英、德、俄、匈、美、日等外国都有一批藏学家，一些国家成立了专门的藏学机构或团体，如日本西藏学会、美国印第安纳大学西藏学会、英国西藏研究所、锡金藏学研究所等，一些学术机构发行专门的藏学研究刊物，如《日本西藏学会会报》《藏学集刊》《西藏学会会报》《西藏学会通讯》等；但是藏学的故乡在中国，中国设立了中央及地方各级藏学研究机构 50 多个，如中国藏学研究中心、中央民族大学藏学研究所等，创办了《西藏研究》《中国藏学》《雪域文化》《西藏佛教》《西藏社会发展研究》《西藏艺术研究》等 30 余种藏学学术期刊，专门组成了中国藏学出版社和西藏藏文古籍出版社，出版了藏文古籍 200 余种和一批藏学研究学术成果，和外国藏学研究比较，中国藏学研究有其突出优势和特点，对青藏高原考古、西藏的现实与发展、藏族风情习俗、藏医科技等课题的研究处于世界领先地位；定期召开数次规模不等的国内外藏学研讨会，随着国际学术交流，已有 10 多个国家和地区 130 余名学者和旅居国外的藏族学者到中国参观访问，进行学术考察和洽谈科研合作项目，还将依靠同声传译、文字翻译等语言服务功能满足学术语言需求，扩大、深化与世界各国和地区的藏学文化交流与合作，提升藏学在国际学术界的影响力。另外在甘孜州举办海外藏胞“文化寻根”和中外“藏学之家”、夏令营活动、康体藏文书法展、讲述格萨尔故事等活动，让世人感受这片土地所具有的历史人文情怀。

由于历史与地理原因，甘孜州形成德格文化圈、嘉绒文化圈、木雅文化圈、汉藏商贸文化圈、游牧文化圈、帕措文化圈、彝文化圈等多个亚文化圈，从而使其文化呈现绚丽多彩的区域性特点，这里的锅庄文化、祝酒文化、山歌文化、婚庆文化、红色文化、佛教文化、传统节日、民间习俗、服饰、餐饮、藏式药泥面具、德格印经院雕版印刷技艺、建筑艺术等让甘孜文旅更有深度和吸引力，对其进行梳理、筛选，挖掘其中文化内涵，运用多种语言形式予以呈现展示、诵读书写、诠释讲解、宣扬传播，如汉英双文《康巴胜地旅游天堂》、藏汉双文的“乡城红军长征纪念馆”推介甘孜旅游资源，增强其吸引力和影响力，能让更多的国际国内朋友认识“甘孜人文”、走进“甘孜藏地”、体验“藏文化”。

2. 农旅、牧旅、商旅、体旅、康旅宣传营销

创新宣传渠道，抓住营销机遇，找准市场定位，注重分析客源市场，运用互联网思维，创新开展电商扶贫“全域统筹·整体推进”行动的具体举措，通过线上与线下相结合的方式，推动全州建设“全国电子商务进农村综合示范州”，以“互联网+”发展模式，将农牧商元素与创意短视频结合，借助抖音短视频宣传营销平台，邀请旅游达人、网红代表共同推介，做实区域农牧商业品牌，持续打造“一村一品”，无论花椒、核桃、牦牛肉、野生菌、牦牛奶制品等农产品，还是藏毯、鞋垫、刺绣等手工艺品和藏艺通文创产品，抑或海螺沟矿泉水、蓝

逸饼干、酥油茶、水淘糌粑等“圣洁甘孜”特产，提升“圣洁甘孜”的整体品牌影响力，为建成美丽生态和谐小康甘孜做出新的贡献。重视文创产品开发，以传承、弘扬、发展甘孜文化为己任，以工匠精神精雕细作，以开放的胸怀求新求变，打造出一系列工艺精良、风格独特的优质产品，让圣洁甘孜的匠心之作助力旅游发展，与世界一起分享甘孜人民勤劳与智慧的结晶，如藏艺通旅游文化有限公司请来英国创意公司，挖掘藏族传统手工艺文化精华，设计出国际性文创产品，如唐卡、佛像等甘孜非遗展品，受到国内外游客的青睐。大力发展“酒、肉、茶、菌、果、蔬、水、药、粮、油”等系列产品，以“公用商标（圣洁甘孜 Holy Ganzi）+企业商标”的形式，统一对外营销语言、符号标识，并依托英语为全球最为通用的语言，在产品外包装简介中采用英语翻译是其出口的重要环节，英文的农（牧）旅产品简介能够向海外消费者更准确地传达产品信息，同时在视觉与文字上引起他们的情感共鸣与购买欲。大力加推自驾游、骑行游、登山田径赛、背包徒步游等活动的语言译介和应用。

（三）语言应用服务

1. 语言应用产品

紧扣“世界重要旅游目的地和国家全域旅游示范区”的全州旅游发展目标，研发功能各异、形式多样、方便适用、生动逼真、切合“走出去，请进来”理念的语言产品，也是语言服务的应有之义。各大景点需要方便适用的语言应用产品，如便携式多语言翻译器、跨语文阅读器等；需要以不同语言文字为元素或为载体的能够满足国外、国内不同文化需求的各种文化娱乐产品，如适合跨语种使用的文学作品、文化知识读本、影视戏剧、学术著作、玩具、景点旅游形象宣传片等，一定程度上带动当地语言产业、语言经济的发展。

2. 语言服务体系

旅游带动地区、国家之间人员流动，如商贸往来、交流访问、旅游探亲、跨国婚姻等，这将会改变现有的语言格局，出现更为复杂多样的语言应用服务需求。加大城乡、道路和窗口行业的语言环境建设，完善随时随地的个性化翻译服务、语言资源平台服务、外宣语言设计、商贸营销语言策划、企业语言文化设计、产品命名和翻译、应急语言服务等，帮助那些流动人员克服工作和生活中的语言文字困难，实现无障碍语言交流沟通。

3. 语言文字资源

创新语言资源开发。语言文字自身是丰富的文化资源，是人类珍贵的历史记忆，以新的理念、方式和现代技术，开发利用区域内包括藏语在内的各种语言文字资源，发掘这个记忆中的人类学、民族学、宗教学、民俗学、历史学、政治学等多学科学术价值，借以揭示文化生成、发展、传播、接触、竞争的难得景观和历史。当代文化建设重在开发利用语言文字和以语言为媒介的文学、艺术、民俗等资源，从中继承和借鉴生动活泼的传统文化样式，以丰富当代文化表现形式，而且也可在内容上挖掘和弘扬其中体现相关国家和民族认同的文化精神，借以促进文化交流和文明互鉴；同时，还可以利用这些语言文化资源打造丰富多彩的旅游产品，推动面向国际的旅游发展。

三、结语

全州交通条件得到了大改观，旅游基础配套设施正历大改善，文旅、农旅、体旅、牧旅深度融合将推进旅游产品和要素建设，确保游客“游有看点、住有档次、行有保障、吃有特色、购有商品、娱有品位”，甘孜绝美的风光、绝佳的生态环境一定会受到境内外客源青睐，于此考察、投资、旅游，经济的发展离不开语言需求、语言服务、语言规划。甘孜旅游经济的快速发展将形成对语言人才、语言产品、语言应用的多种需求，综合运用线上推介、媒体推广、事件营销、节庆活动、目标市场推介、传送带等多种方式开展旅游宣传、对外贸易、文化交流、弘扬藏民族文化，充分发挥语言服务的助力功能，实现来州的国内外游客接待量大幅攀升，达成世界重要旅游目的地和国家全域旅游示范区的发展目标。

● 参考文献

[1] 凌立等. 康巴民俗文化[M]. 成都：四川人民出版社，2012：1-2.

[2] 王亚欣. 当代藏传佛教文化旅游研究[M]. 北京：经济管理出版社，2012：88.

[3] 四川新闻网. 甘孜州非物质文化遗产保护[EB/OL]. [2015-04-29]. http://scnews.newssc.org/system/20150429/000559595.html

[4] 石硕. 藏区旅游开发的前景、特点与问题[J]. 西南民族学院学报（哲社版），2001（2）：144.

野生动物保护视野下的康巴地区生态环境法治建设探究①

四川民族学院法学院　安静

【摘　要】西部地区生态的脆弱性，彰显了西部少数民族地区生态环境监管的重要性，如果放任对西部少数民族地区的生态破坏，造成生态恶性循环，将造成不可逆的损失。属于内陆深处的康巴地区，生态环境监管已提上议事日程，急需构建康巴地区生态安全防范法律机制。根据康巴地区野生动物资源分布特点和保护现状，本文提出：利用康巴地区"双重力量"达到野生动物保护的目的，构建康巴地区生态安全法治化，保障野生动物保护机构跨部门执法，以及构建康巴地区生态安全法治化，对危害野生动物行为进行全方位行政处罚。

【关键词】野生动物保护；康巴地区；生态环境法治建设

根据党的十九大报告精神，自然环境保护是我国生态环境和自然资源持续性发展的基础和前提。因为生态的脆弱性，西部少数民族地区对于生态环境监管尤其重要，如果放任对西部少数民族地区的生态破坏，造成生态恶性循环，将造成不可逆的损失。属于内陆深处的康巴地区，生态环境监管已提上议事日程，急需构建康巴地区生态安全防范法律机制。众所周知，生态安全问题关系着国家主权、利益，同时也关系国家安全，生态安全问题目前已上升为全球性问题。

一、康巴地区生态环境安全问题

生态环境安全问题是指生态环境系统处于一种不平衡的状态而产生的不良后果，生态环境安全问题自古有之，一些环境主义的先驱曾提出将环境与安全联系起来，现在看来十分有必要。随着人口的增长、经济和科技的发展，生态环境问题表现得越来越突出，越来越复杂，造成的危害难以预测，因此生态环境安全问题是值得我们关注并应予以解决的问题。

康巴地区生态环境安全风险分为内源式生态环境安全风险和外源式生态环境安全风险。

（一）内源式生态环境安全风险

1. 水土流失，土地退化

康巴地区从地理位置看，与北方沙区接壤，北方沙区土壤中含沙物质较多，导致土质疏

① 基金项目：四川民族学院自办科研项目"生态正义视野下的藏区生态环境监管体制法治化创新研究"（项目编号：XYZB19002SA）的阶段性成果。

作者简介：安静（1971—），女，教授，研究方向：民族法、民族教育。

松，从而造成水土流失严重，暴雨后沙质直接流入大渡河，长期的植被覆盖少和水土流失之间的恶性循环，造成目前康巴地区土地生产力逐年退化，各种数据表明土地生产力的退化导致环境进一步恶化，最终形成生态危机，直接影响到康巴地区经济健康发展和可持续发展。经过多年的生态修复工程，甘孜州目前已进行水土流失治理 18.5 万亩，全州草地综合覆盖率达 80%以上。

2. 土地沙漠化

西部很多省市在每年冬春季都会遭遇沙尘暴，漫天的沙尘令人记忆犹新，而沙尘暴的始作俑者之一是土壤沙化，土壤沙化的重要原因是土地沙漠化，由于植被的减少导致西部地区土地沙化。整个西部地区土地沙漠化，导致草地、林地的迅速退化，加速了环境的恶化，土地沙化是环境衰退的标志。川西北属于生态脆弱区地区，在政府的领导下全面开展了综合治理、沙化治理等工程，有代表性的工程项目是“川西藏区生态保护与建设规划（2013—2020年）沙化土地治理项目”和“四川省财政林业防沙治沙试点示范建设项目”，经过多年的努力，共治理水土流失面积 13.71 万亩[①]。

3. 草原、牧草过载

农村农业部数据显示：四川牧区鲜草产量从 420 千克/亩减少到 304 千克/亩。四川牧区主要集中在康巴民族地区的鲜草产量逐年下降，当草原牧草量下降之后，势必影响到草原承载量，影响到牲畜饲养能力。尽管西部少数民族地区高山、草甸地带多，但由于植被稀疏，会出现草原、牧草过载现象。放牧的牲畜不仅吃光了山上的草，甚至刨食了地下的根茎，使牧草丧失了再生能力。意识到草原退化的原因之后，政府应该制定草原生态执法监管措施，例如：甘孜州出台《甘孜藏族自治州草原管理条例》，规定每 3 年负责核定一次草原载畜量，对于草原过载问题实施强制措施封育禁牧，防止草原退化，实施划区轮牧。对于违背管理条例的，根据《甘孜藏族自治州草原管理条例》规定给予相应的惩罚（见表 1）。

表 1　惩罚措施

违背管理条例的行为	惩罚措施		
破坏草原植被的行为	停止违法行为	限期恢复植被	处草原被破坏前 3 年平均产值 3 倍以上 9 倍以下的罚款
给草原所有者或者使用者造成损失的	依法承担赔偿责任		

（二）外源式生态环境安全风险

外源式生态环境安全风险一般是来源于区域之外的因素所产生的风险，目前存在的风险包括：外来物种入侵，所谓的外来物种入侵指本土之外的，或在本土自然范围之外的亚种入侵，外来物种入侵势必给当地的生态环境造成危害。

① 甘孜州完成沙化土地治理面积 20 235 公顷

二、康巴地区野生动物资源分布特点和保护现状

当前，在经济发展的刺激下，很多地方追求经济利益，忽视生态监管。康巴地区随着人口的增长和经济快速的发展，被忽略的生态环境变得更加脆弱，在政府的大力干预下，局部生态环境有了改善，但总体恶化的现象还是没有根本改善，尤其是野生动植物保护问题日益严重（见表 2）。

表 2　野生动物保护面临的现状

全球受危动物	我国受危动物数量	物种占比\物种
野生鸟类	128 种鸟类	鸟类的 14%
野生爬行类动物	96 种爬行类动物	爬行类的 24%
两栖类	96 种两栖类动物	两栖类的 10%
陆生脊椎动物	300 多种	大熊猫、金丝猴、藏羚羊

根据表 2 可以看出，野生动物面临巨大的生存危机，我国各物种占全球受危动物的比例逐渐上升，甚至到目前有些野生动物已经绝迹[①]，伴随着大量植物的灭绝[②]，例如 20 世纪 80 年代，在巨大经济利益的驱动下，野生兰花遭到“涸泽而渔”式地过度采挖，加上森林采伐，野生兰花数量急剧减少，甚至濒危或灭绝。短短的几年，云南、四川、贵州、广西等地区变成了无兰区，种类丰富的兰花品种锐减，仅存的一些植株也只限于生长在环境稍好一些的交通不发达地区。可以说，兰科植物在巨大的经济利益下遭到了空前的大劫难。植物的减少乃至消失，对于野生动物的生存造成了极大的威胁。

据统计，康巴地区现有野生动物中大熊猫、白唇鹿和矮岩羊等珍稀动物属于受危种类，究其原因在于非法繁育、运输、买卖这些稀有野生动物，走私野生动物现象和走私动物制品的行为还屡禁不止。

三、康巴地区生态安全防范法律机制构建——以野生动物保护为例

对于野生动物的保护，最新保护野生动物的决定是 2020 年 2 月通过的《全国人大常委会关于全面禁止非法野生动物交易、革除滥食野生动物陋习、切实保障人民群众生命健康安全的决定》，目前我国对野生动物的保护实行等级保护制度[③]。我国在野生动物保护法治化进程中需要完善以下几个方面：

（一）利用康巴地区“双重力量”达到野生动物保护

在经过田野调查和深度访谈得出结论：康巴地区对于生态环境的保护不仅要依赖国家制

① 正处于灭绝边缘的兽类有 54 种，长臂猿、海南坡鹿等，种群数量急剧下降的鸟类有 23 种，如朱鹮、白鹳等，爬行类有 50 种，两栖类有 15 种。

② 据世界自然保护联盟的物种保护监测中心估计，全球有 10%的植物面临灭绝，比如红豆杉，它是世界上公认的濒临灭绝的天然珍稀抗癌植物。

③ 按照立法级别可分为：第一类，全国人大和全国人大常委会制定的法律。第二类，行政法规。第三类，部门规章。第四类，地方政府的规章和法律文件。

定法的规范和约束，还要发挥民族地区乡规民约的作用，让国家制定法和乡规民约“双重力量”共同保护野生动物。在野生动物保护问题上，康巴地区可以利用国家法律规制来保护野生动物，比如：《野生动物保护法》《陆生动物保护条例》等，也可以利用乡规民约来保护野生动物，例如：禁杀野生动物母畜和仔畜、禁杀母羊、禁私宰马牛。

（二）构建西部少数民族地区生态安全法治化，保障野生动物保护机构跨部门执法

野生动物保护机构有公安、林草、海关等部门，对于野生动物的保护需要各政府机构合作执法。目前，野生动物保护各机构之间职责不明晰，权利交叉，造成协调执法困难，无法充分利用行政执法资源达到保护目的。因此，应建立执法部门联动机制，厘清各自职责，共同保护野生动物，达到维护生态安全的目的。

（三）构建康巴地区生态安全法治化，对危害野生动物行为进行全方位行政处罚

对于现行野生动物的保护主要集中在刑事处罚，例如：《中华人民共和国刑法》第三百四十一条规定，对于非法猎捕濒危野生动物及运输、出售濒危野生动物制品的行为进行处罚，利用最严厉的刑事处罚手段震慑以野生稀有动物牟利的人，利用刑法的指引作用，让那些有犯罪意图的行为人悬崖勒马，使全社会善待动物，善待生命。

对于食用野生动物的人员，国家还没有明确的规定，对于酒楼、餐馆、饭堂等以食用野生动物为目的经营、运输等行为也没有明确规定，使野生动物保护出现了真空地带。疫情过后，各地政府都在积极制定法规，探讨野生动物的保护，从各地经验上看，通过法治化保护方式可以快速遏制野生动物的不当食用、非法捕猎等行为，甘孜州政府也可通过借鉴以上地区的先进经验提升自己在野生动物方面的保护力度（见表 3）。

表 3　部分地区地方立法的基本内容

时间	地方立法	具体内容
2020 年 2 月	天津《禁止食用野生动物决定》	对于食用者、生产、经营者野生动物食品者，处以行政处罚
2020 年 3 月	《广州市禁止滥食野生动物规定（草案征求意见稿）》	任何单位和个人不得以食用为目的猎捕、人工繁育、饲养禁止食用的野生动物，食用者处以 1 万元～5 万元罚款。

四、结语

康巴地区地大物博，先天环境优越，自然资源丰富，但由于近年来忽略了环境保护，造成目前环境恶化的恶性循环，因此要从上到下进行自然环境保护观念的更新，最终形成良好的环境保护模式，形成生态环境的良性循环。否则脆弱的生态环境势必危害生态安全，在生态环境保护中野生动物的保护尤为重要，因此构建康巴地区生态安全防范法律机制势在必行。

● 参考文献

[1] 汪劲. 环境法学[M]. 北京：北京大学出版社，2011.
[2] 汪劲. 中外环境影响评价制度比较研究[M]. 北京：北京大学出版社，2006.
[3] 李铮. 环境行政处罚权研究[M]. 北京：中国环境科学出版社，2012.
[4] 曹明德. 对修改我国环境保护法的再思考[J]. 政法论坛，2012：6.
[5] 徐以祥，梁忠. 论环境罚款数额的确定[J]. 法学评论，2014：6.
[6] 高利红，孟琦. 法律实效性视角下的环境保护立法[J]. 湖南社会科学，2013：5.

后记①

在首届康巴农旅协同发展研讨会上的致辞

大科学时代，传统的学科边界频繁地被学科自身具有的渗透性、弥散性、兼容性打破，越来越呈现出多样性、多层次性、开放性、非线性、模糊性、不稳定性特点，越来越表现出明显的整合性、集成性和自组织性、自演进性趋势；学科的多对象化和对象的多学科化齐头并进，成为学科研究的新一代范型，方法交叉、理论借鉴、视角转换、问题拉动、专业交融越来越被广泛运用；科学回归人文成为学科发展的时代潮流，人文不仅作为科学的价值取向，并且成为科学的批判武器，越来越受到人们的重视。正是在这样的背景下，我们今天齐聚一堂，共同研究农学、历史文化和旅游的融合发展问题。

在全省上下认真学习贯彻党的十九届五中全会精神、科学谋划部署“十四五”规划目标任务之际，我们隆重召开首届康巴农旅协同发展研讨会。这是继今年 10 月我校成功举办第九届康巴文化研讨会后的又一次盛会，也是我州社会经济生活中的一件大事。各位专家和同志们，不畏条件艰苦，不辞舟车劳顿，风尘仆仆相聚民院，畅叙友情，切磋学问，交流成果，我们非常高兴。借此机会，我谨代表学校党委、行政，对莅临研讨会的各位专家、工作者和朋友们，表示热烈的欢迎！对长期以来关心、支持我校学科建设与发展的各级领导和同志们表示衷心的感谢！

四川民族学院坐落在“溜溜的山、洁白的云、奔腾的河、迅疾的风”之间。学校依偎世界屋脊青藏高原，西接世界情歌故里康定，东望高耸入云的二郎山，南邻大渡桥横铁索寒的泸定，北去不远即是丹巴迷人的美人谷和仙境般的藏寨，共和国最美景观大道 318 线从校园旁边迤逦而过，汹涌澎湃的大渡河就在我们的身边不舍昼夜奔流入海。白云诗意，书海蓝天，环拱着团结、奋进、重道、精业校园。

四川民族学院是党中央布局在康巴地区的一所民族本科高校。学校始建于 1985 年，时任中共中央总书记胡耀邦同志和全国人大常委会副委员长十世班禅分别为学校题写了汉文和藏文校名。2009 年 3 月，经教育部批准升格为民族本科院校。2013 年，通过学士学位授予权评审，取得学士学位授予权资格。2015 年，通过教育部本科教学工作合格评估。经过 35 年的建设与发展，学校现有 29 个本科专业、11 个专科专业和民族预科教育，涵盖文学、理学、工学、法学等 10 个学科门类；有全日制在校生 10 258 人，其中少数民族学生 3 236 人，占 31.5%。现有校园面积 625 亩，校舍建筑面积 25 万平方米，固定资产总值 5.56 亿元，教学科研仪器设备总值 8 109 万元，馆藏纸质图书百万册。现有教职员工 800 余人，其中高级专业技术职务 160 余人，具有博士、硕士学位的教师 300 余人。

① 编者按：中共四川民族学院党委书记崔雨风同志在首届康巴农旅协同发展研讨会上的致辞中，对学科、产业的发展态势进行了概括，对四川民族学院农牧林旅的融合和协同发展寄予了厚望，特录入崔雨风同志的致辞作为本书后记，以资广大师生认真思考和积极落实。

学校农学院、历史文化与旅游学院涵盖农学、历史学、管理学三个学科，希望打通学科间的隔断，充分用好学科溢出效应和吸纳功能，实现不同学科共通共融；通过融合发展，促进农、牧、林、旅游、历史文化等诸学科的特色成长，尝试走出一条融合发展、特色发展、互利发展的新路。学校以农牧林旅为切入口，不断提升教育科研和服务地方经济社会发展的能力与水平。建有“旅游管理”“动物医学”两个省级一流专业，以康巴地区野生真菌、林草、牦牛、特色生物等特色研究为重点，成立了康巴特色生物研究所、康巴历史与旅游研究所、横断山区生态修复与特色产业培育研究中心、川藏滇青大型野生真菌研究中心、川藏滇青林草抚育和利用研究中心、康巴牦牛研究中心等研究机构。围绕甘孜州特色旅游发展、历史文化研究、动植物资源保护与开发、汉藏药材的引种驯化和人工栽培技术、特色园艺作物种植、特种动物养殖等领域积极开展研究，先后承担国家、省、州教研、科研项目 50 余项，出版著作、发表论文、编写教材 500 余篇（部），获得专利 4 项；建成省级应用型示范专业 1 个，省级专业综合改革项目 1 项，省级卓越农林人才教育培养计划项目 1 项，省级管理学实践教育基地项目 1 项，省级新农科研究与实践项目 1 个。连续三年举办“一村一名农技员”及基层农技员培训，累计为甘孜州十八个县（市）公费培训 3 000 余人。

“坚定走生态优先、绿色发展的新路子，建设川西北生态示范区”，这是省委十一届七次全体会议为甘孜州确定的发展思路，也为康巴地区科研工作提供了重要遵循。站在“两个一百年”奋斗目标的历史交汇期，对标 2035 年基本实现农业现代化的远景目标，青藏高原地区农牧林旅发展还存在不少约束条件，充分了解、深化研究这些问题，补齐现代化道路上的这一短板，我们义不容辞、责无旁贷。我们将全面贯彻落实中央第七次西藏工作座谈会精神，全面贯彻落实新时代党的治藏方略，把农牧林旅研究不断引向深入。相信我们的聚会，将开启一个新的时代。

最后，预祝本次研讨会取得圆满成功！祝各位专家、各位来宾工作顺利、生活愉快、扎西德勒！

谢谢大家！

崔雨风
2020 年 11 月 13 日